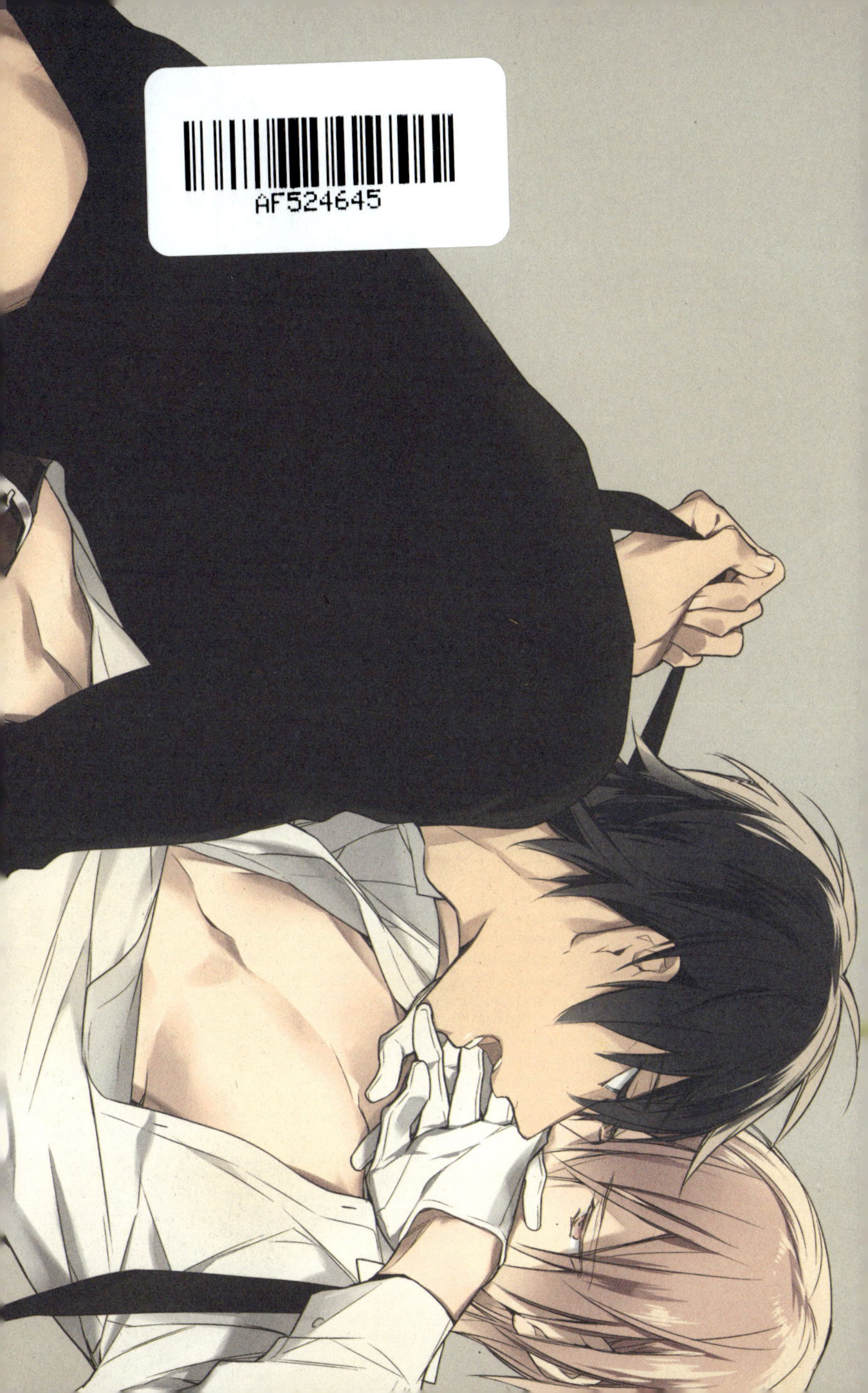

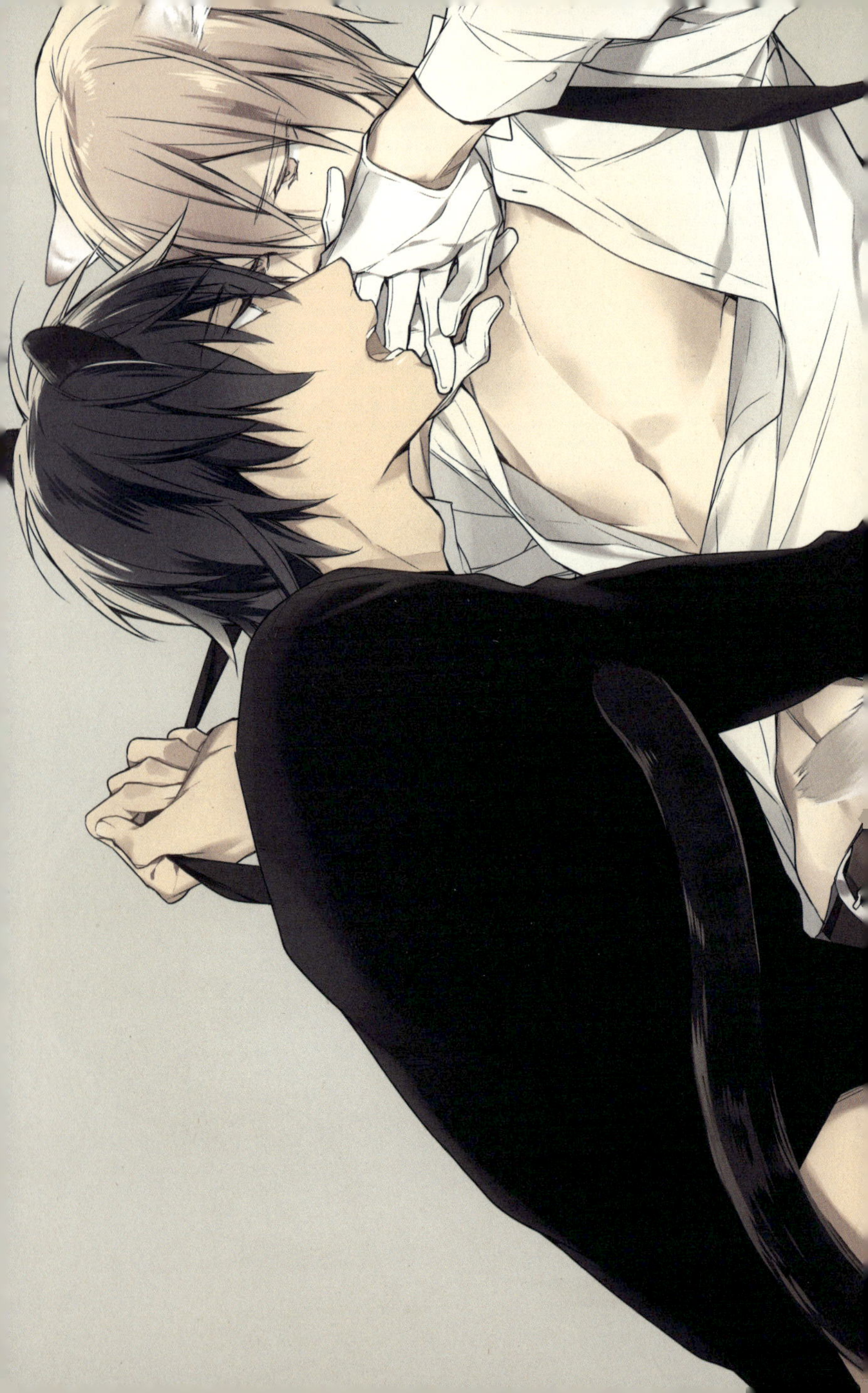

TEN COUNT

Rihito Takarai

3

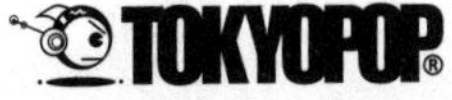

RIKU KUROSE

Arbeitet als Psychologe in einer Praxis für psychosomatische Medizin. Tief in seinem Herzen befindet sich ein Schalter, der nicht umgelegt werden darf, den er verleugnet und versucht zu verstecken.

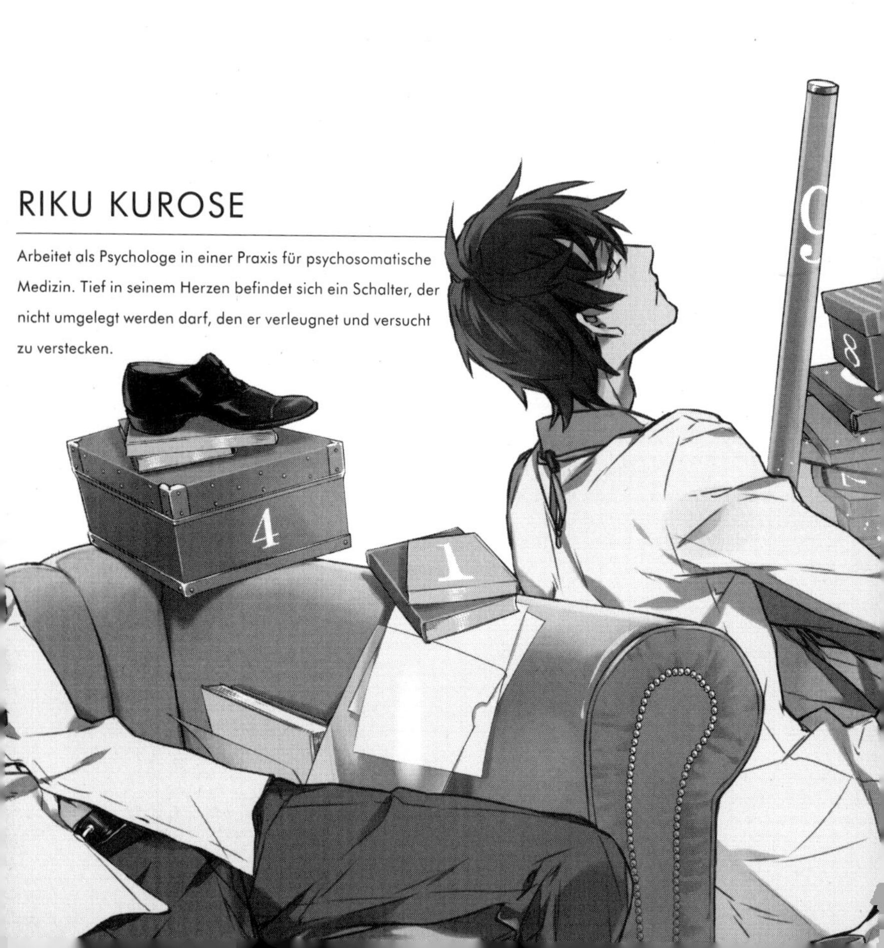

STORY

Shirotani lässt sich privat von Kurose beraten, um seine Mysophobie zu überwinden. Sie treffen sich in einem Café und führen eine Therapie namens »Exposition mit Reaktionsverhinderung« durch. Kurose, dem seine Gefühle für Shirotani bewusst wurden, meidet ihn eine Zeit lang. Doch als er Shirotani sagt, dass er ihn liebt und ihn berühren möchte, beschließt Shirotani, dass er Kurose weiterhin treffen möchte ... Bald darauf verführt Kurose ihn wie angekündigt und bringt ihn zum Orgasmus ... Shirotani, dem das eigentlich hätte zuwider sein sollen, ist verwirrt, wie er auf die Berührungen reagiert. Kurose nimmt ihn mit in seine Wohnung. Weil Shirotanis Anzug ruiniert ist, wollen die beiden am nächsten Morgen gemeinsam einen neuen kaufen gehen ...

EXPOSITION MIT REAKTIONSVERHINDERUNG

Es handelt sich dabei um eine Behandlungsmethode, bei der man sich überwindet, Handlungen auszuführen, die einem widerstreben und Angst bereiten (Exposition), und gleichzeitig Zwangshandlungen, wie das anschließende Händewaschen, unterlässt (Reaktionsverhinderung). Abhängig von den Symptomen und der Situation gibt es die verschiedensten Umsetzungsmethoden. Kurose wählt eine Methode, bei der er Shirotani eine Liste mit zehn ihm »widerstrebenden Handlungen« aufschreiben und durchführen lässt. Dabei beginnt man mit der am wenigsten problematischen Handlung, die machbar erscheint, und arbeitet sich Schritt für Schritt vor.

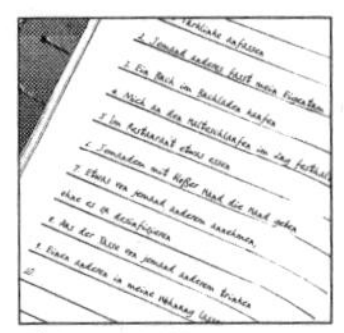

Shirotanis Liste

DIE CHARAKTERE

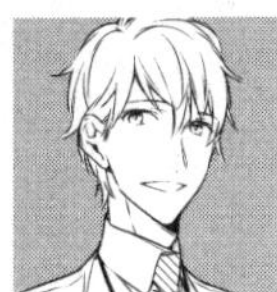

MIKAMI

Ein Freund, der zur selben Zeit in der Firma angefangen hat wie Shirotani. Arbeitet in der Verkaufsabteilung. Hat Verständnis für Shirotanis Mysophobie.

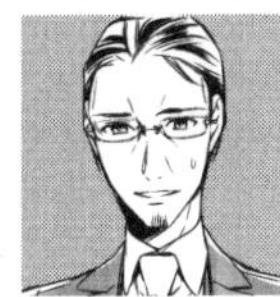

KURAMOTO

Der Chef von Shirotanis Firma. Kurose hat ihn davor gerettet, von einem Auto angefahren zu werden.

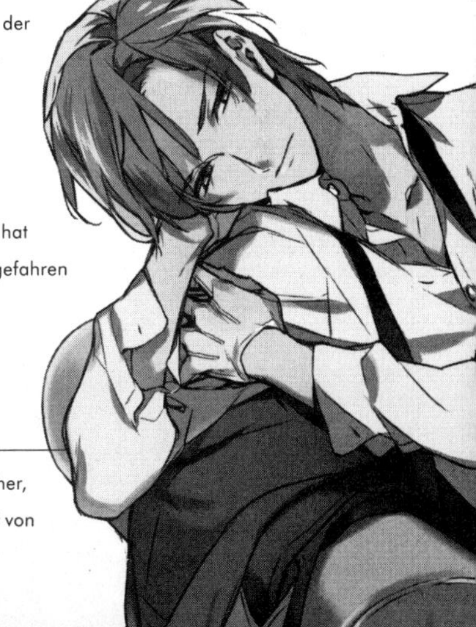

TADAOMI SHIROTANI

Sekretär des Chefs. Leidet unter Mysophobie. Ist sich nicht sicher, ob seine Gefühle für Kurose Liebe sind oder doch nur eine Art von Abhängigkeit.

INHALT

TEN COUNT
COUNT. 13

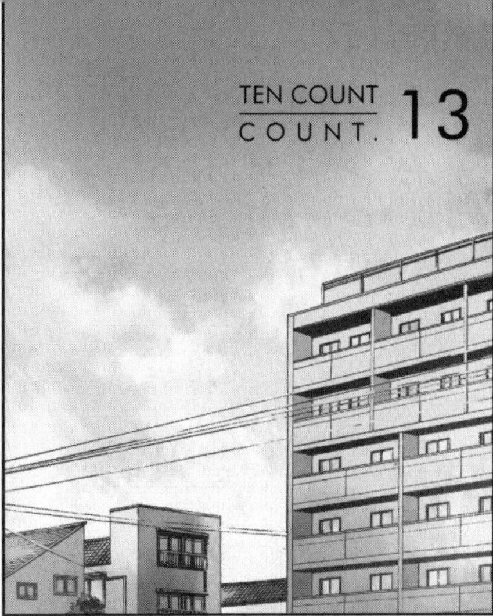

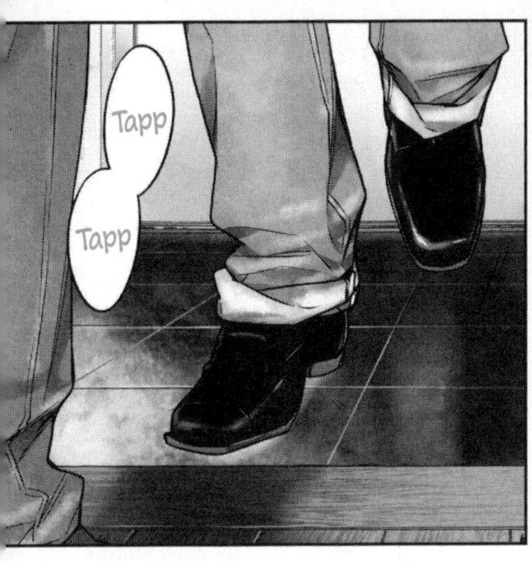

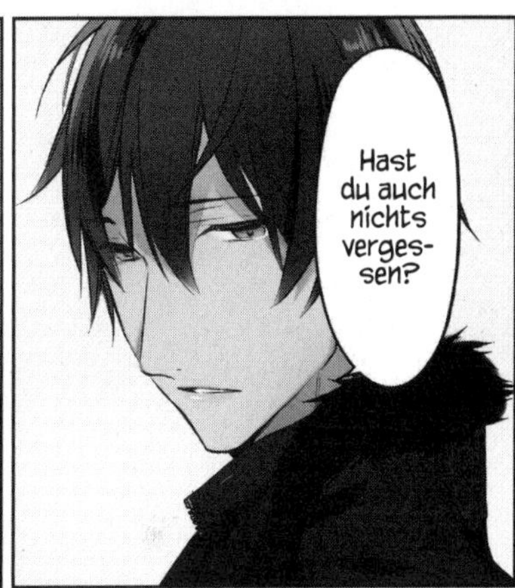

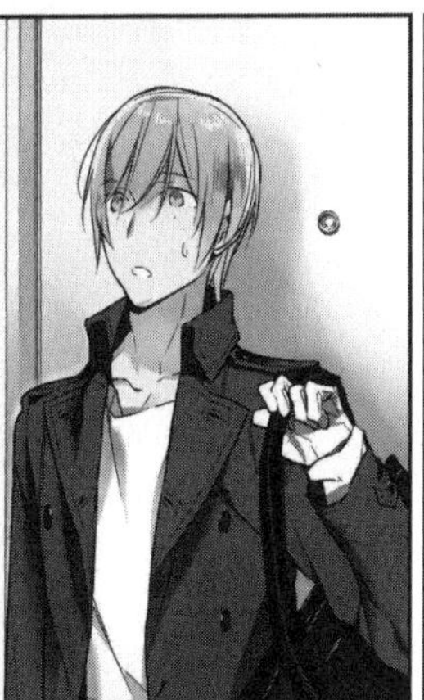

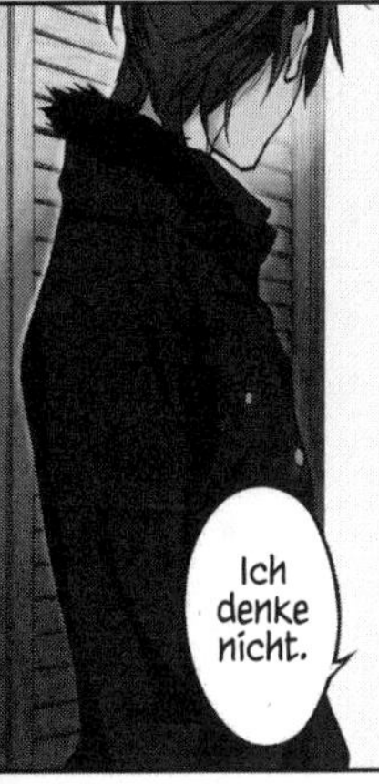

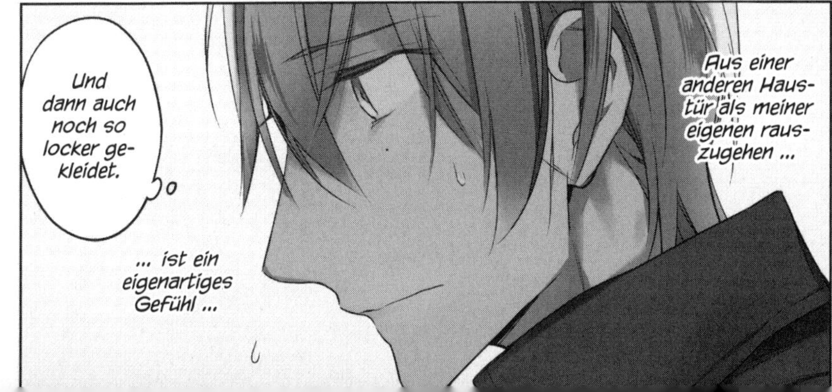

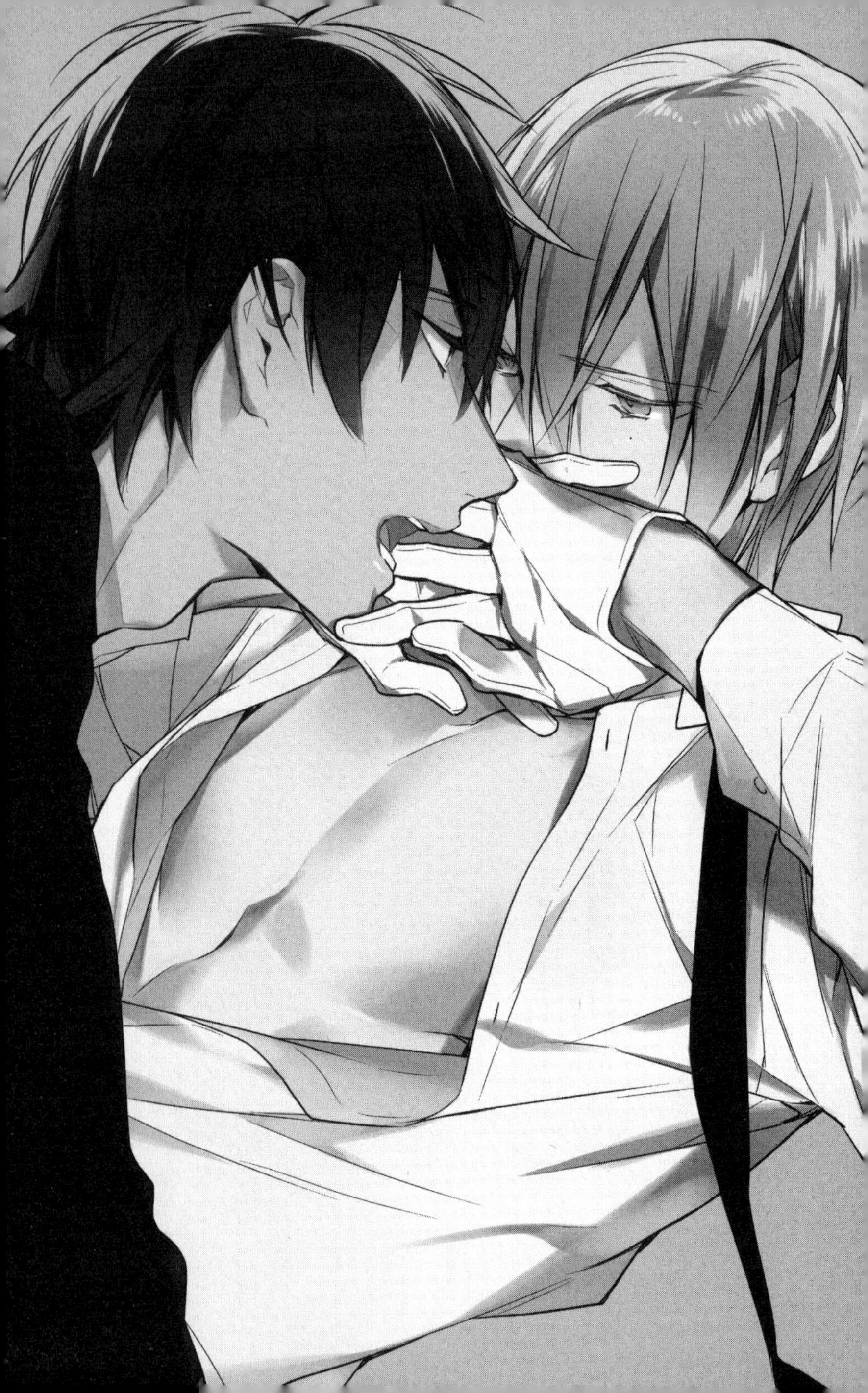

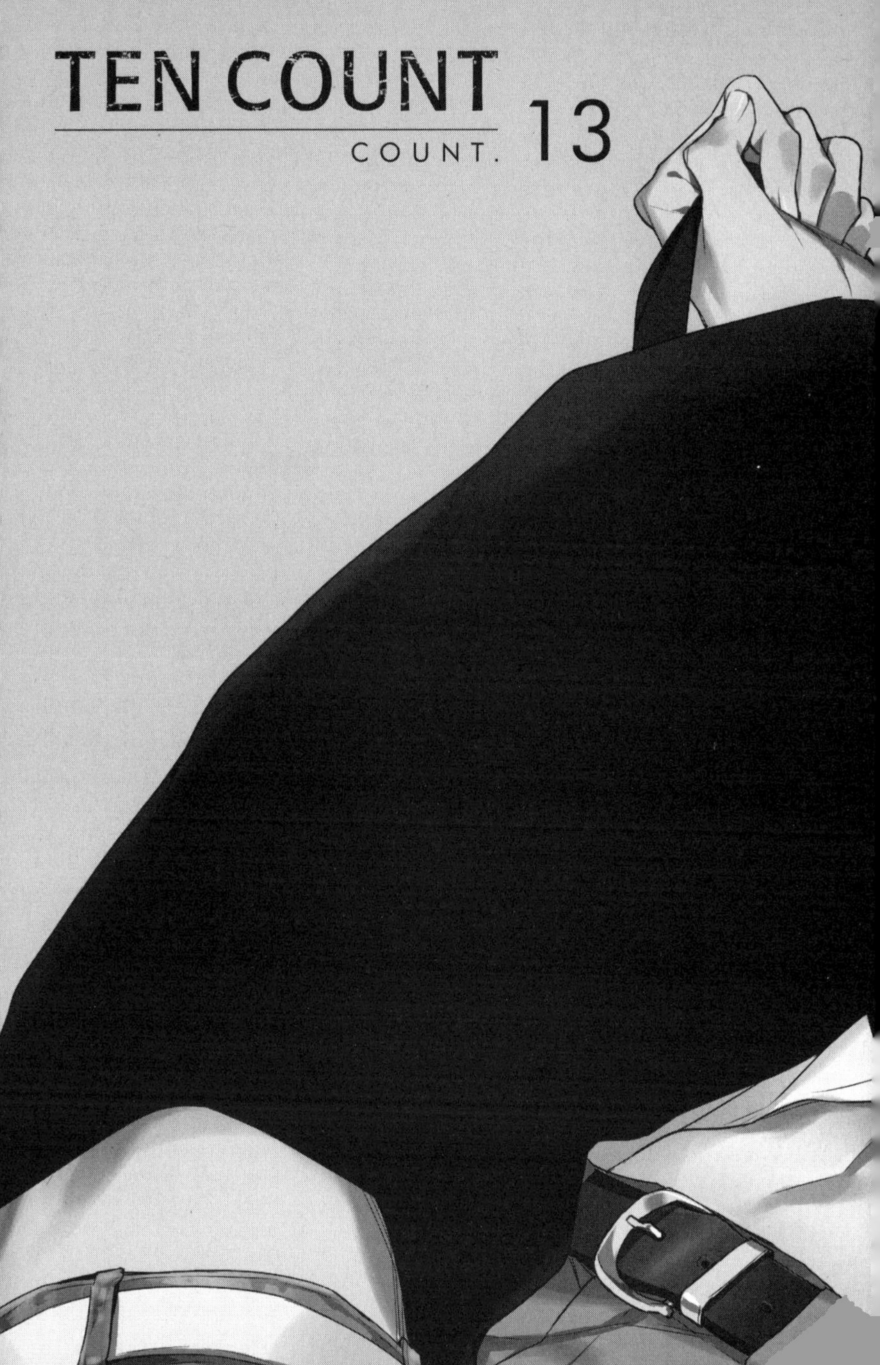
TEN COUNT
COUNT. 13

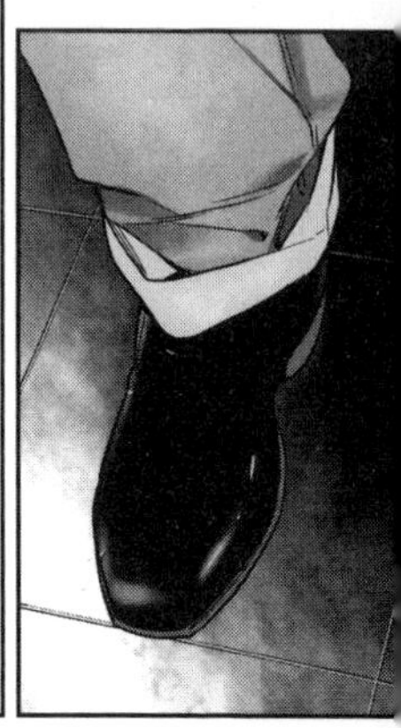

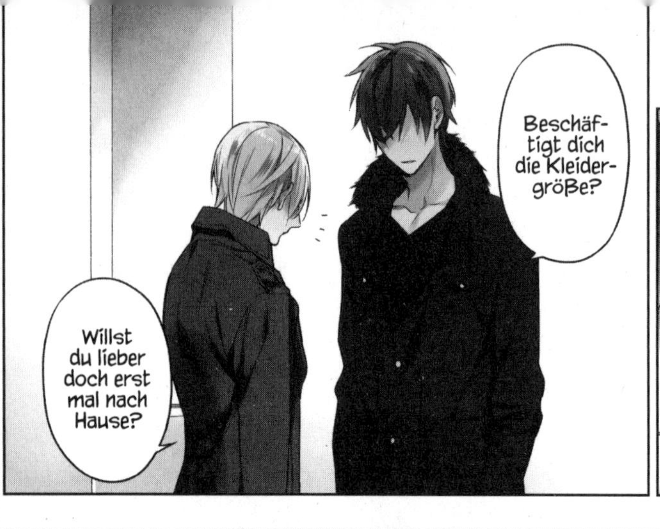
Beschäftigt dich die Kleidergröße?
Willst du lieber doch erst mal nach Hause?

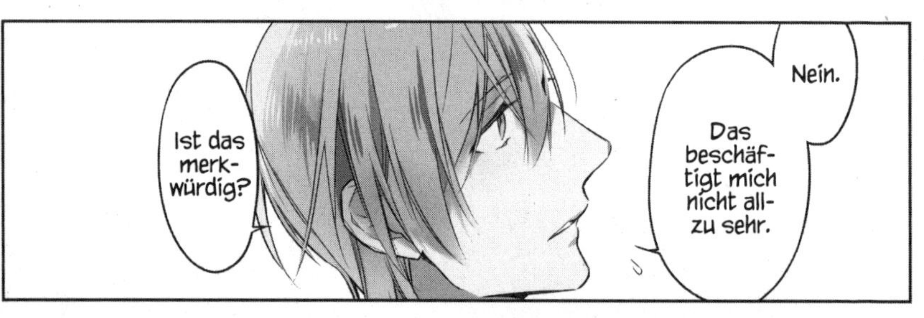
Nein.
Das beschäftigt mich nicht allzu sehr.
Ist das merkwürdig?

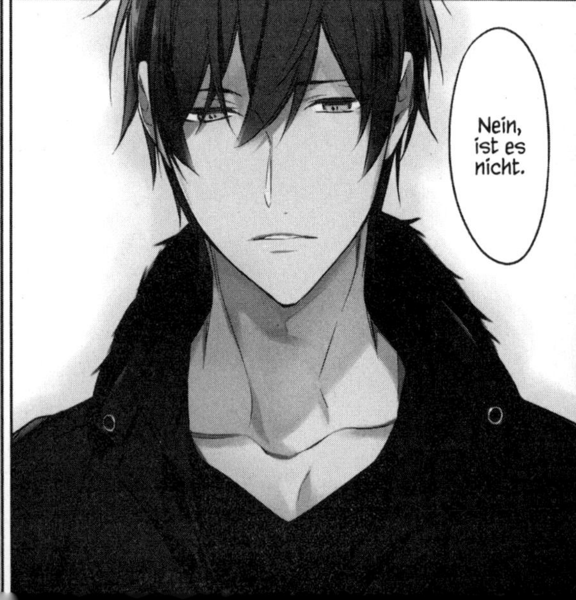
Nein, ist es nicht.

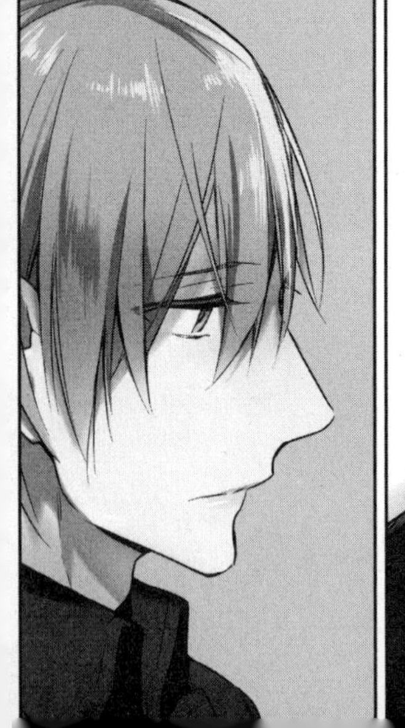

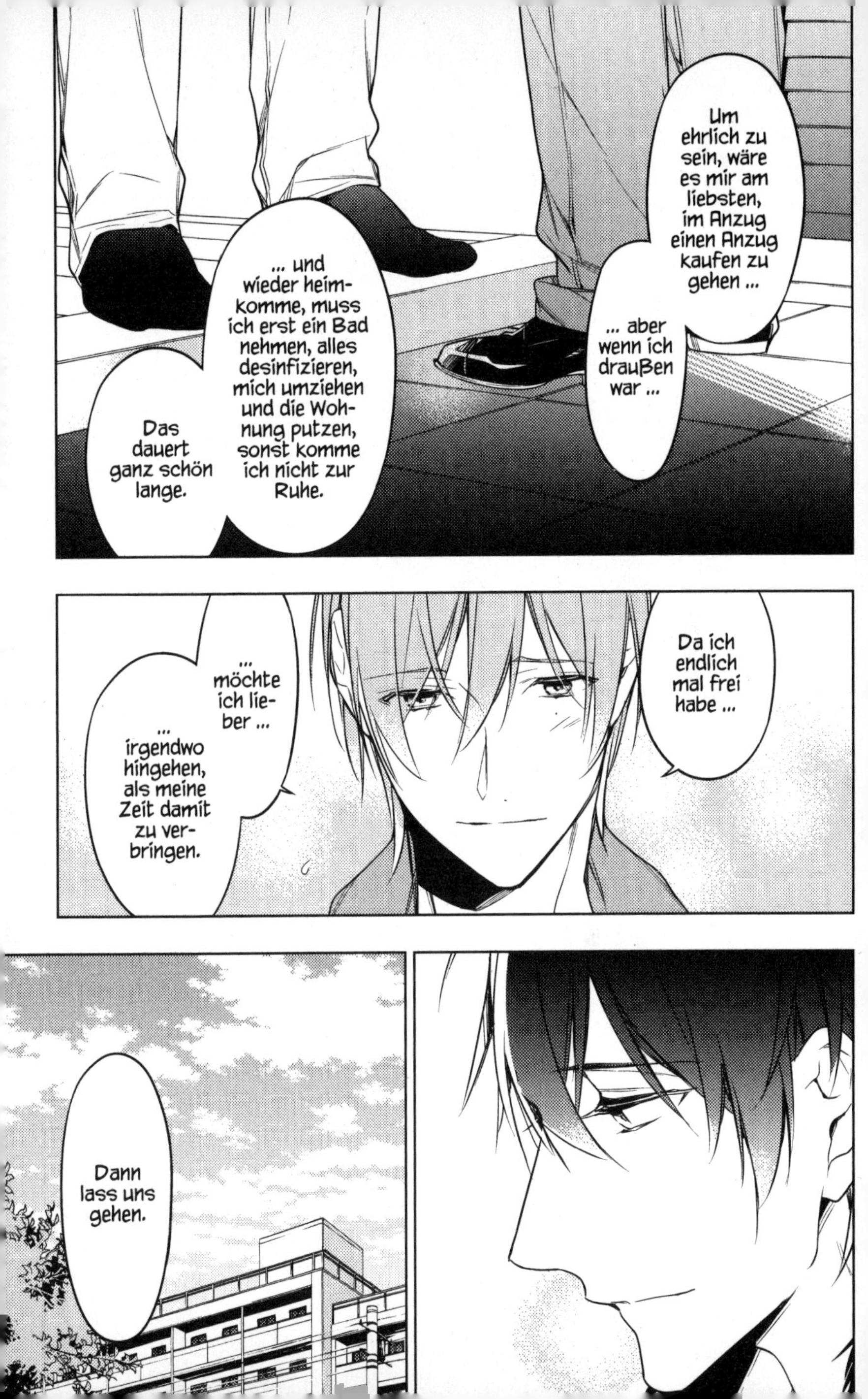

Um ehrlich zu sein, wäre es mir am liebsten, im Anzug einen Anzug kaufen zu gehen ...

... aber wenn ich draußen war ...

... und wieder heimkomme, muss ich erst ein Bad nehmen, alles desinfizieren, mich umziehen und die Wohnung putzen, sonst komme ich nicht zur Ruhe.

Das dauert ganz schön lange.

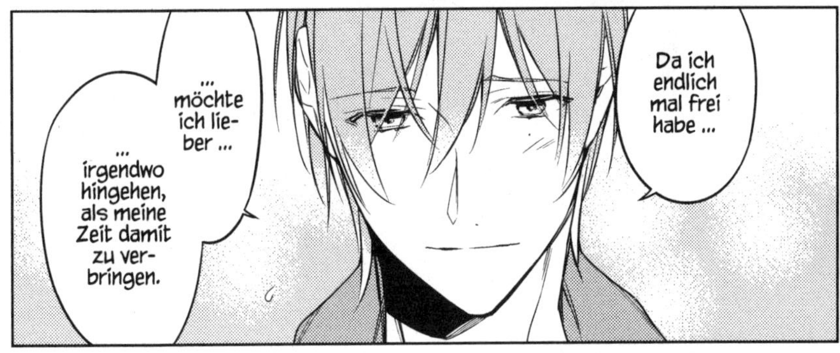

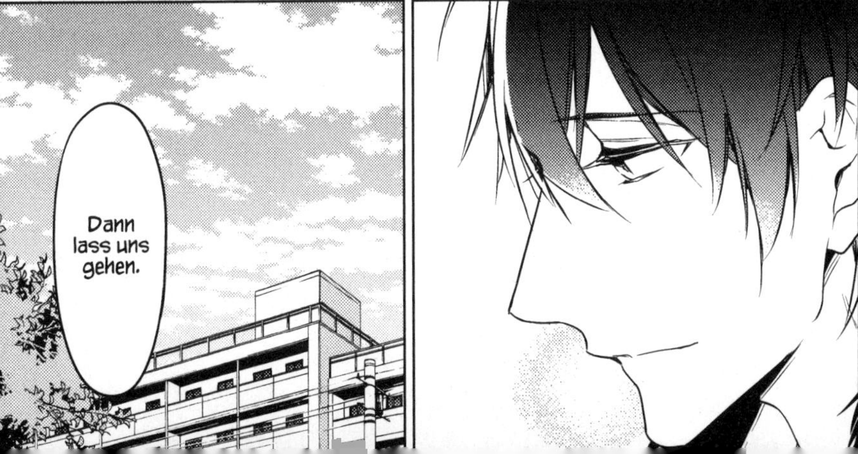

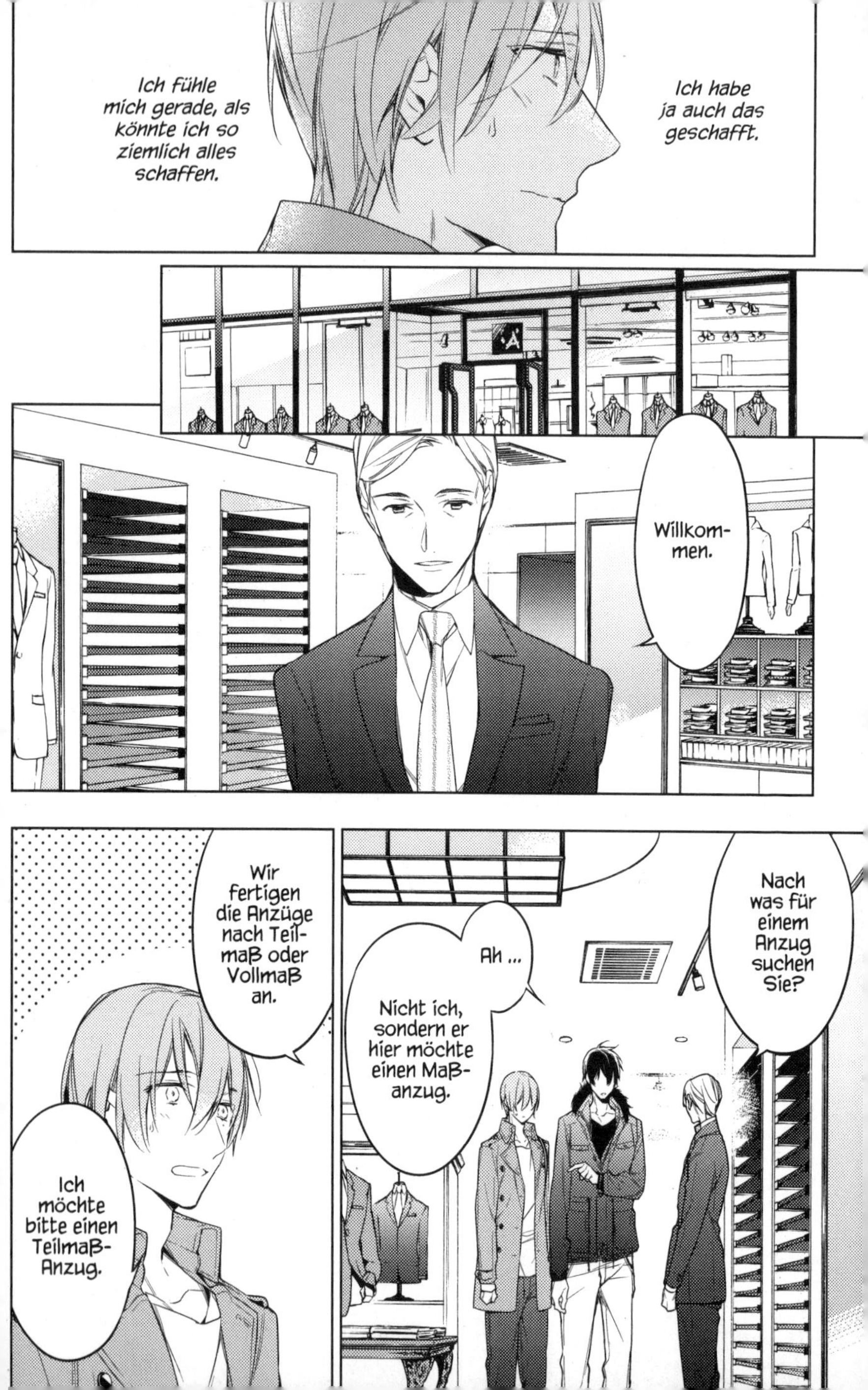
Ich habe ja auch das geschafft.
Ich fühle mich gerade, als könnte ich so ziemlich alles schaffen.
Willkommen.
Nach was für einem Anzug suchen Sie?
Ah ...
Nicht ich, sondern er hier möchte einen Maßanzug.
Wir fertigen die Anzüge nach Teilmaß oder Vollmaß an.
Ich möchte bitte einen Teilmaß-Anzug.

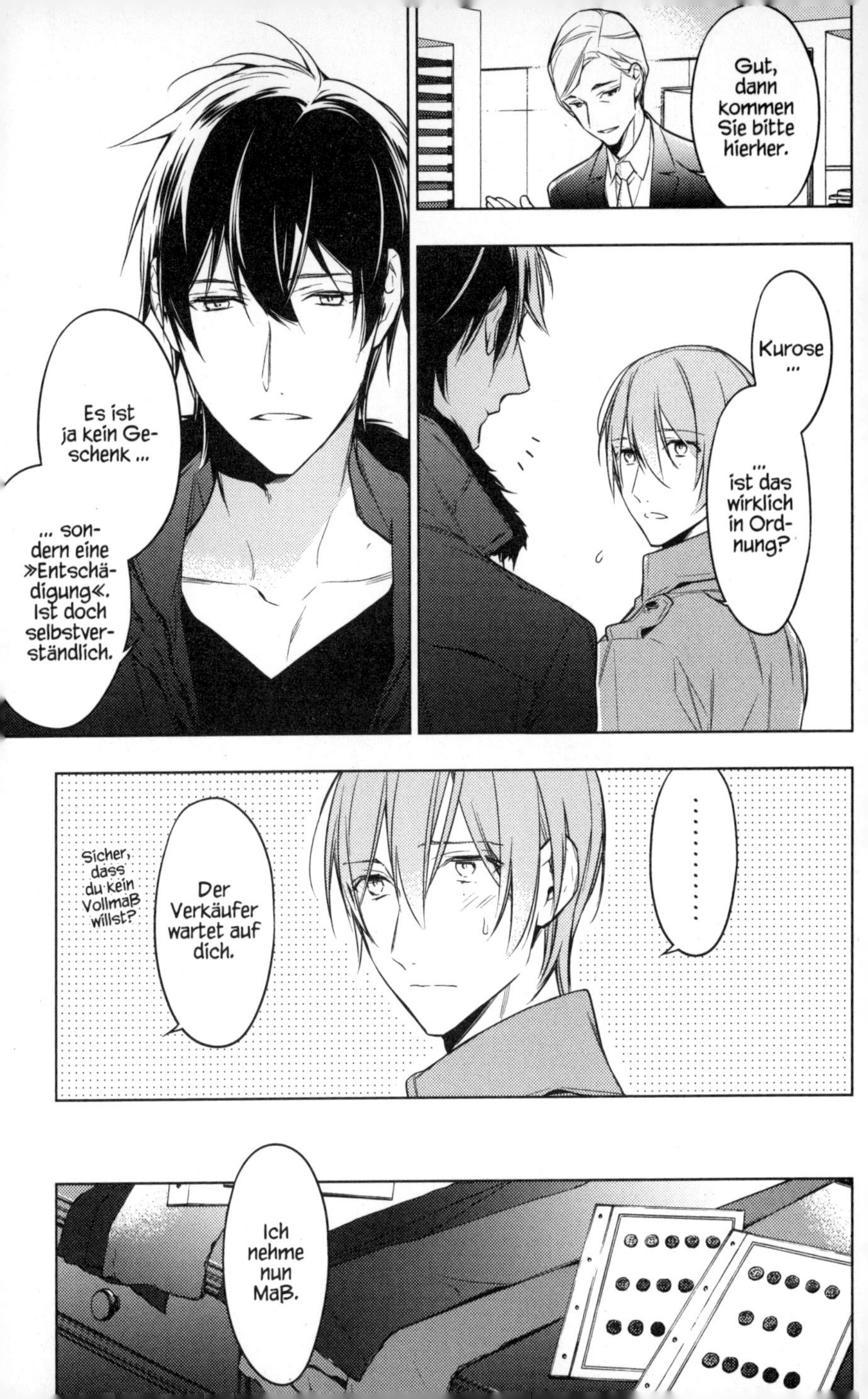

Gut, dann kommen Sie bitte hierher.

Kurose ...

... ist das wirklich in Ordnung?

Es ist ja kein Geschenk ...

... sondern eine »Entschädigung«. Ist doch selbstverständlich.

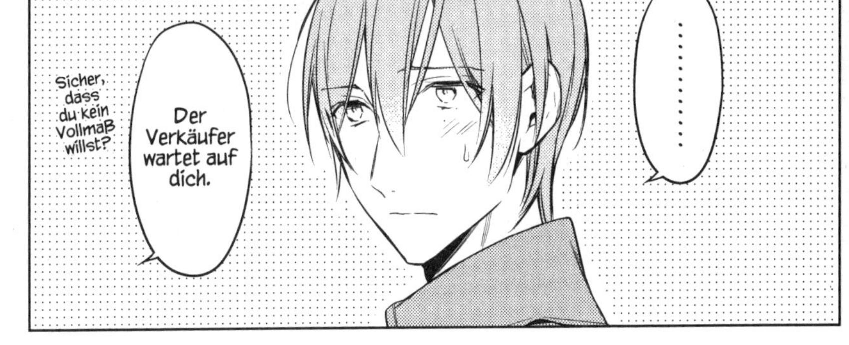

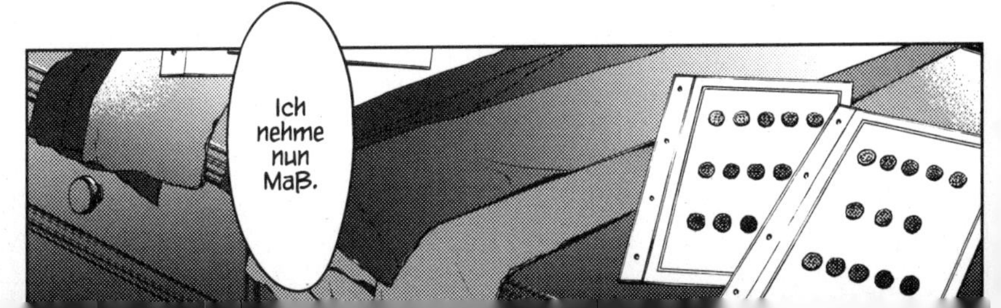

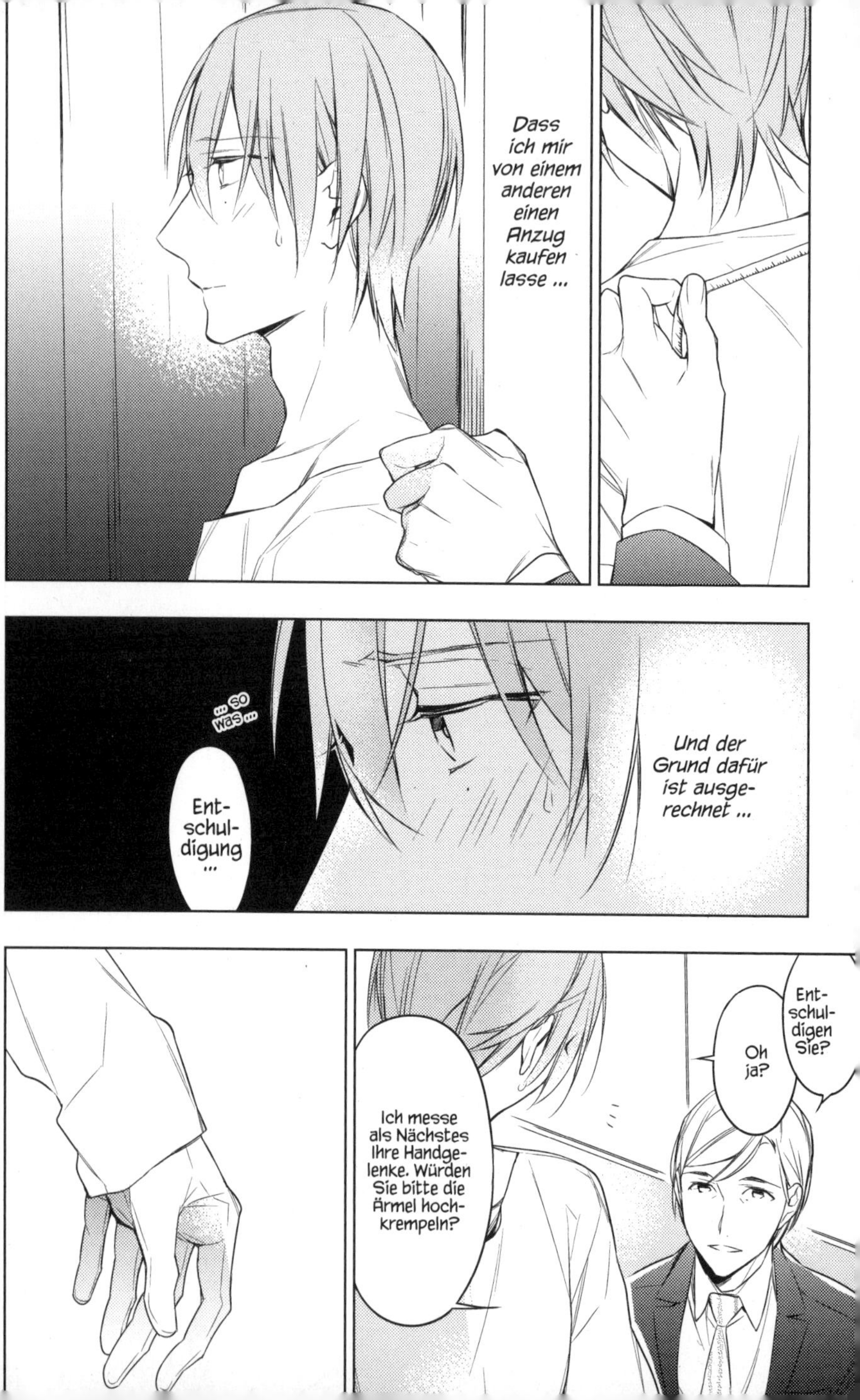

Dass ich mir von einem anderen einen Anzug kaufen lasse ...

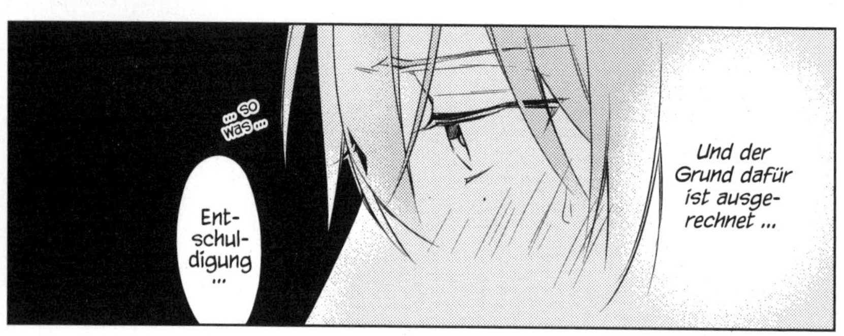

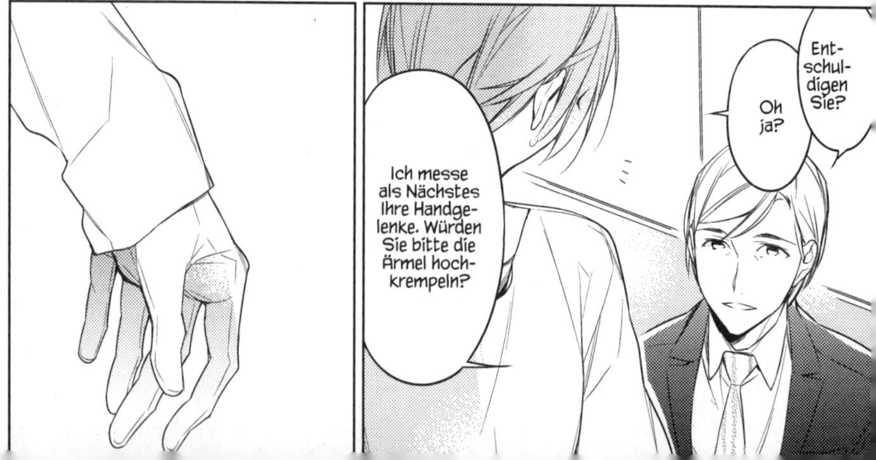

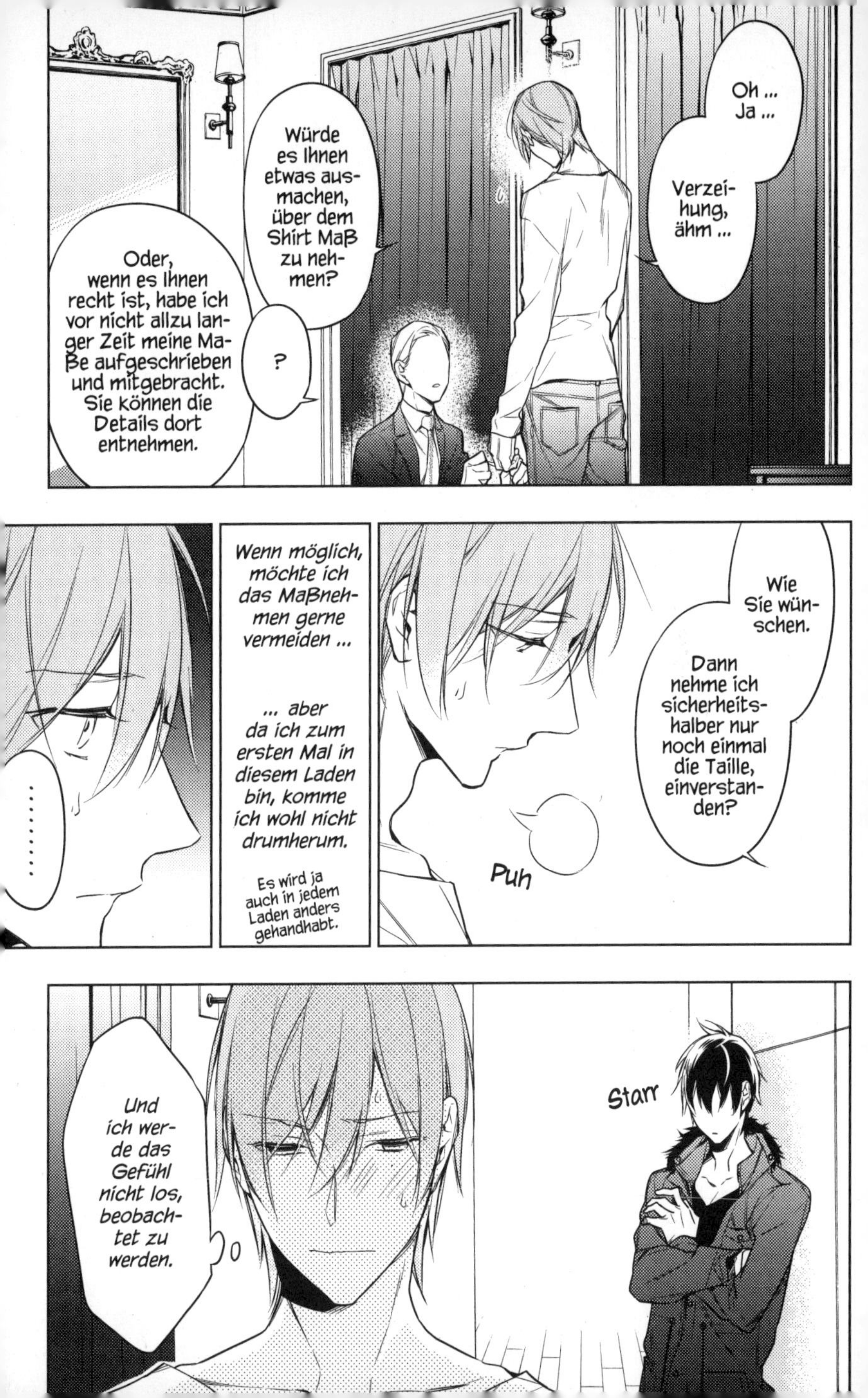

Oh ... Ja ...

Verzeihung, ähm ...

Würde es Ihnen etwas ausmachen, über dem Shirt Maß zu nehmen?

?

Oder, wenn es Ihnen recht ist, habe ich vor nicht allzu langer Zeit meine Maße aufgeschrieben und mitgebracht. Sie können die Details dort entnehmen.

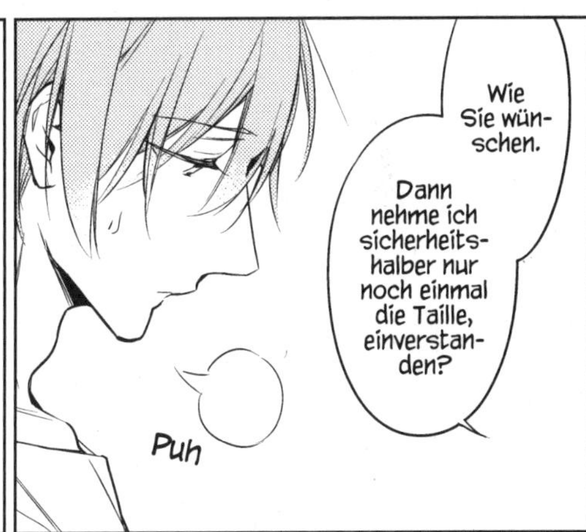

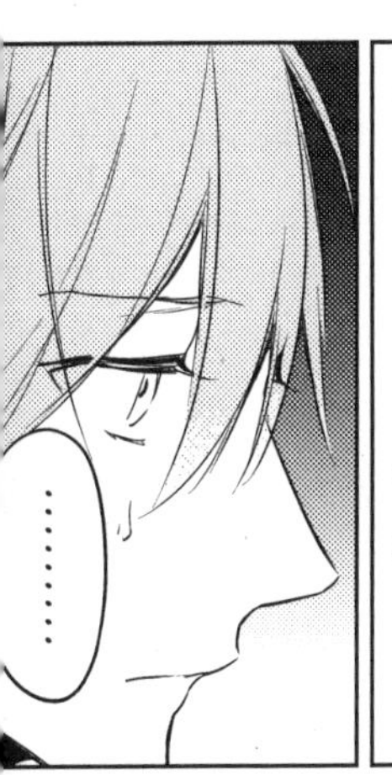

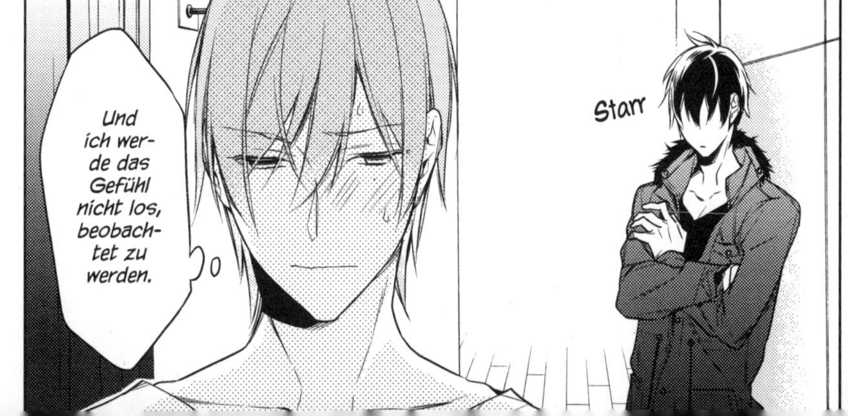

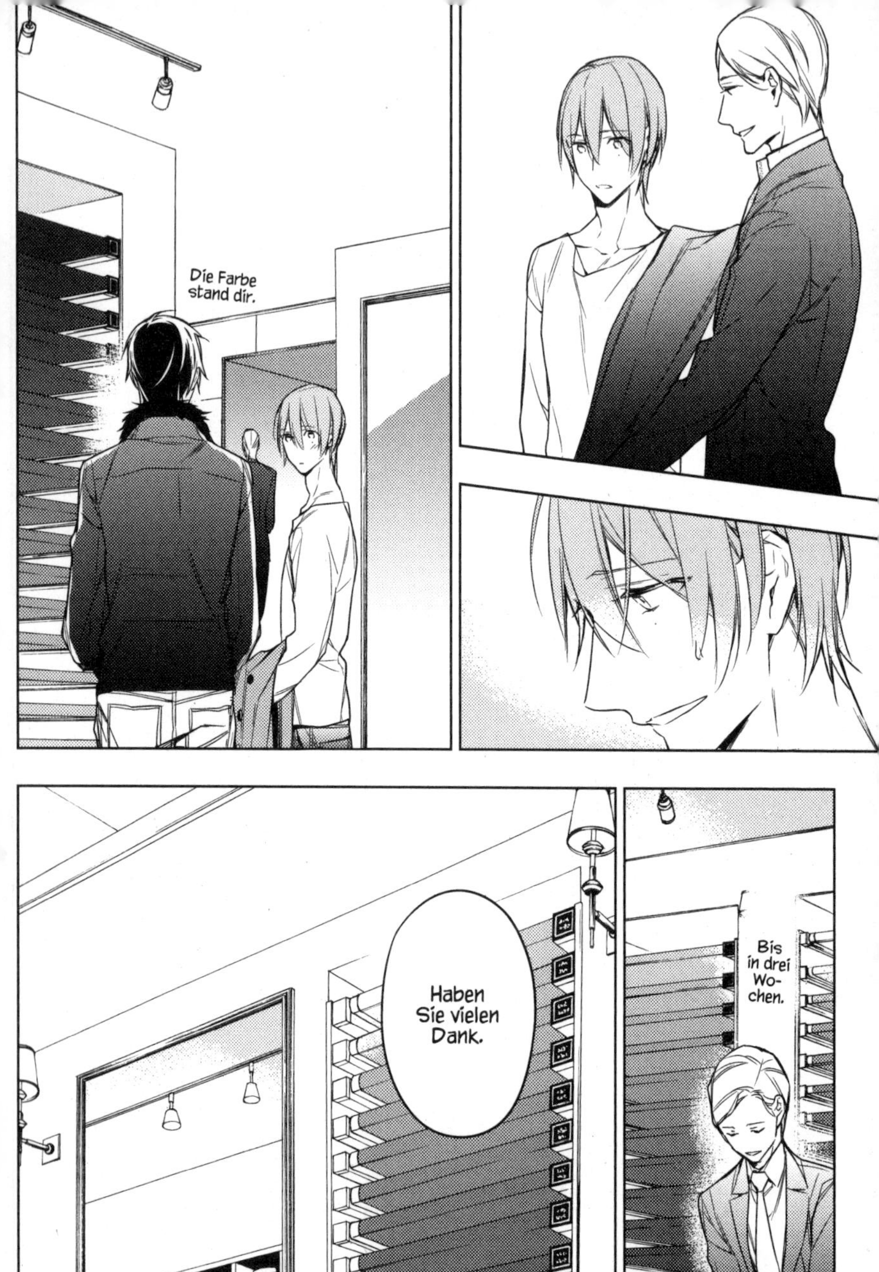
Die Farbe stand dir.
Bis in drei Wo-chen.
Haben Sie vielen Dank.

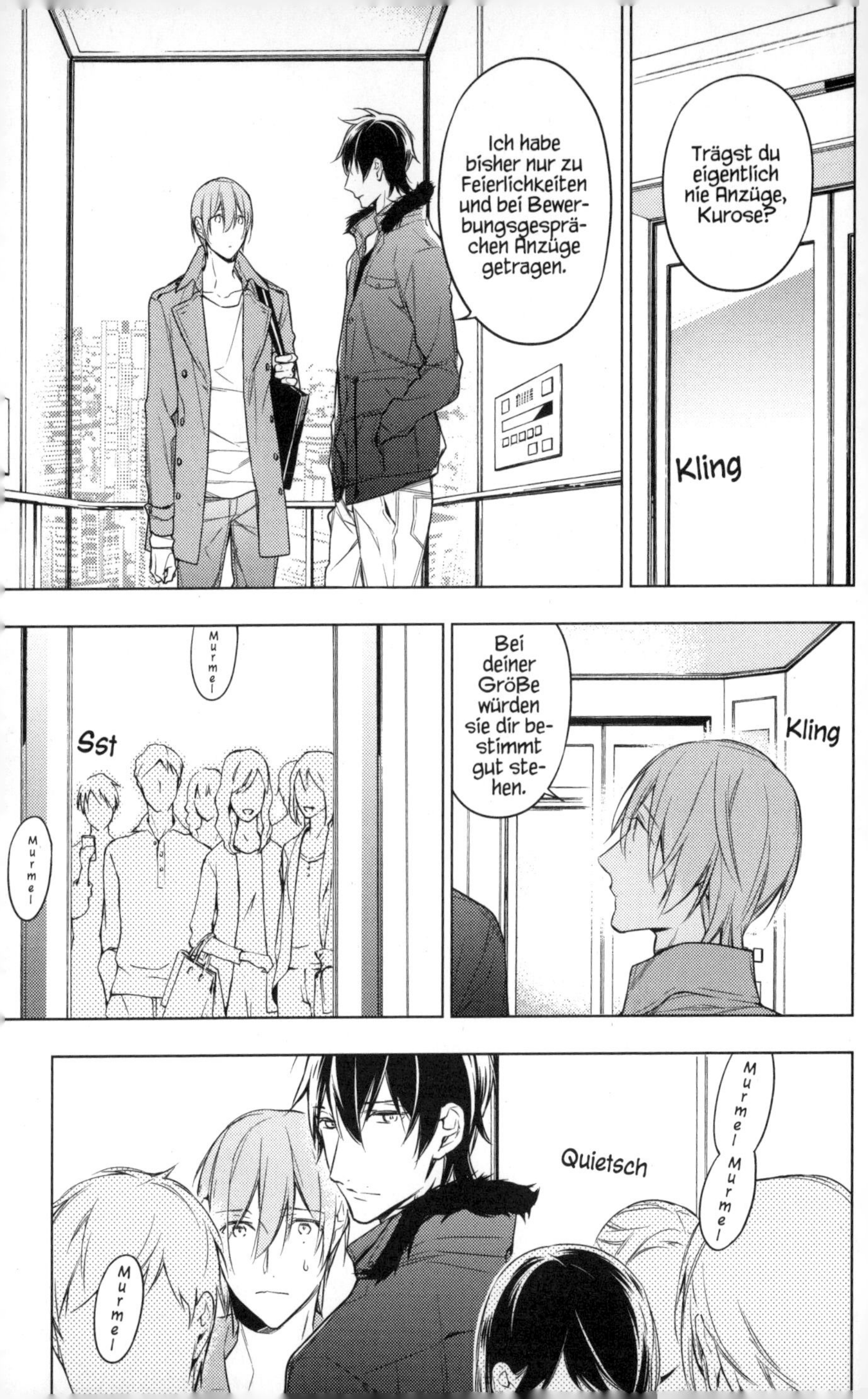

Trägst du eigentlich nie Anzüge, Kurose?

Kling

Ich habe bisher nur zu Feierlichkeiten und bei Bewerbungsgesprächen Anzüge getragen.

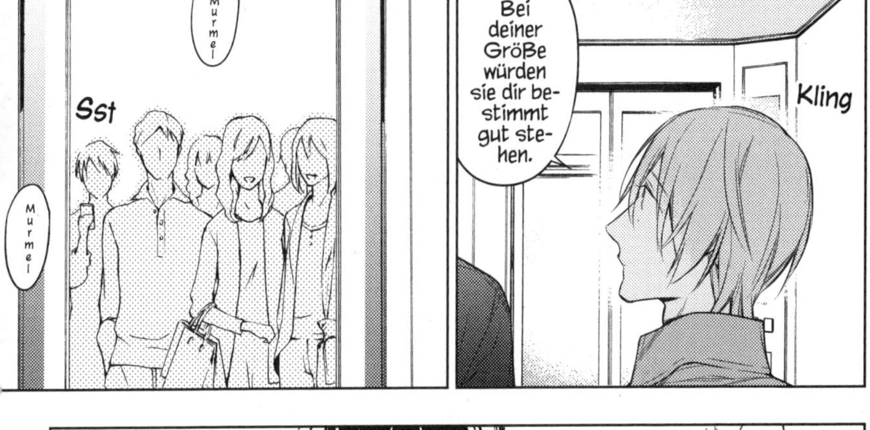

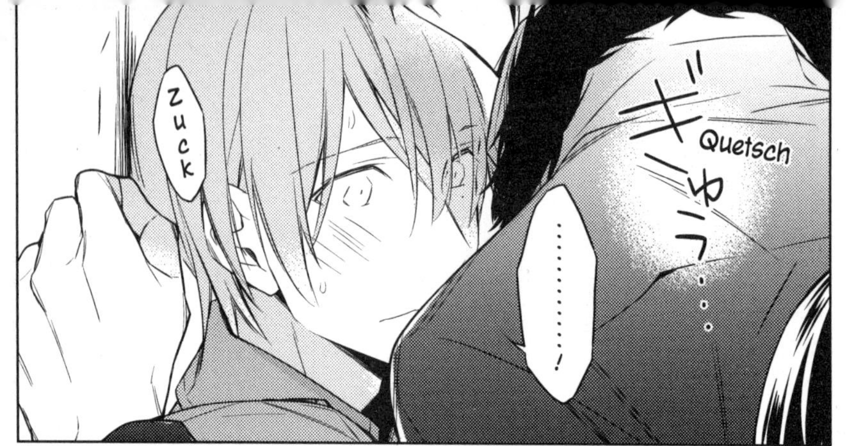
Quetsch
……!
Zuck

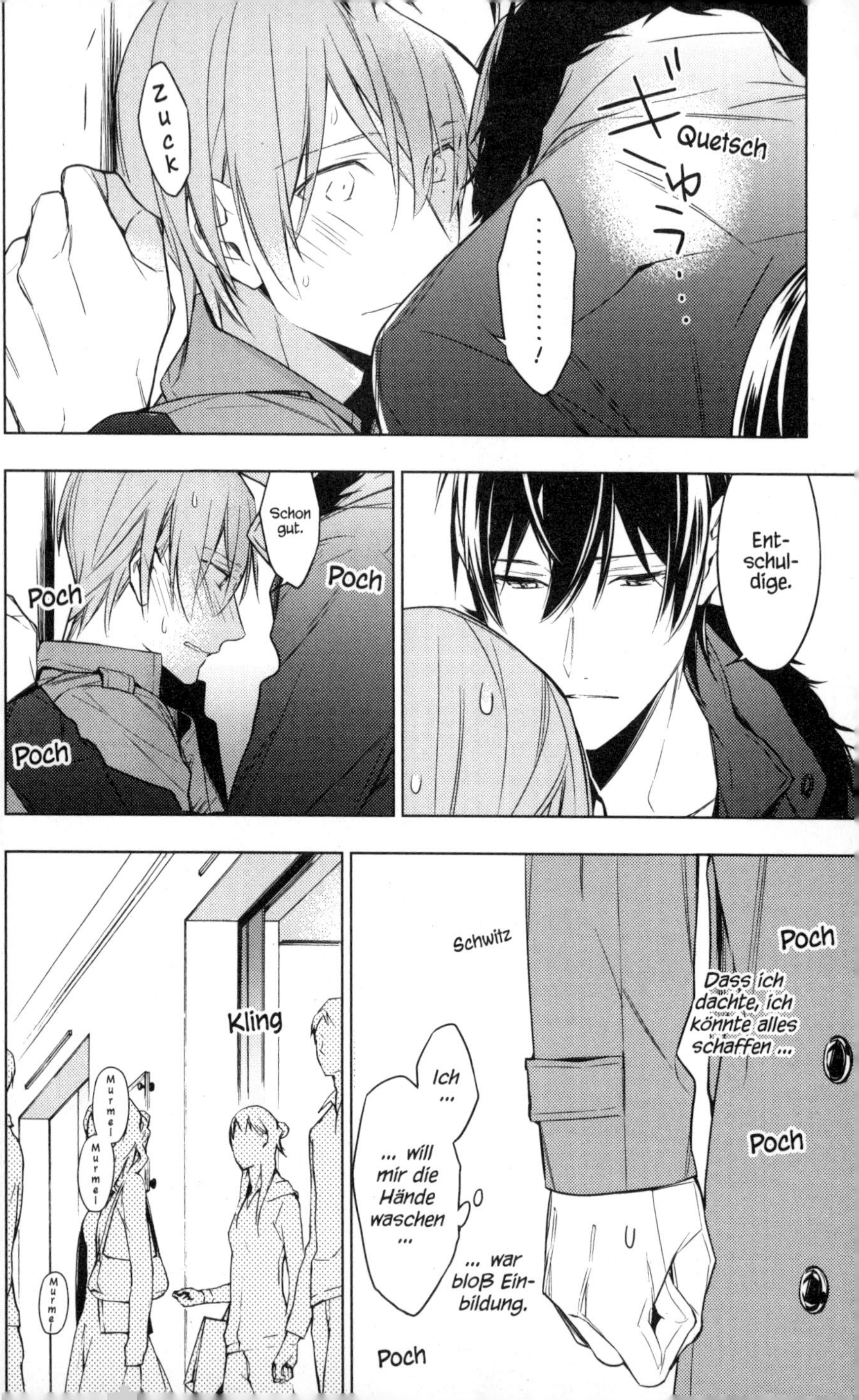

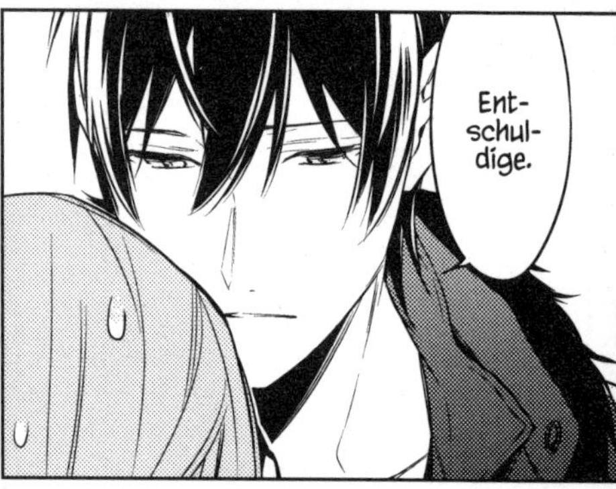
Ent-
schul-
dige.

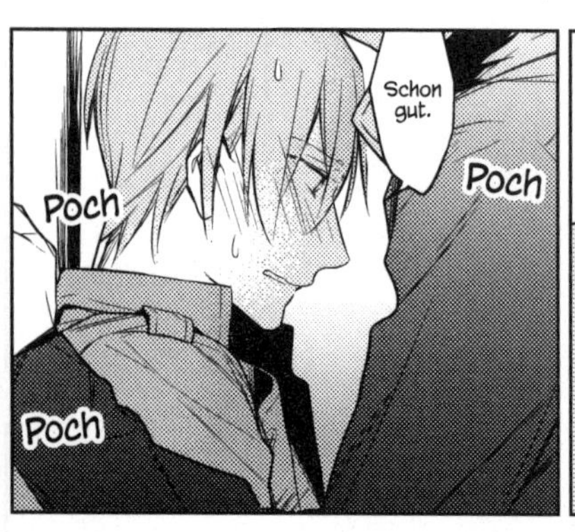
Schon
gut.
Poch
Poch
Poch

Poch
Dass ich
dachte, ich
könnte alles
schaffen ...
Poch
Schwitz
Ich
...
... will
mir die
Hände
waschen
...
... war
bloß Ein-
bildung.
Poch

Kling
Murmel
Murmel
Murmel

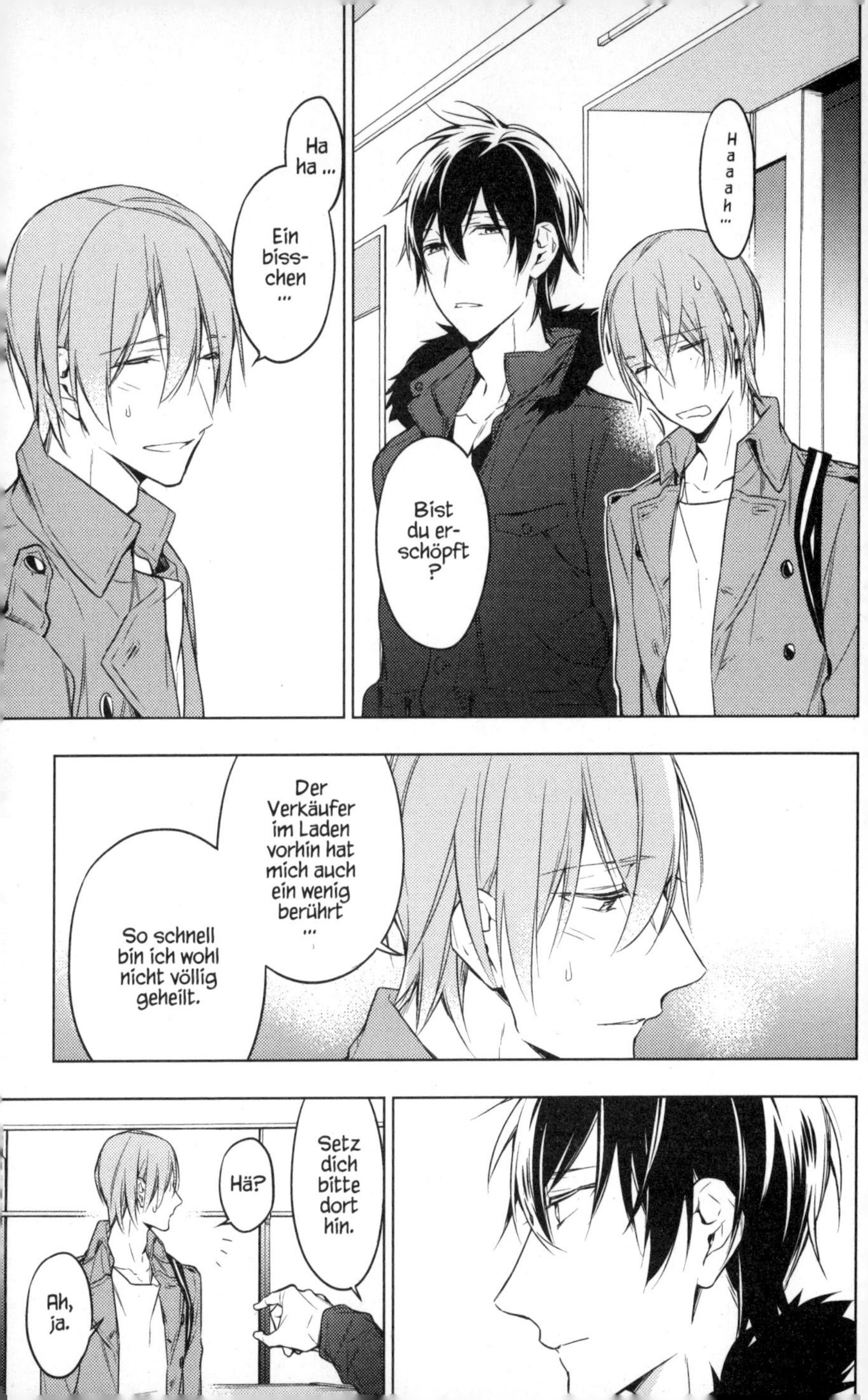

Haaah ...
Bist du erschöpft?
Ha ha ... Ein bisschen ...

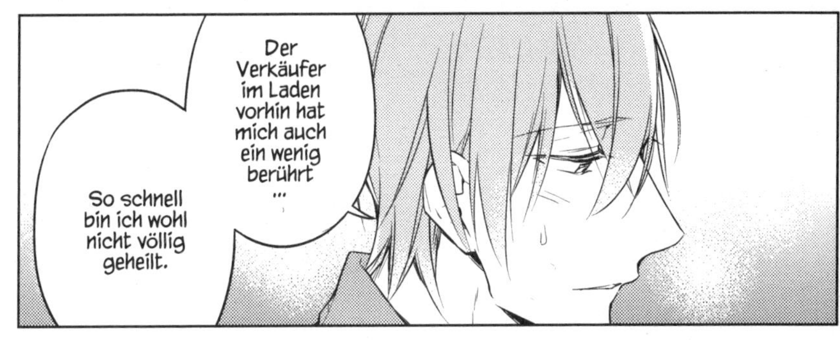

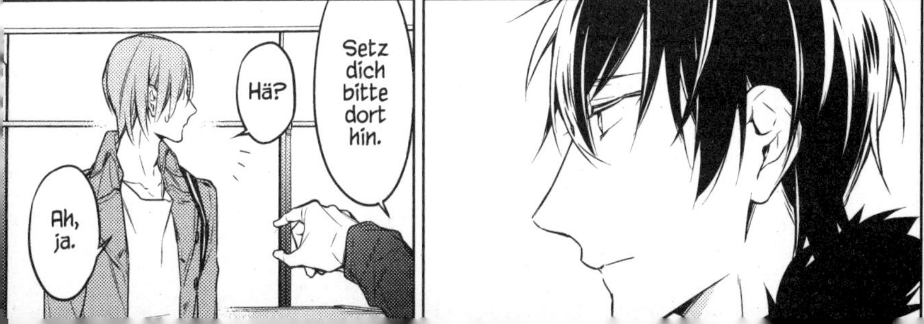

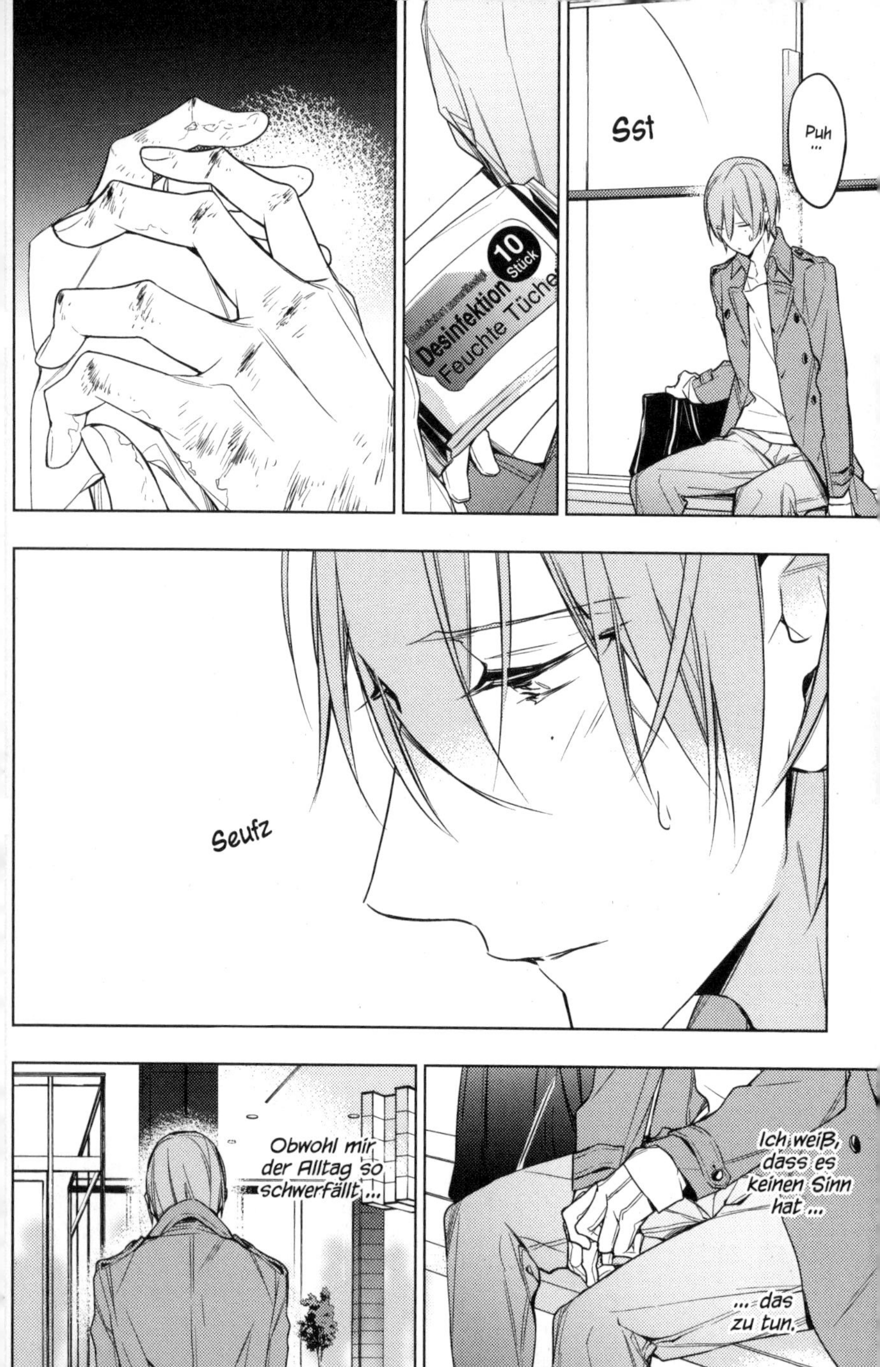
Puh ...
Sst
10 Stück
Desinfektion
Feuchte Tüche
Seufz
Ich weiß, dass es keinen Sinn hat ...
... das zu tun.
Obwohl mir der Alltag so schwerfällt ...

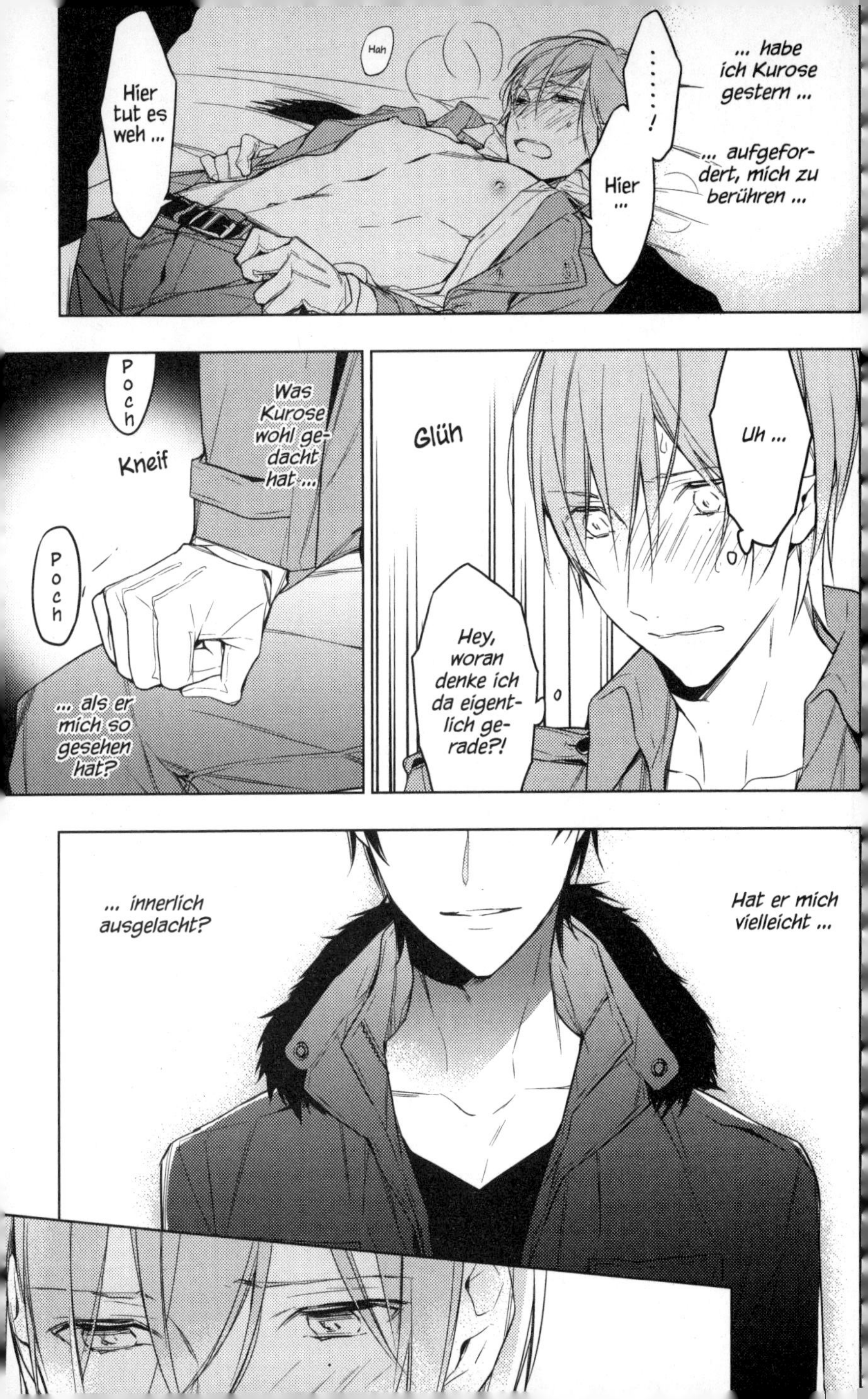

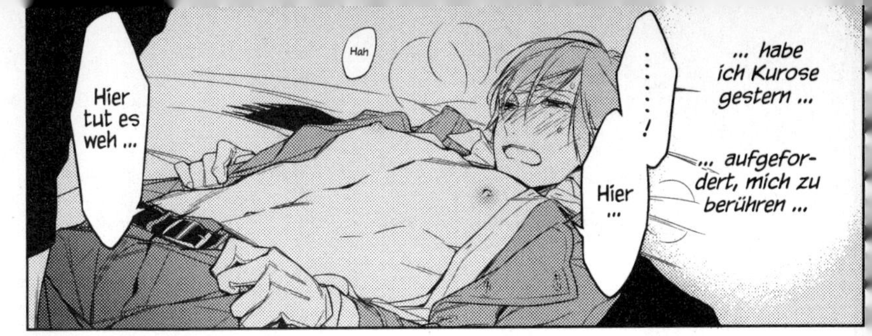

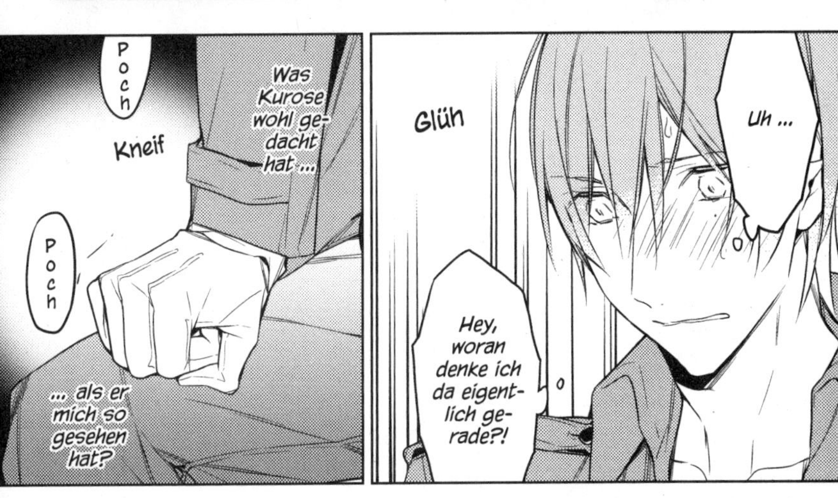

Hat er mich vielleicht ...

... innerlich ausgelacht?

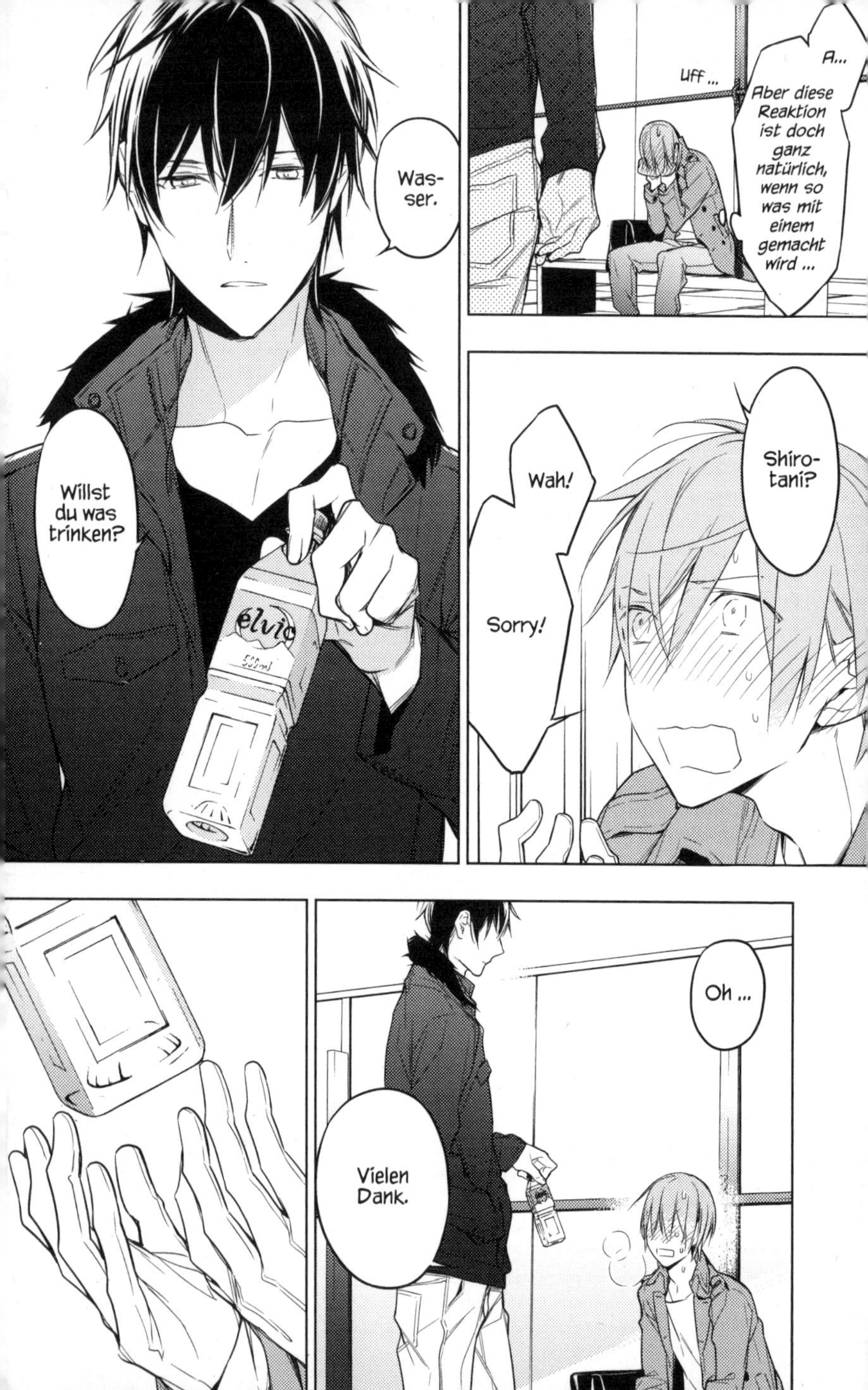
A...
Aber diese Reaktion ist doch ganz natürlich, wenn so was mit einem gemacht wird ...
Uff ...
Shiro-tani?
Wah!
Sorry!
Was-ser.
Willst du was trinken?
elvic
500ml
Oh ...
Vielen Dank.

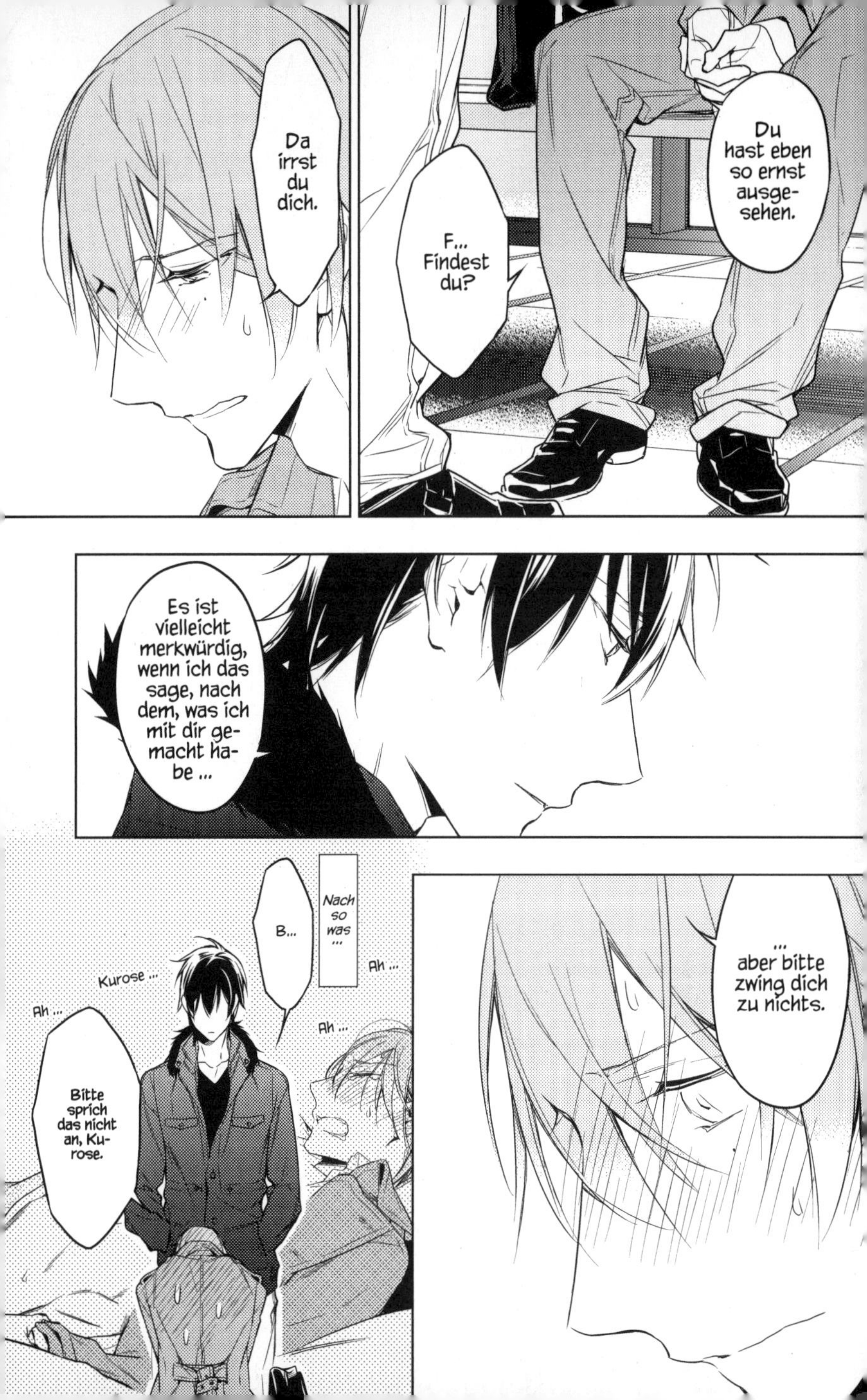
Du hast eben so ernst ausge-sehen.
F... Findest du?
Da irrst du dich.
Es ist vielleicht merkwürdig, wenn ich das sage, nach dem, was ich mit dir ge-macht ha-be ...
... aber bitte zwing dich zu nichts.
Ah ...
Nach so was ...
B...
Ah ...
Kurose ...
Ah ...
Bitte sprich das nicht an, Ku-rose.

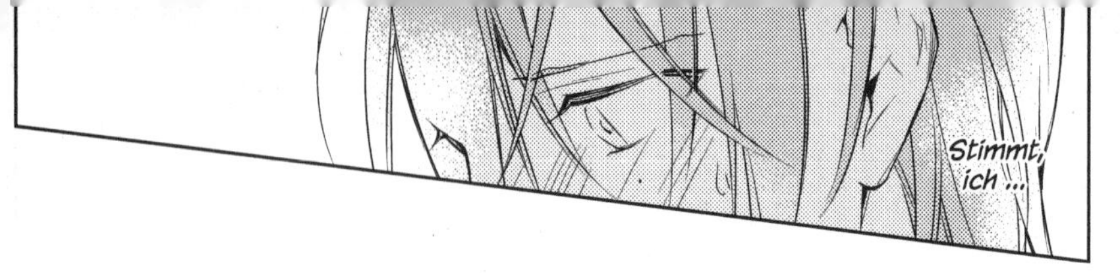

... habe sogar das geschafft ...

... da sollte es doch kein Problem sein, aus derselben Flasche wie er zu trinken, oder?

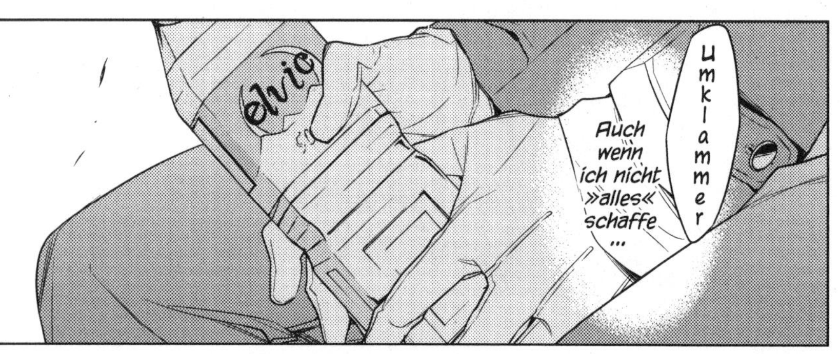

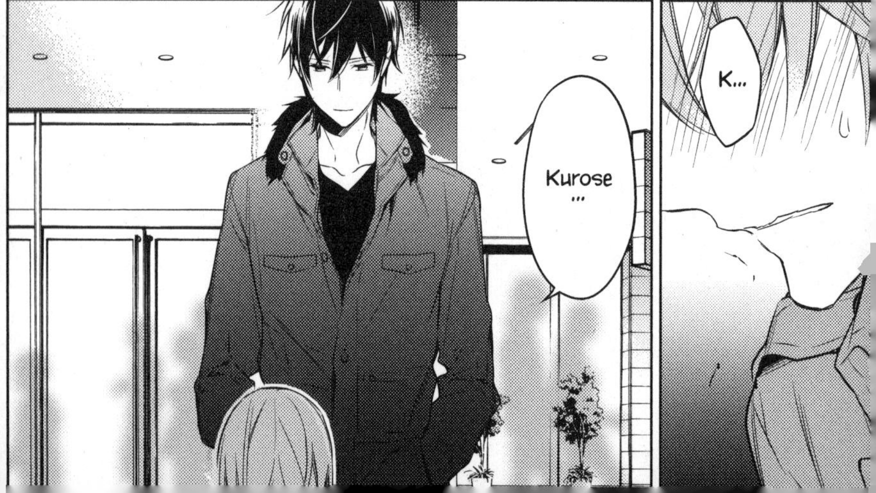

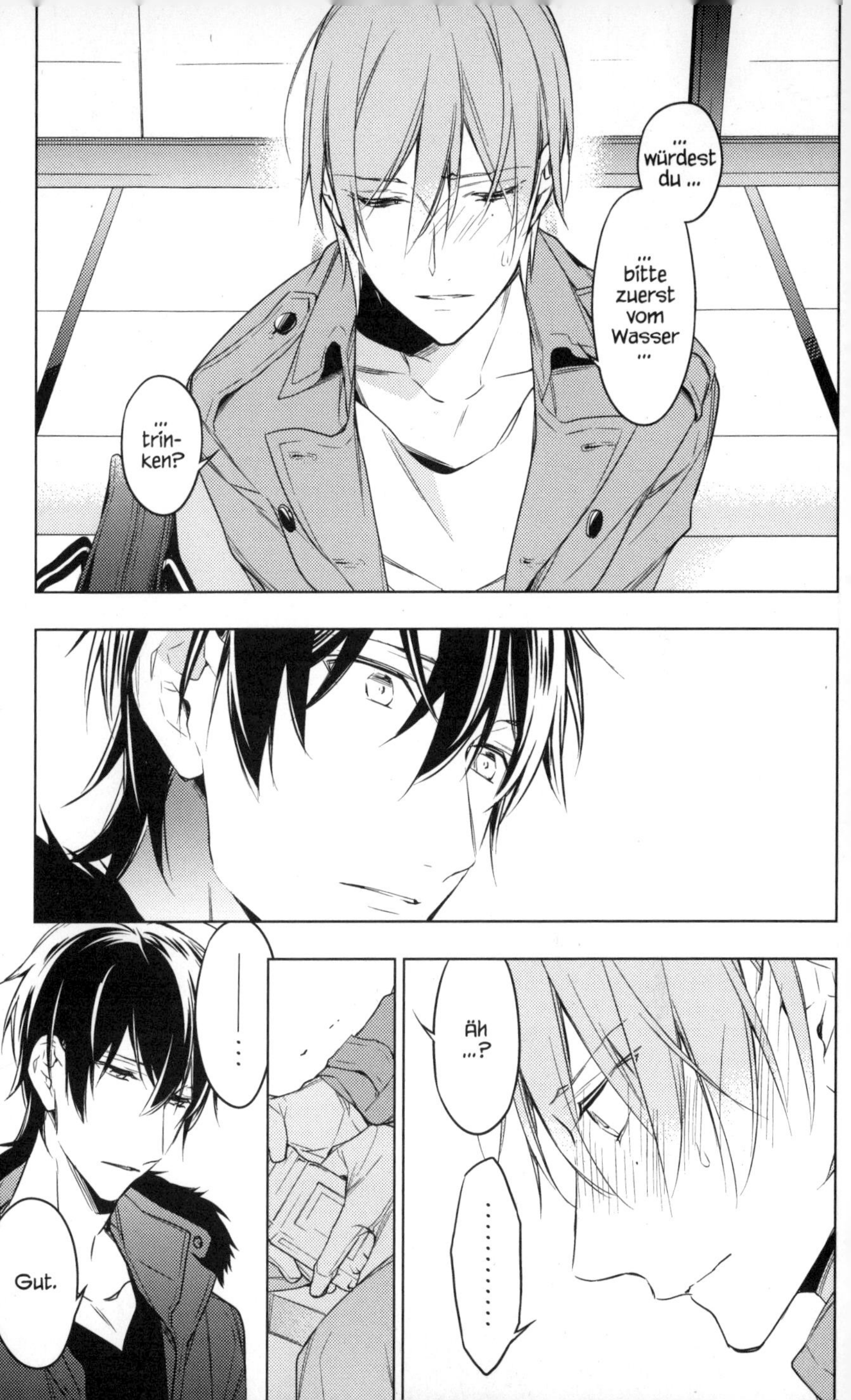
... würdest du ...
... bitte zuerst vom Wasser ...
... trinken?
Äh ...?
....
......
Gut.

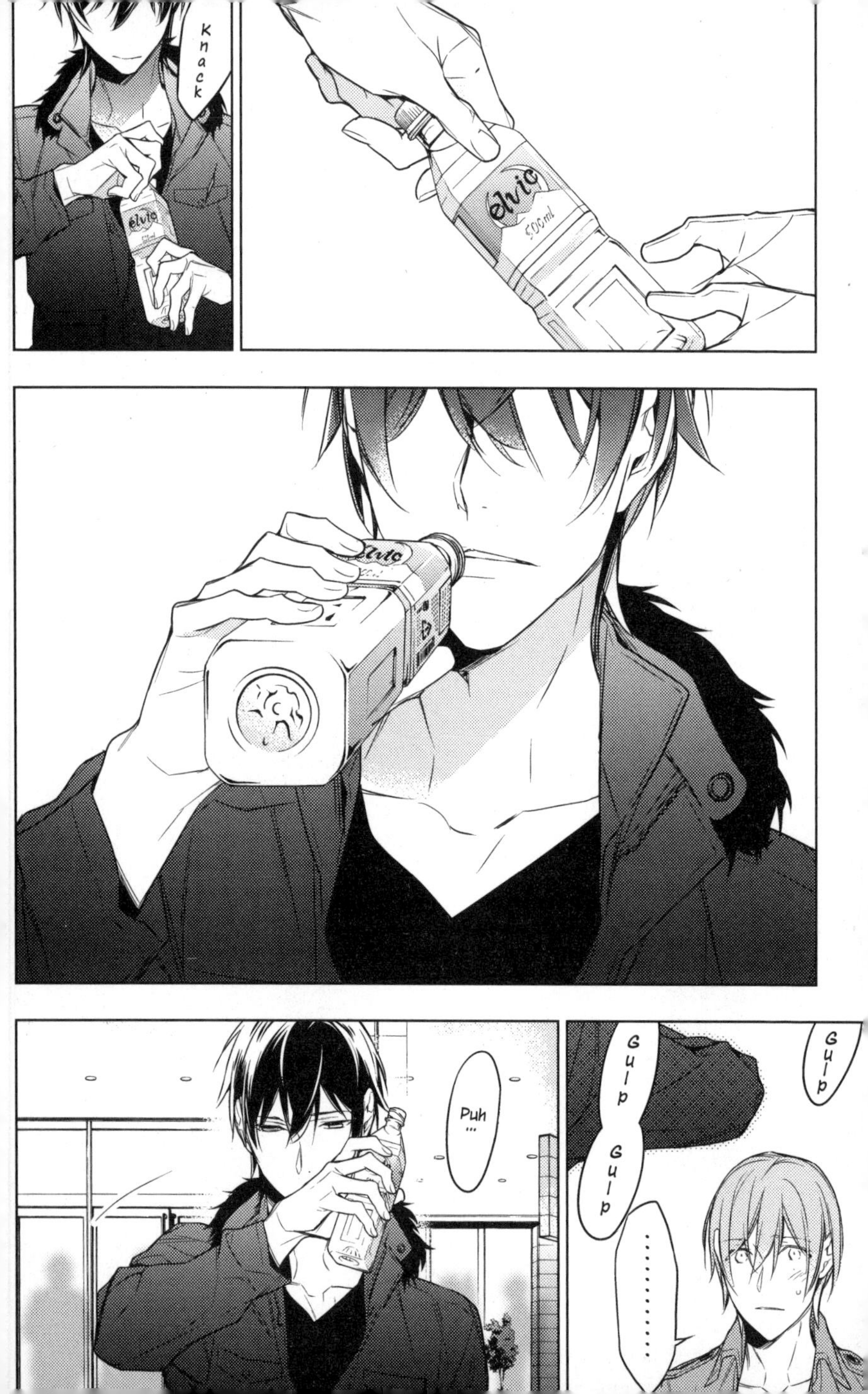
elvic
Knack
Gulp
Gulp Gulp
......
Puh ...

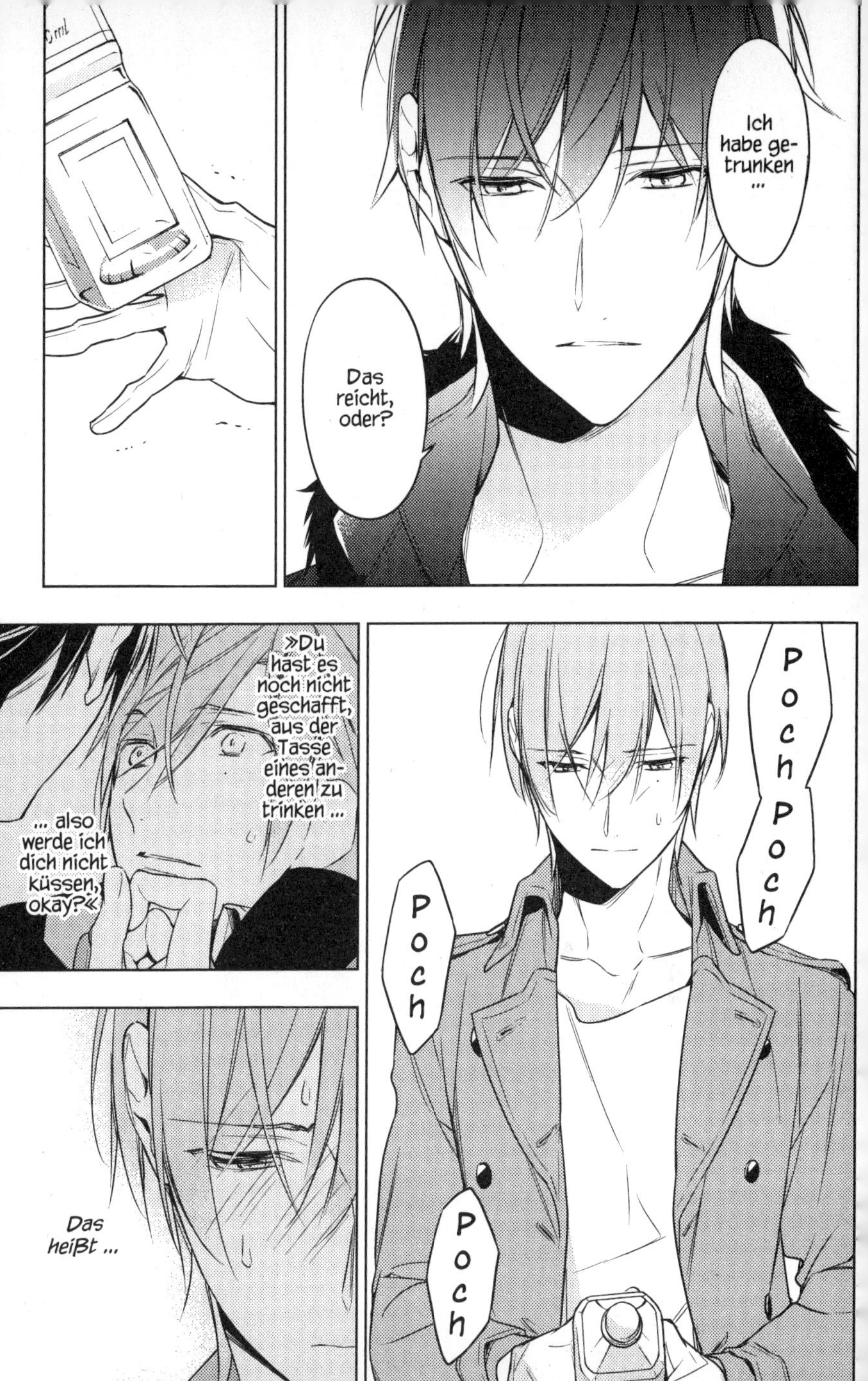
Ich habe getrunken ...
Das reicht, oder?
Poch Poch
Poch
Poch
»Du hast es noch nicht geschafft, aus der Tasse eines anderen zu trinken ...
... also werde ich dich nicht küssen, okay?«
Das heißt ...

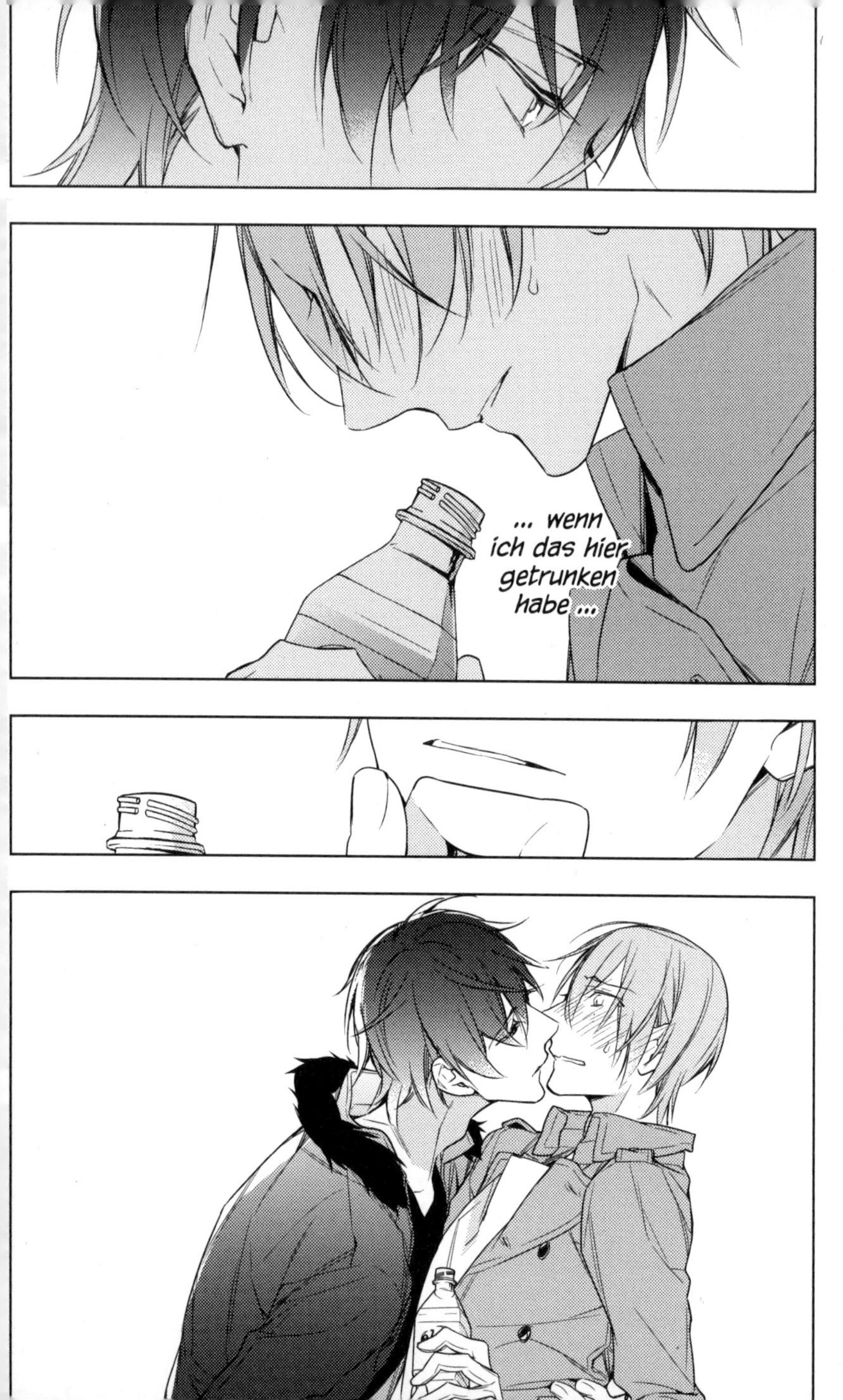
... wenn
ich das hier
getrunken
habe ...

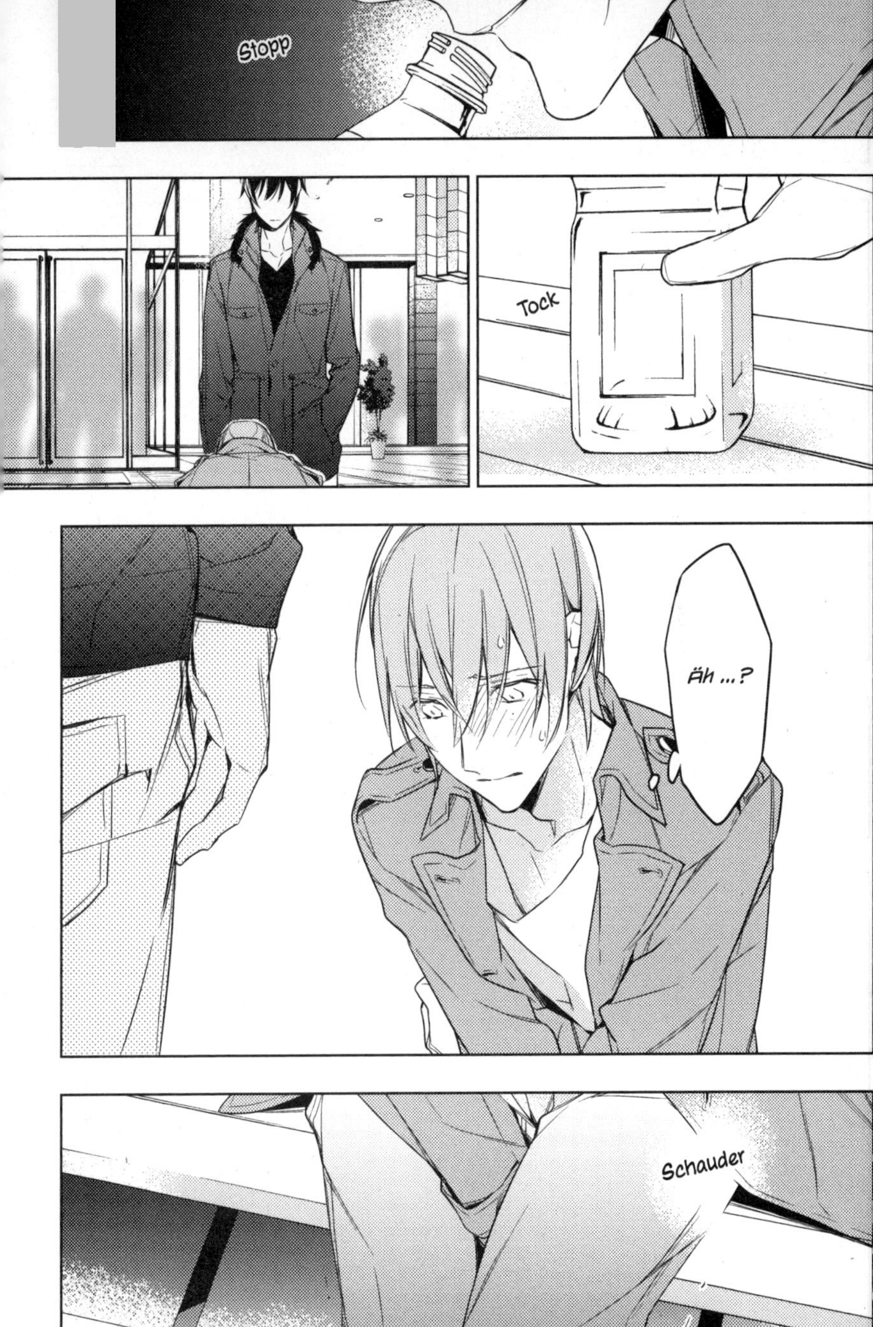
Stopp
Tock
Äh ...?
Schauder

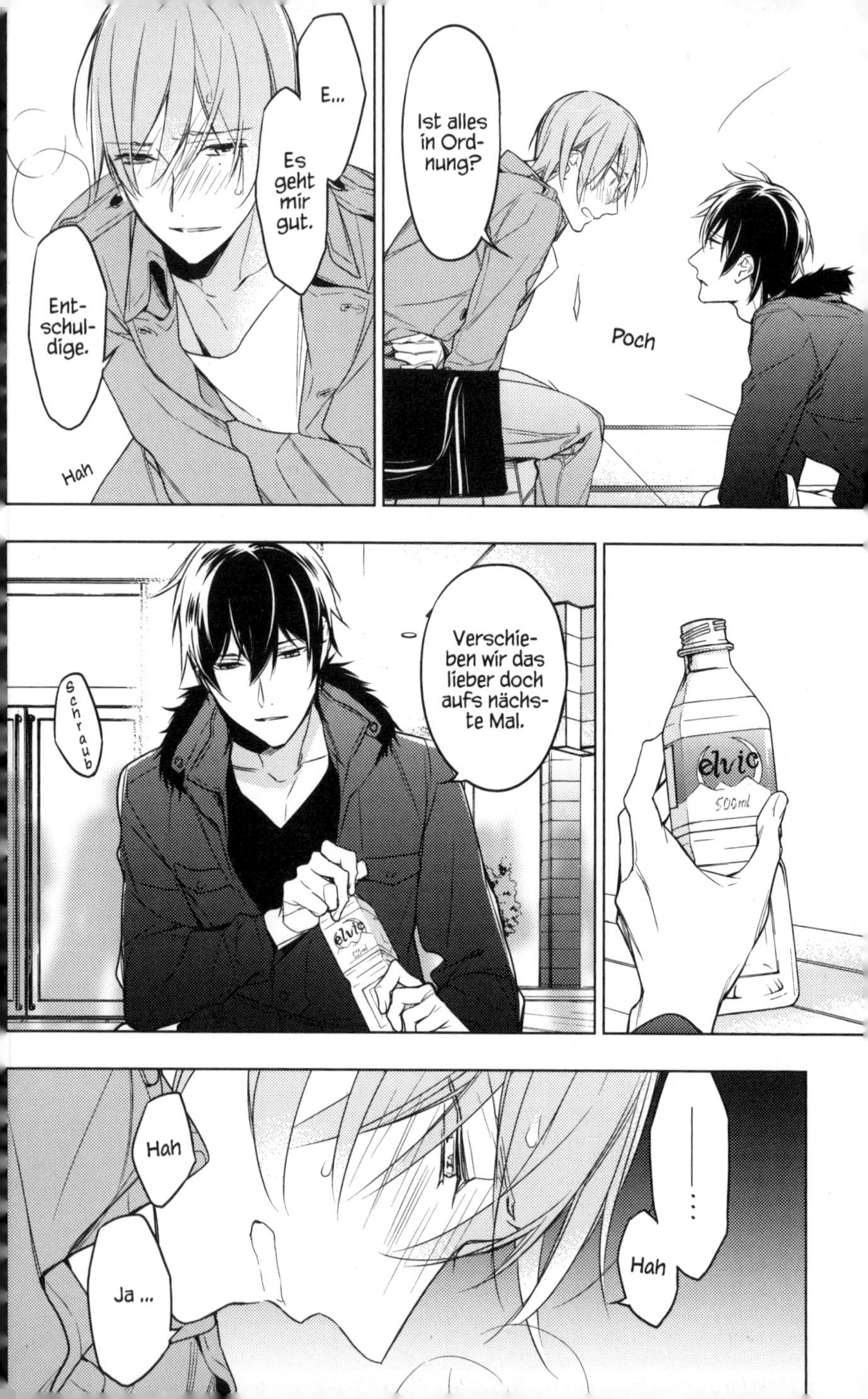

Ist alles in Ordnung?

Poch

E...

Es geht mir gut.

Entschuldige.

Hah

Verschieben wir das lieber doch aufs nächste Mal.

Schraub

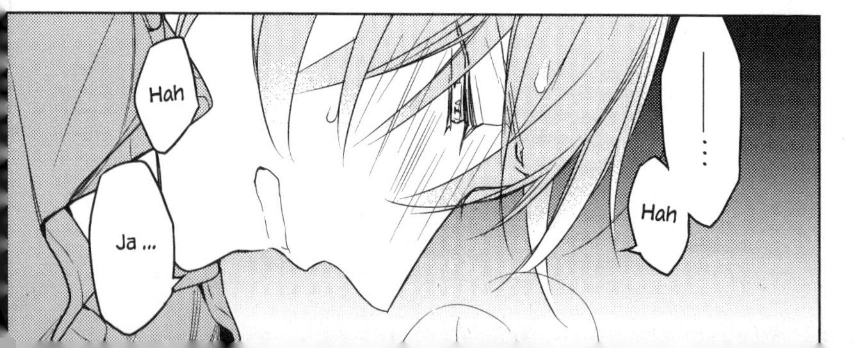

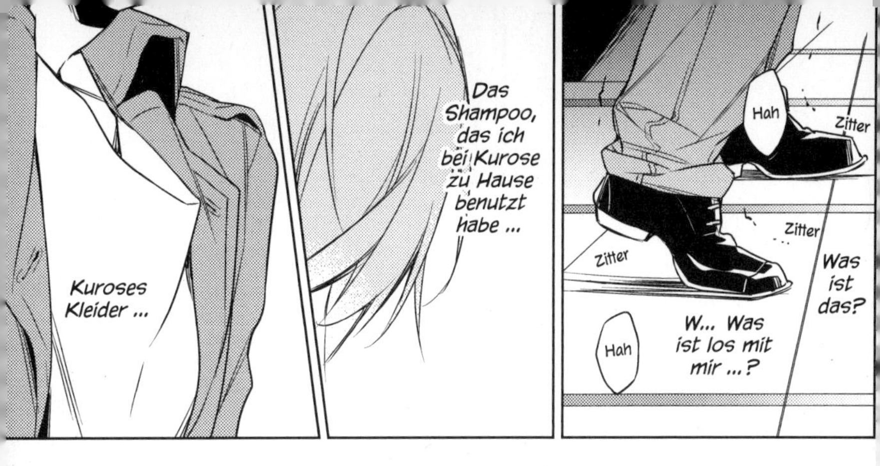

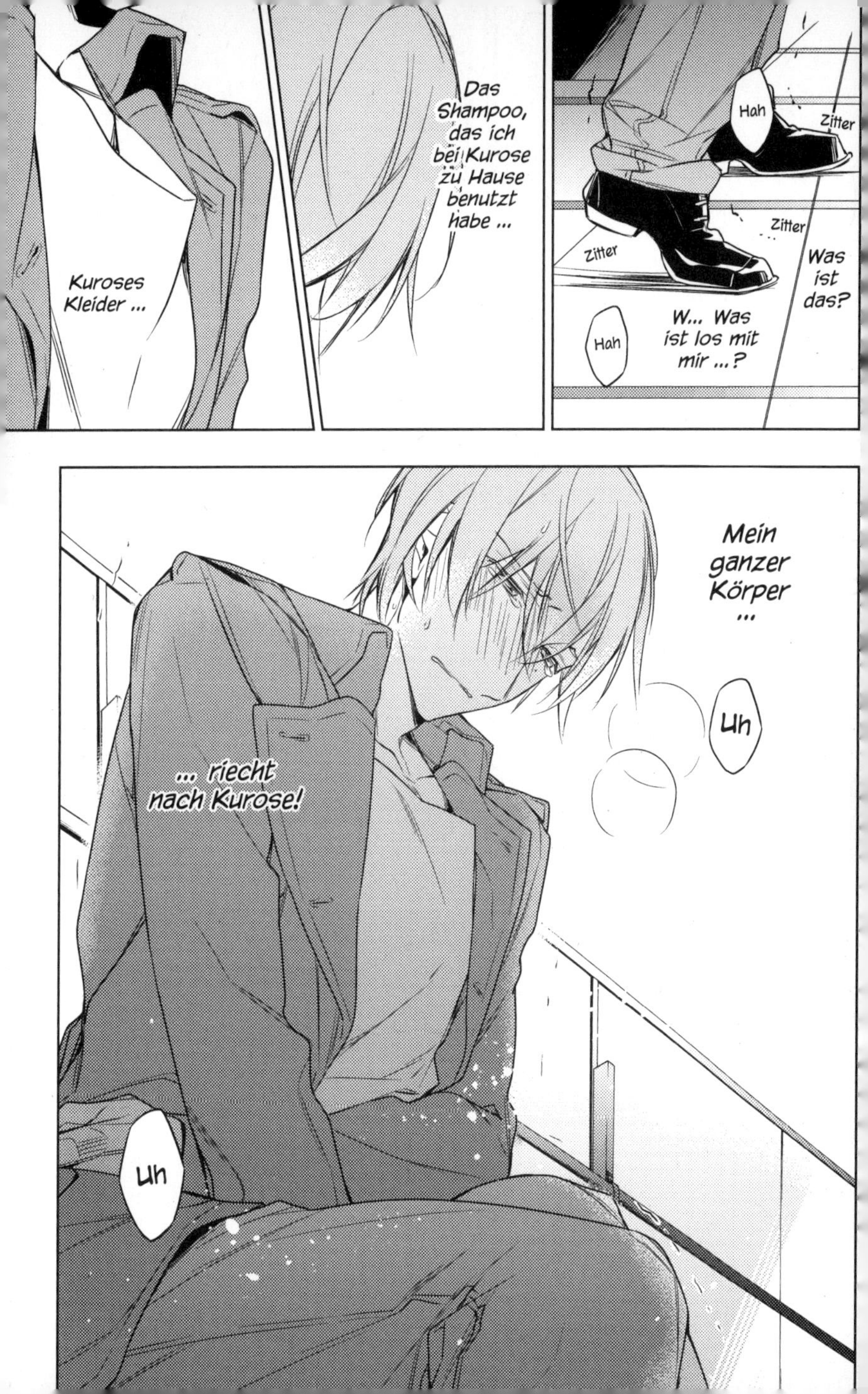

Mein ganzer Körper ...

Uh

... riecht nach Kurose!

Uh

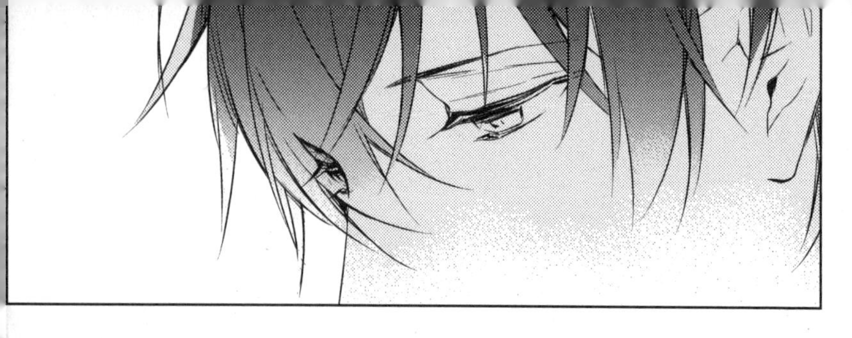

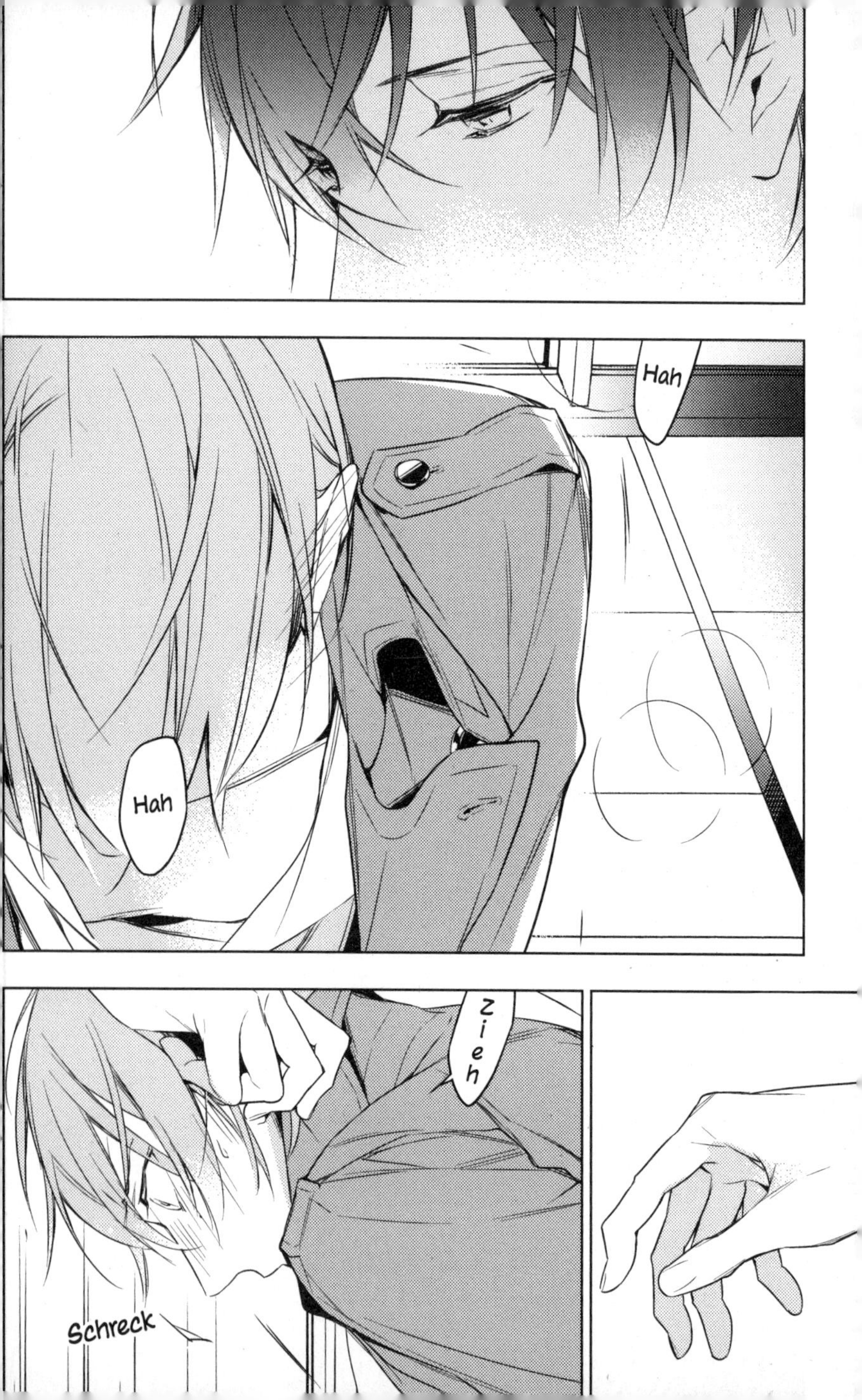

Hah
Hah

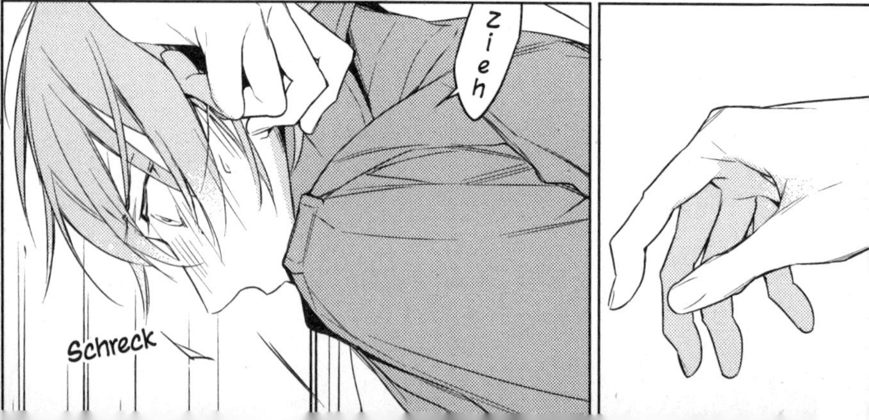
Zieh
Schreck

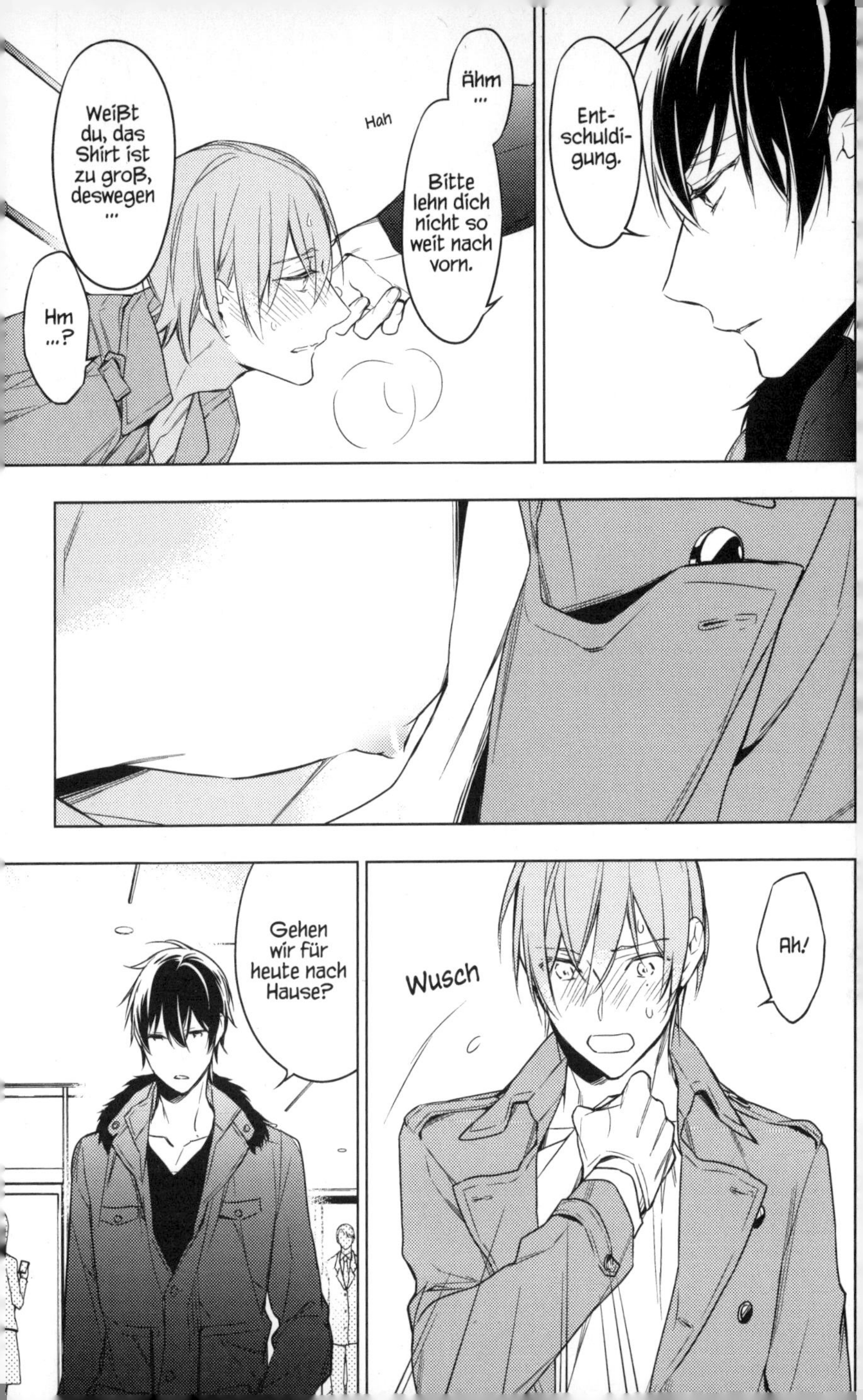

Ent-
schuldi-
gung.

Ähm
...

Bitte lehn dich nicht so weit nach vorn.

Hah

Weißt du, das Shirt ist zu groß, deswegen ...

Hm ...?

Ah!

Wusch

Gehen wir für heute nach Hause?

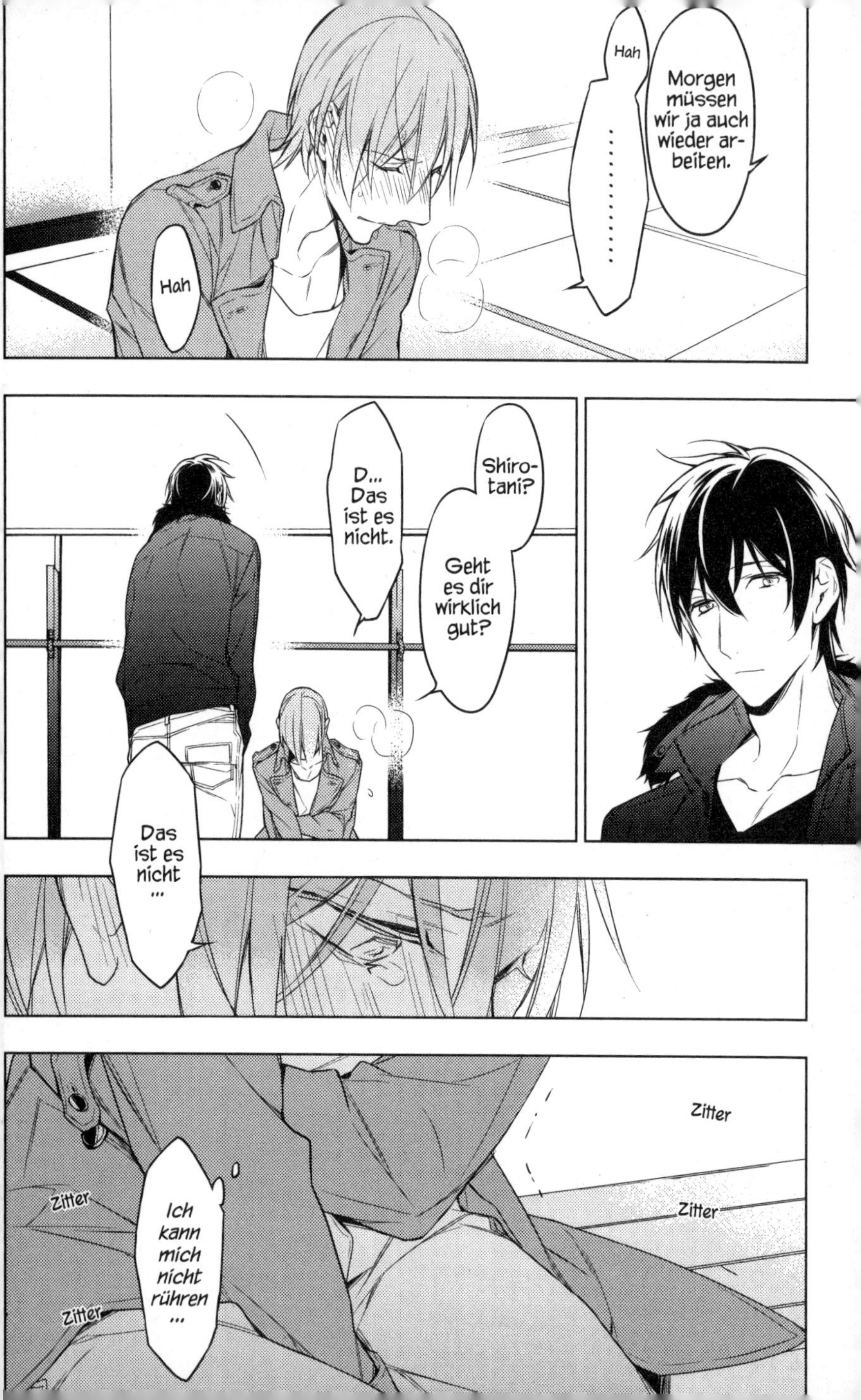

Morgen müssen wir ja auch wieder arbeiten.

Hah

……

Hah

Shirotani?

Geht es dir wirklich gut?

D... Das ist es nicht.

Das ist es nicht ...

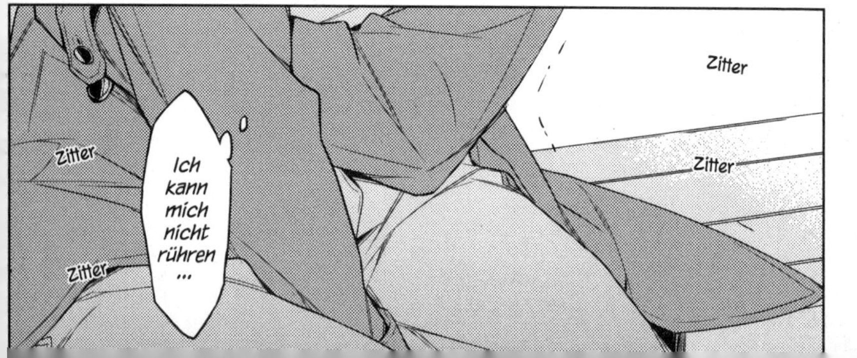

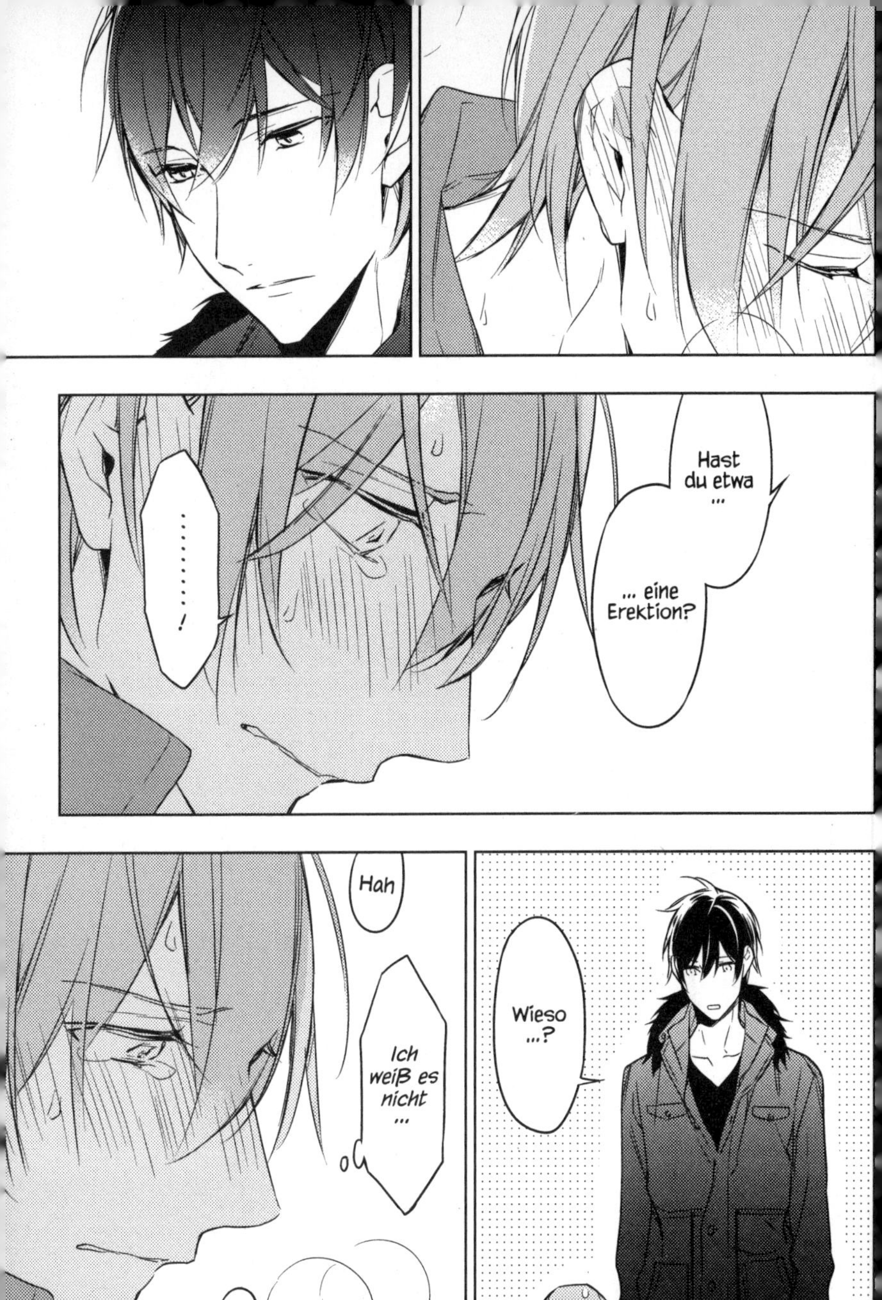

Hast du etwa ...
... eine Erektion?
.........!
Wieso ...?
Hah
Ich weiß es nicht ...
Hah

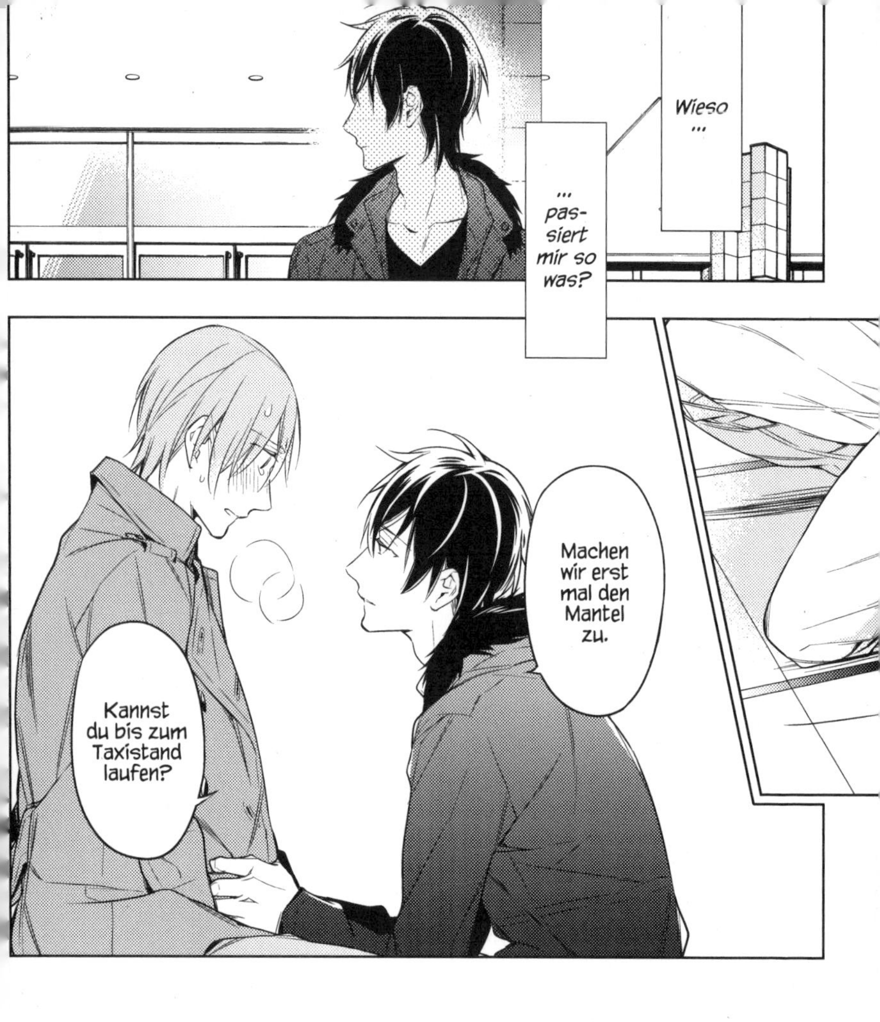

Gehen wir dahin, wo keine Leute sind.

T E N   C O U N T   V O N   R I H I T O   T A K A R A I

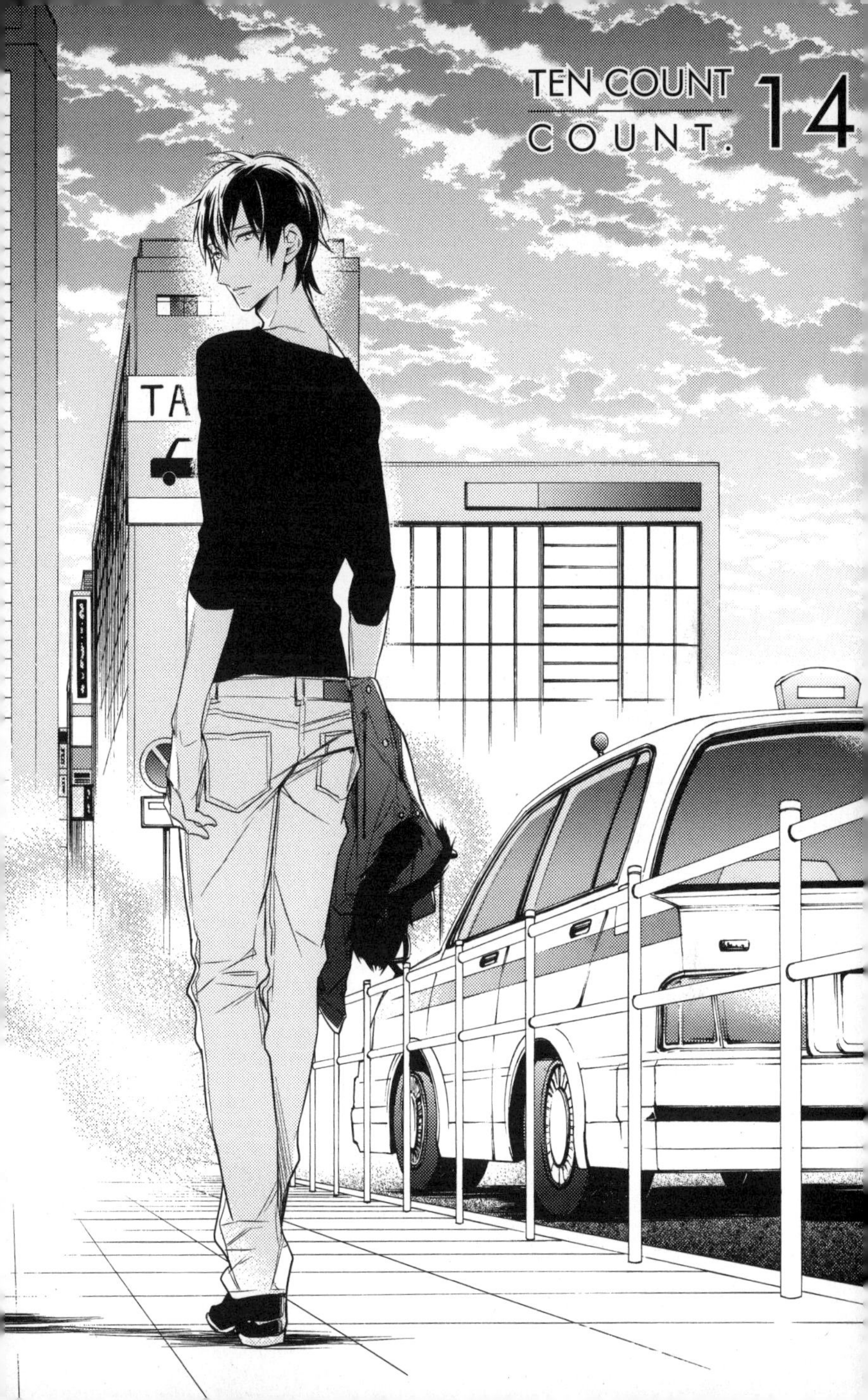

TEN COUNT
COUNT. 14
TA

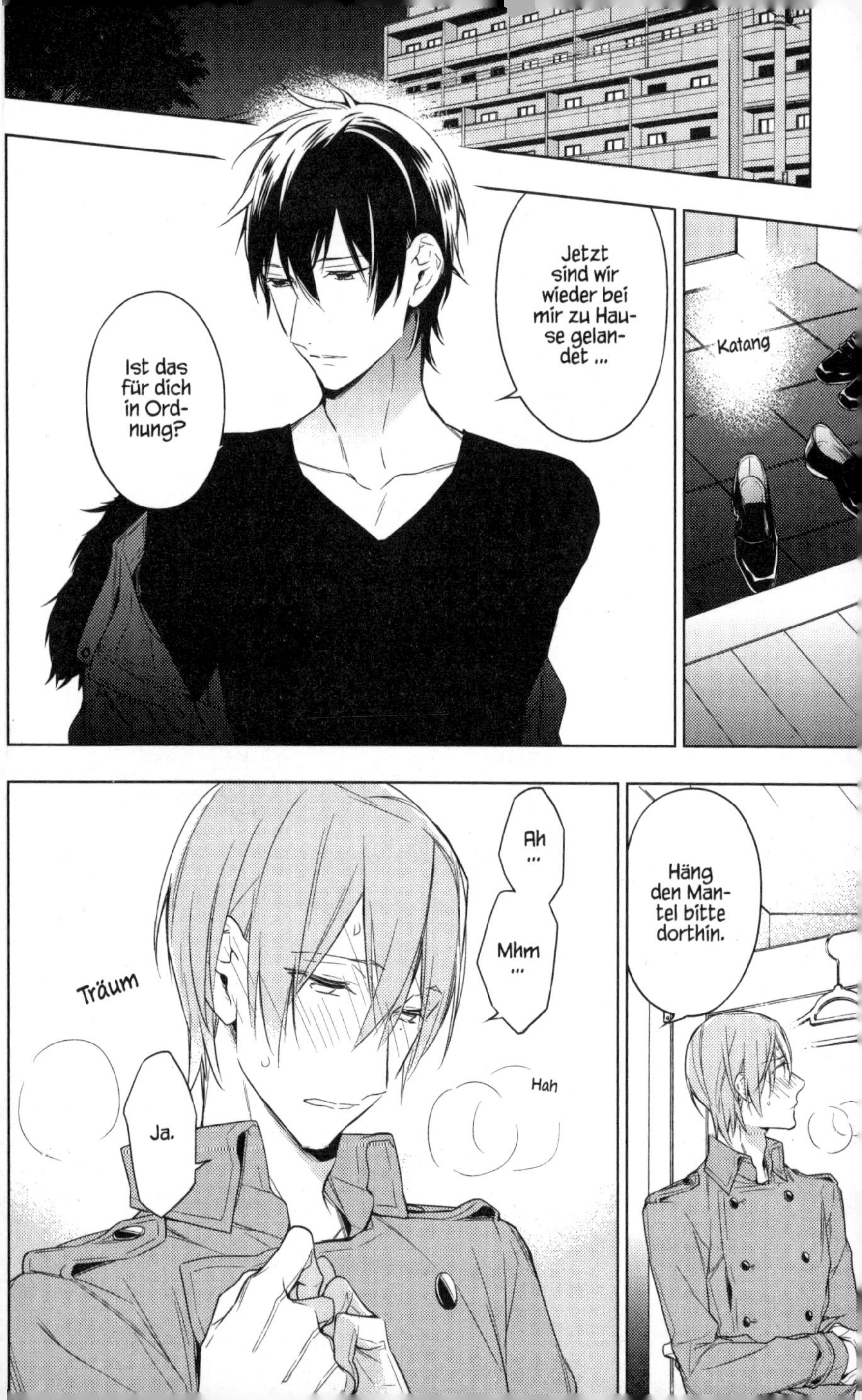

Katang

Jetzt sind wir wieder bei mir zu Hause gelandet ...

Ist das für dich in Ordnung?

Häng den Mantel bitte dorthin.

Ah ...

Mhm ...

Hah

Träum

Ja.

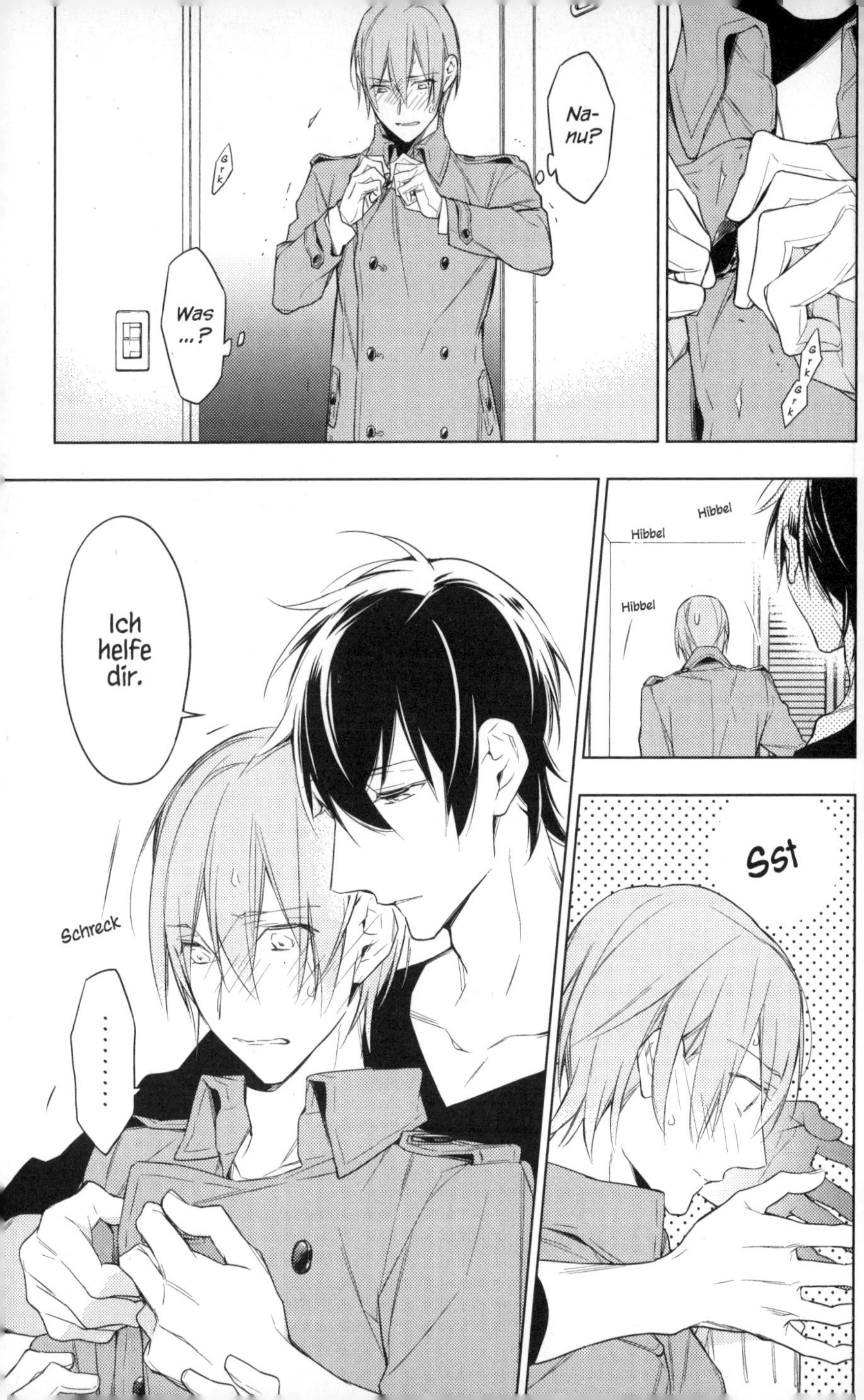

Grk
Grk
Na-nu?
Grk
Was ...?
Hibbel
Hibbel
Hibbel
Sst
Ich helfe dir.
Schreck
......

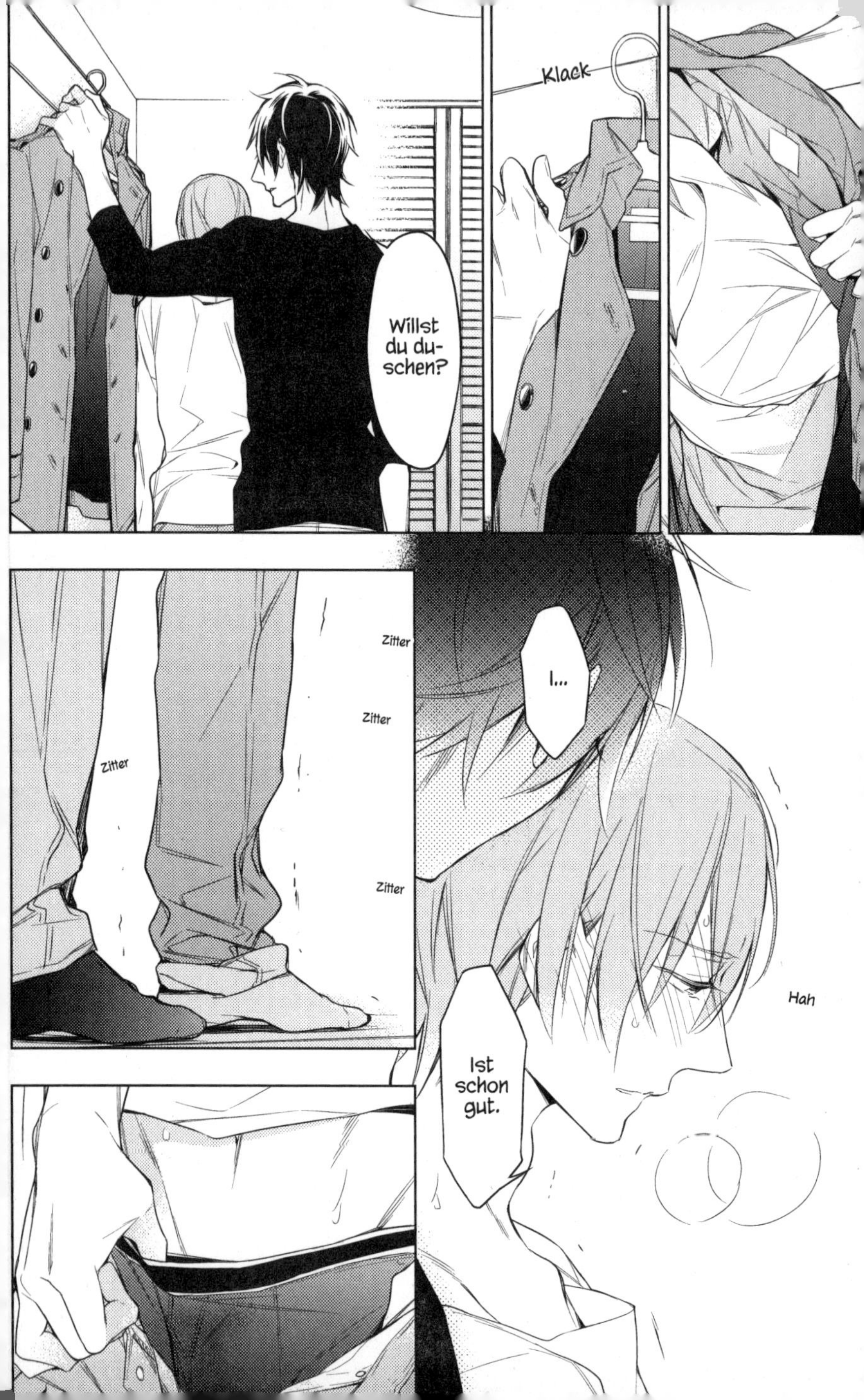
Klack
Willst du du-schen?
I...
Hah
Ist schon gut.
Zitter
Zitter
Zitter
Zitter

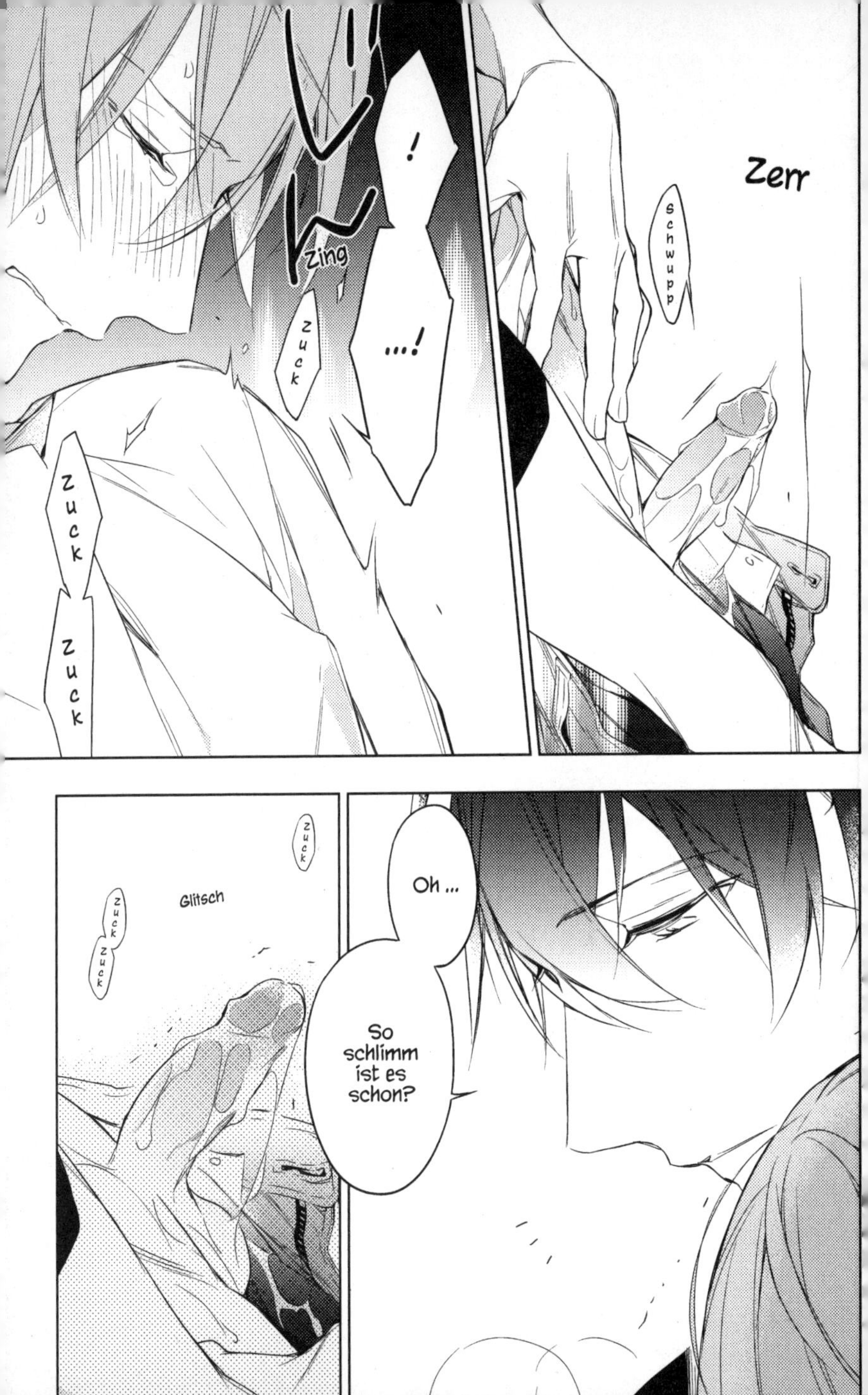
Zerr
schwupp
!
...!
Zing
Zuck
Zuck
Zuck
Oh ...
So schlimm ist es schon?
Zuck
Glitsch
Zuck
Zuck

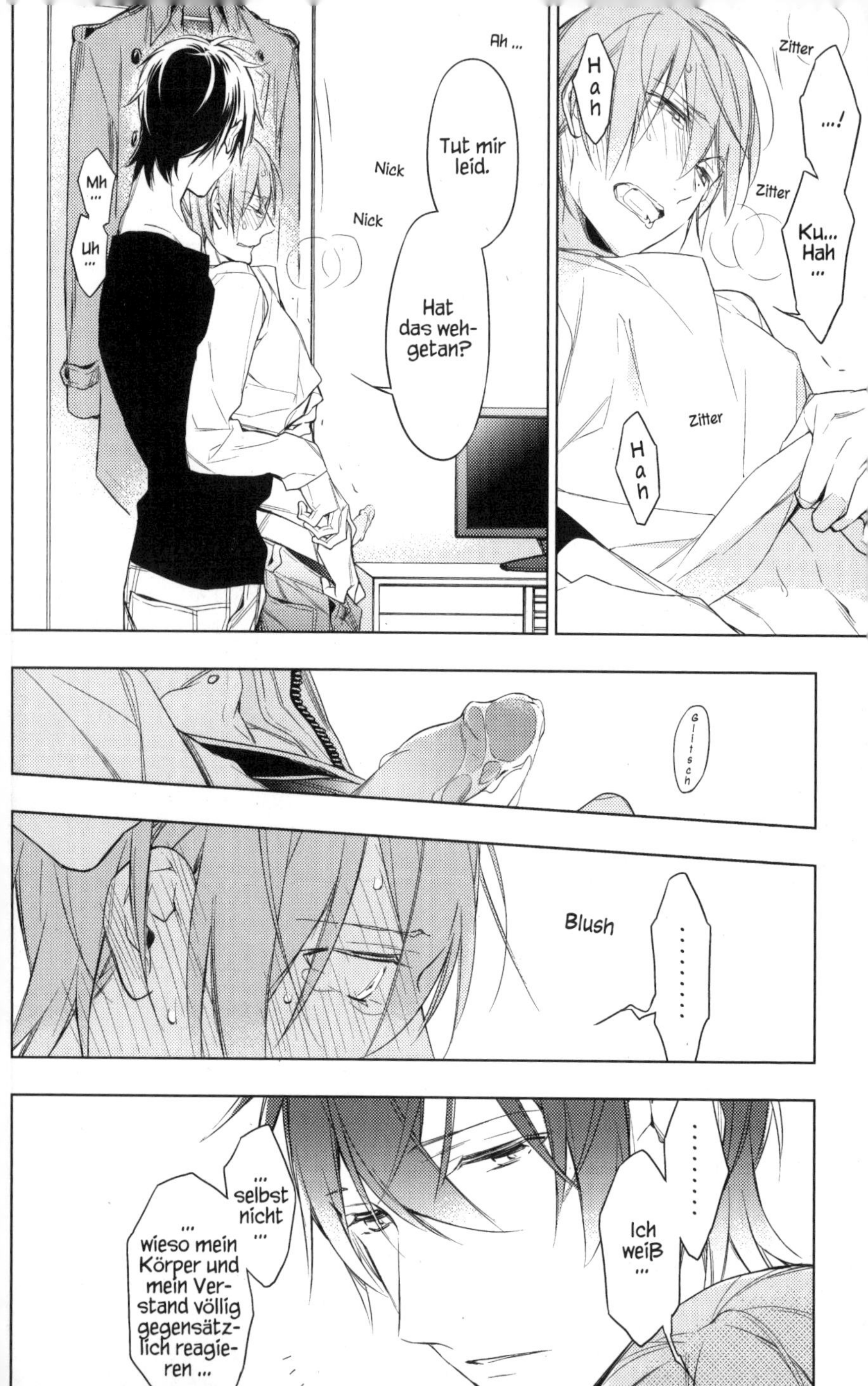
Hah
Zitter
...!
Zitter
Ku... Hah ...
Zitter
Hah
Ah ...
Tut mir leid.
Nick
Nick
Hat das weh-getan?
Mh ...
Uh ...
Glitsch
Blush
....
....
Ich weiß ...
... selbst nicht ...
... wieso mein Körper und mein Verstand völlig gegensätzlich reagieren ...

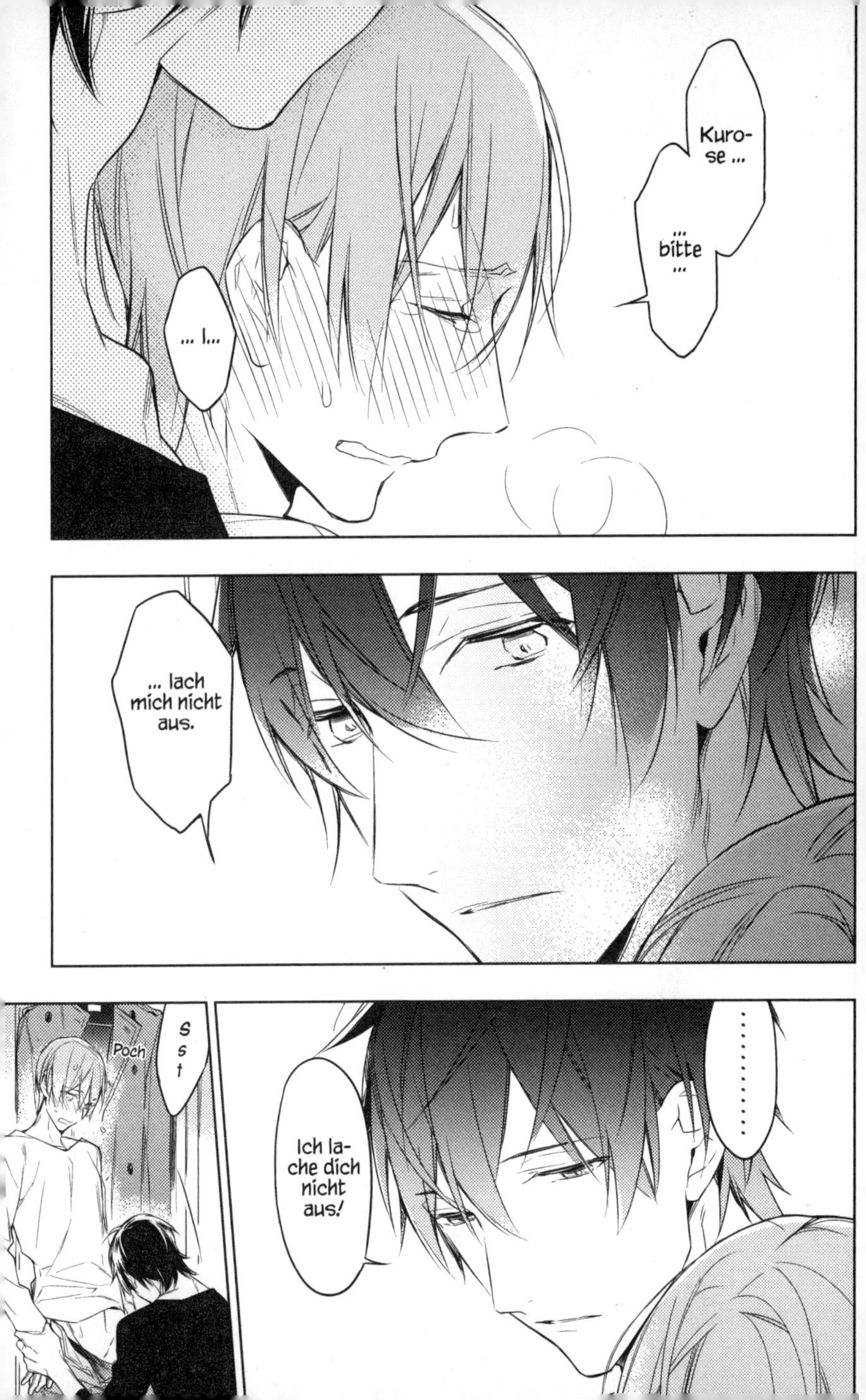

Kuro-
se ...

...
bitte
...

... I...

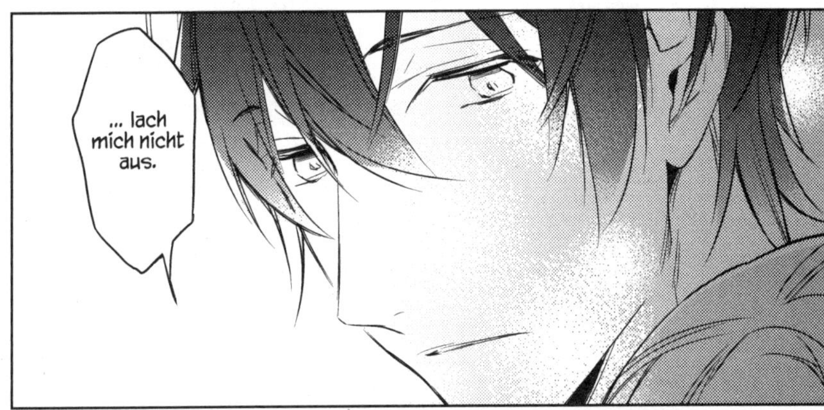

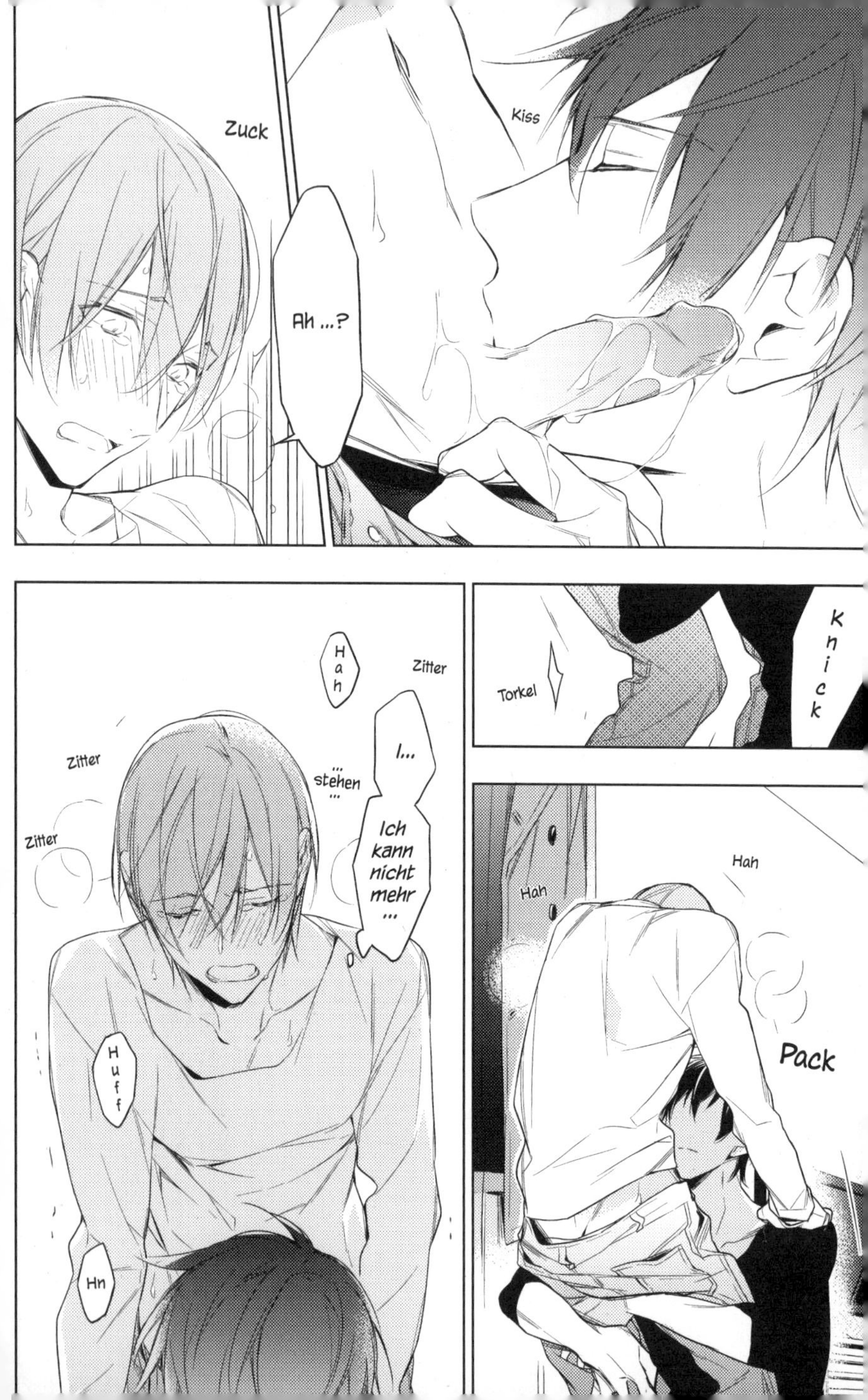

Kiss
Ah ...?
Zuck
Knick
Torkel
Hah
Hah
Pack
Hah
Zitter
I...
Ich kann nicht mehr ...
... stehen ...
Zitter
Zitter
Huff
Hn

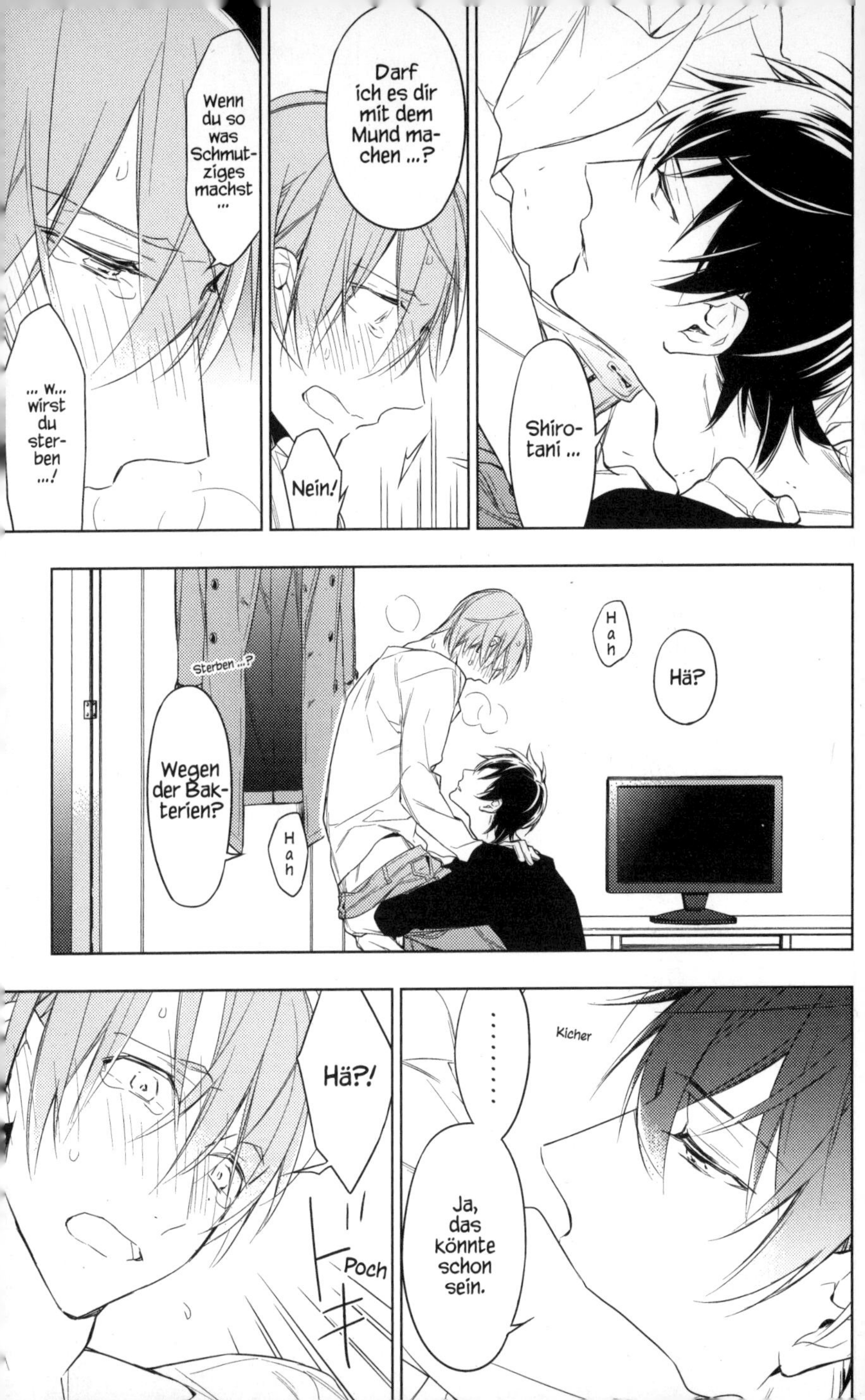
Shiro-tani ...
Darf ich es dir mit dem Mund ma-chen ...?
Nein!
Wenn du so was Schmut-ziges machst ...
... w... wirst du ster-ben ...!
Hä?
Hah
Hah
Wegen der Bak-terien?
Sterben ...?
....
Ja, das könnte schon sein.
Kicher
Hä?!
Poch

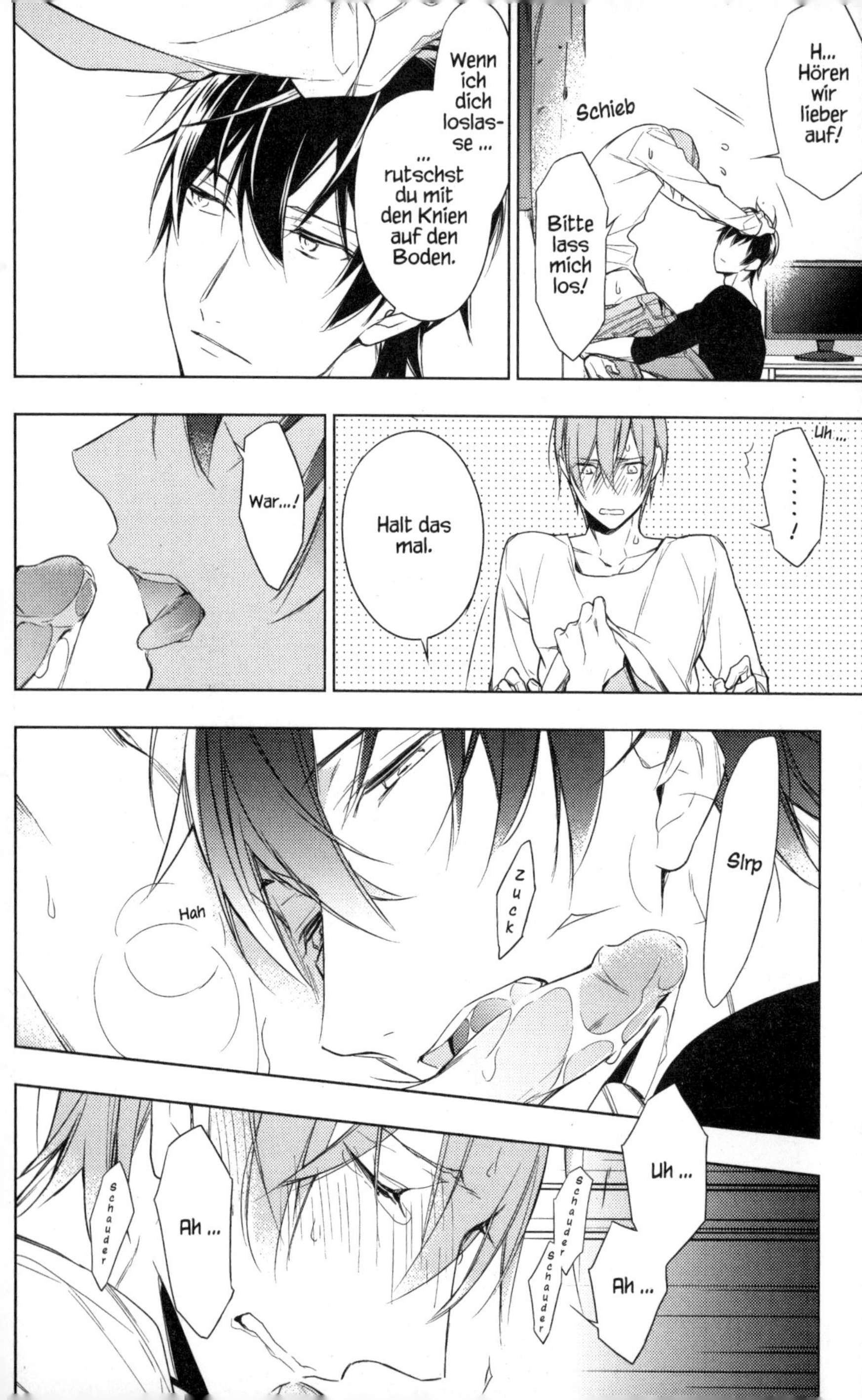
H... Hören wir lieber auf!
Schieb
Bitte lass mich los!
Wenn ich dich loslasse ...
... rutschst du mit den Knien auf den Boden.
Uh...
......!
Halt das mal.
War...!
Slrp
Zuck
Hah
Uh ...
Ah ...
Schauder
Schauder
Ah ...
Schauder

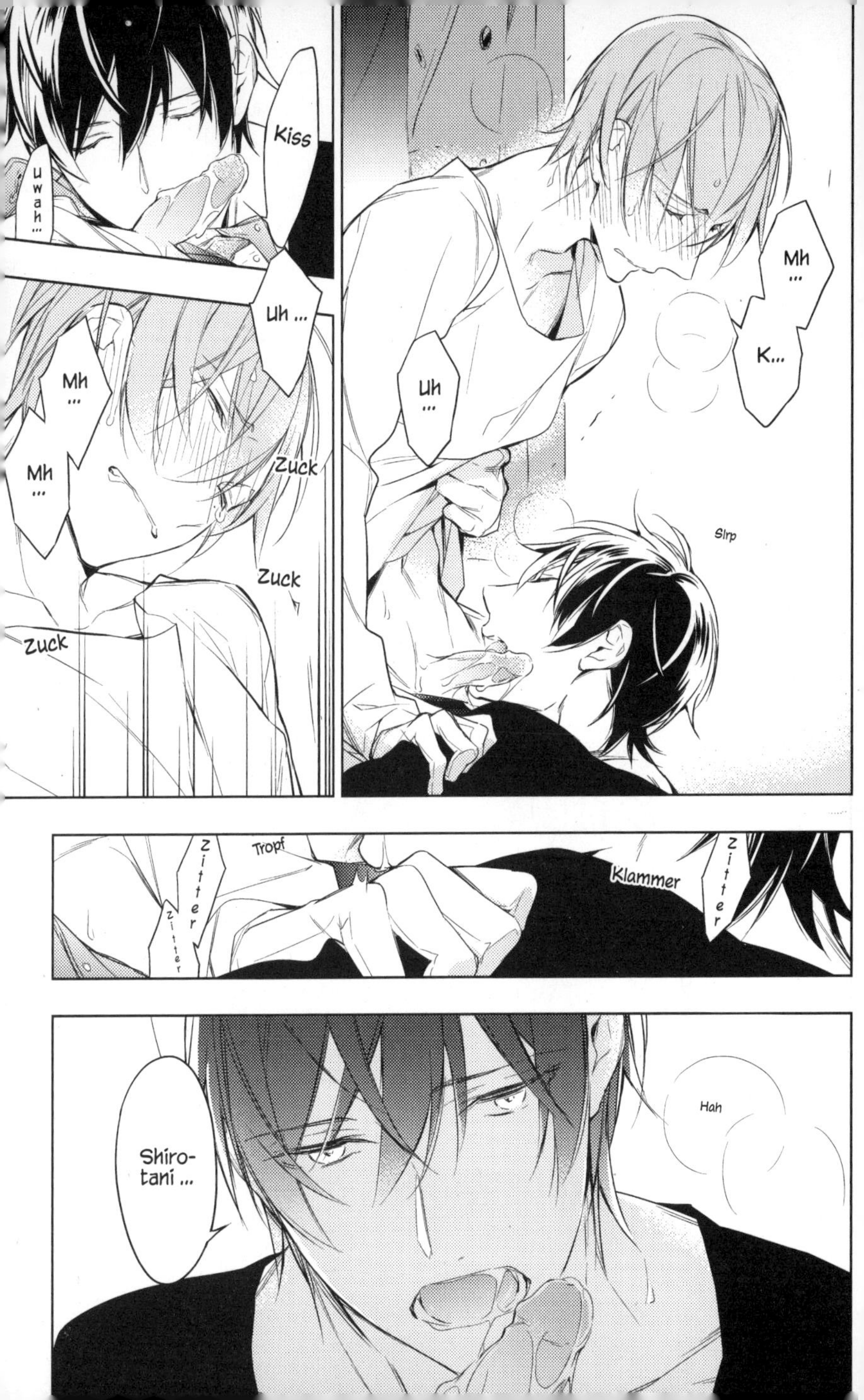

Mh ...
K...
Uh ...
Slrp
Kiss
Uwah ...
Uh ...
Mh ...
Mh ...
Zuck
Zuck
Zuck

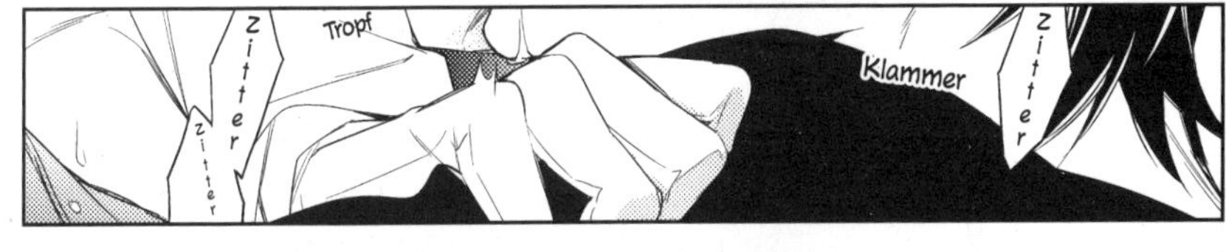

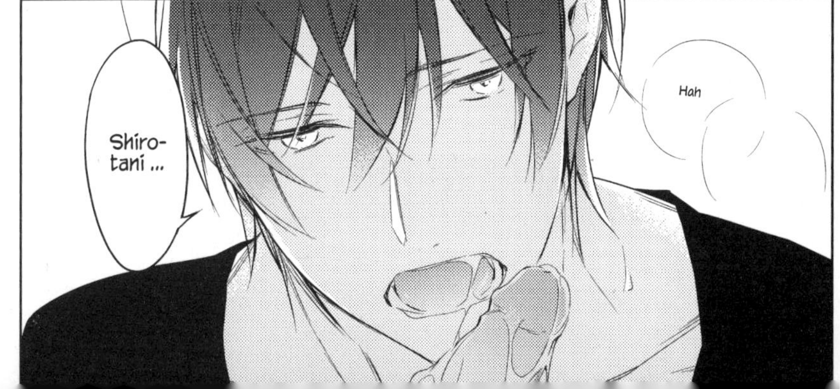

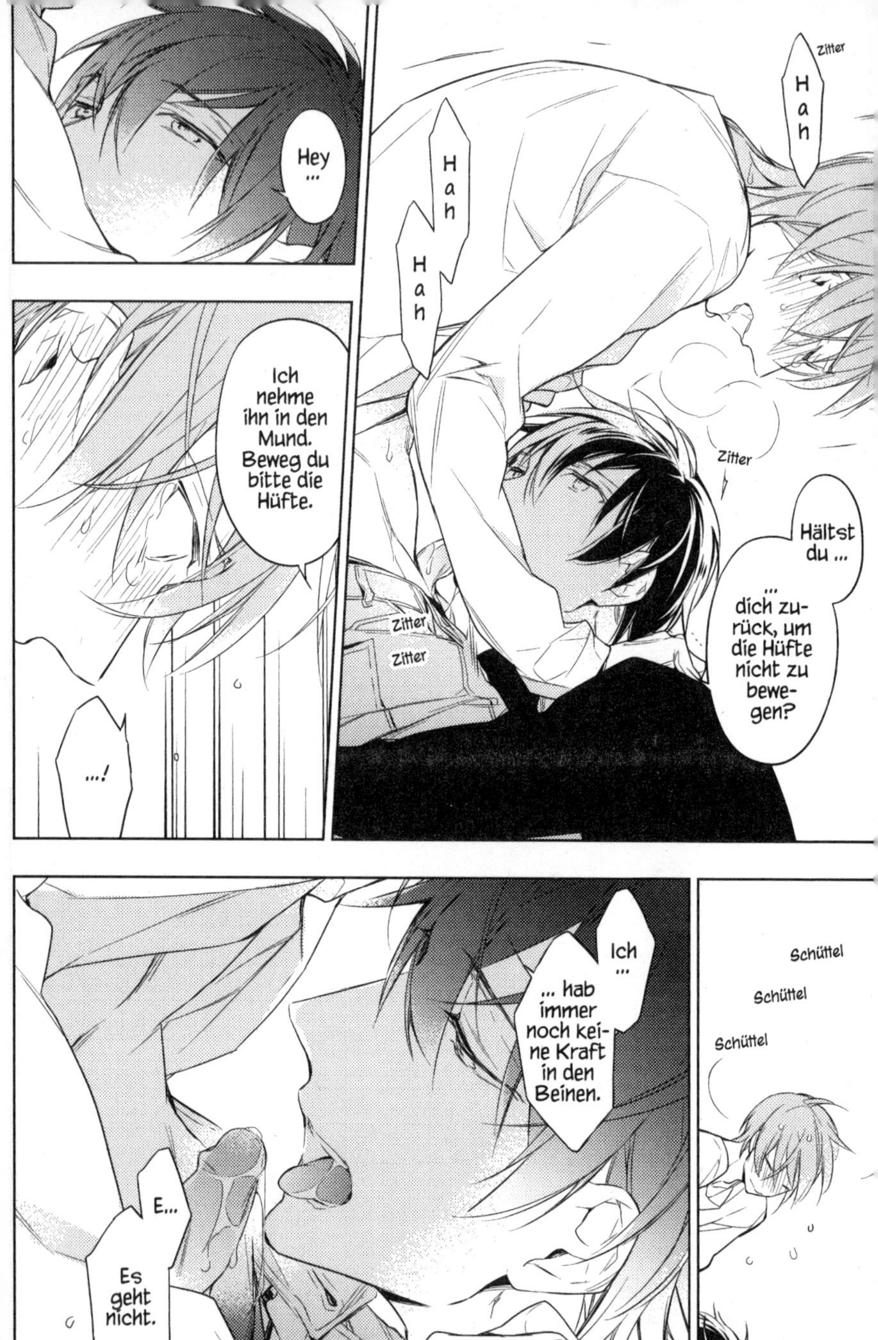
Zitter
Hah
Hah
Hah
Hey ...
Ich nehme ihn in den Mund. Beweg du bitte die Hüfte.
Zitter
Hältst du ...
... dich zurück, um die Hüfte nicht zu bewegen?
Zitter
Zitter
...!
Schüttel
Schüttel
Schüttel
Ich ...
... hab immer noch keine Kraft in den Beinen.
E...
Es geht nicht.

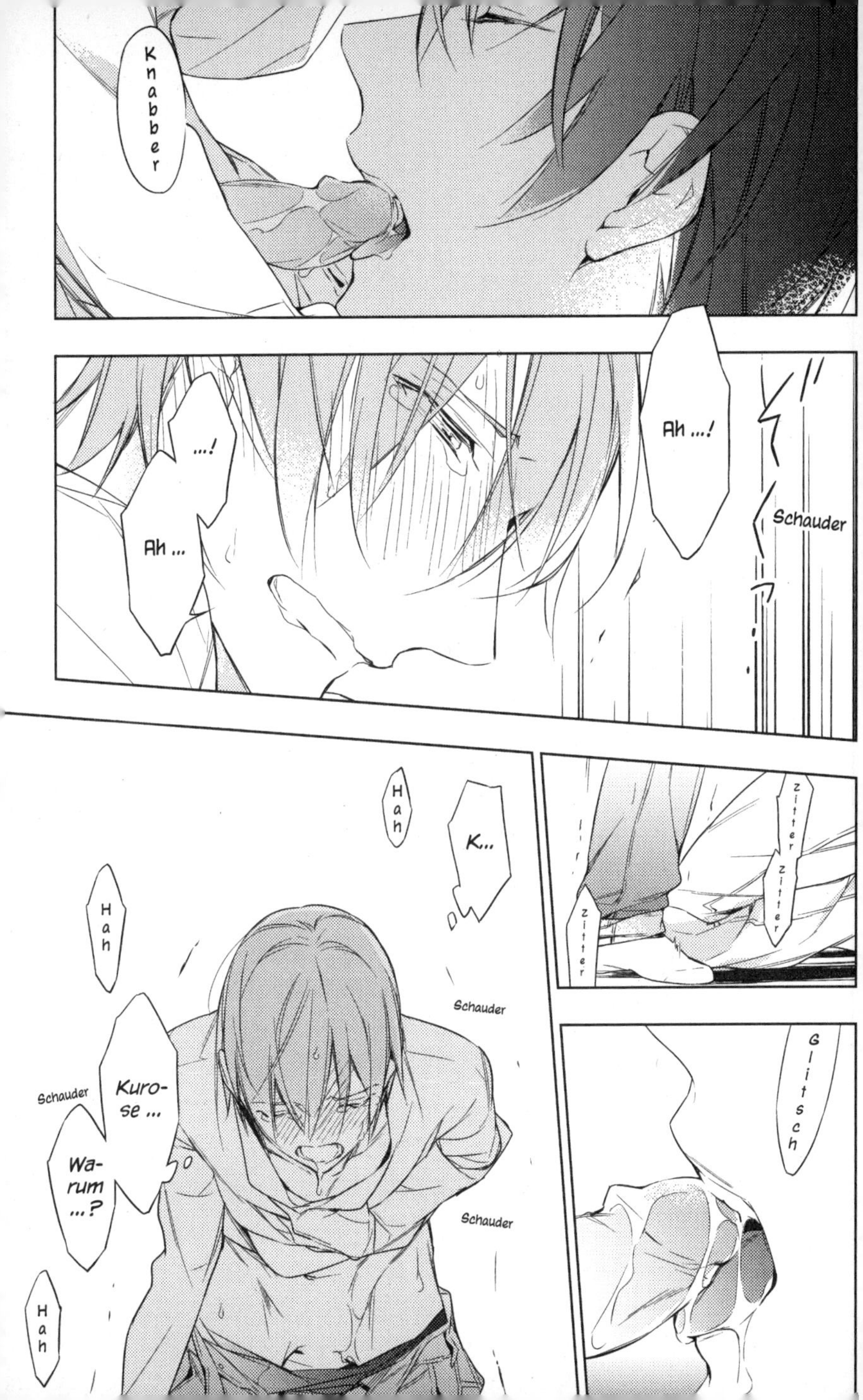
Knabber
Schauder
Ah ...!
...!
Ah ...
zitter
zitter
zitter
Glitsch
K...
Hah
Hah
Schauder
Kurose ...
Schauder
Warum ...?
Schauder
Hah

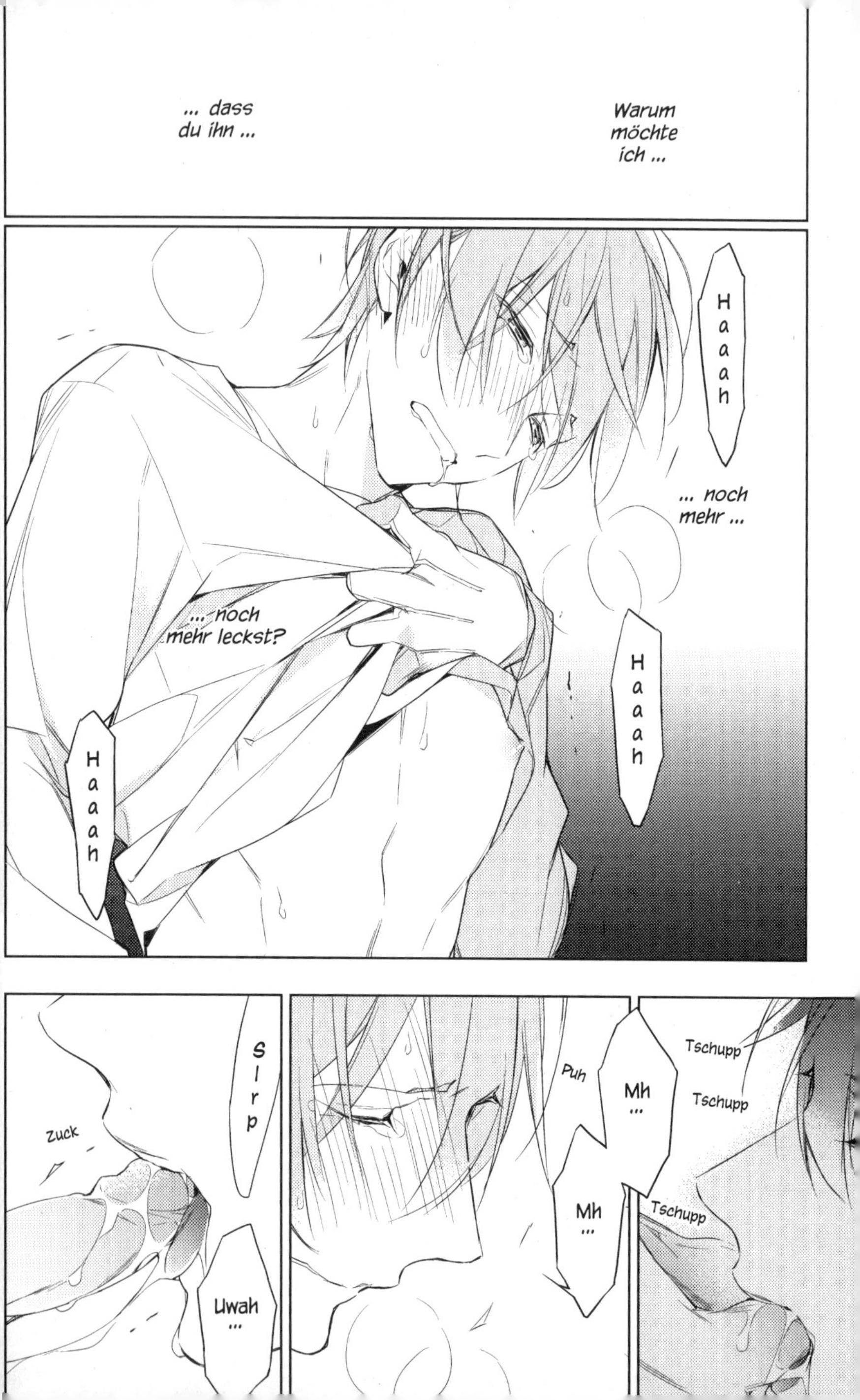

Warum möchte ich ...

... dass du ihn ...

Haaah

... noch mehr ...

Haaah

... noch mehr leckst?

Haaah

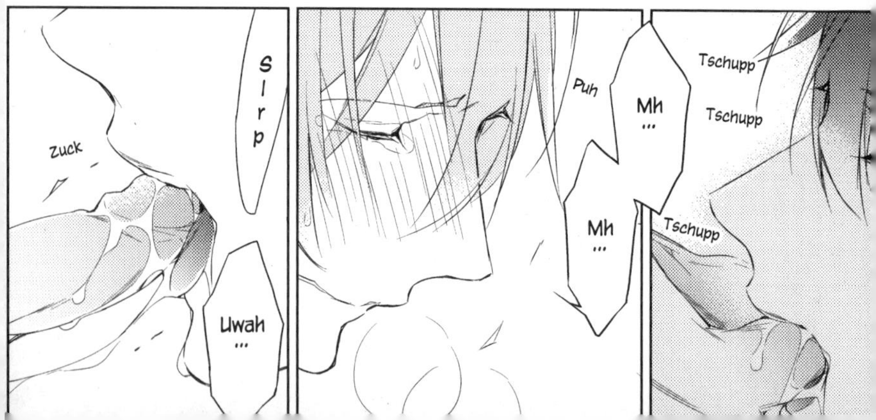

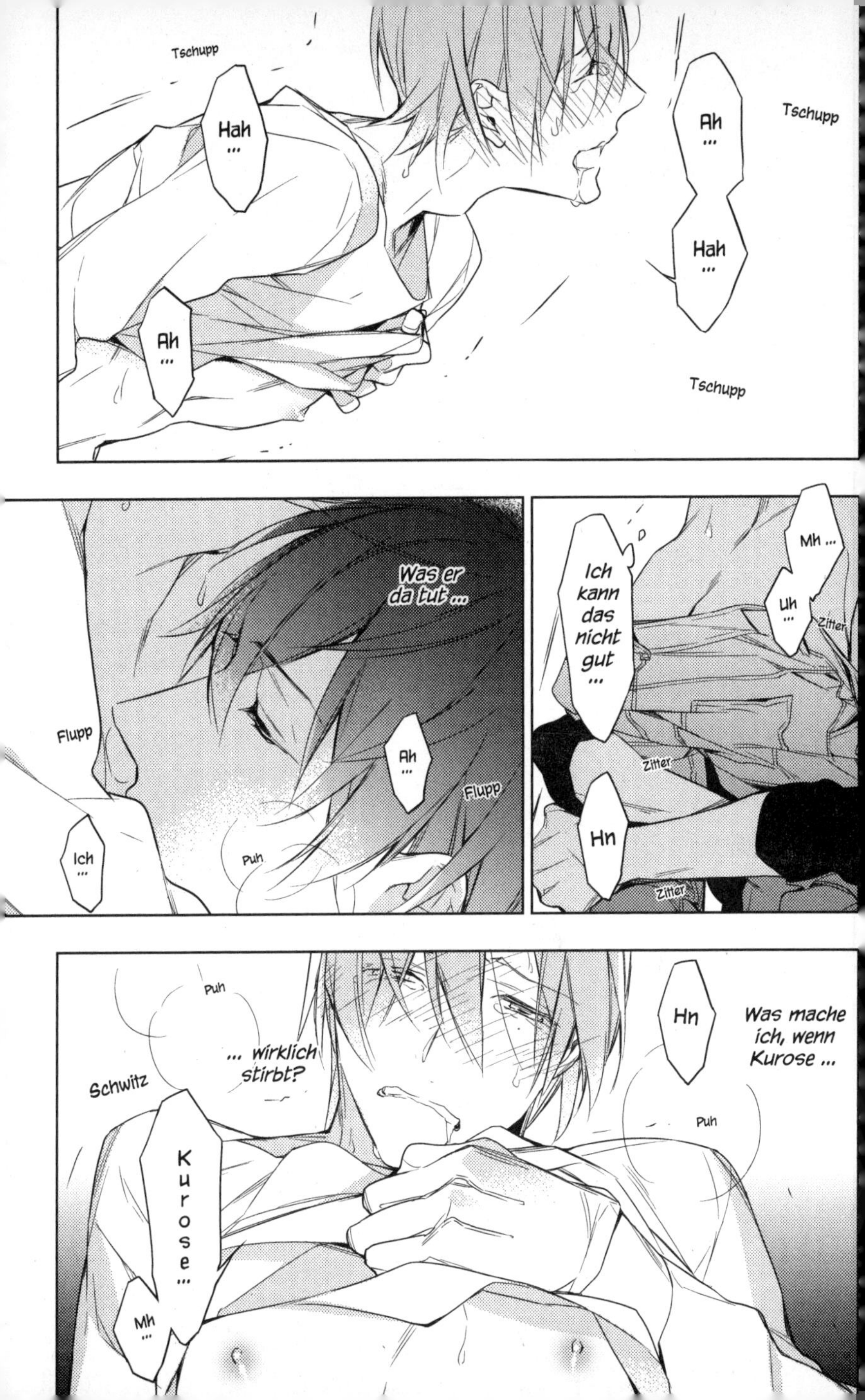

Tschupp
Ah ...
Hah ...
Tschupp
Hah ...
Ah ...
Tschupp

Mh ...
Uh ...
Zitter
Ich kann das nicht gut ...
Zitter
Hn
Zitter

Was er da tut ...
Ah ...
Flupp
Flupp
Puh
Ich ...

Was mache ich, wenn Kurose ...
Hn
Puh
... wirklich stirbt?
Puh
Schwitz
Kurose ...
Mh ...

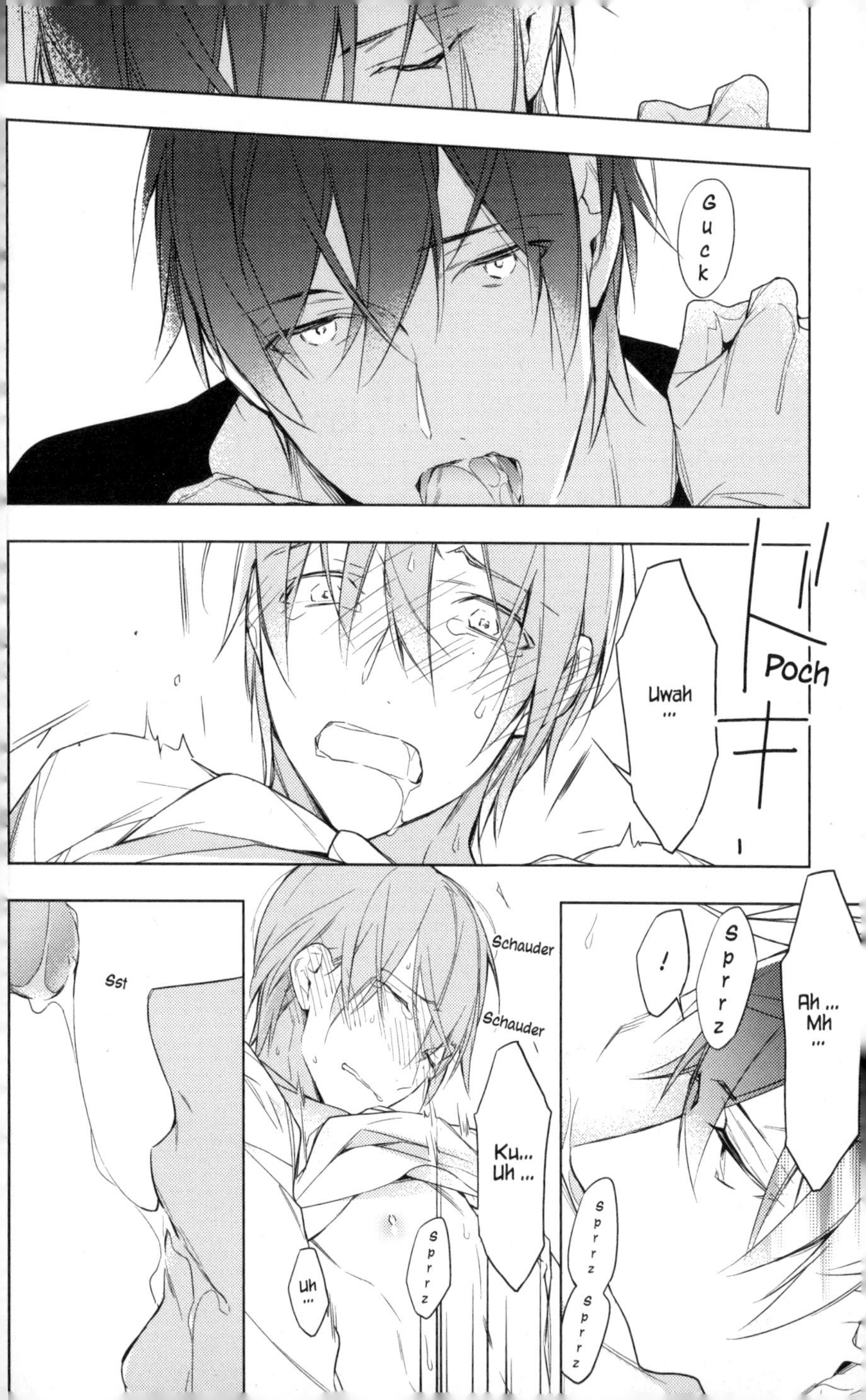
Guck
Poch
Uwah ...
Ah ... Mh ...
Sprrz
!
Schauder
Schauder
Ku... Uh ...
Sprrz Sprrz
Sprrz
Uh ...
Sst

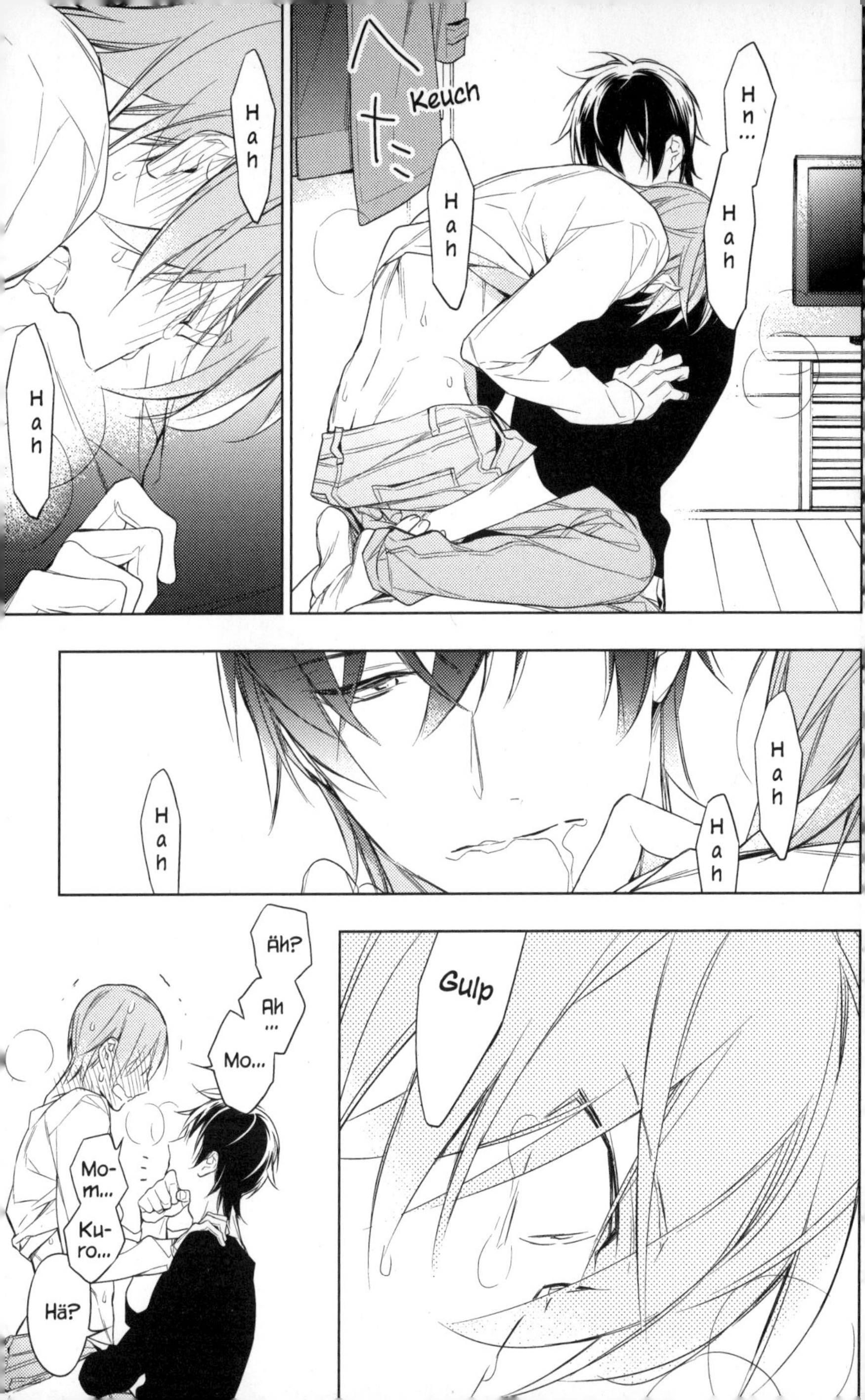
Hn...
Hah
Hah
Keuch
Hah
Hah
Hah
Hah
Hah
Gulp
Äh?
Ah...
Mo...
Mo-m...
Ku-ro...
Hä?

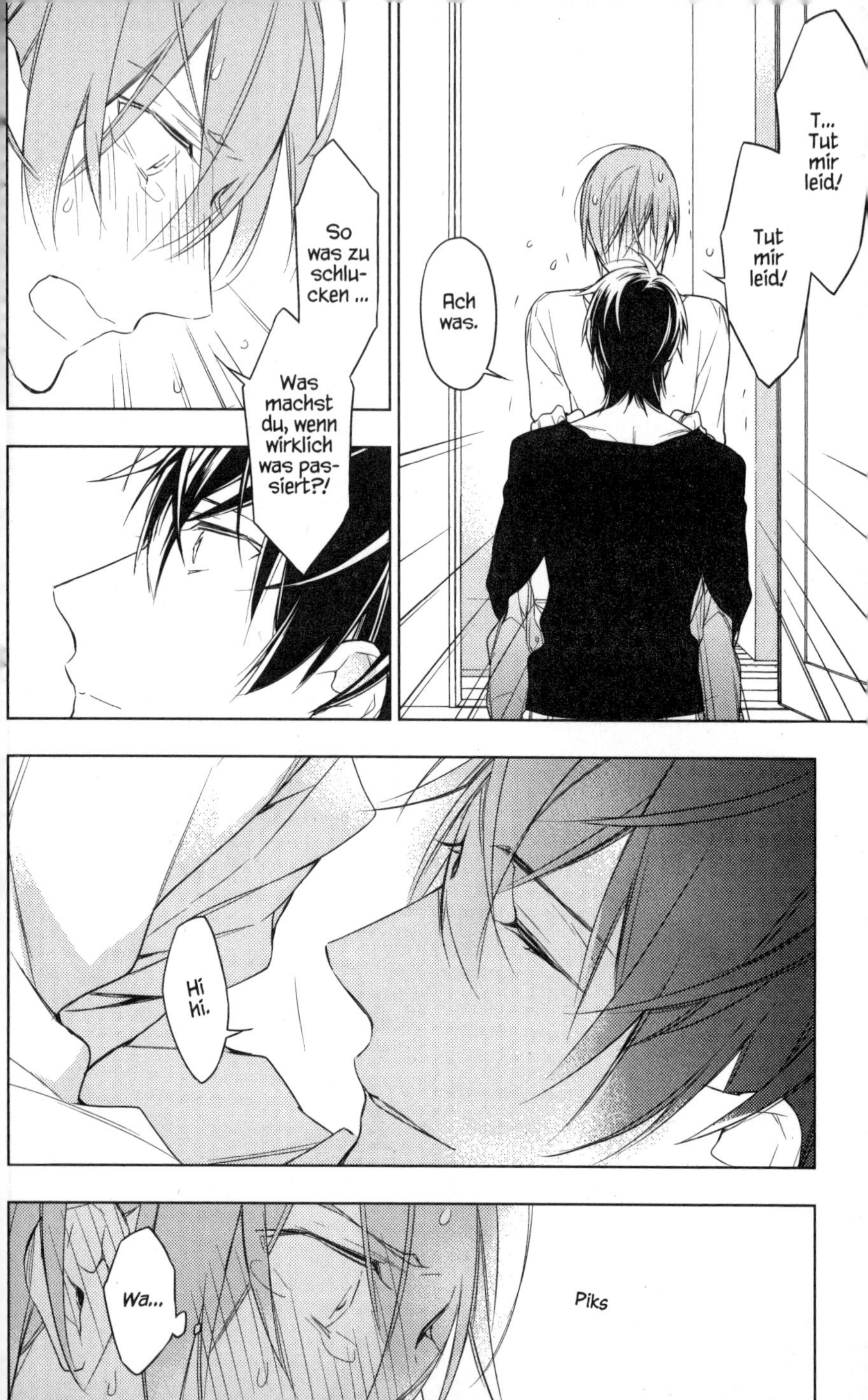
T... Tut mir leid!
Tut mir leid!
Ach was.
So was zu schlucken ...
Was machst du, wenn wirklich was passiert?!
Hi hi.
Piks
Wa...

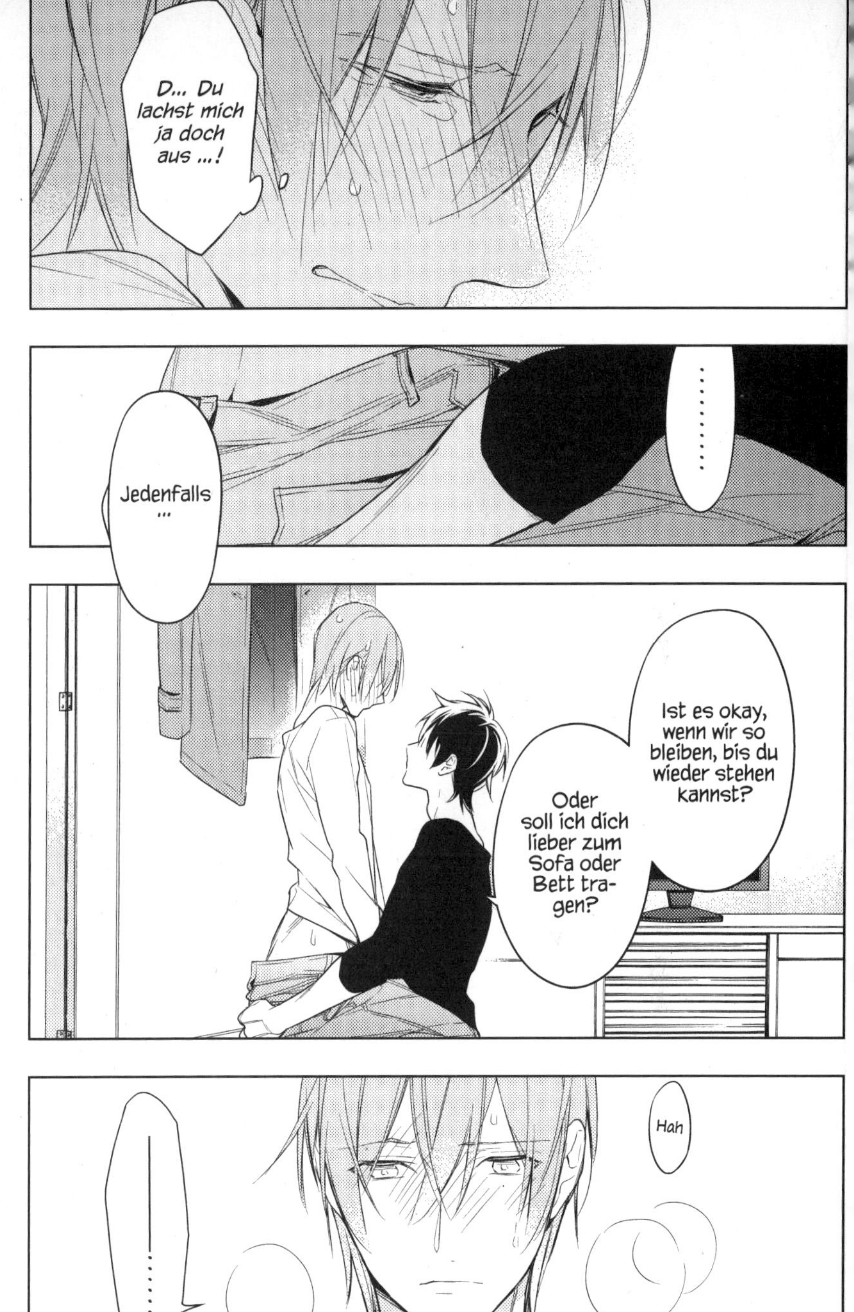
D... Du lachst mich ja doch aus ...!
....
Jedenfalls ...
Ist es okay, wenn wir so bleiben, bis du wieder stehen kannst?
Oder soll ich dich lieber zum Sofa oder Bett tragen?
Hah
——......
Hah

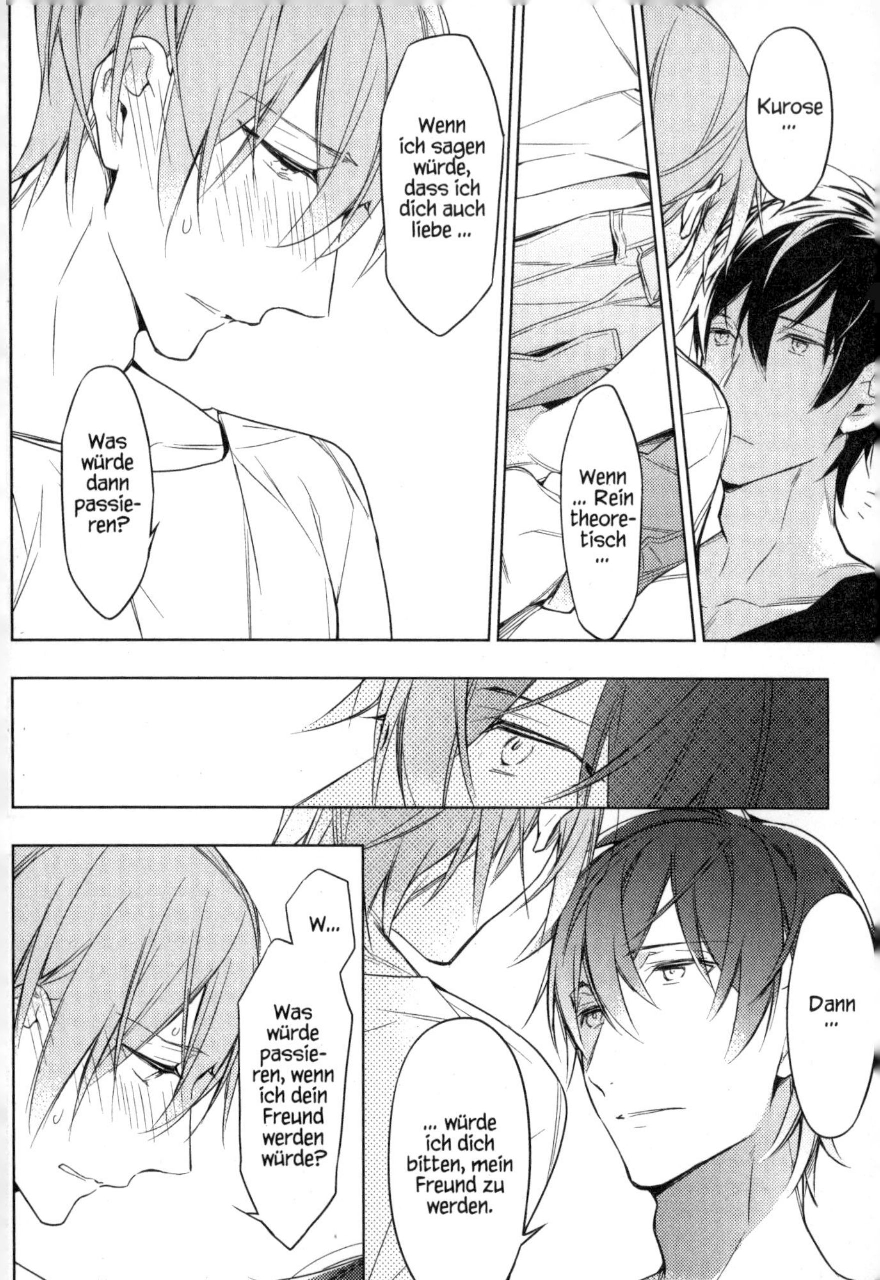
Kurose ...
Wenn ... Rein theoretisch ...
Wenn ich sagen würde, dass ich dich auch liebe ...
Was würde dann passieren?
W...
Was würde passieren, wenn ich dein Freund werden würde?
Dann ...
... würde ich dich bitten, mein Freund zu werden.

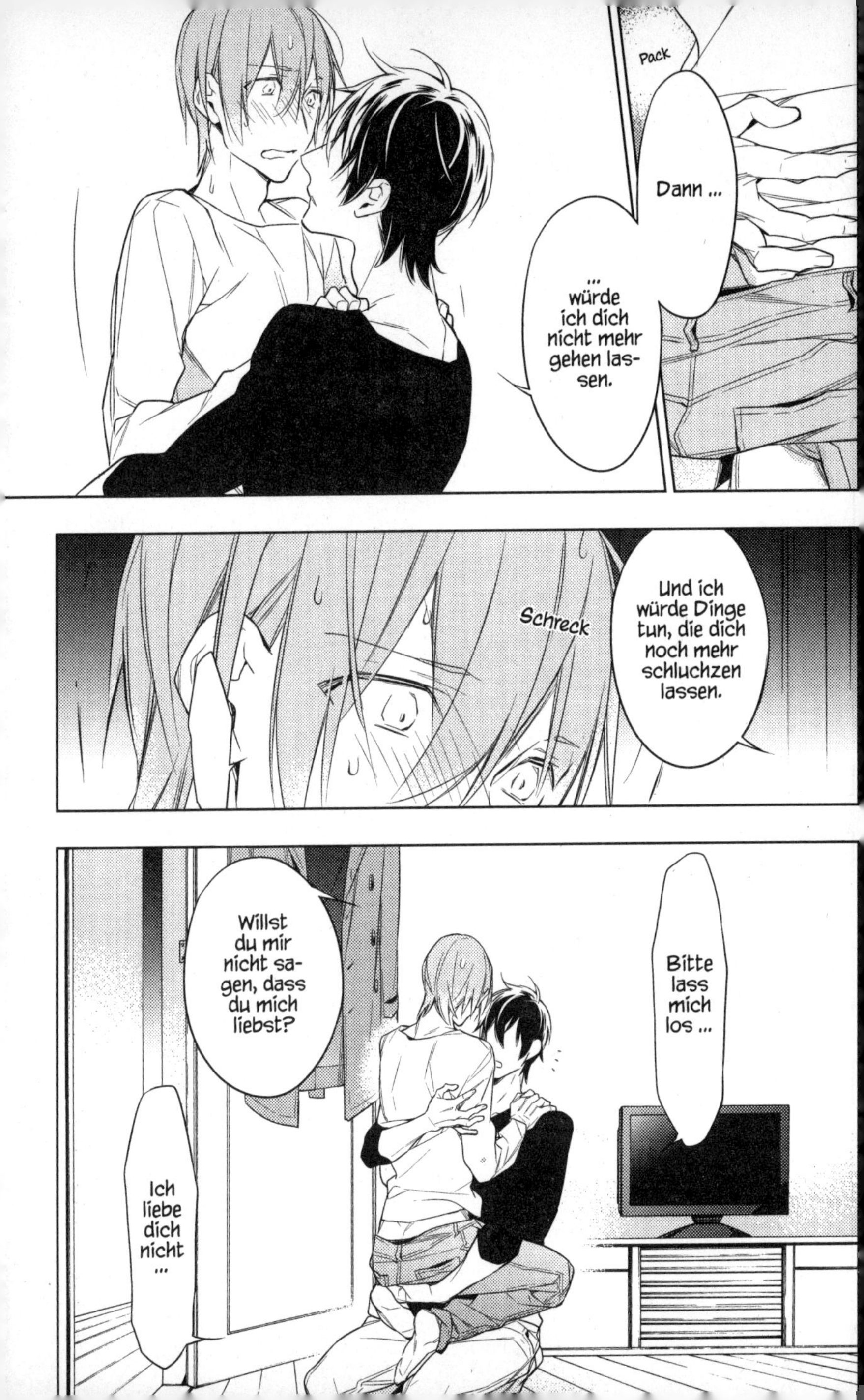

Pack

Dann ...

... würde ich dich nicht mehr gehen lassen.

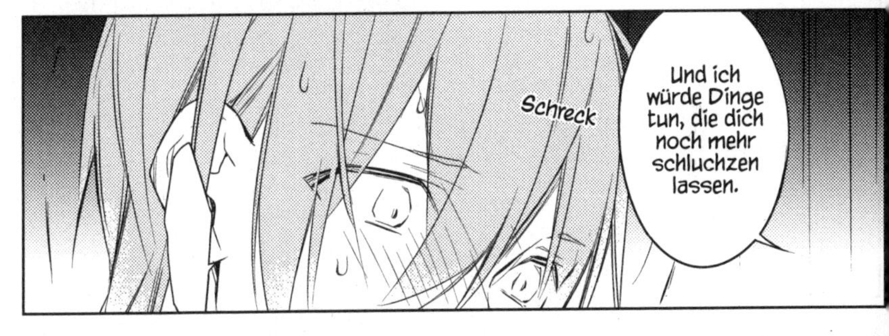

Bitte lass mich los ...

Willst du mir nicht sagen, dass du mich liebst?

Ich liebe dich nicht ...

TEN COUNT VON RIHITO TAKARAI

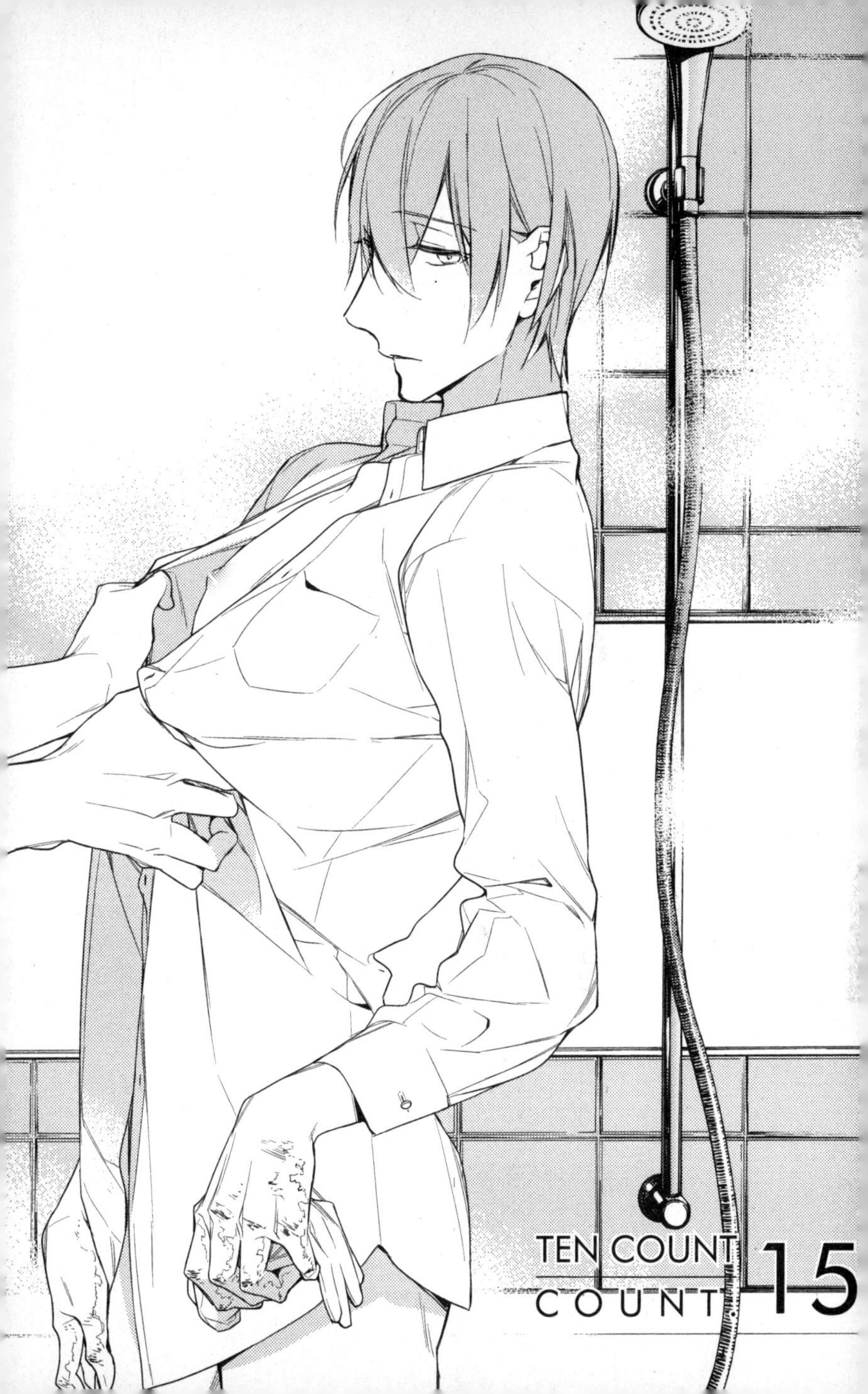
TEN COUNT
COUNT. 15

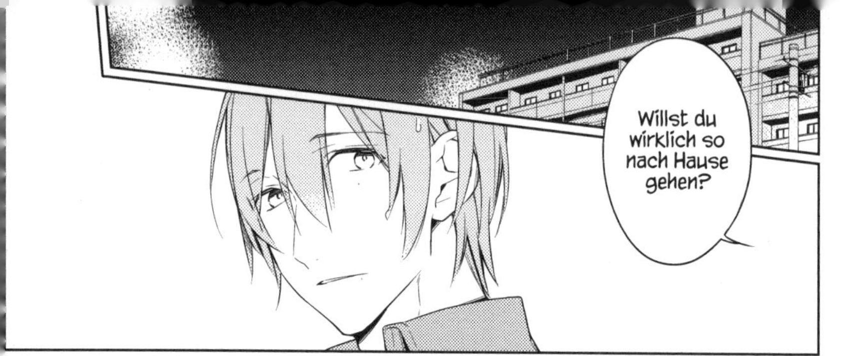
Willst du wirklich so nach Hause gehen?

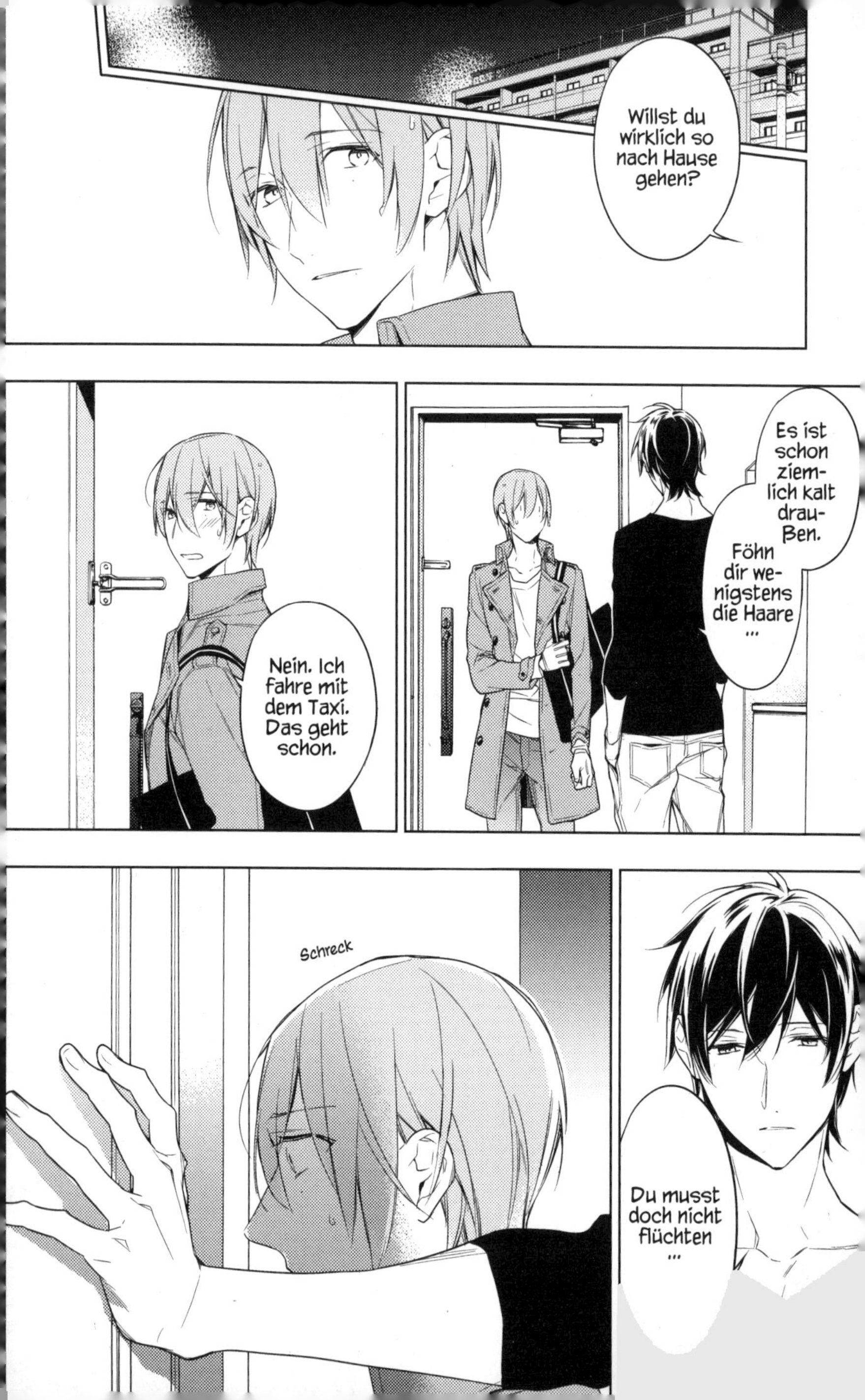

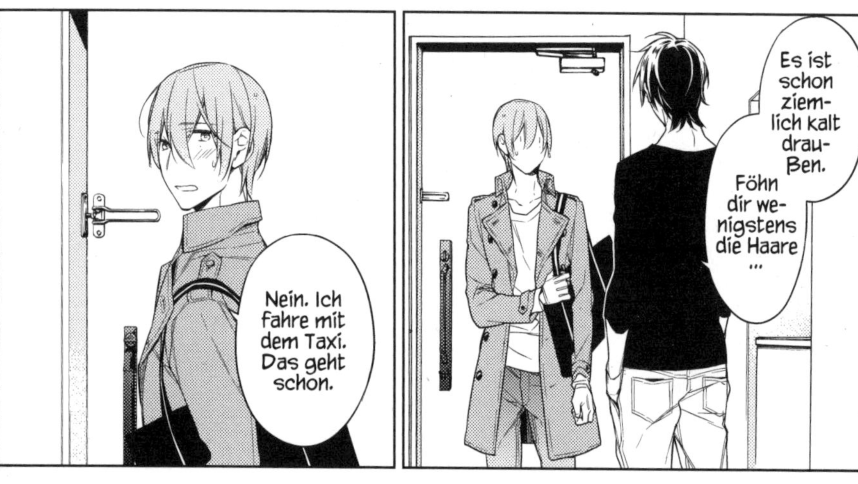
Es ist schon ziem-lich kalt drau-ßen. Föhn dir we-nigstens die Haare …
Nein. Ich fahre mit dem Taxi. Das geht schon.

Du musst doch nicht flüchten …
Schreck

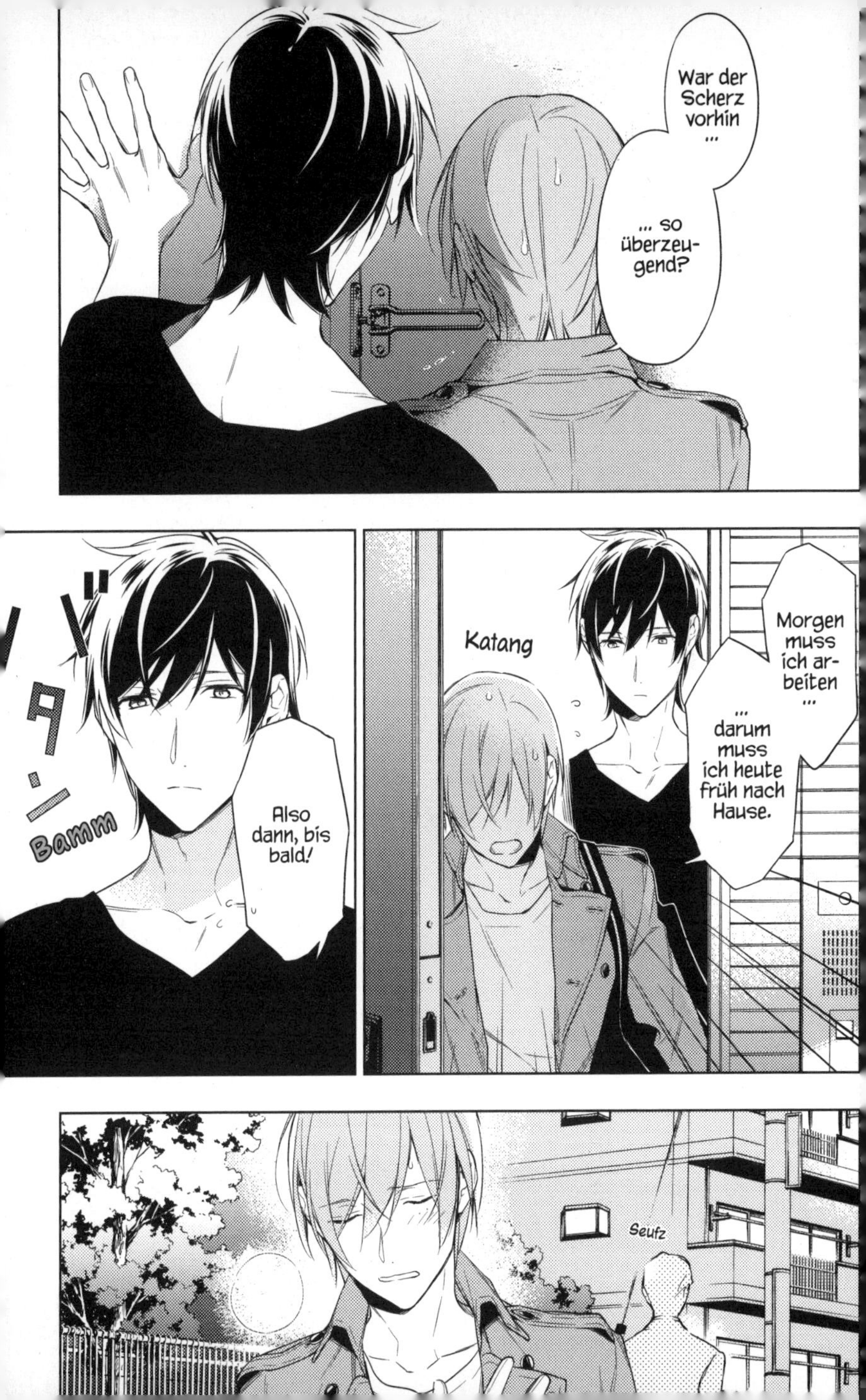

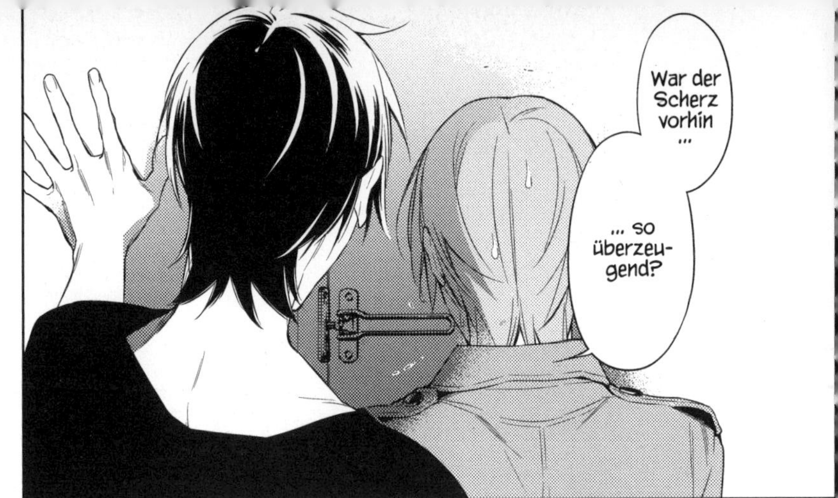

Morgen muss ich arbeiten ...

... darum muss ich heute früh nach Hause.

Katang

バタン

Bamm

Also dann, bis bald!

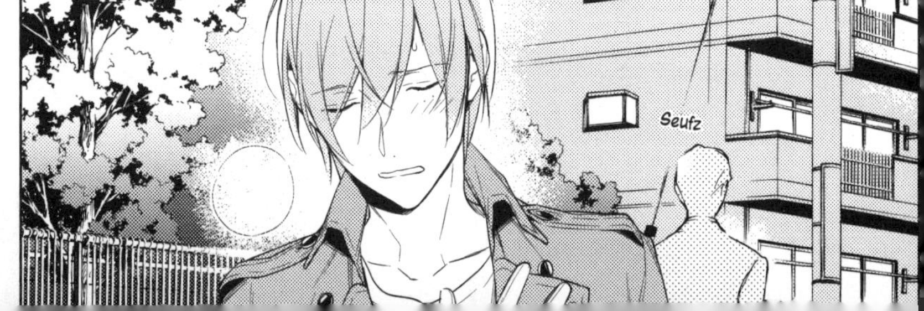

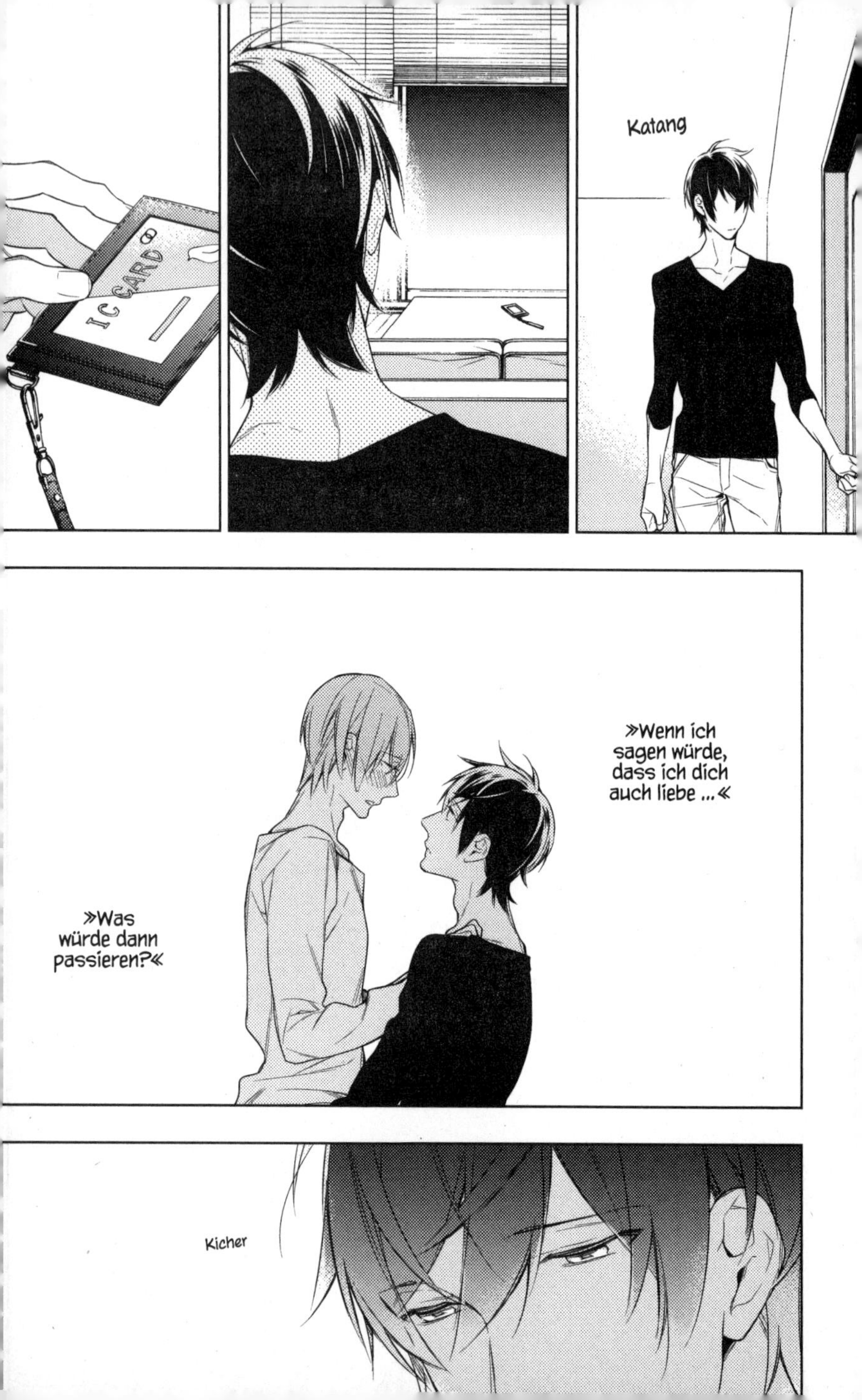

Katang
IC CARD

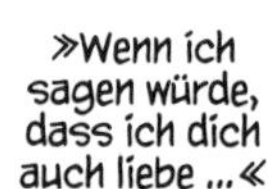

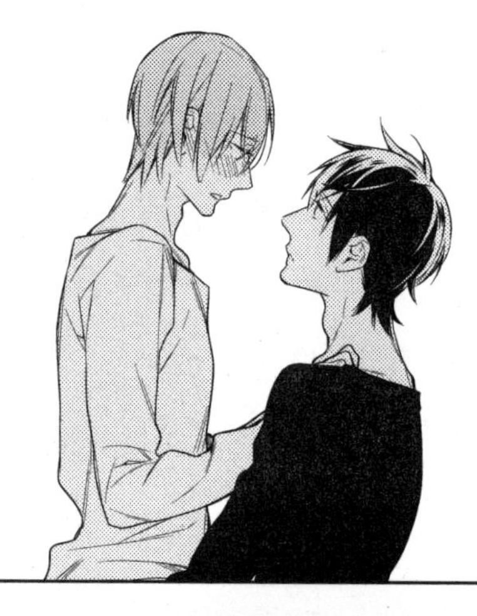
»Wenn ich sagen würde, dass ich dich auch liebe ...«
»Was würde dann passieren?«

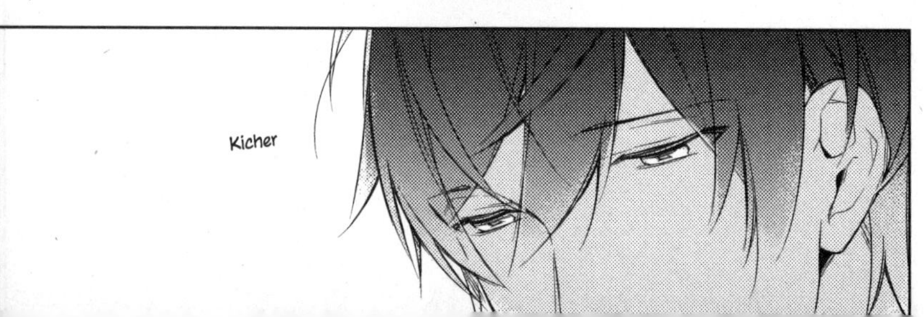
Kicher

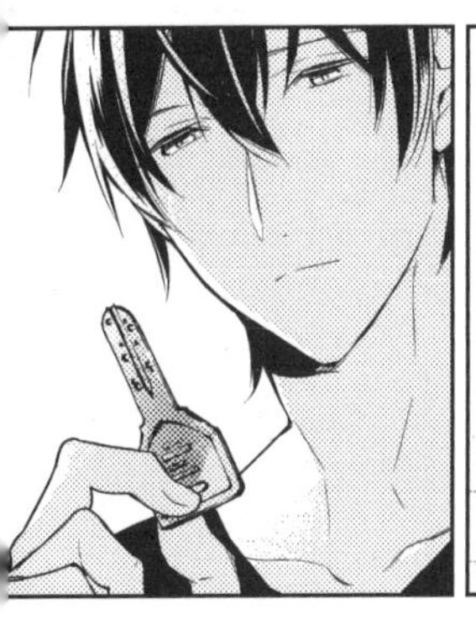

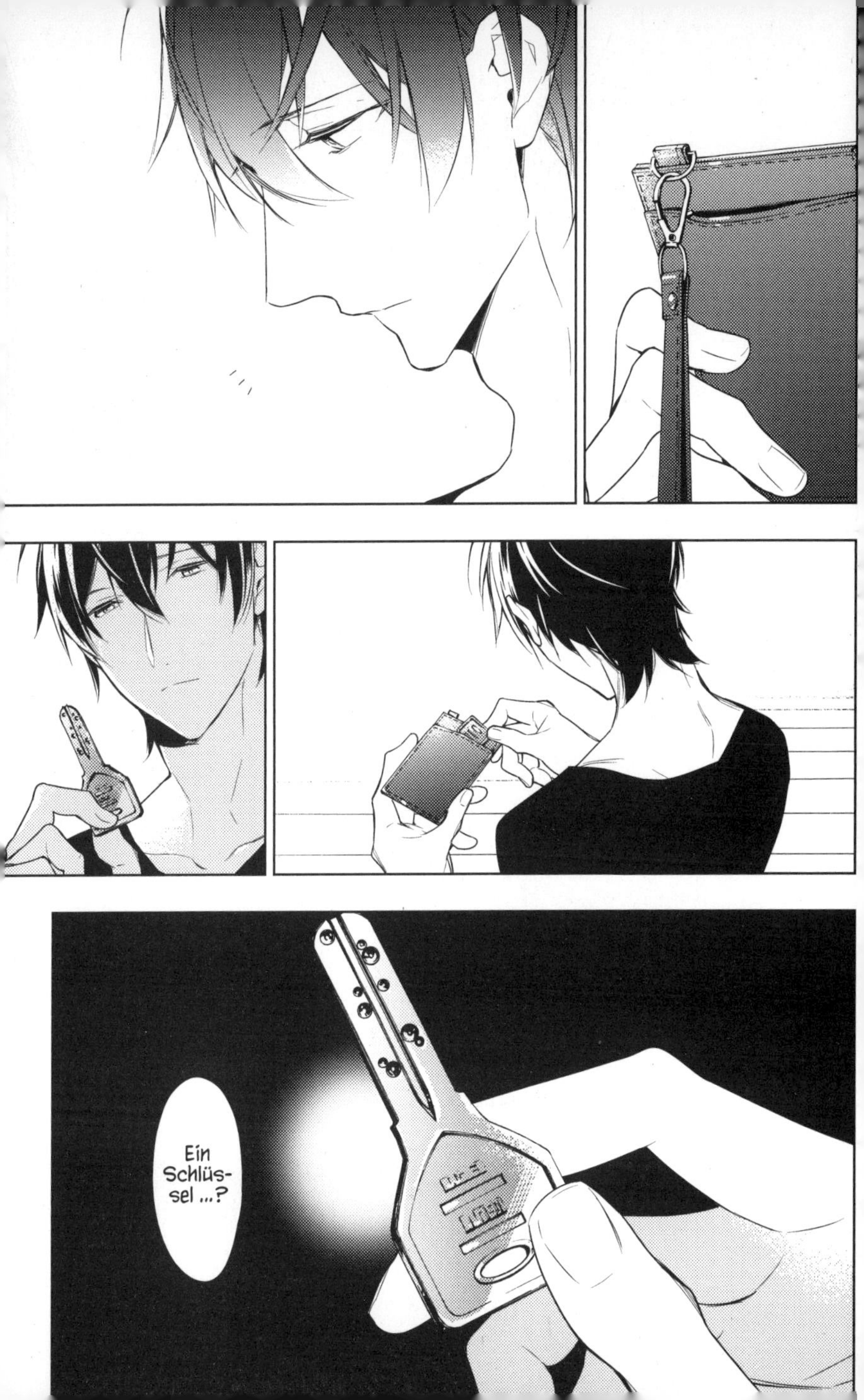

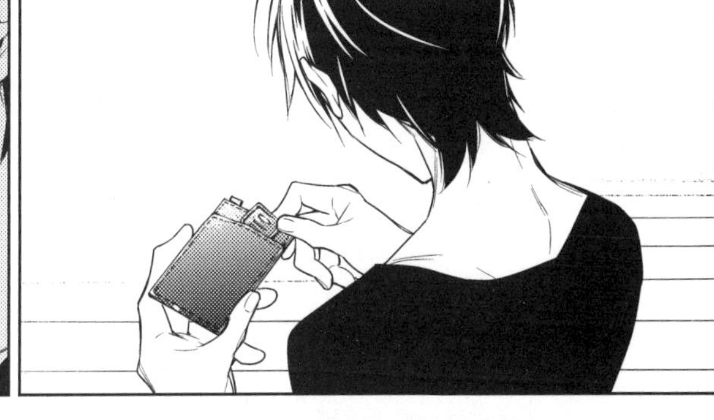

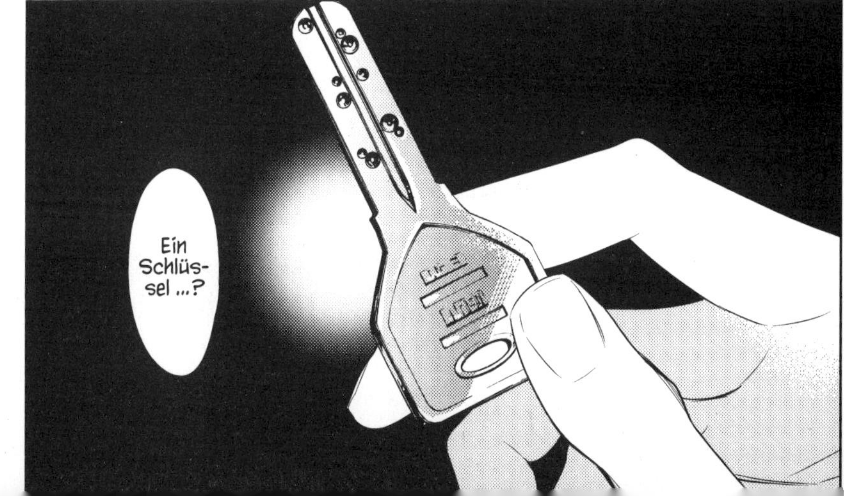
Ein Schlüssel ...?

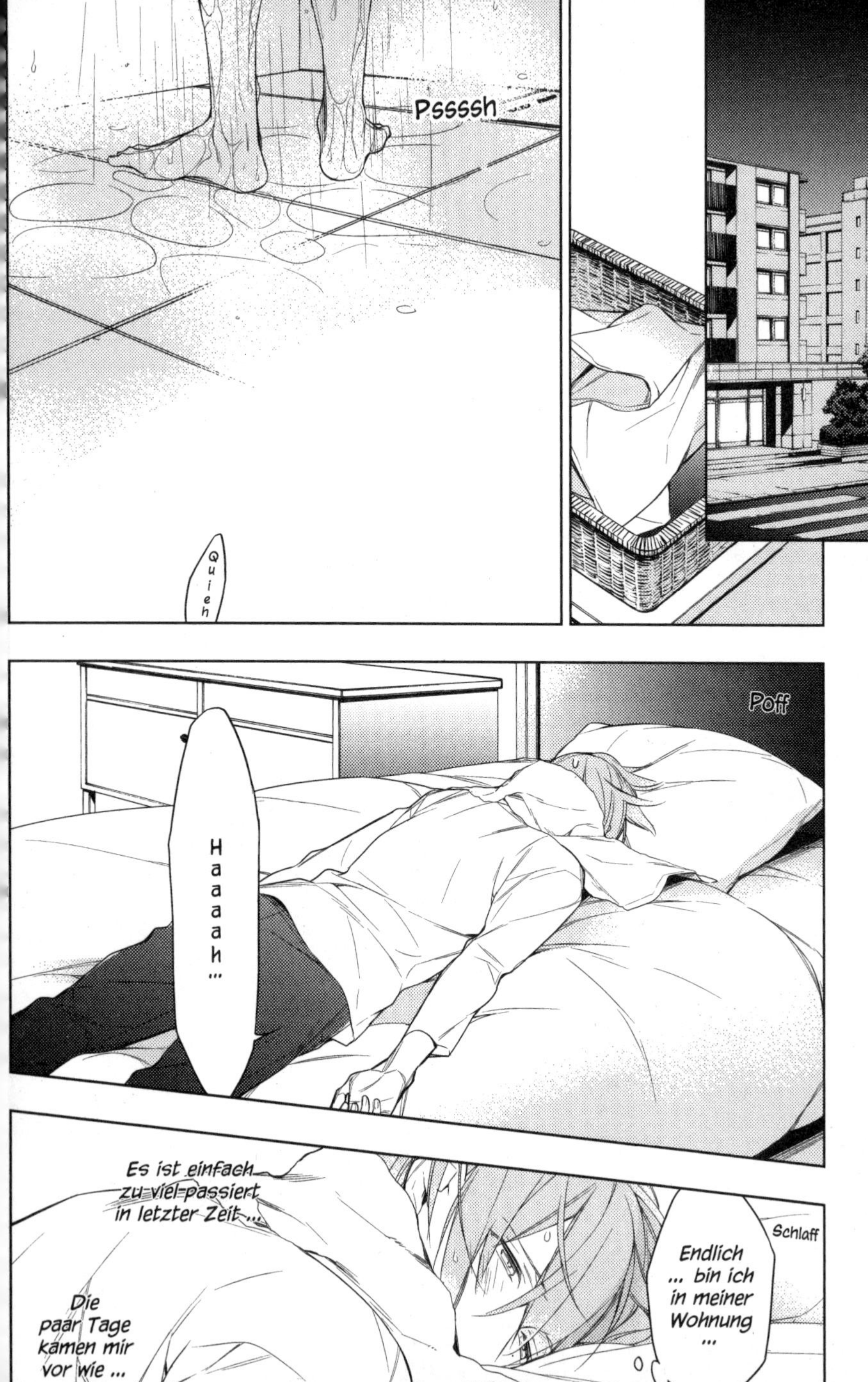
Pssssh
Quieh
Poff
Haaaah ...
Schlaff
Endlich ... bin ich in meiner Wohnung ...
Es ist einfach zu viel passiert in letzter Zeit ...
Die paar Tage kamen mir vor wie ...

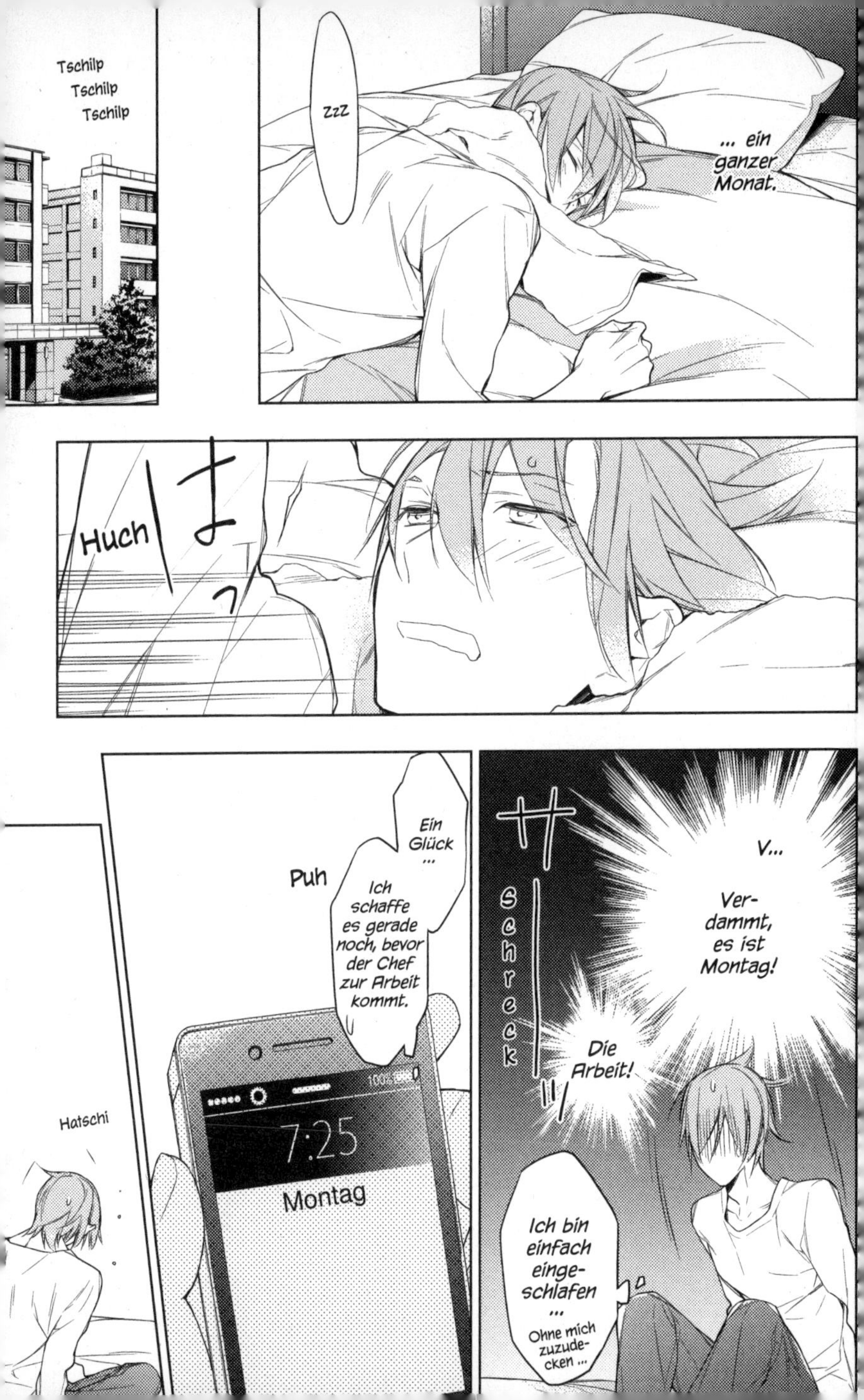

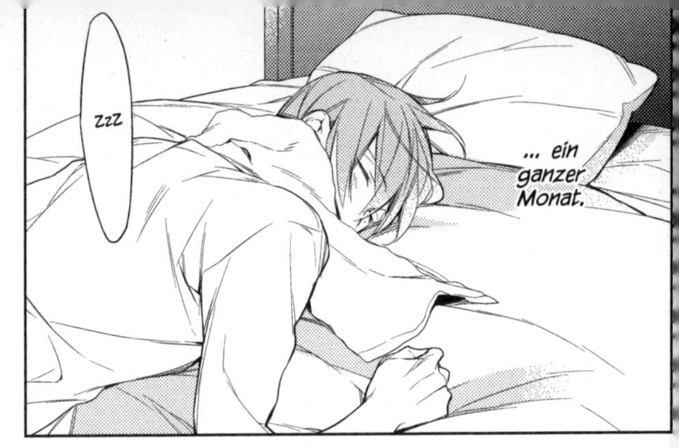

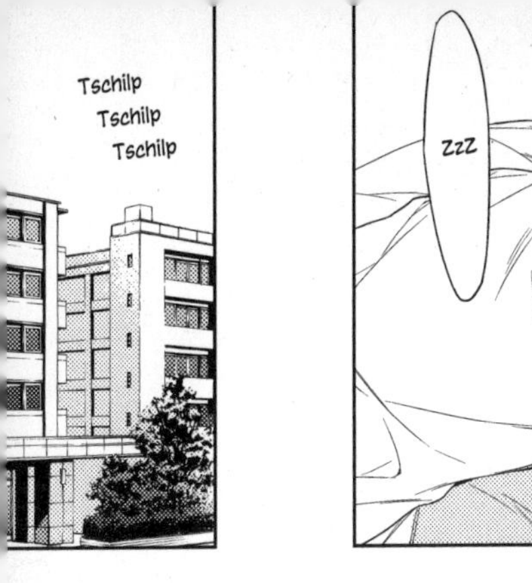

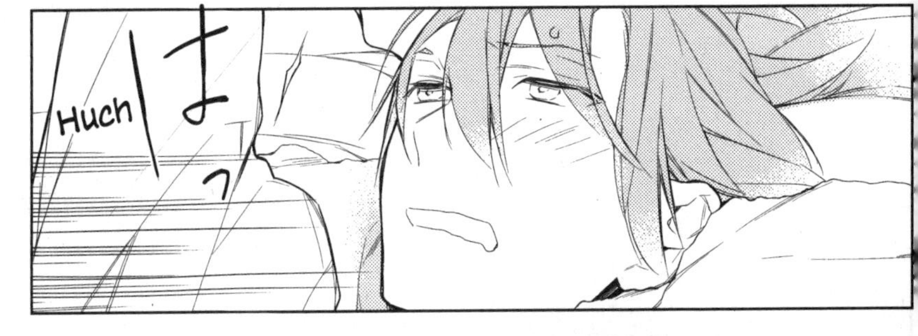

V...
Ver-dammt, es ist Montag!
schreck
Die Arbeit!
Ich bin einfach einge-schlafen ...
Ohne mich zuzude-cken ...

Ein Glück ...
Puh
Ich schaffe es gerade noch, bevor der Chef zur Arbeit kommt.
100%
7:25
Montag

Hatschi

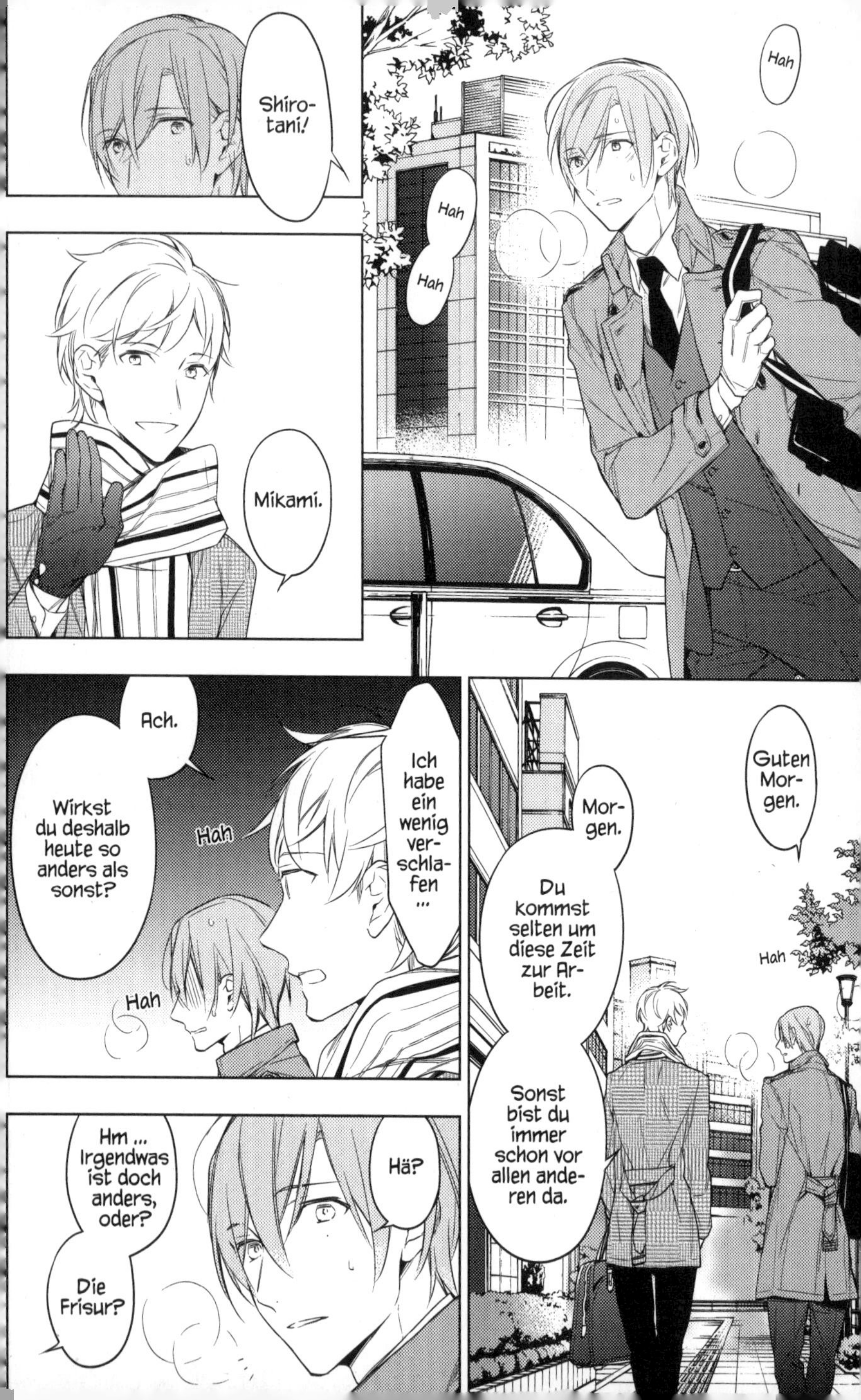

Hah
Hah
Hah
Shirotani!
Mikami.
Guten Morgen.
Morgen.
Hah
Du kommst selten um diese Zeit zur Arbeit.
Sonst bist du immer schon vor allen anderen da.
Ich habe ein wenig verschlafen ...
Hah
Ach.
Wirkst du deshalb heute so anders als sonst?
Hah
Hä?
Hm ... Irgendwas ist doch anders, oder?
Die Frisur?

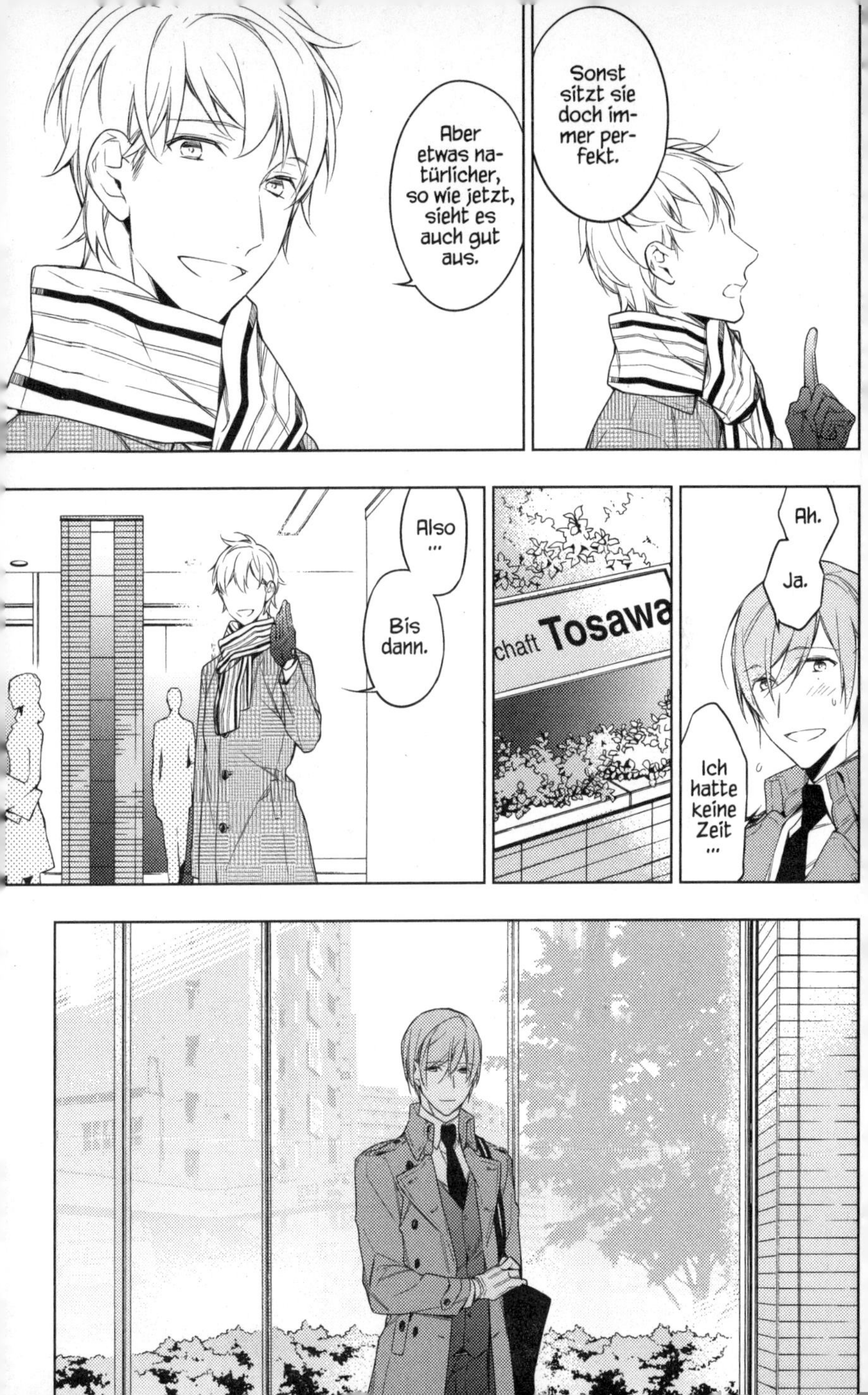
Sonst sitzt sie doch immer perfekt.
Aber etwas natürlicher, so wie jetzt, sieht es auch gut aus.
Ah.
Ja.
Ich hatte keine Zeit ...
chaft Tosawa
Also ...
Bis dann.

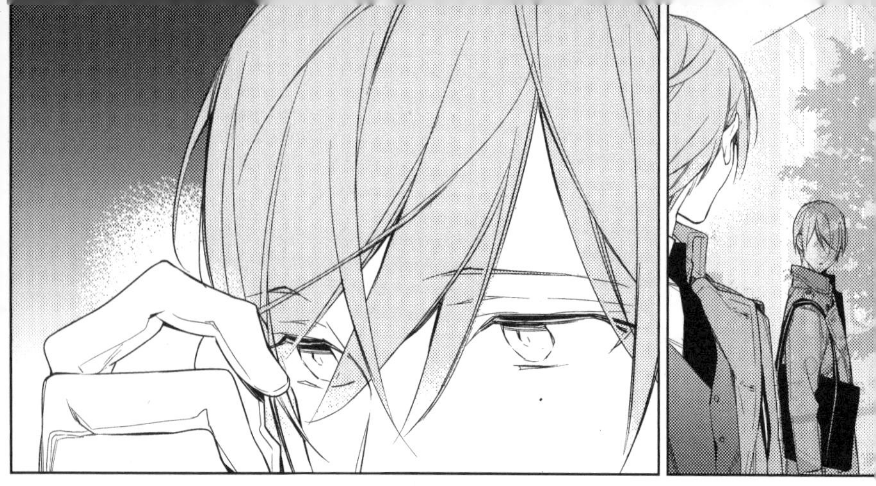

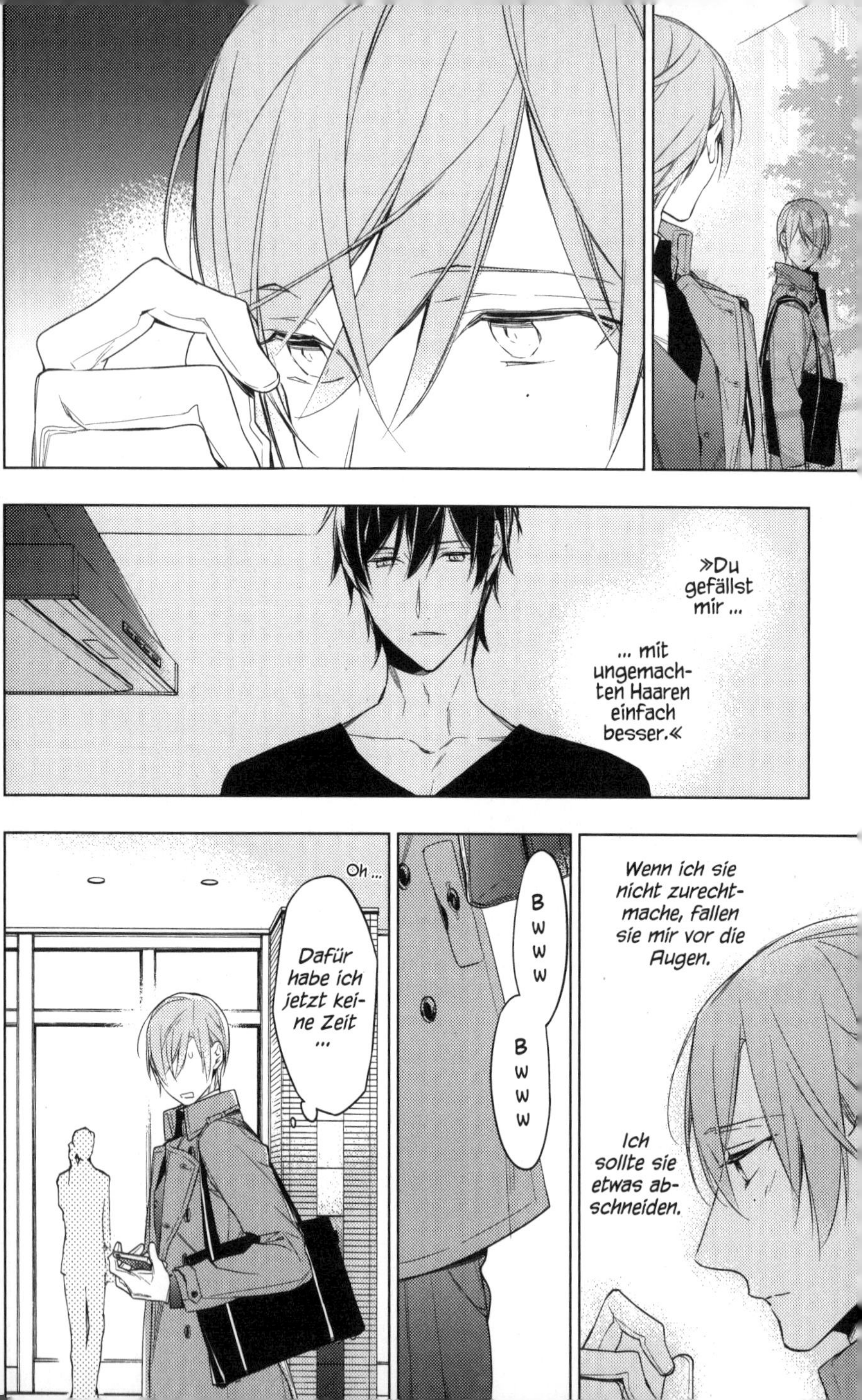

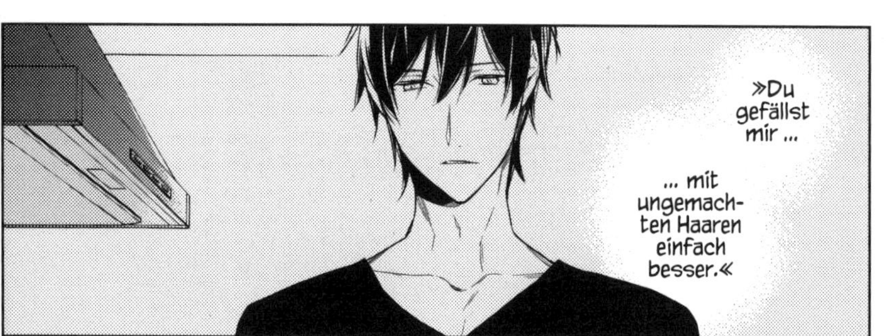

Wenn ich sie nicht zurechtmache, fallen sie mir vor die Augen.

Ich sollte sie etwas abschneiden.

BWWW

BWWW

Oh ...

Dafür habe ich jetzt keine Zeit ...

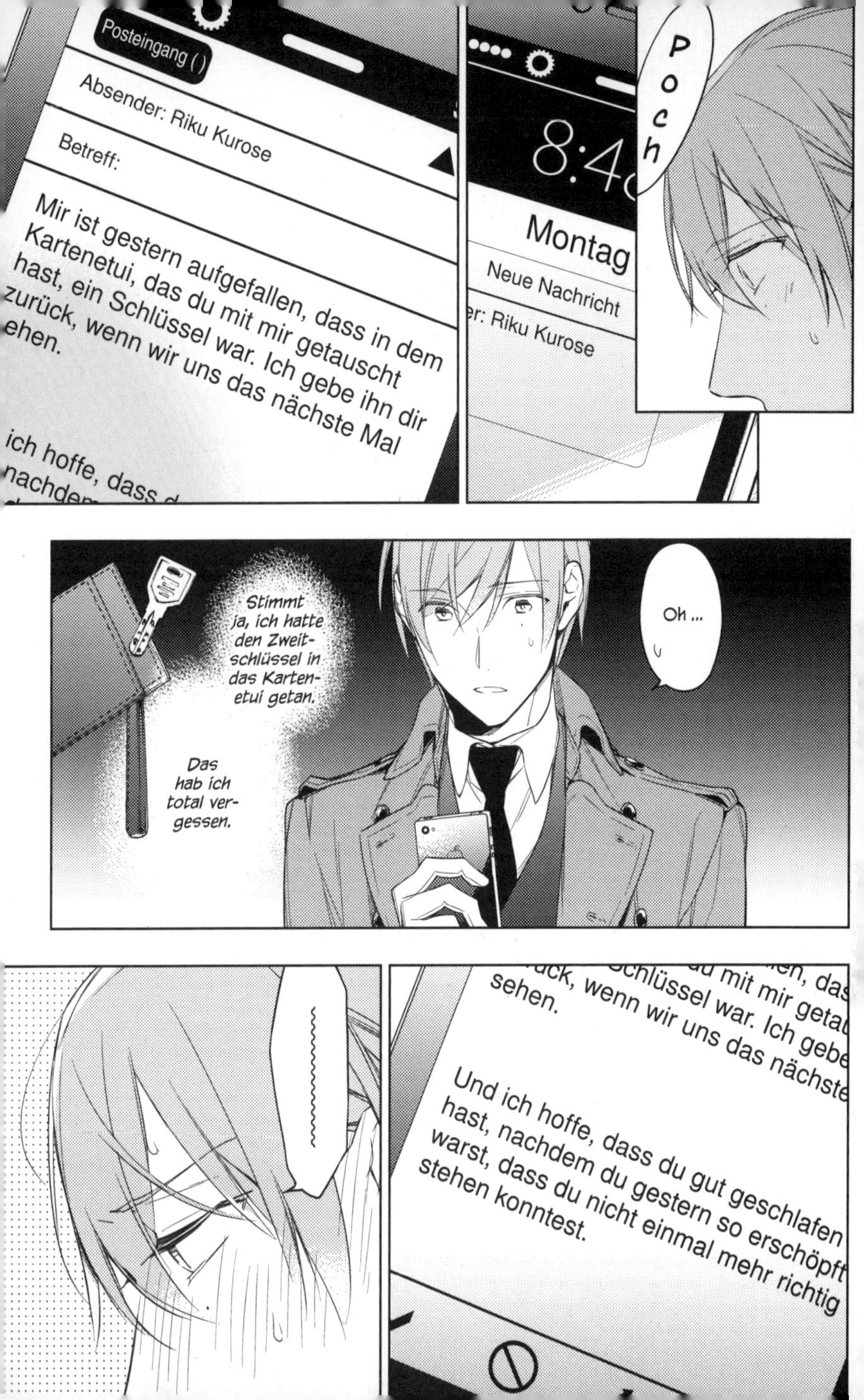

Poch

8:4
Montag
Neue Nachricht
er: Riku Kurose

Posteingang ( )
Absender: Riku Kurose
Betreff:
Mir ist gestern aufgefallen, dass in dem Kartenetui, das du mit mir getauscht hast, ein Schlüssel war. Ich gebe ihn dir zurück, wenn wir uns das nächste Mal ehen.
ich hoffe, dass d
nachdem

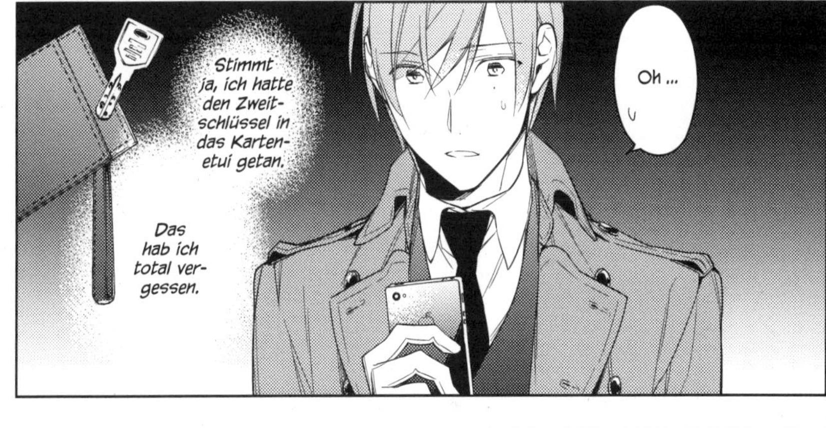

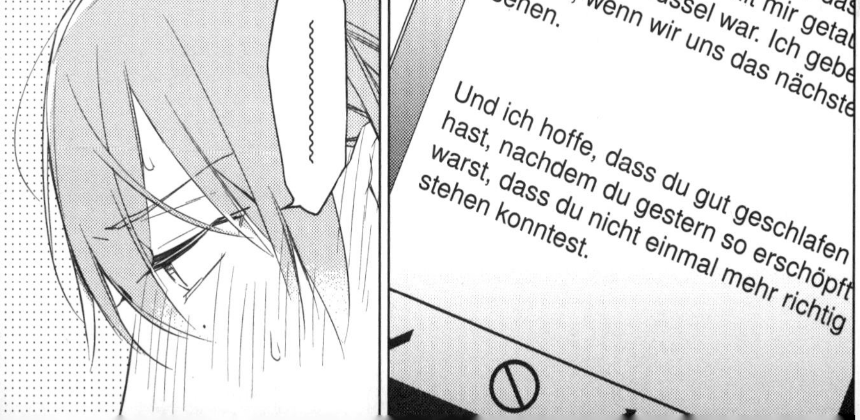

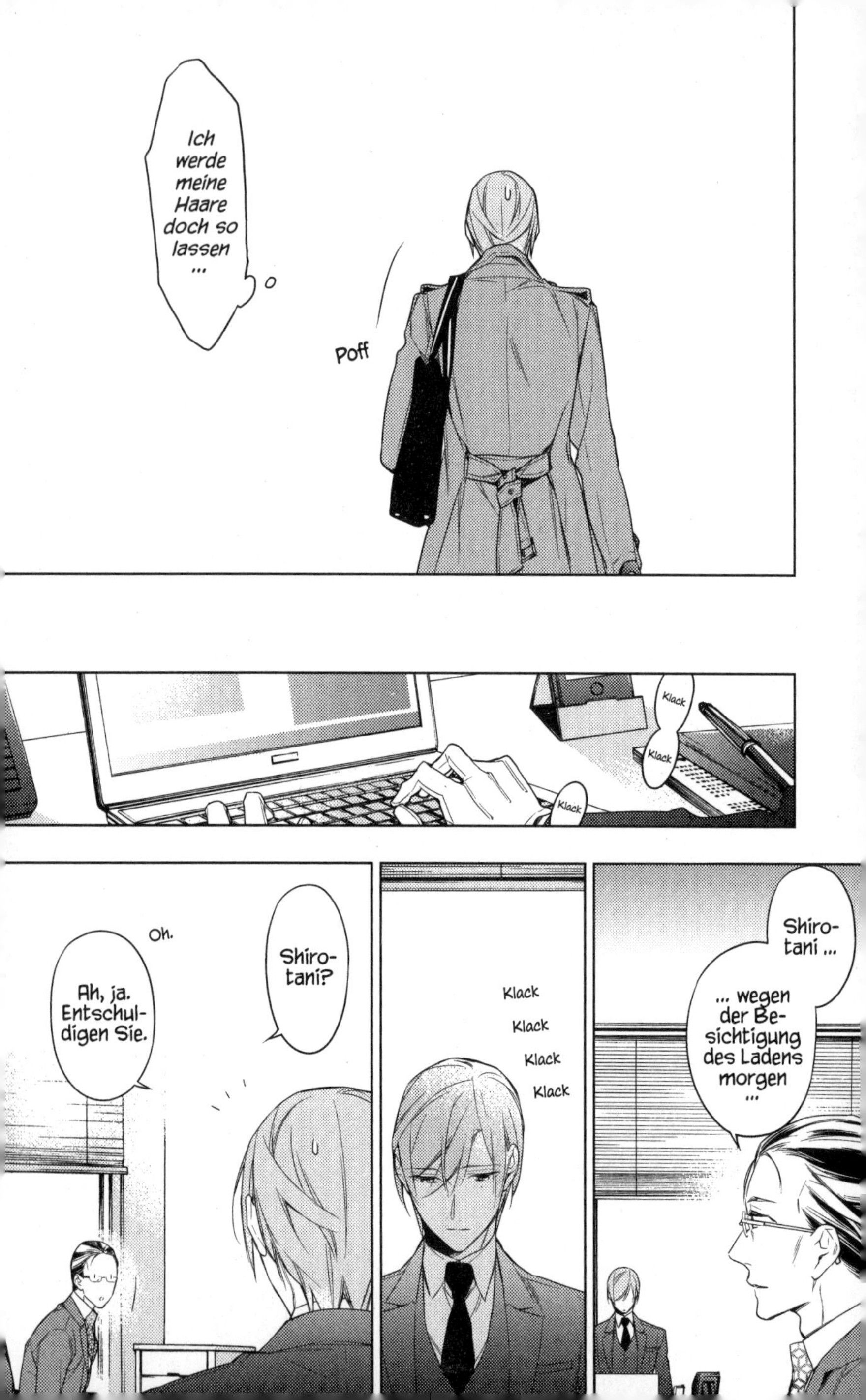

Poff

Ich werde meine Haare doch so lassen ...

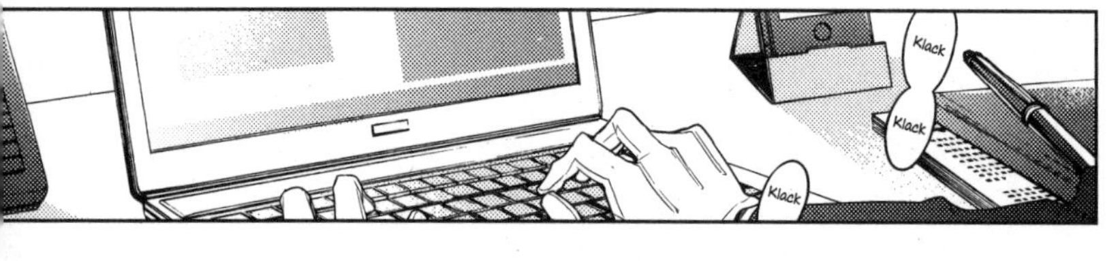

Shirotani ...

... wegen der Besichtigung des Ladens morgen ...

Klack Klack Klack Klack

Shirotani?

Oh.

Ah, ja. Entschuldigen Sie.

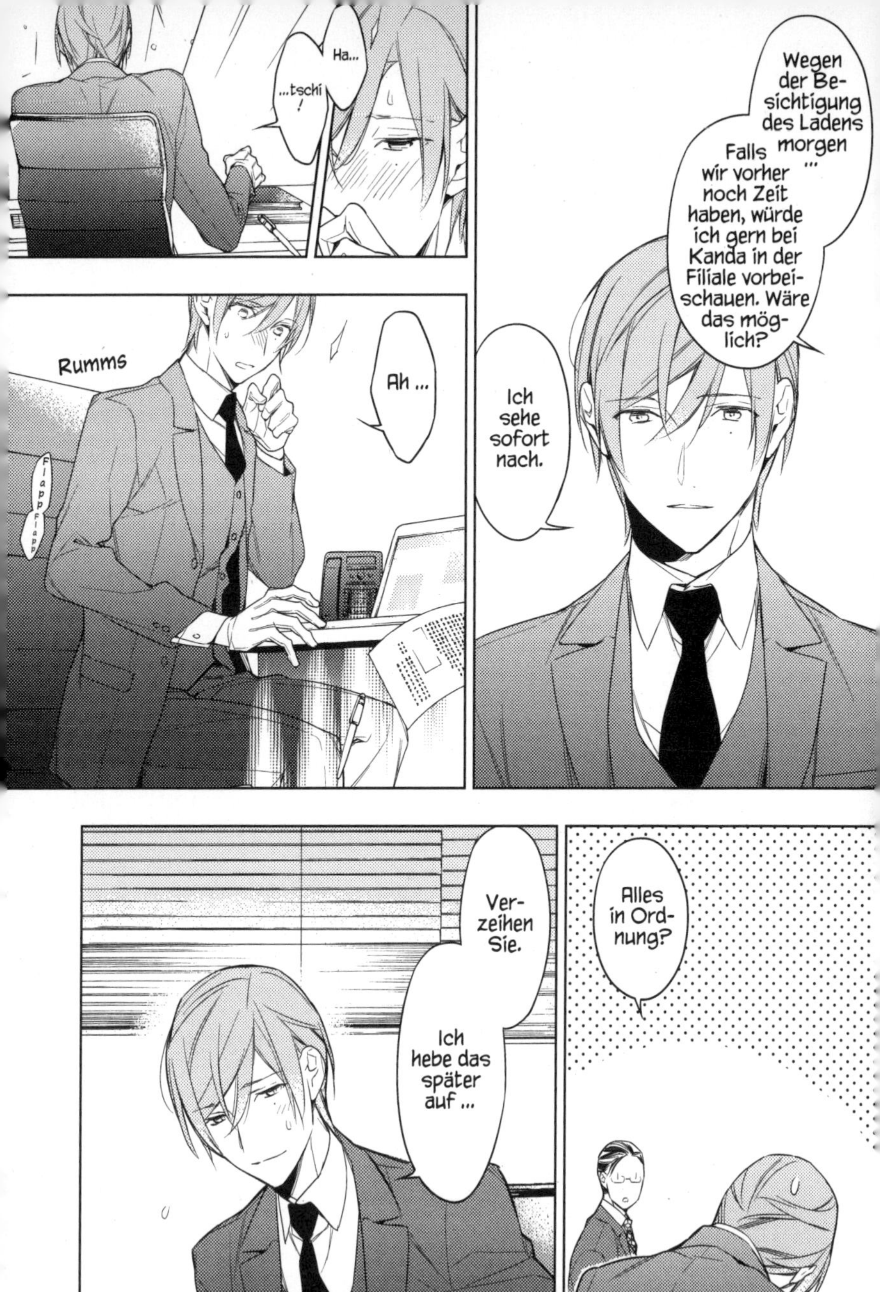

Wegen der Besichtigung des Ladens morgen ...
Falls wir vorher noch Zeit haben, würde ich gern bei Kanda in der Filiale vorbeischauen. Wäre das möglich?
Ha...
...tschi!
Ich sehe sofort nach.
Ah ...
Rumms
Flapp Flapp
Alles in Ordnung?
Verzeihen Sie.
Ich hebe das später auf ...

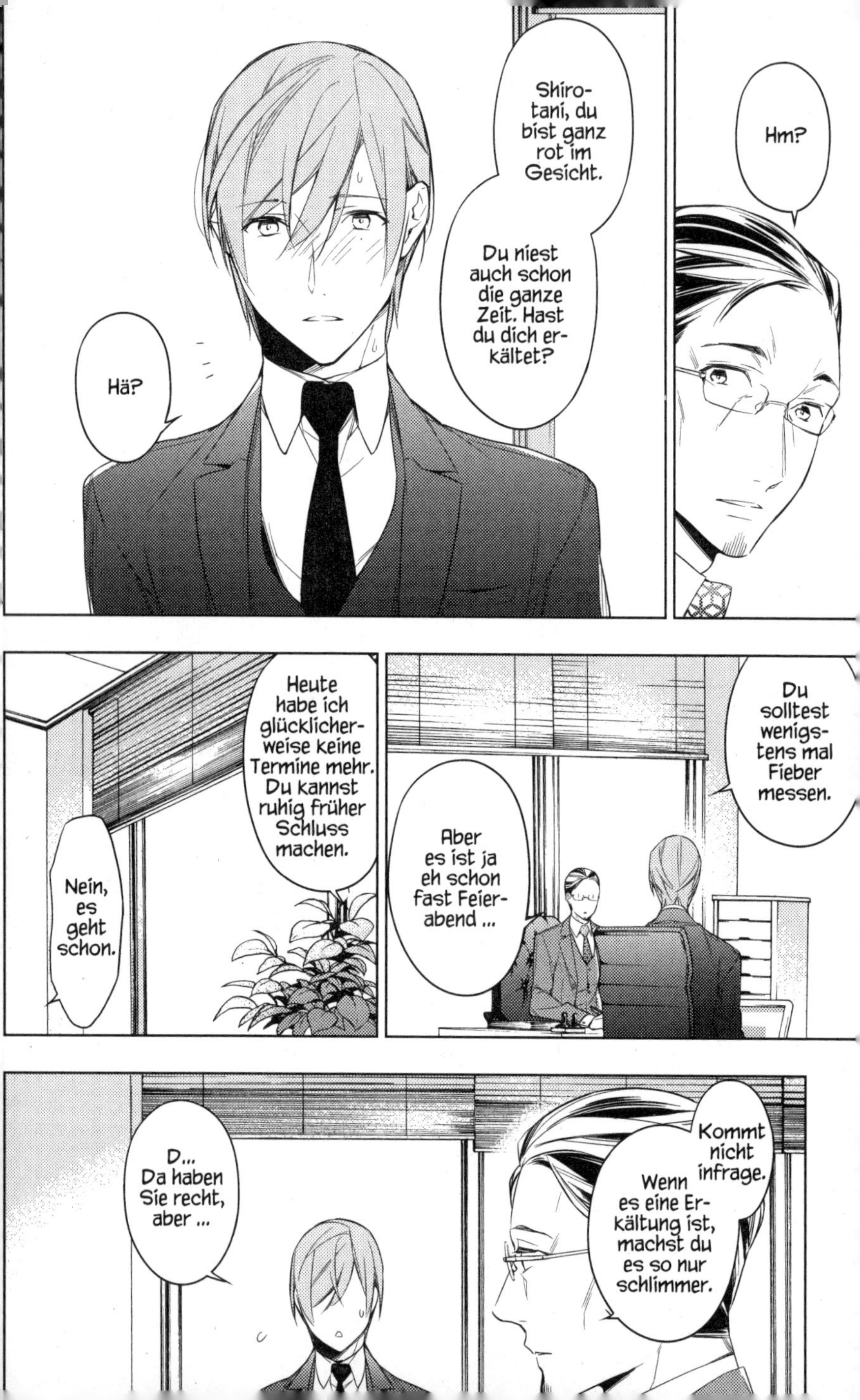

Hm?
Shirotani, du bist ganz rot im Gesicht.
Du niest auch schon die ganze Zeit. Hast du dich erkältet?
Hä?

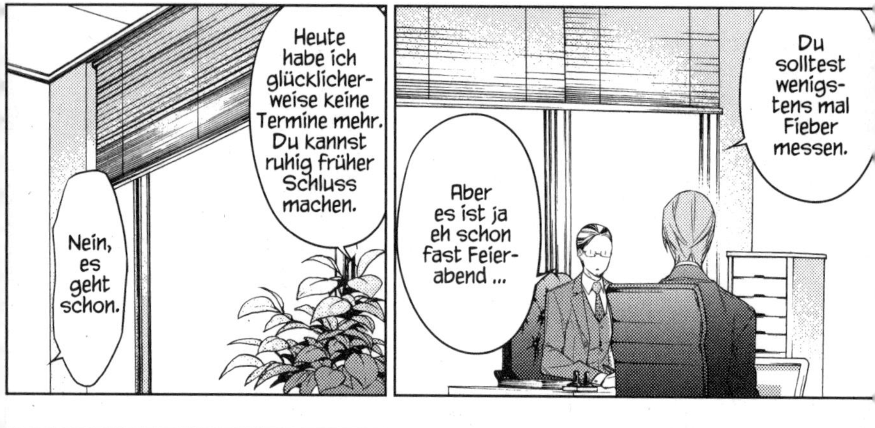

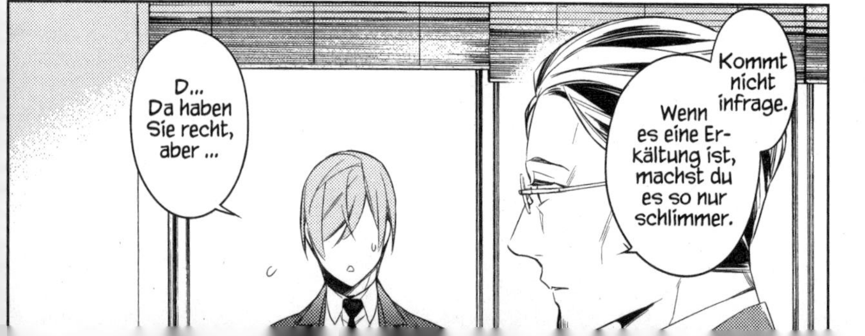

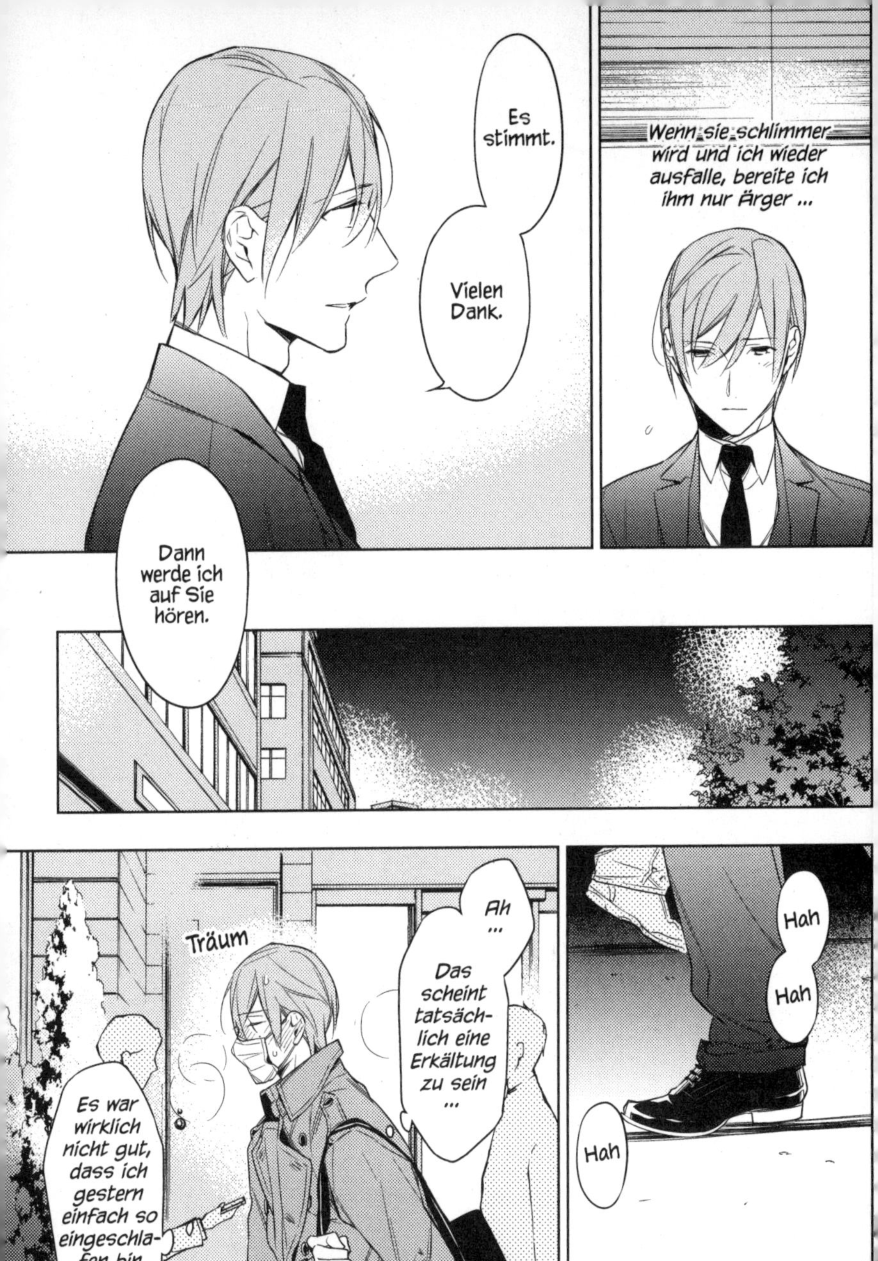

Wenn sie schlimmer wird und ich wieder ausfalle, bereite ich ihm nur Ärger ...
Es stimmt.
Vielen Dank.
Dann werde ich auf Sie hören.
Hah
Hah
Hah
Ah ...
Das scheint tatsächlich eine Erkältung zu sein ...
Träum
Es war wirklich nicht gut, dass ich gestern einfach so eingeschlafen bin ...

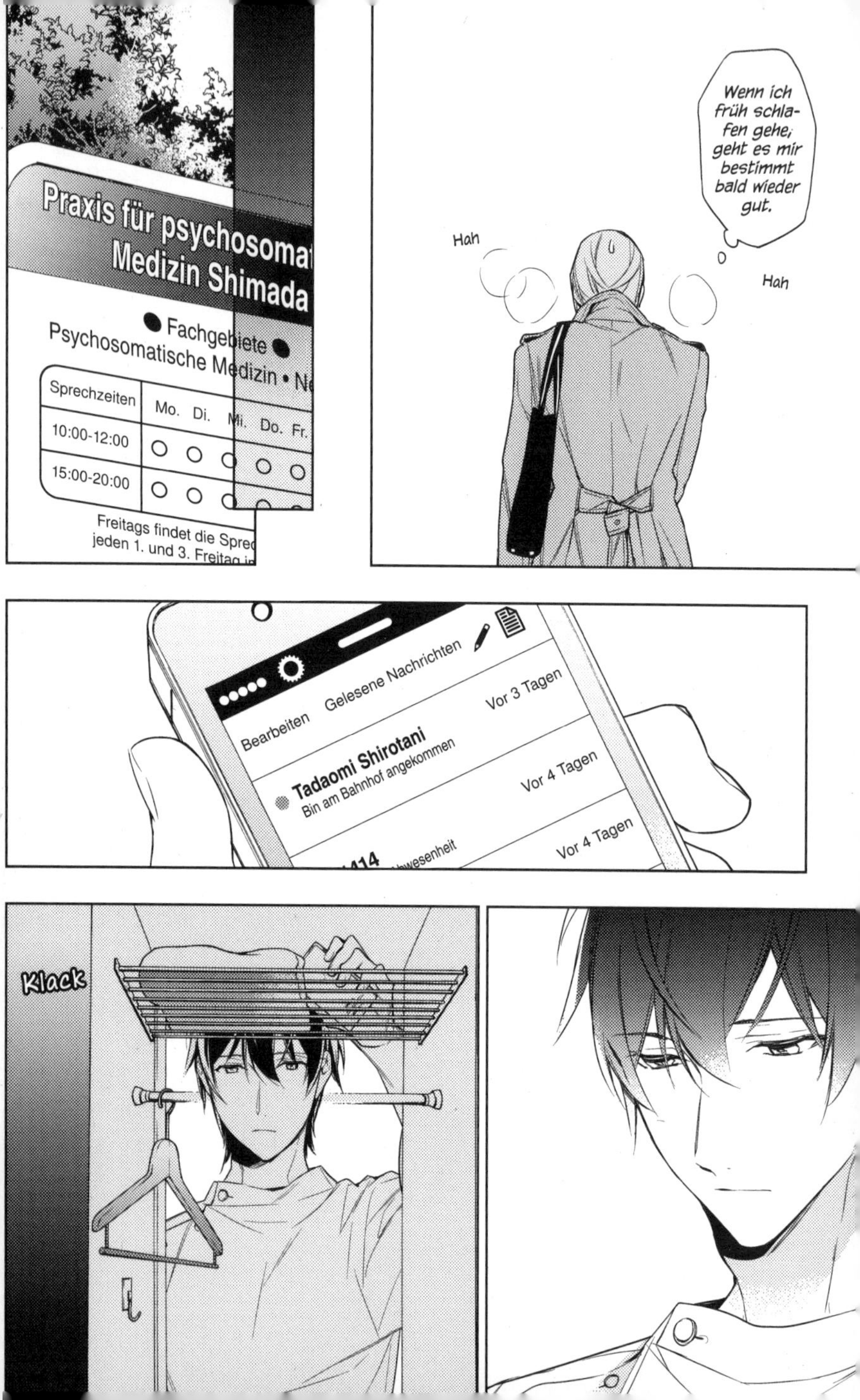

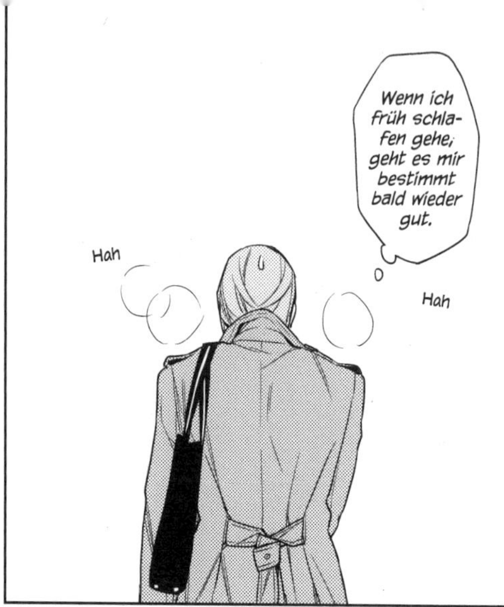
Wenn ich früh schlafen gehe, geht es mir bestimmt bald wieder gut.
Hah
Hah

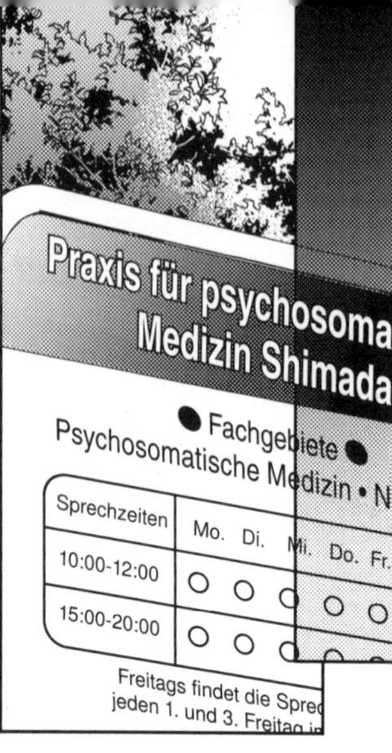
Praxis für psychosomat
Medizin Shimada
● Fachgebiete ●
Psychosomatische Medizin • Ne
Sprechzeiten
Mo. Di. Mi. Do. Fr.
10:00-12:00
15:00-20:00
Freitags findet die Spred
jeden 1. und 3. Freitag in

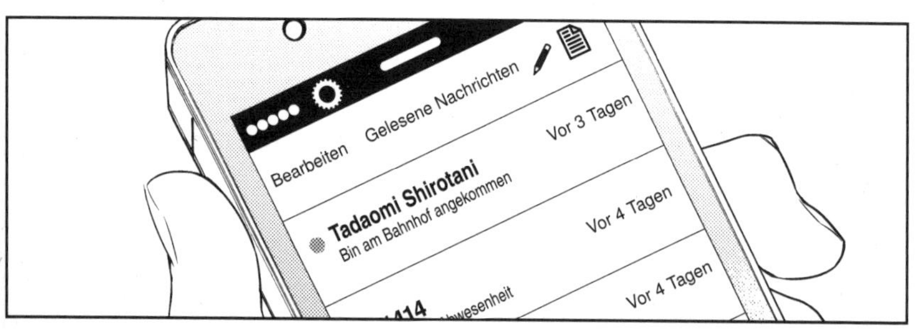
Gelesene Nachrichten
Bearbeiten
Vor 3 Tagen
Tadaomi Shirotani
Bin am Bahnhof angekommen
Vor 4 Tagen
Vor 4 Tagen

Klack

TEN COUNT VON RIHITO TAKARAI

TEN COUNT VON RIHITO TAKARAI

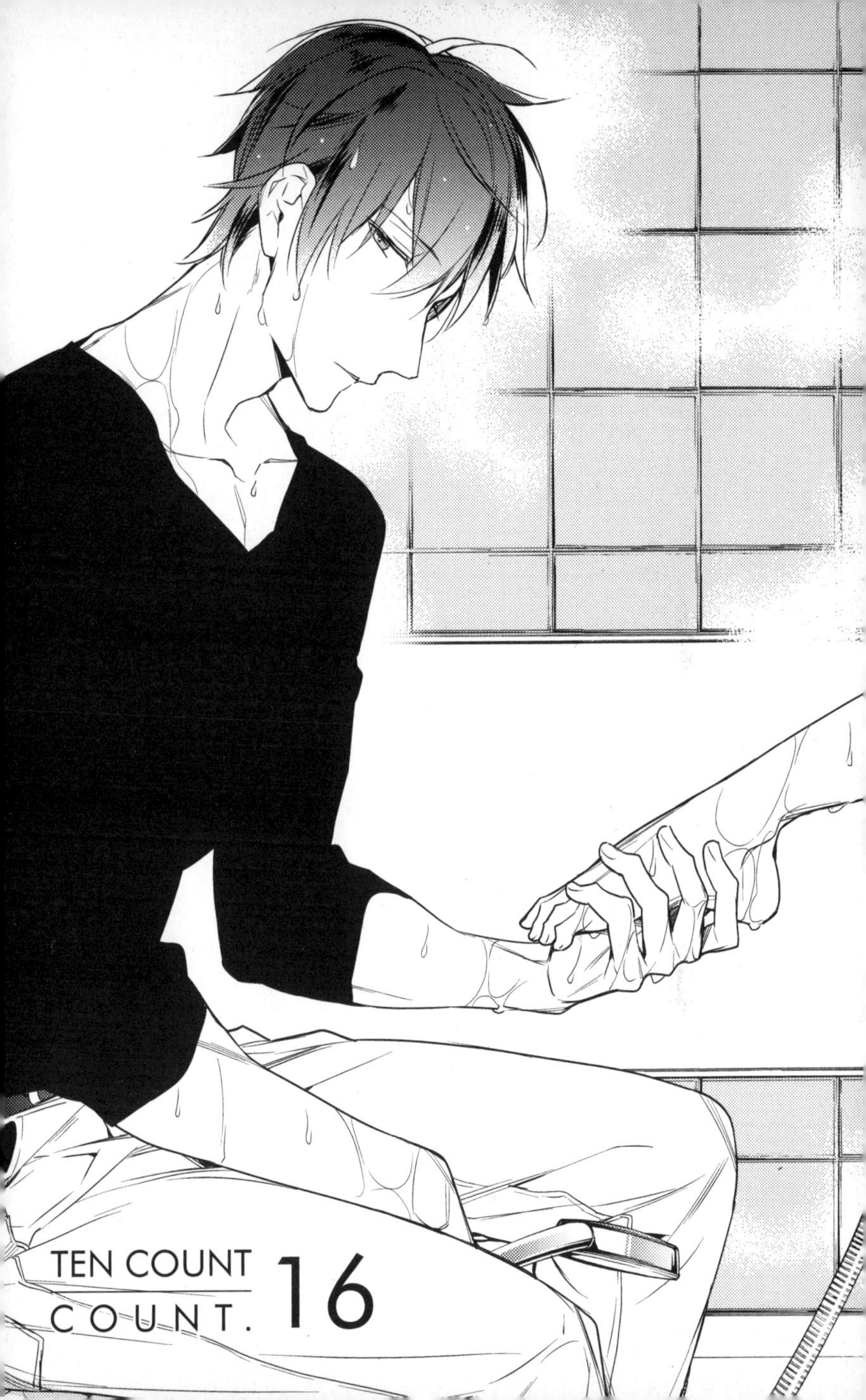
TEN COUNT
COUNT. 16

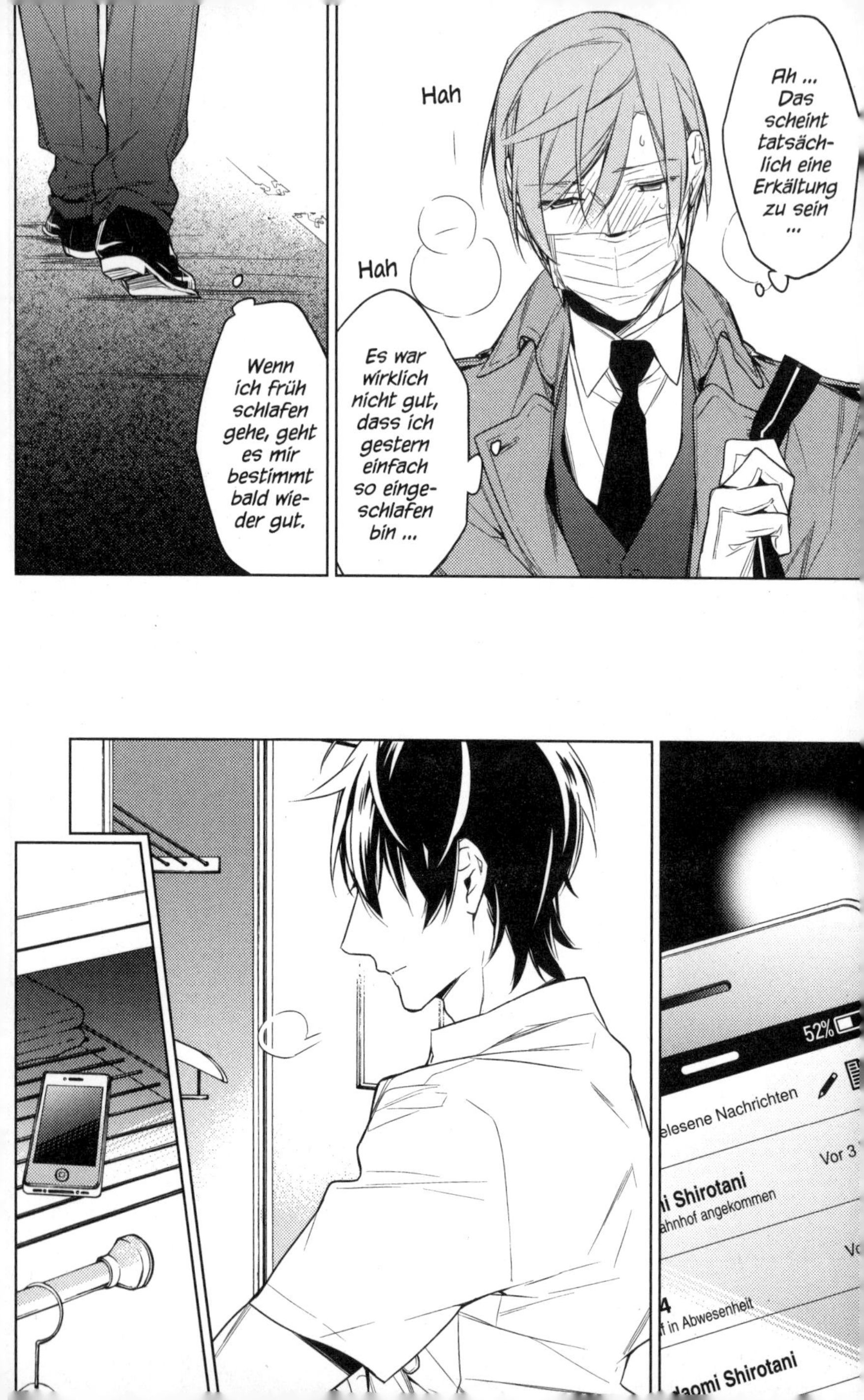

Ah ... Das scheint tatsächlich eine Erkältung zu sein ...

Hah

Hah

Es war wirklich nicht gut, dass ich gestern einfach so eingeschlafen bin ...

Wenn ich früh schlafen gehe, geht es mir bestimmt bald wieder gut.

52%

elesene Nachrichten

Vor 3

i Shirotani

ahnhof angekommen

Vo

4

f in Abwesenheit

daomi Shirotani

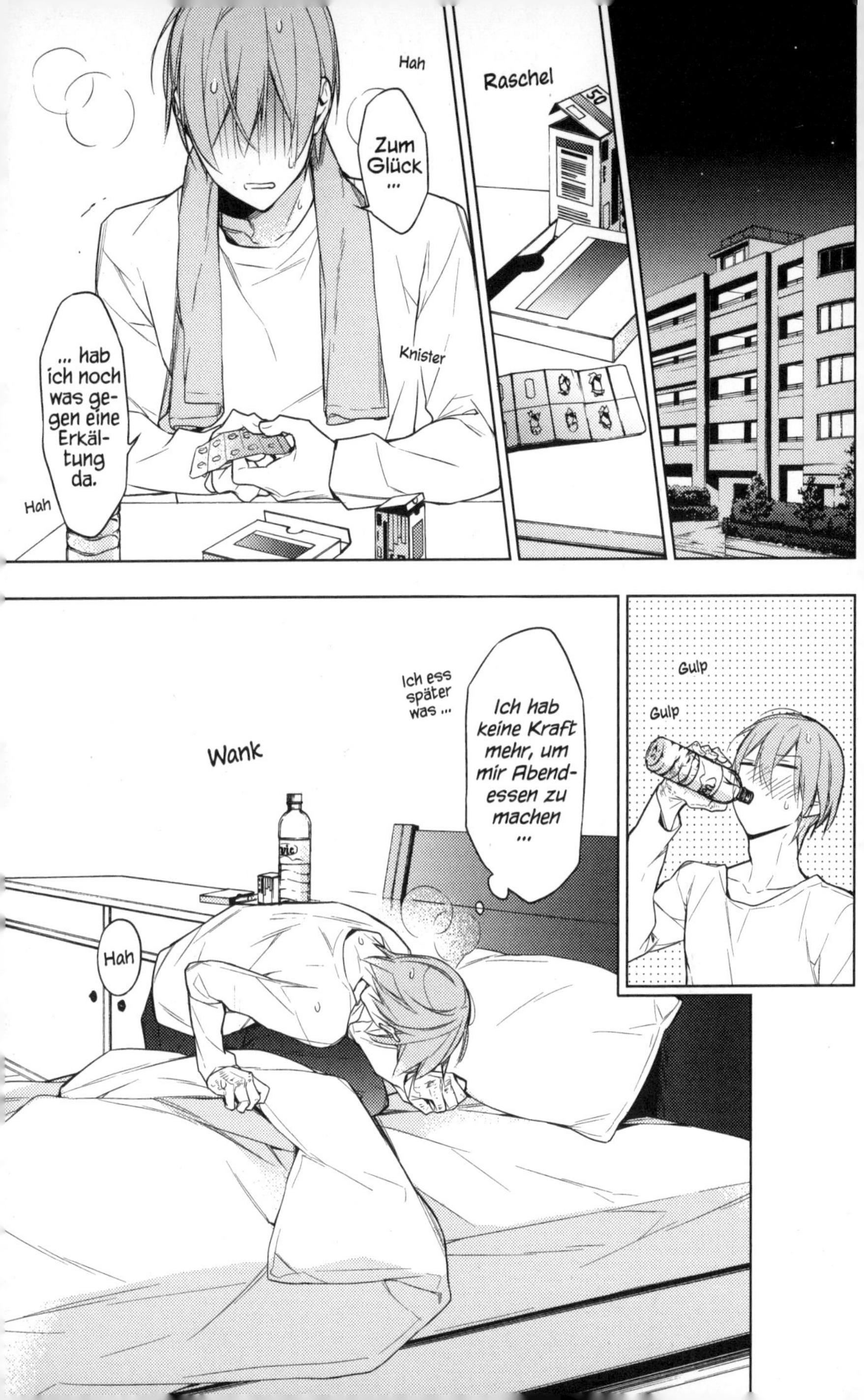

Raschel

Hah

Zum Glück ...

Knister

... hab ich noch was gegen eine Erkältung da.

Hah

Gulp

Gulp

Ich hab keine Kraft mehr, um mir Abendessen zu machen ...

Ich ess später was ...

Wank

Hah

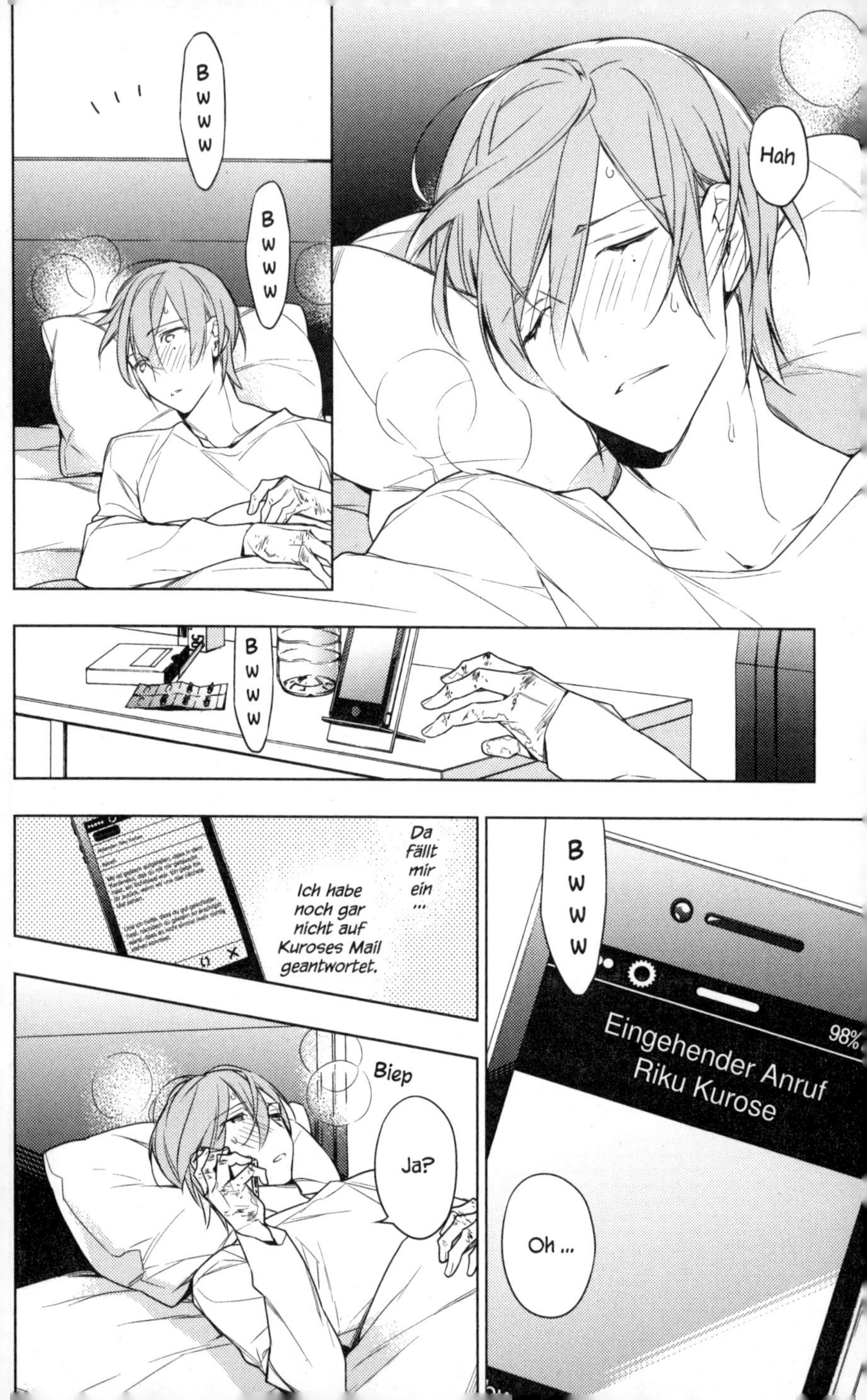
Hah
BWWW
BWWW
BWWW
BWWW
98%
Eingehender Anruf
Riku Kurose
Oh ...
Da fällt mir ein ...
Ich habe noch gar nicht auf Kuroses Mail geantwortet.
Biep
Ja?

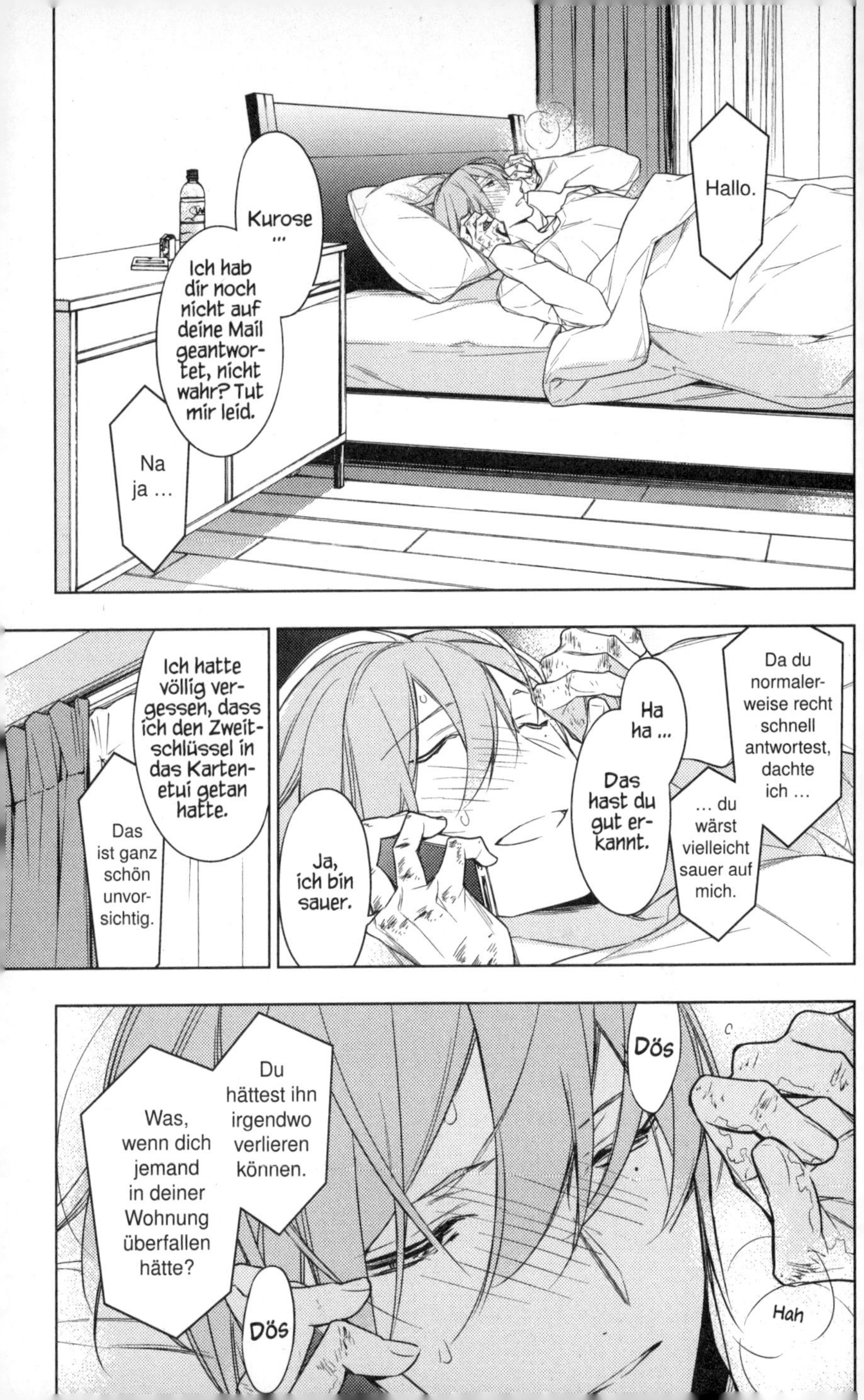

Hallo.
Kurose …
Ich hab dir noch nicht auf deine Mail geantwortet, nicht wahr? Tut mir leid.
Na ja …

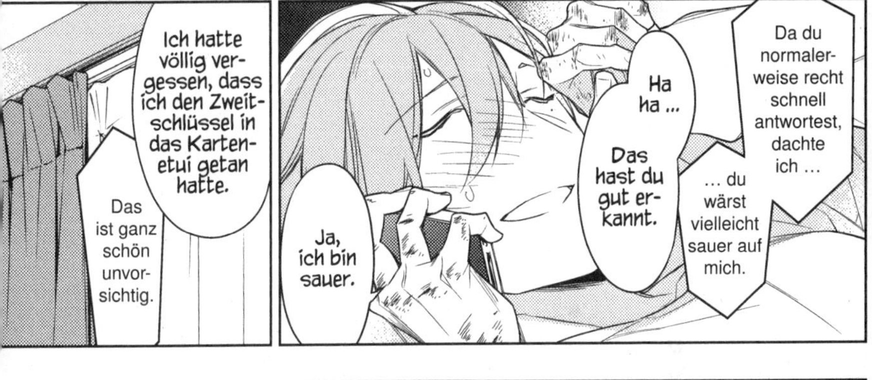

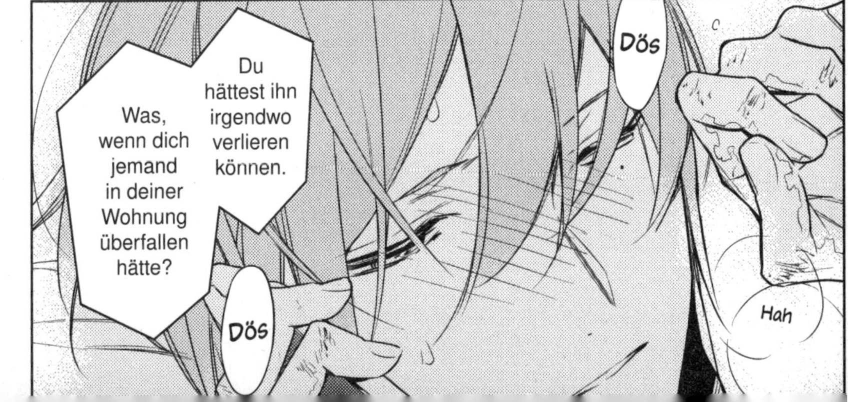

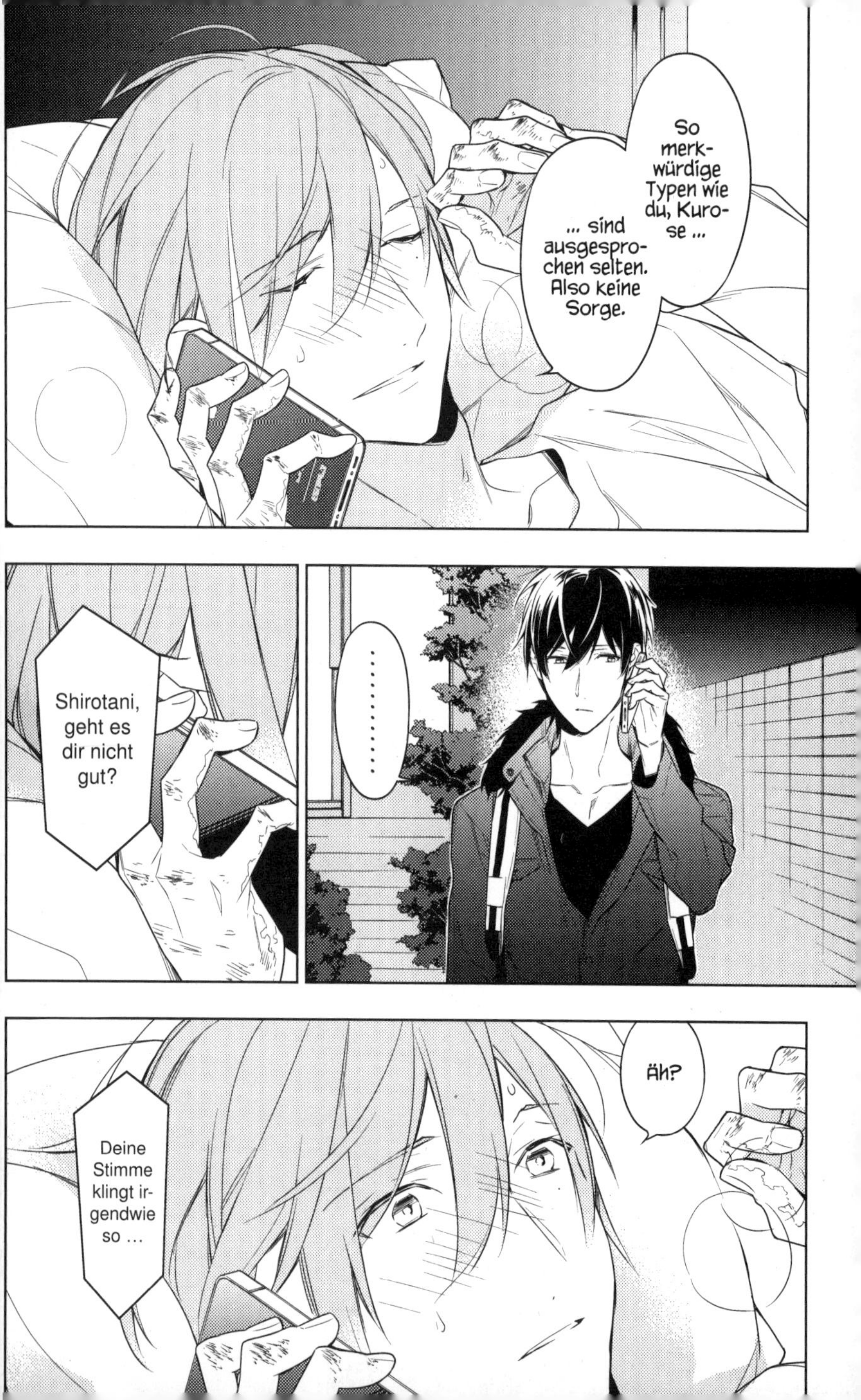

So merkwürdige Typen wie du, Kurose ...
... sind ausgesprochen selten. Also keine Sorge.

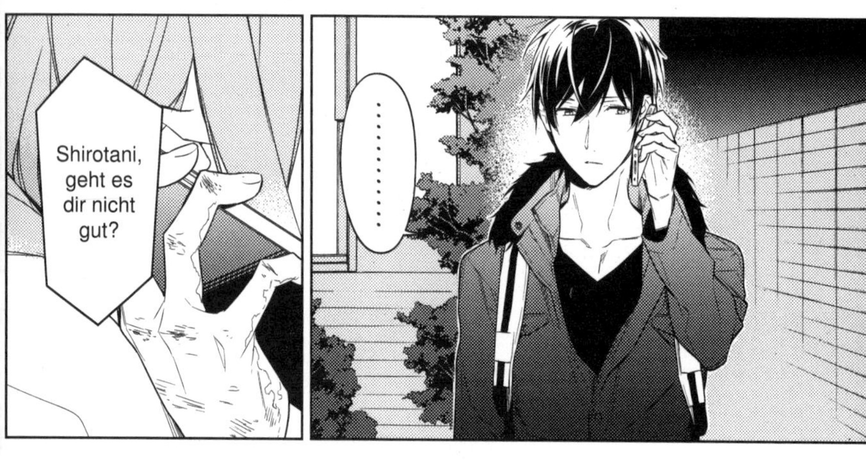

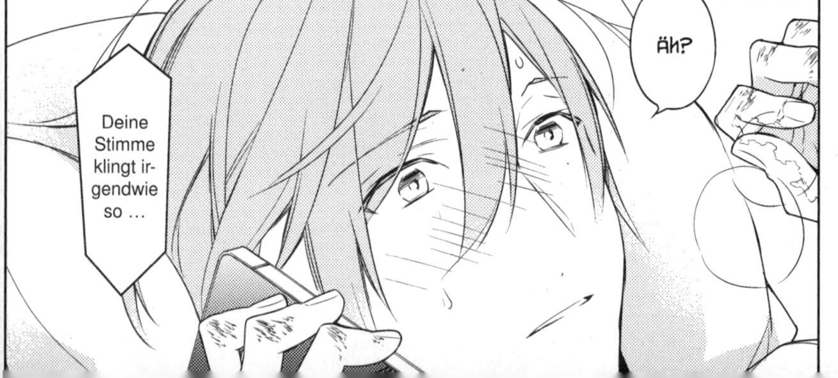

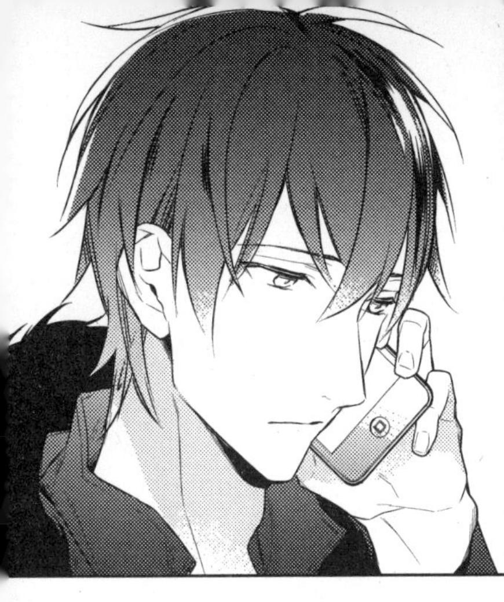
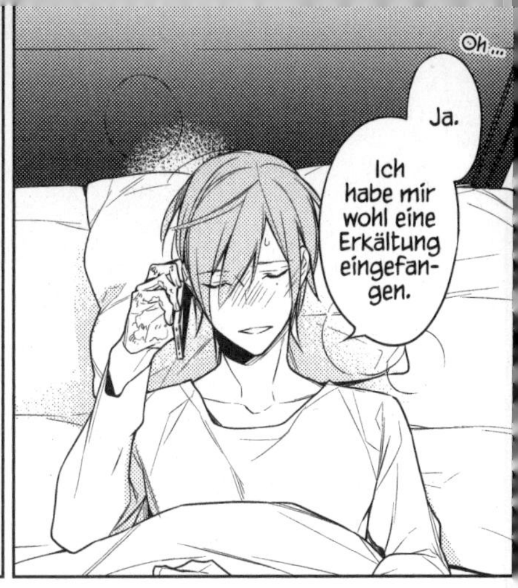
Oh ...
Ja.
Ich habe mir wohl eine Erkältung eingefan-gen.
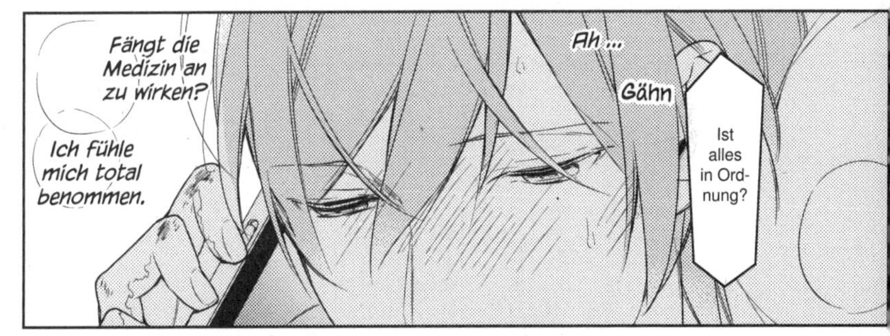
Ah ...
Gähn
Ist alles in Ord-nung?
Fängt die Medizin an zu wirken?
Ich fühle mich total benommen.
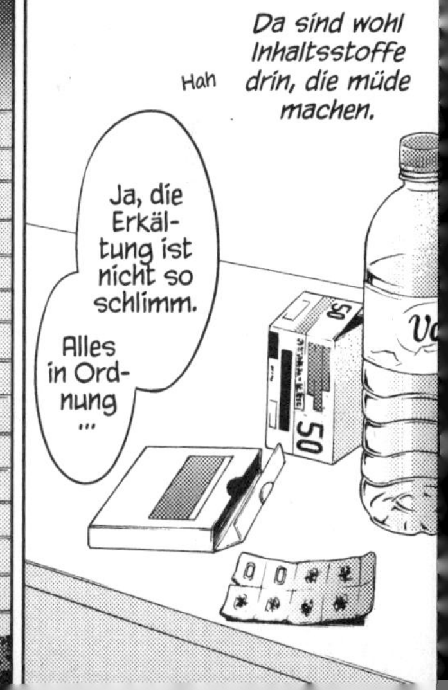
Da sind wohl Inhaltsstoffe drin, die müde machen.
Hah
Ja, die Erkäl-tung ist nicht so schlimm.
Alles in Ord-nung ...
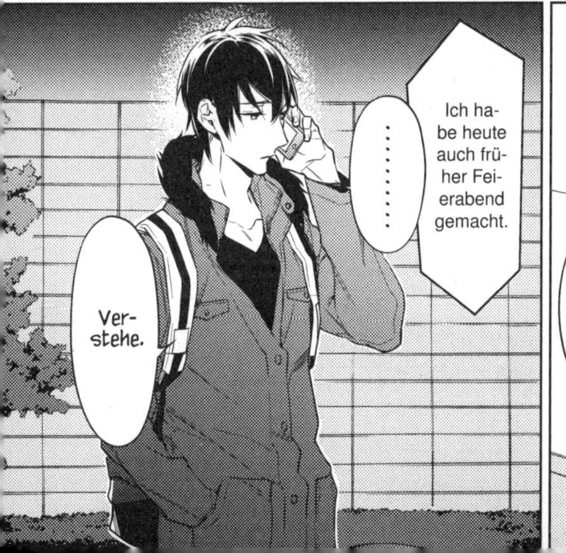
Ich ha-be heute auch frü-her Fei-erabend gemacht.
....
Ver-stehe.

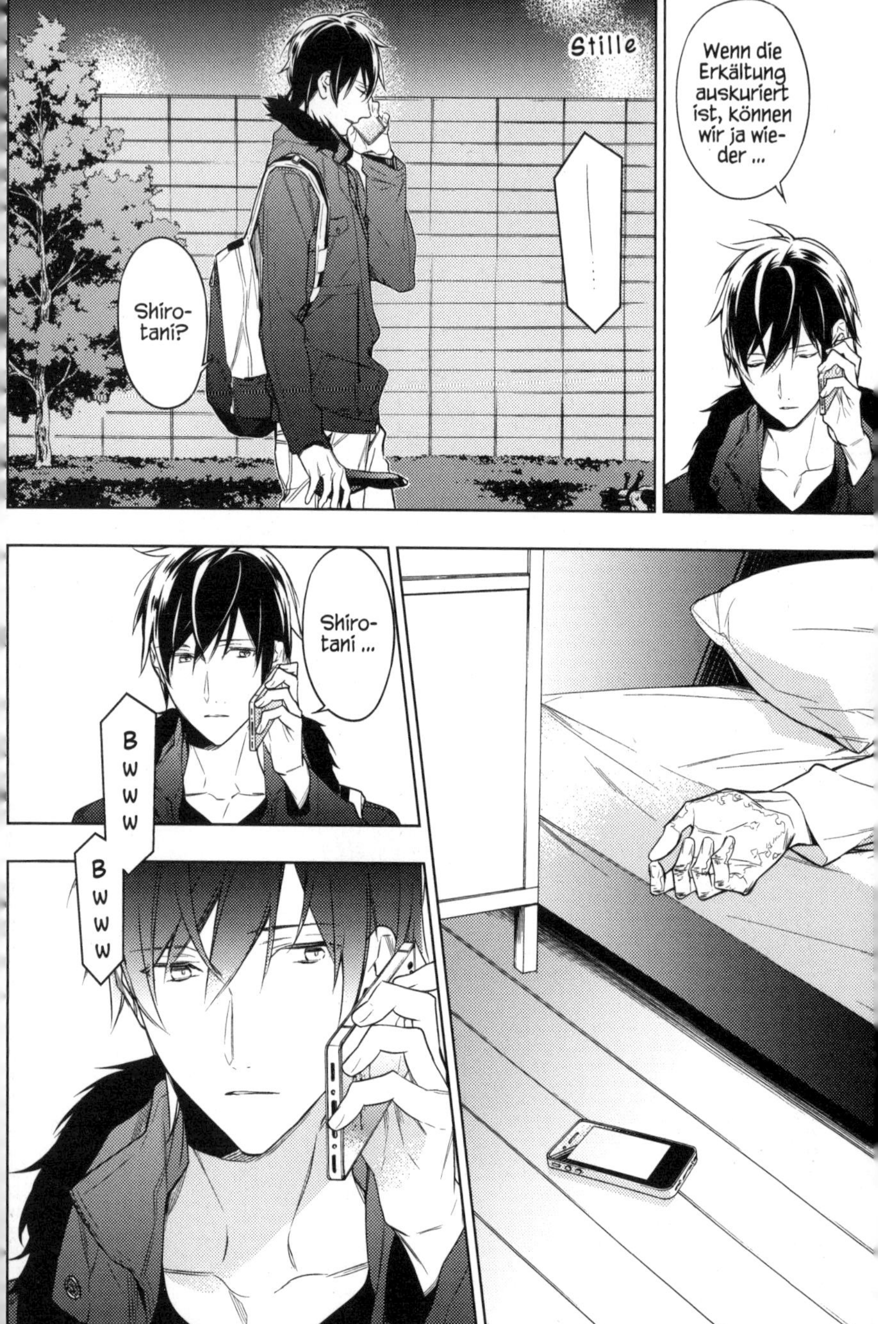
Wenn die Erkältung auskuriert ist, können wir ja wieder ...
Stille
...
Shirotani?
Shirotani ...
BWWW
BWWW

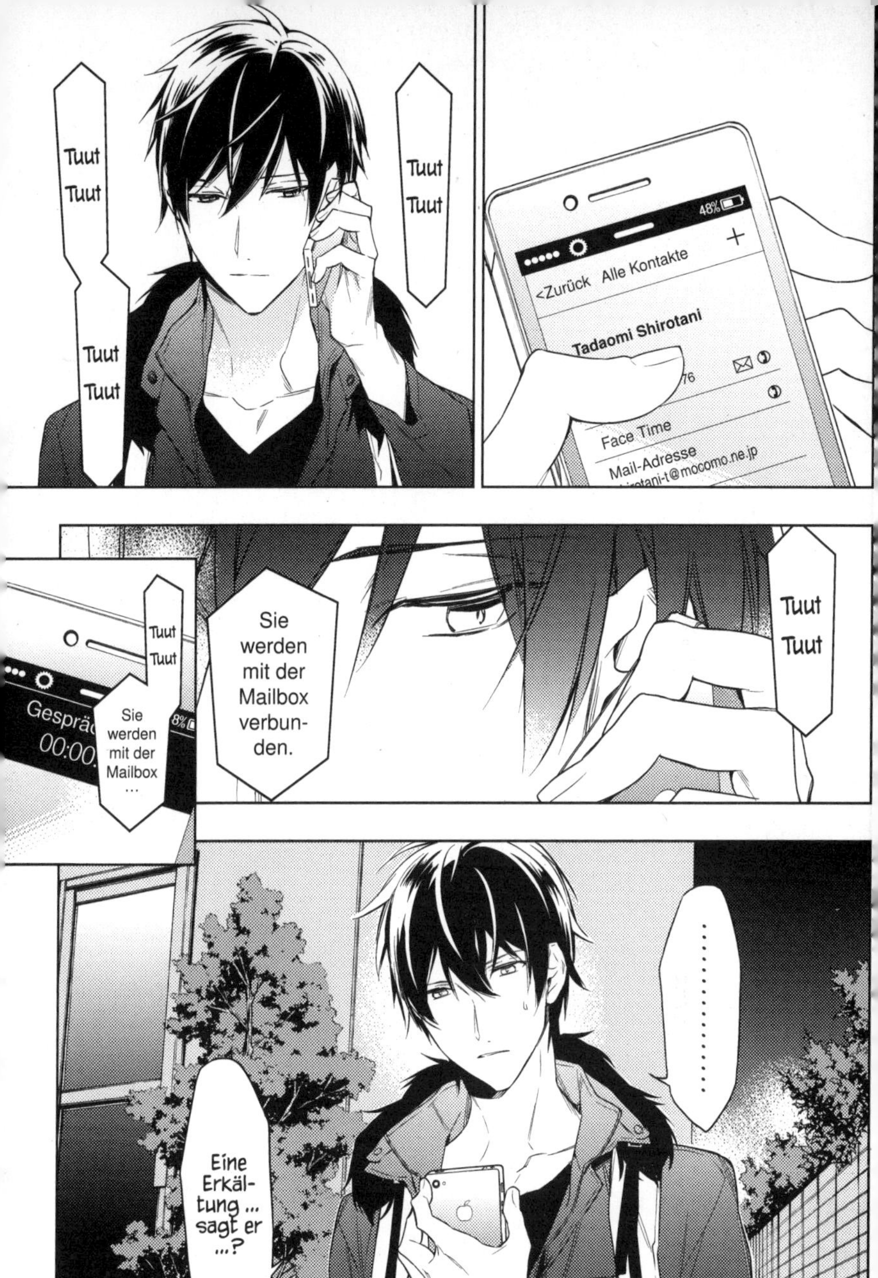
48%
<Zurück Alle Kontakte
Tadaomi Shirotani
Face Time
Mail-Adresse
Tuut Tuut
Tuut Tuut
Tuut Tuut
Tuut Tuut
Sie werden mit der Mailbox verbunden.
Tuut Tuut
Sie werden mit der Mailbox ...
......
Eine Erkältung ... sagt er ...?

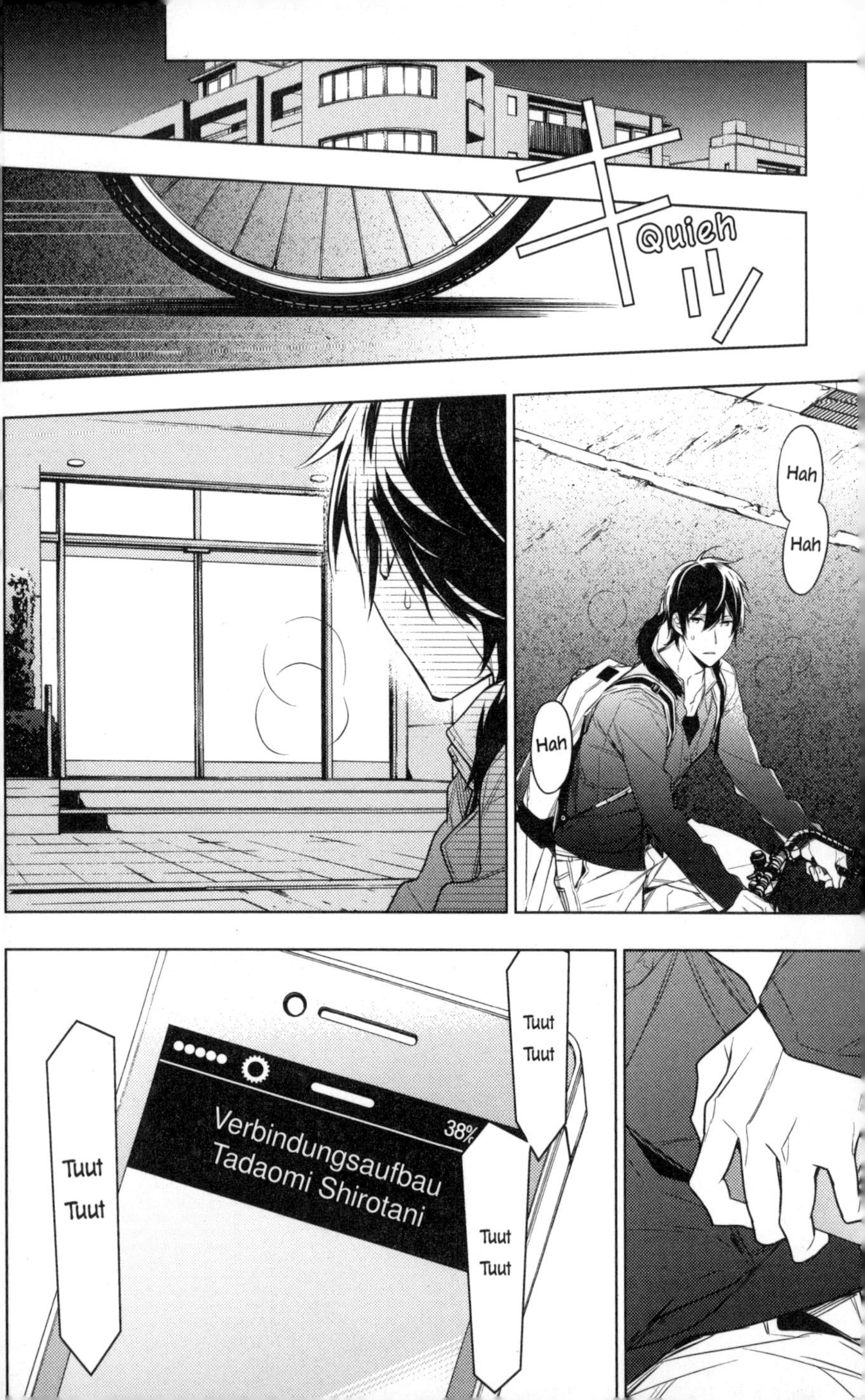

Quieh

Hah
Hah
Hah

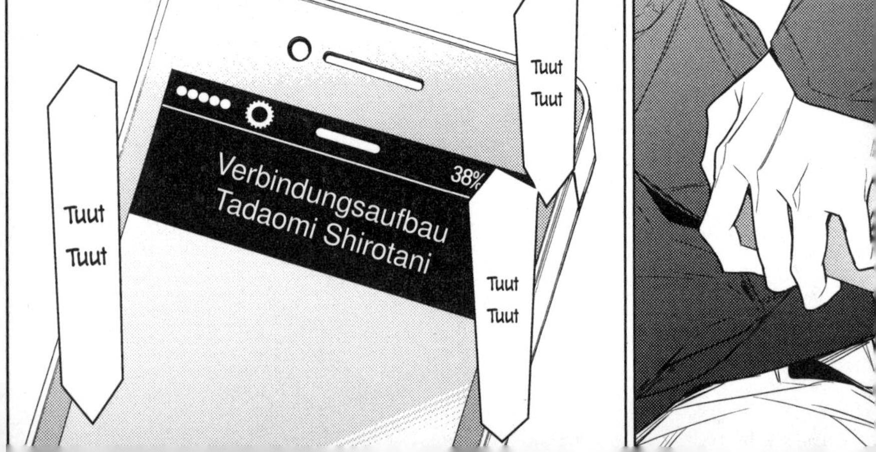

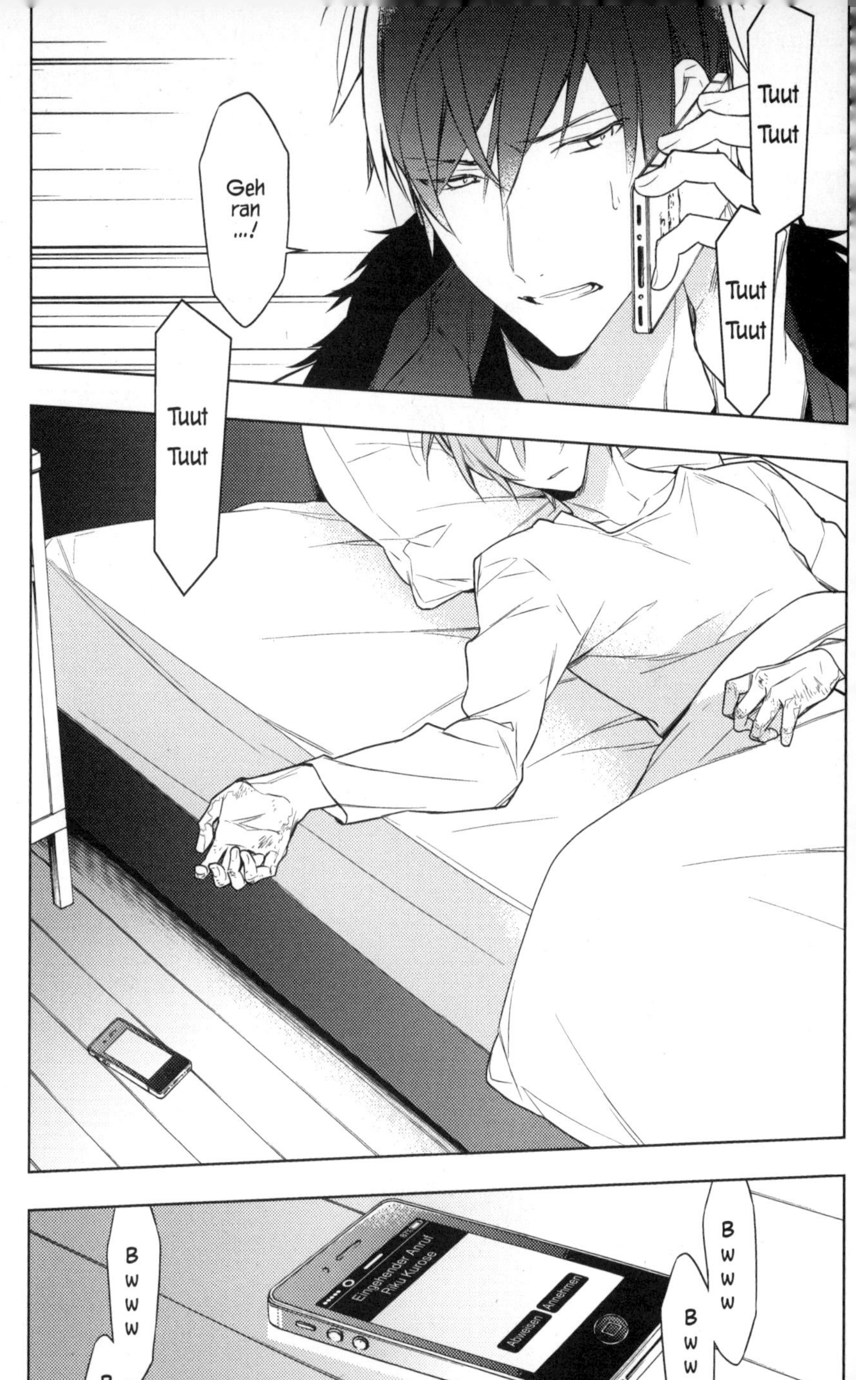

Tuut
Tuut
Tuut
Tuut
Geh ran ...!
Tuut
Tuut
Eingehender Anruf
Piku Kurose
Abweisen
Annehmen
B
W
W
W
B
W
W
W
B
W
W
W
B
W

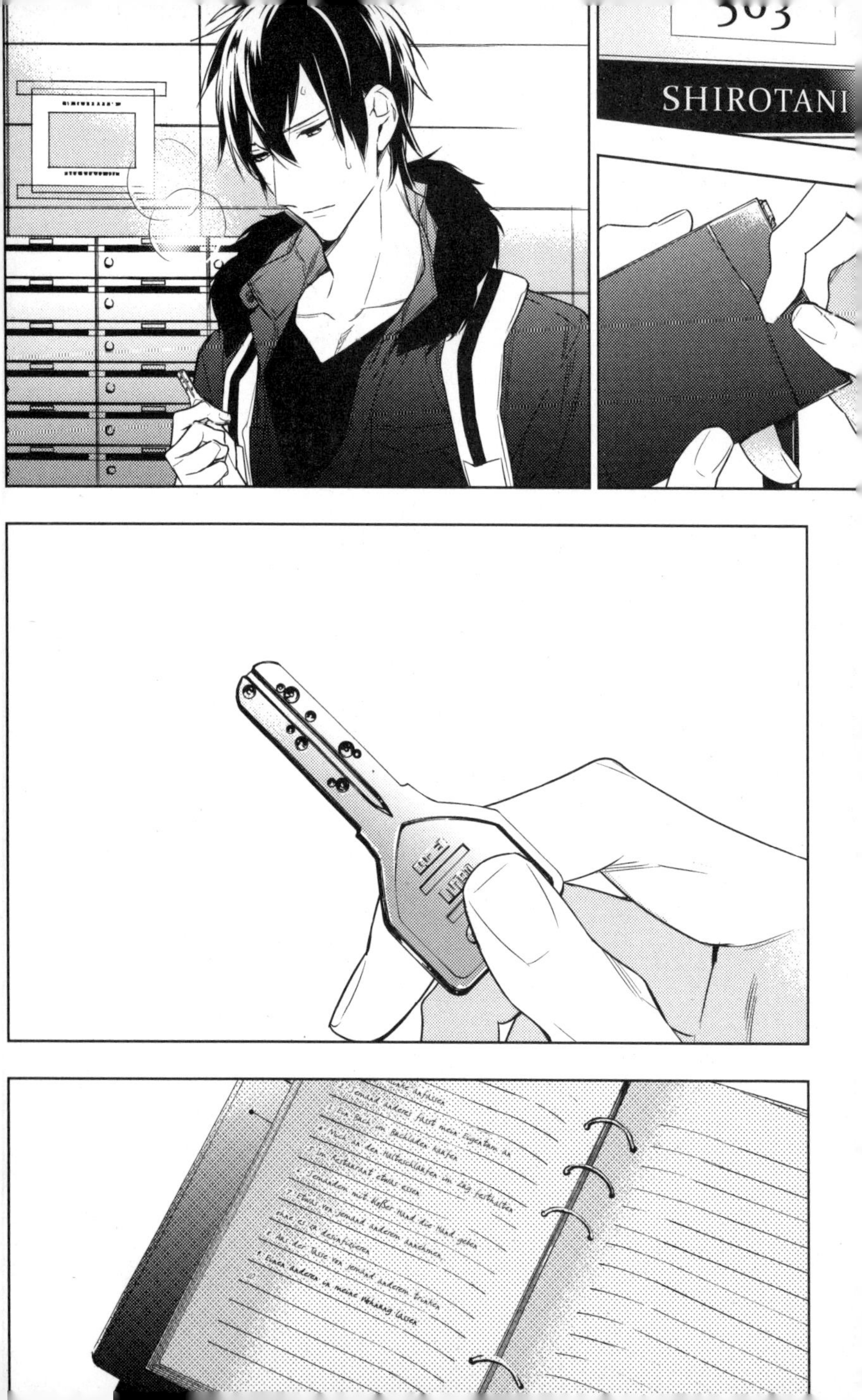

SHIROTANI

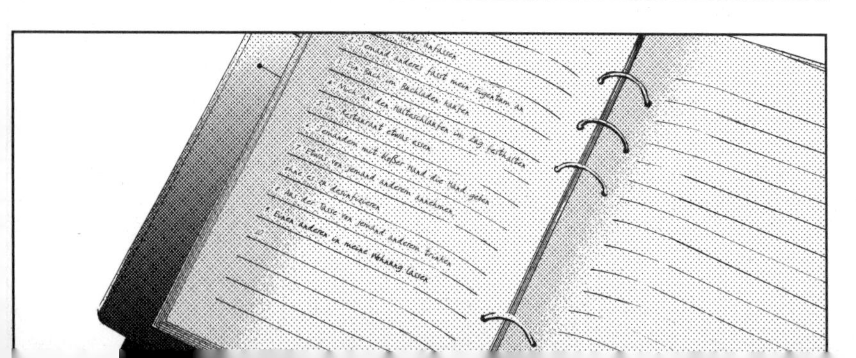

2. Jemand anderes fasst mein Eigentum an
3. Ein Buch im Buchladen kaufen
4. Mich an den Halteschlaufen im Zug festhalten
5. Im Restaurant etwas essen
6. Jemandem mit bloßer Hand die Hand geben
7. Etwas von jemand anderem annehmen, ohne es zu desinfizieren
8. Aus der Tasse von jemand anderem trinken
9. Einen anderen in meine Wohnung lassen
10.

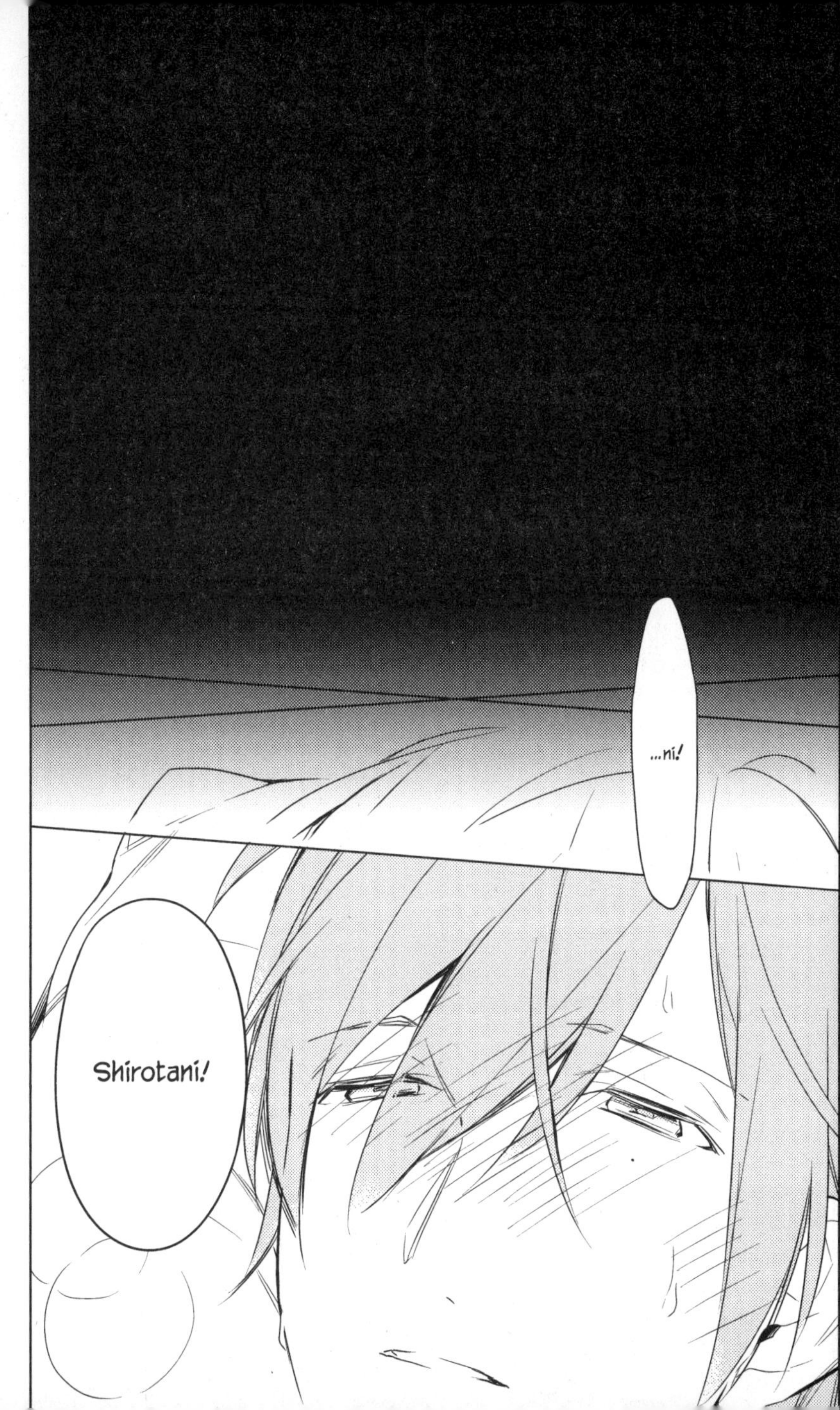
...ni!
Shirotani!

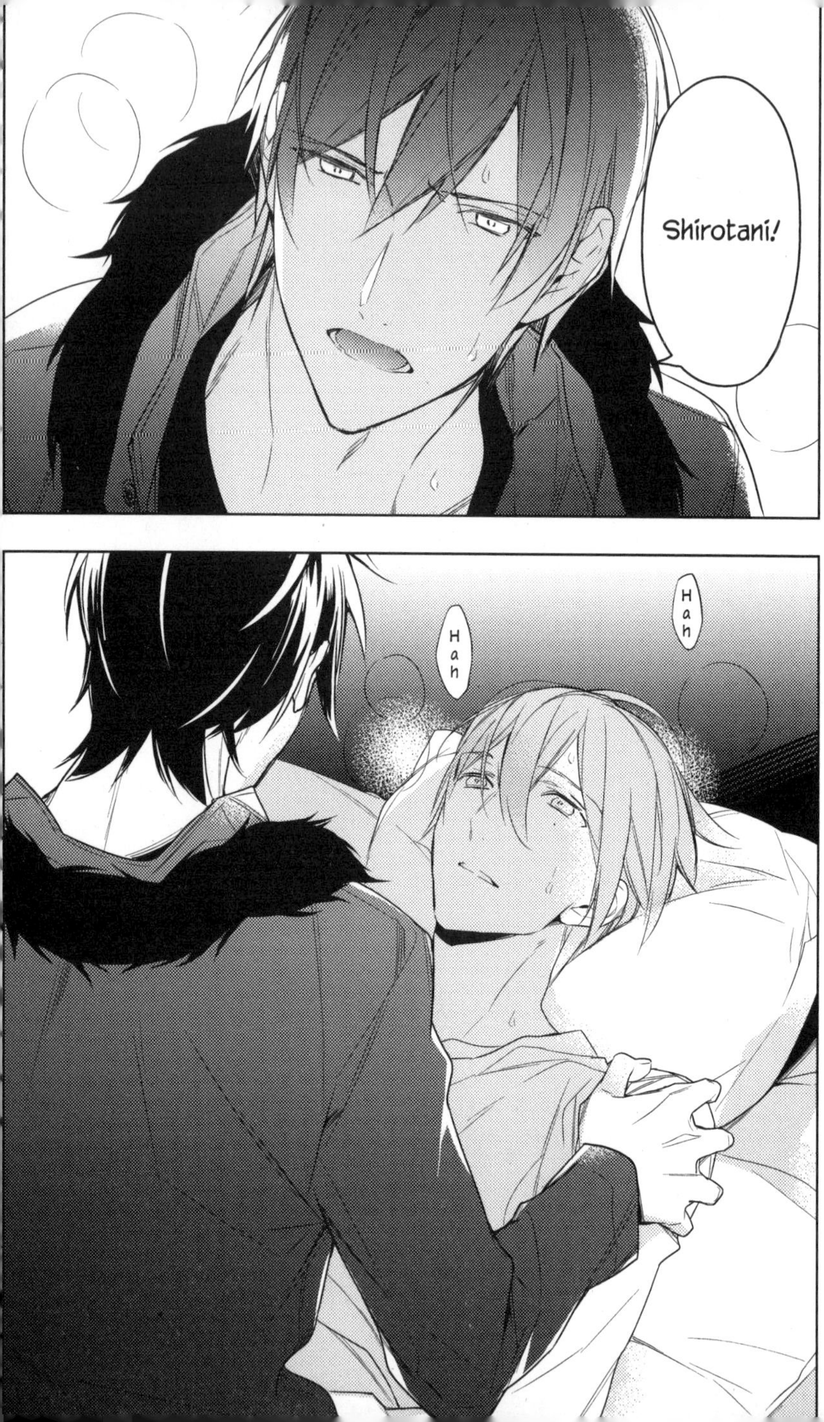

Shirotani!

Han

Han

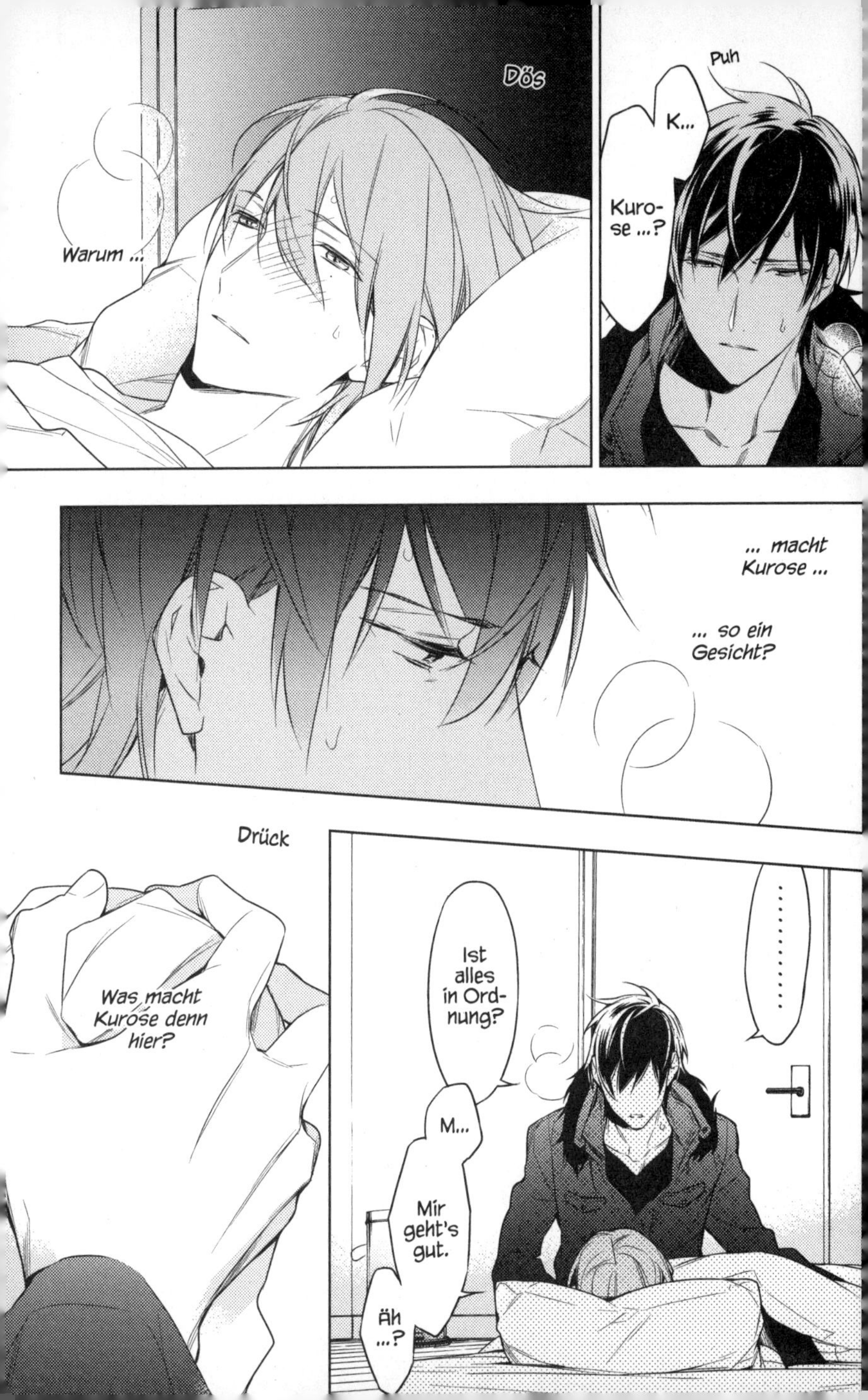

Puh

K...

Kurose ...?

Dös

Warum ...

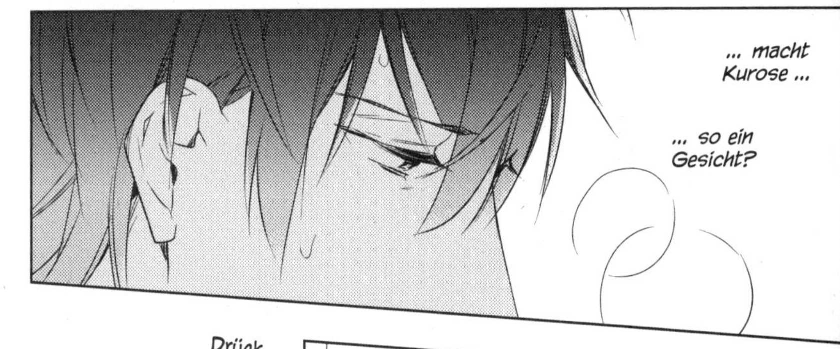

......

Ist alles in Ordnung?

M...

Mir geht's gut.

Äh ...?

Drück

Was macht Kurose denn hier?

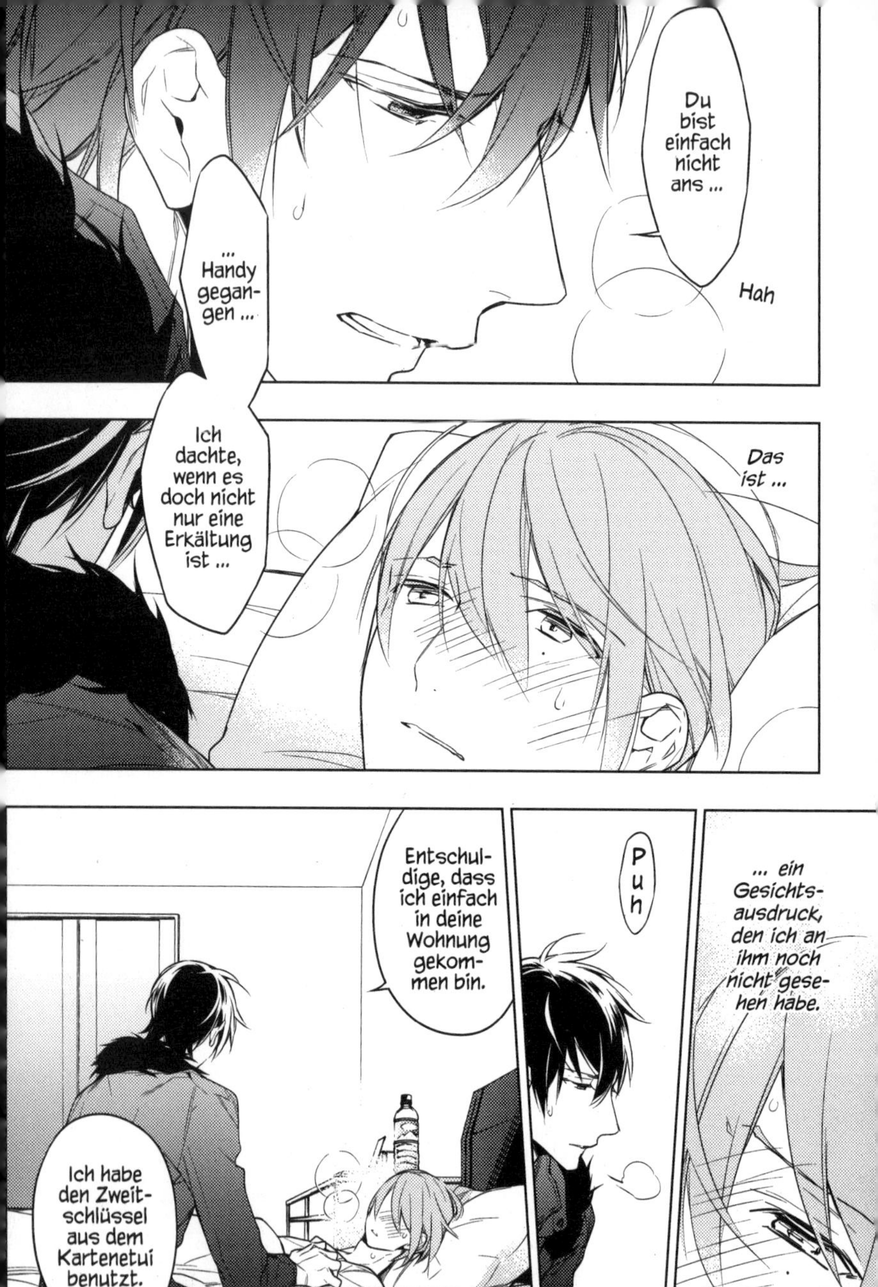
Du bist einfach nicht ans ...
... Handy gegangen ...
Hah
Das ist ...
Ich dachte, wenn es doch nicht nur eine Erkältung ist ...
... ein Gesichtsausdruck, den ich an ihm noch nicht gesehen habe.
Puh
Entschuldige, dass ich einfach in deine Wohnung gekommen bin.
Ich habe den Zweitschlüssel aus dem Kartenetui benutzt.

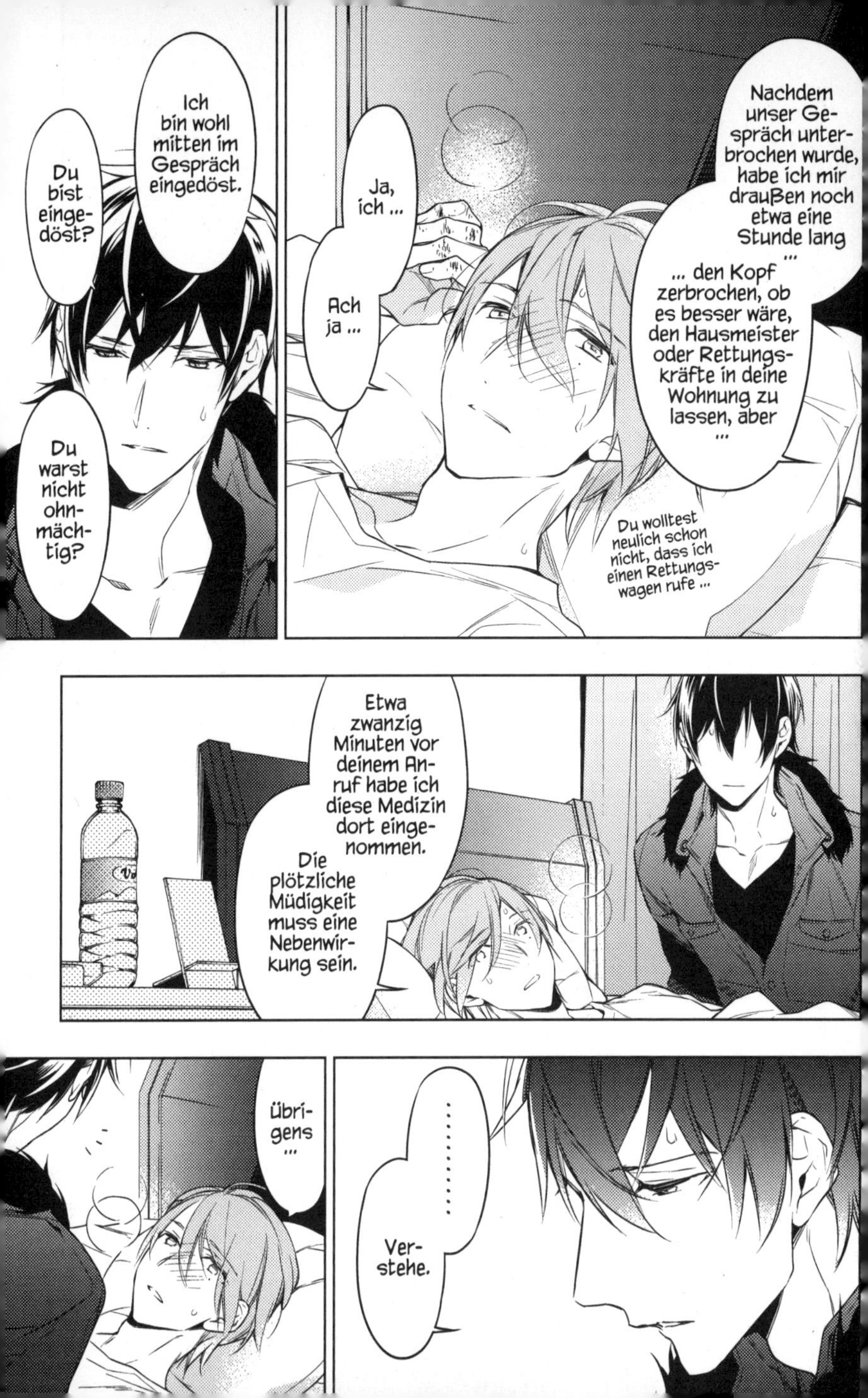

Nachdem unser Gespräch unterbrochen wurde, habe ich mir draußen noch etwa eine Stunde lang ...
... den Kopf zerbrochen, ob es besser wäre, den Hausmeister oder Rettungskräfte in deine Wohnung zu lassen, aber ...
Du wolltest neulich schon nicht, dass ich einen Rettungswagen rufe ...
Ja, ich ...
Ach ja ...
Ich bin wohl mitten im Gespräch eingedöst.
Du bist eingedöst?
Du warst nicht ohnmächtig?

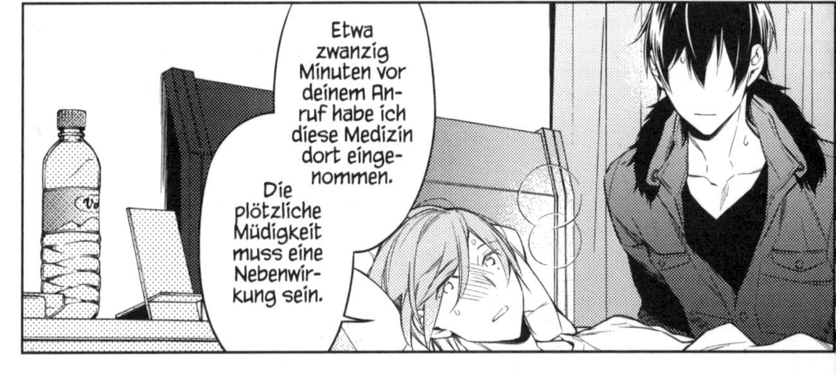

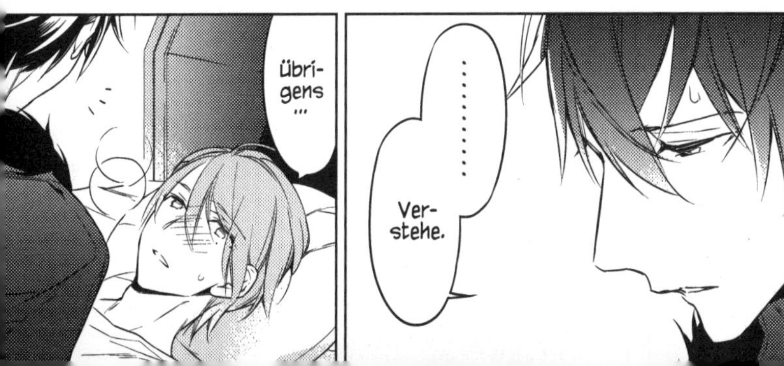

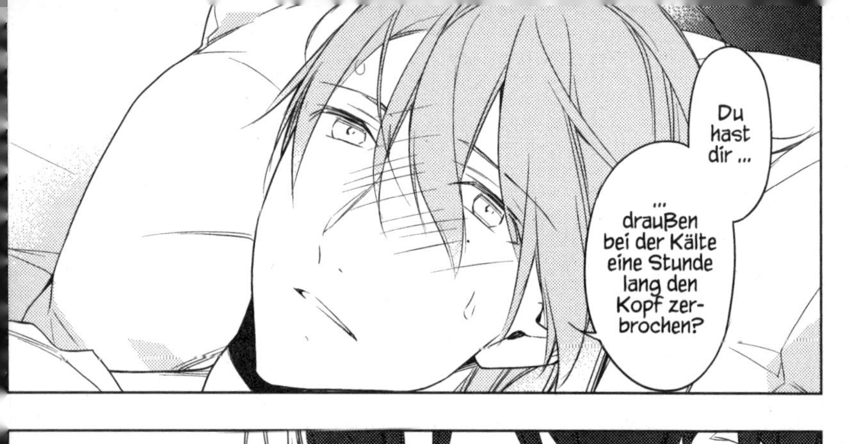

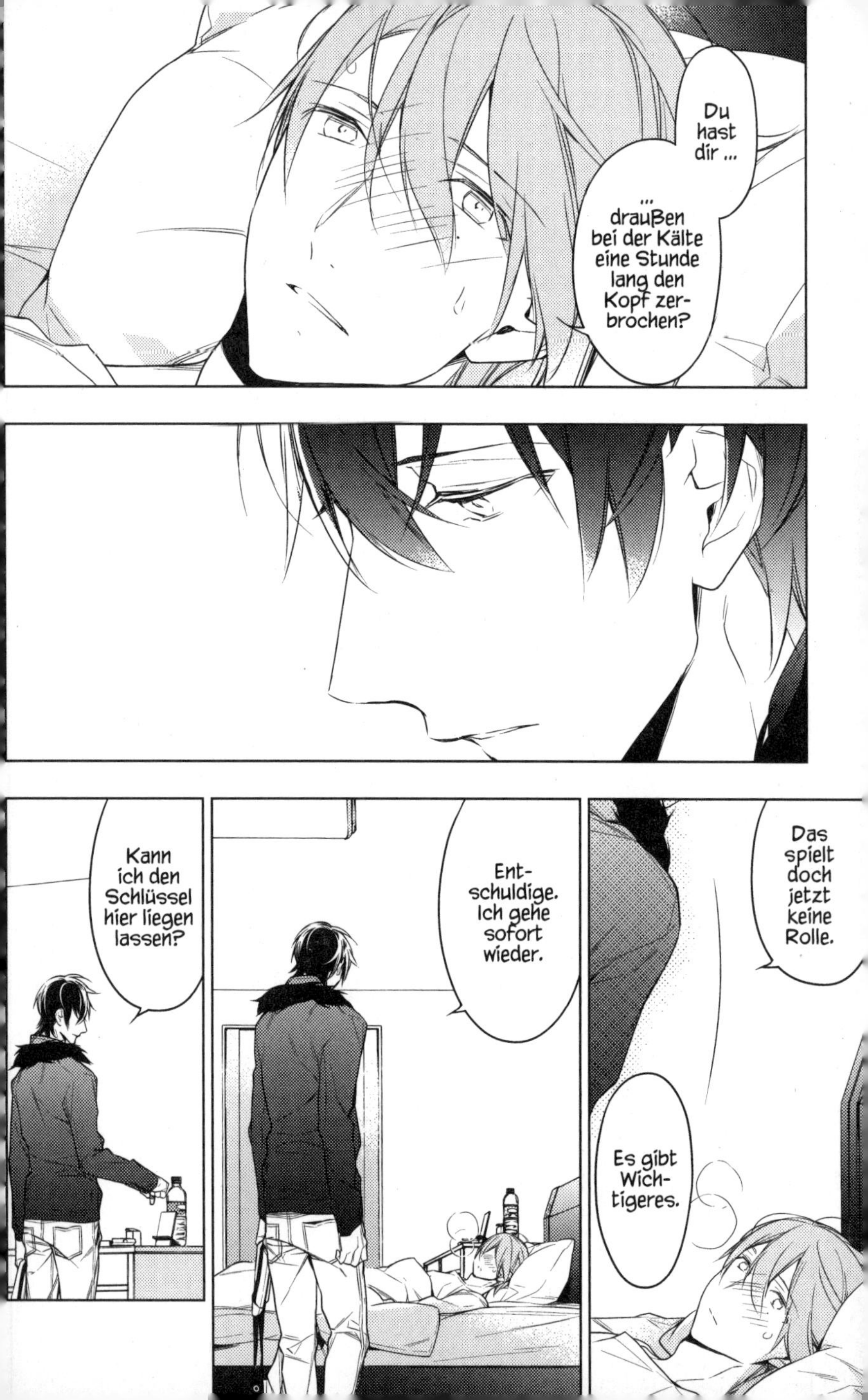

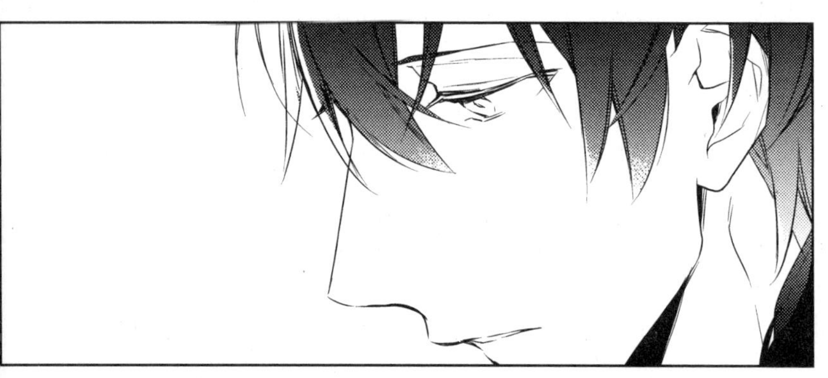

Das spielt doch jetzt keine Rolle.

Es gibt Wichtigeres.

Entschuldige. Ich gehe sofort wieder.

Kann ich den Schlüssel hier liegen lassen?

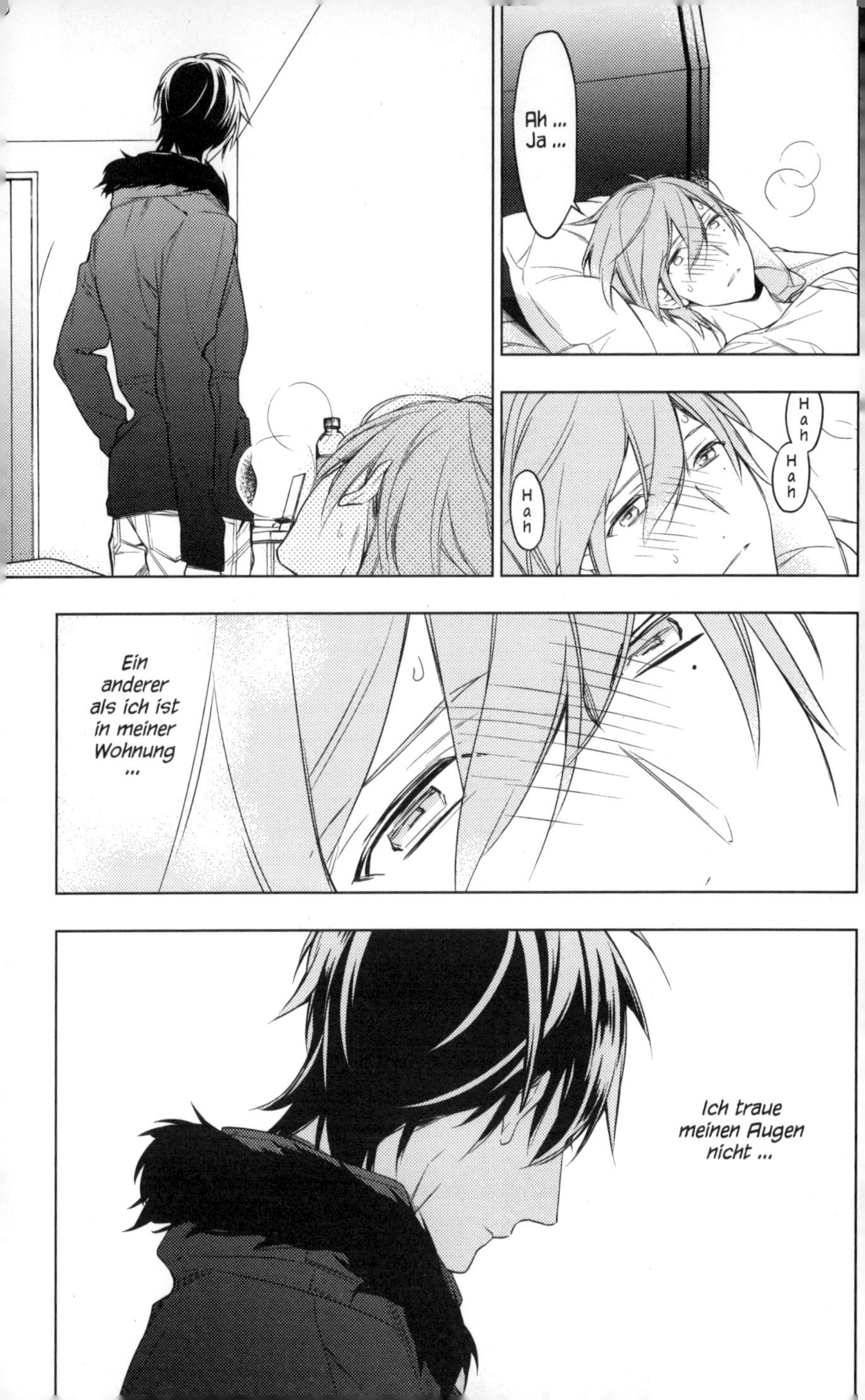

Ah ...
Ja ...
Hah
Hah
Hah

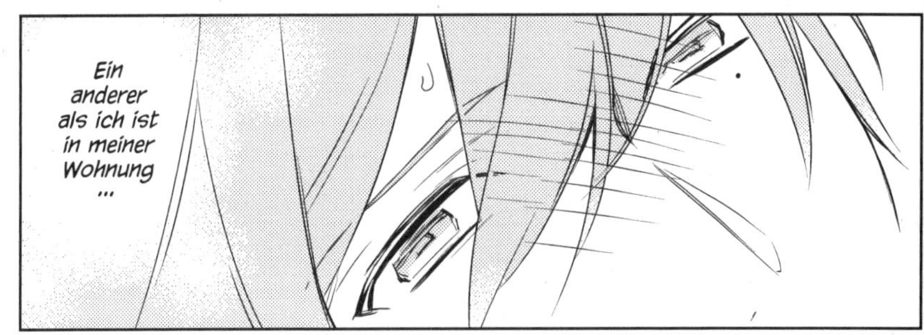
Ein anderer als ich ist in meiner Wohnung ...

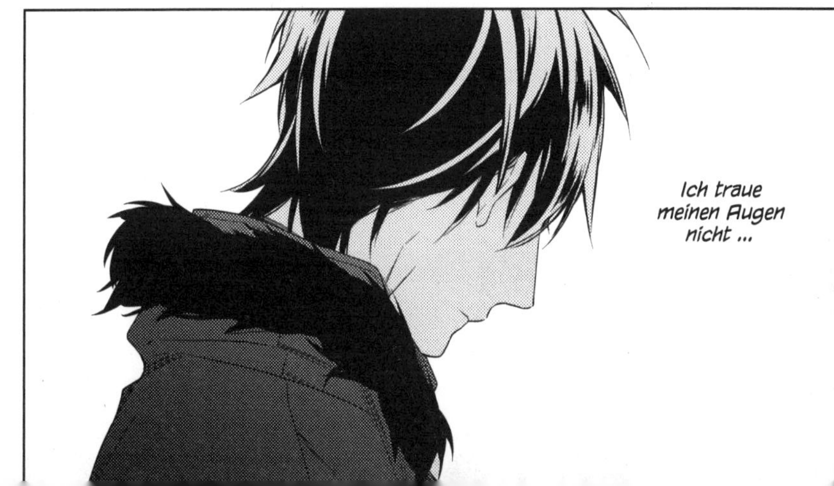
Ich traue meinen Augen nicht ...

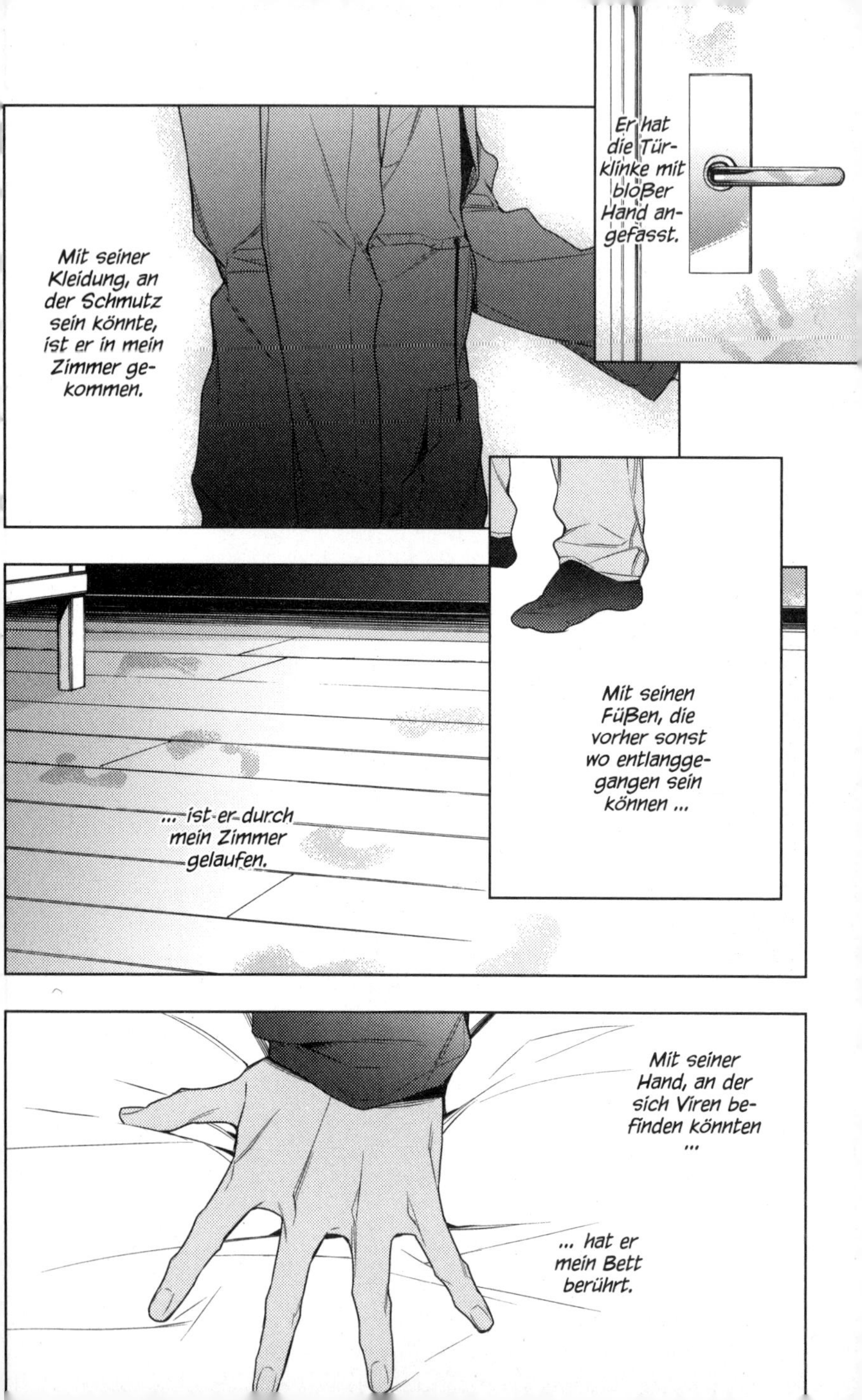

Er hat die Türklinke mit bloßer Hand angefasst.

Mit seiner Kleidung, an der Schmutz sein könnte, ist er in mein Zimmer gekommen.

Mit seinen Füßen, die vorher sonst wo entlanggegangen sein können ...

... ist er durch mein Zimmer gelaufen.

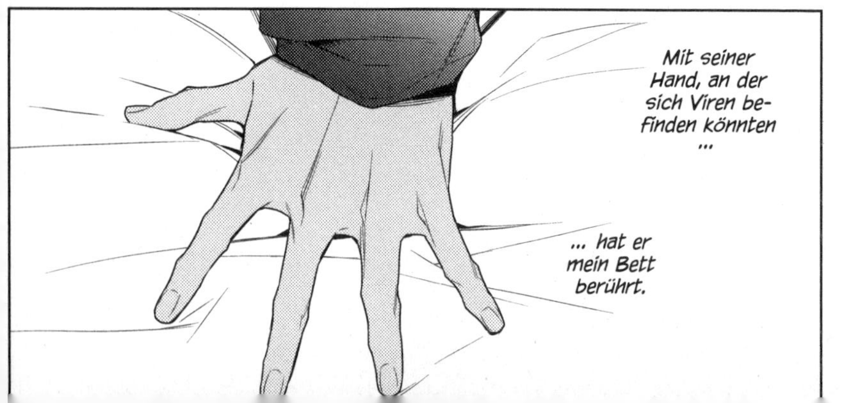

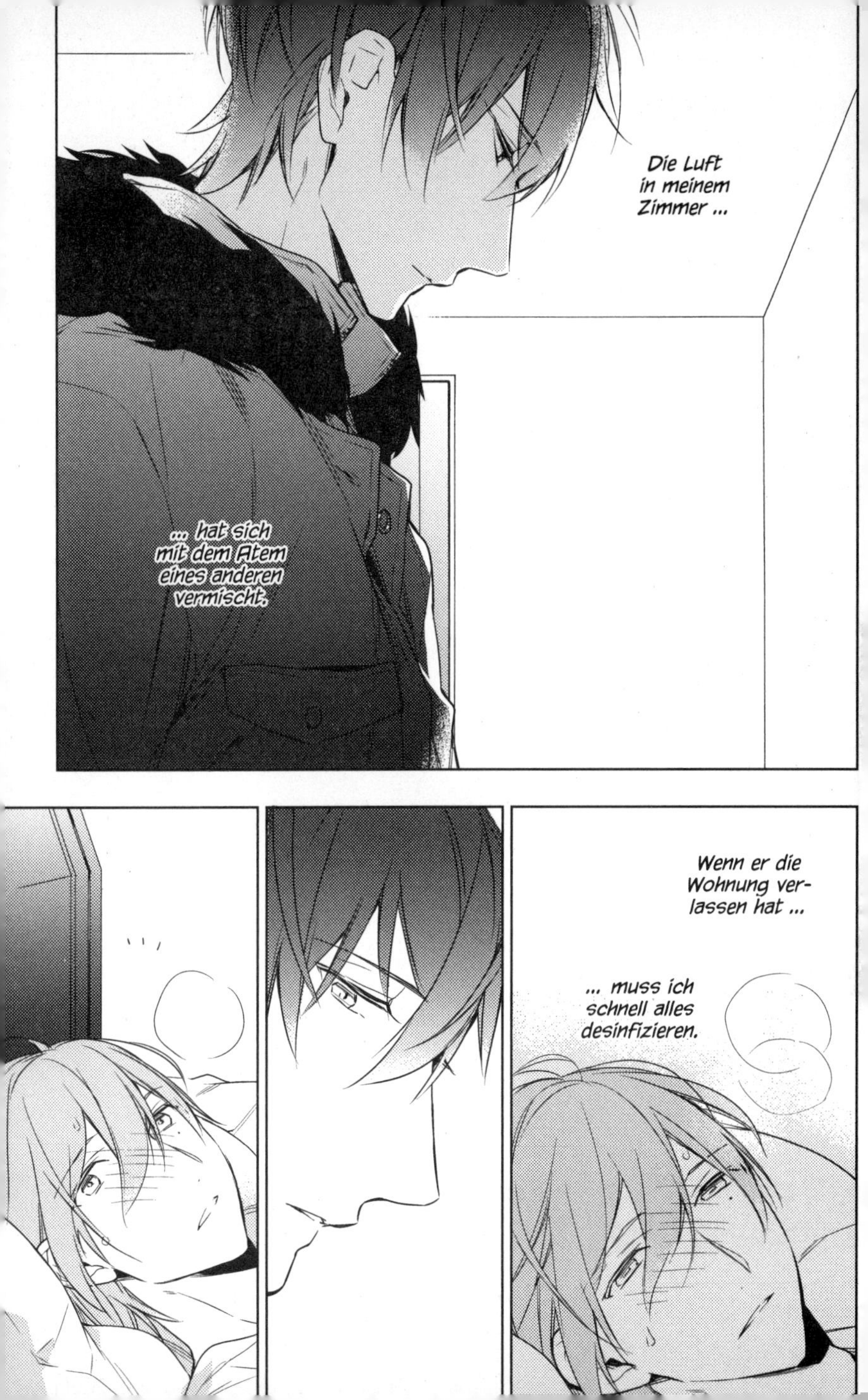

Die Luft
in meinem
Zimmer ...
... hat sich
mit dem Atem
eines anderen
vermischt.
Wenn er die
Wohnung ver-
lassen hat ...
... muss ich
schnell alles
desinfizieren.

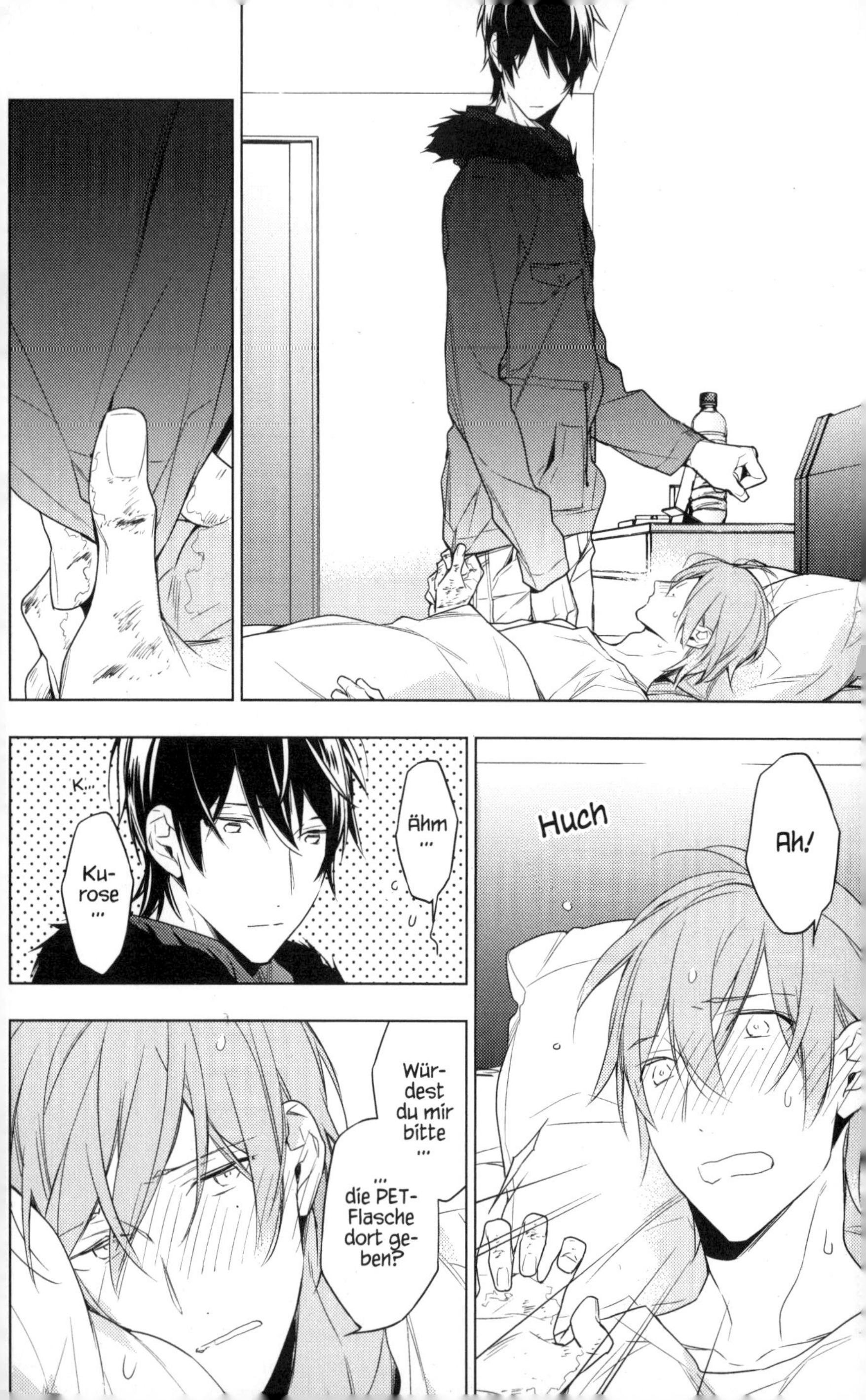

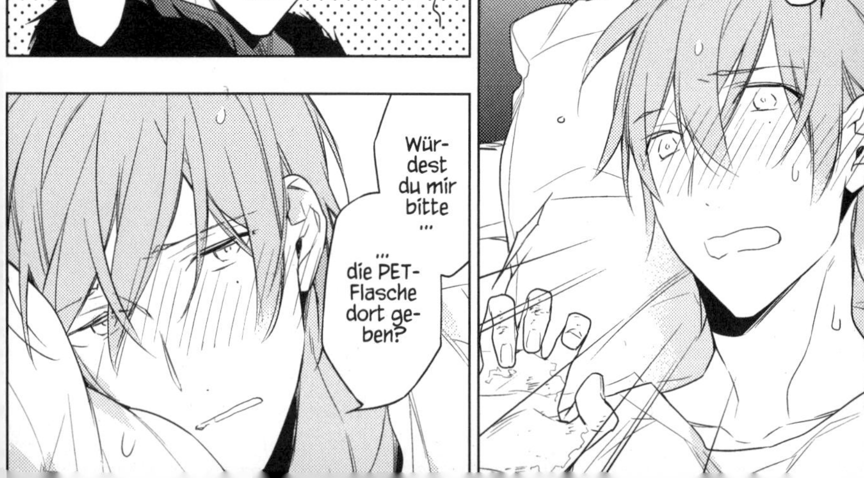
Ah!
Huch
Ähm ...
K...
Kurose ...
Würdest du mir bitte ...
... die PET-Flasche dort geben?

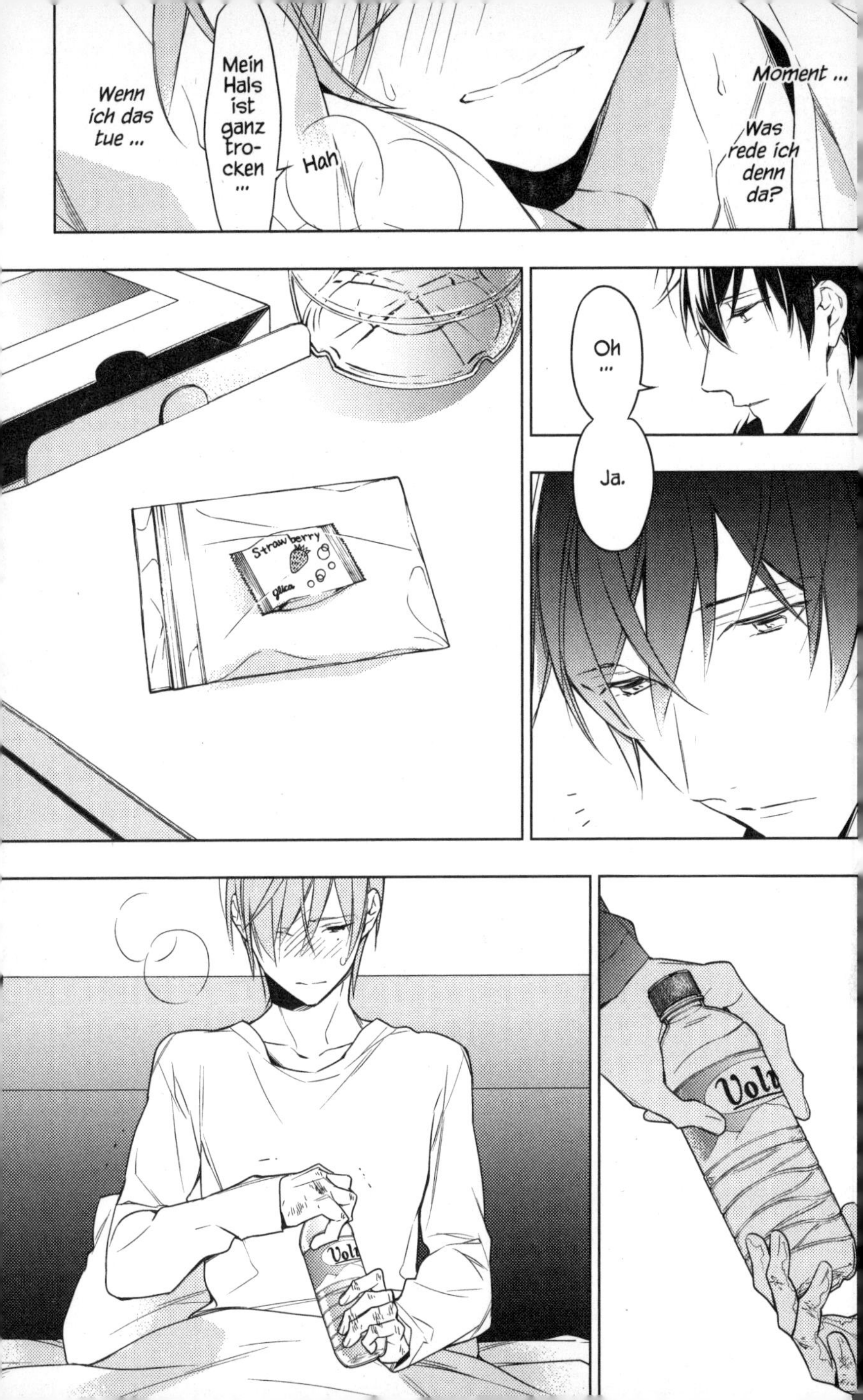
Moment ...
Was rede ich denn da?
Hah
Mein Hals ist ganz trocken ...
Wenn ich das tue ...
Oh ...
Ja.
Strawberry
Volt
Volt

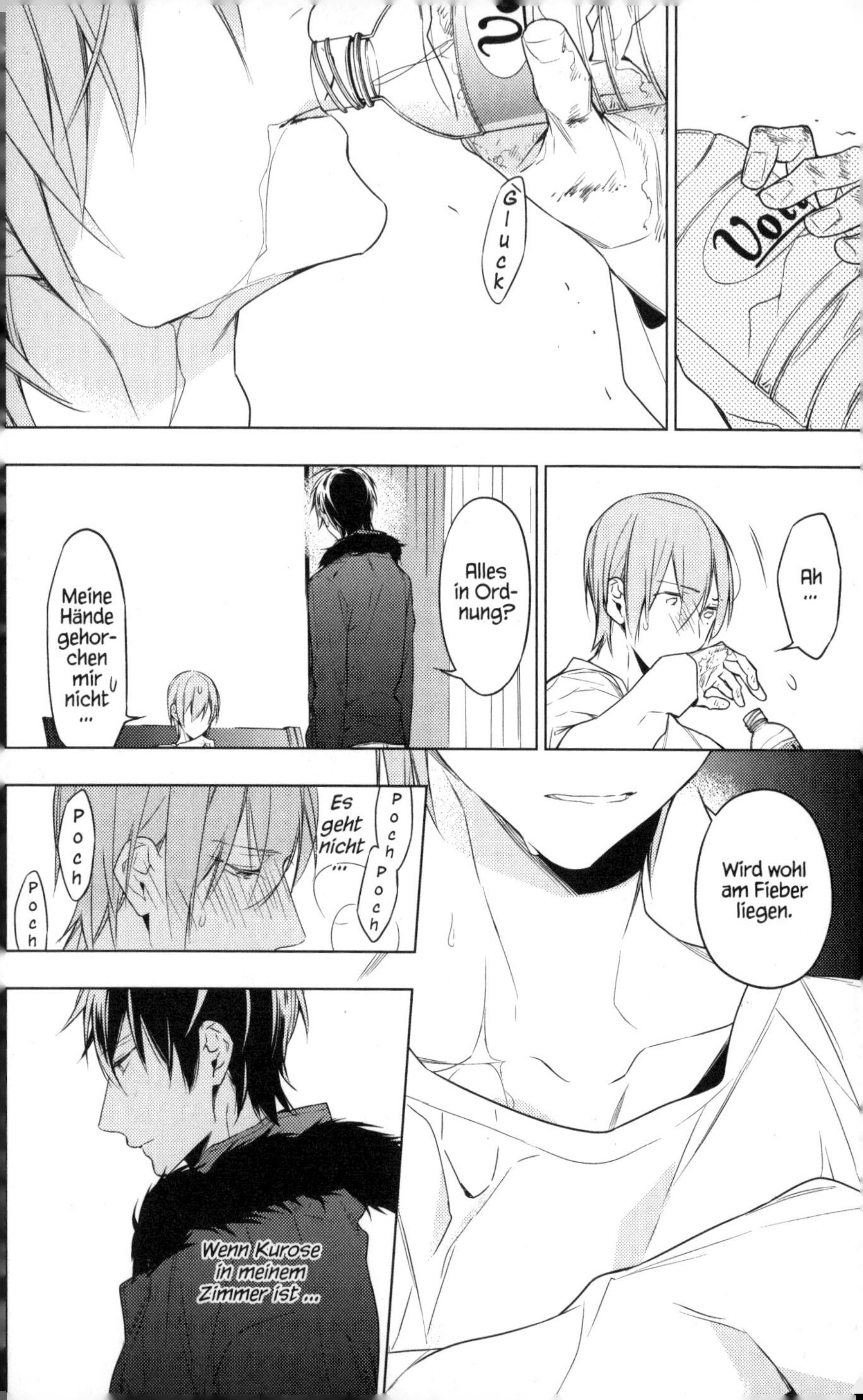
Gluck
Ah ...
Alles in Ordnung?
Meine Hände gehorchen mir nicht ...
Wird wohl am Fieber liegen.
Poch Poch
Es geht nicht ...
Poch
Poch
Wenn Kurose in meinem Zimmer ist ...

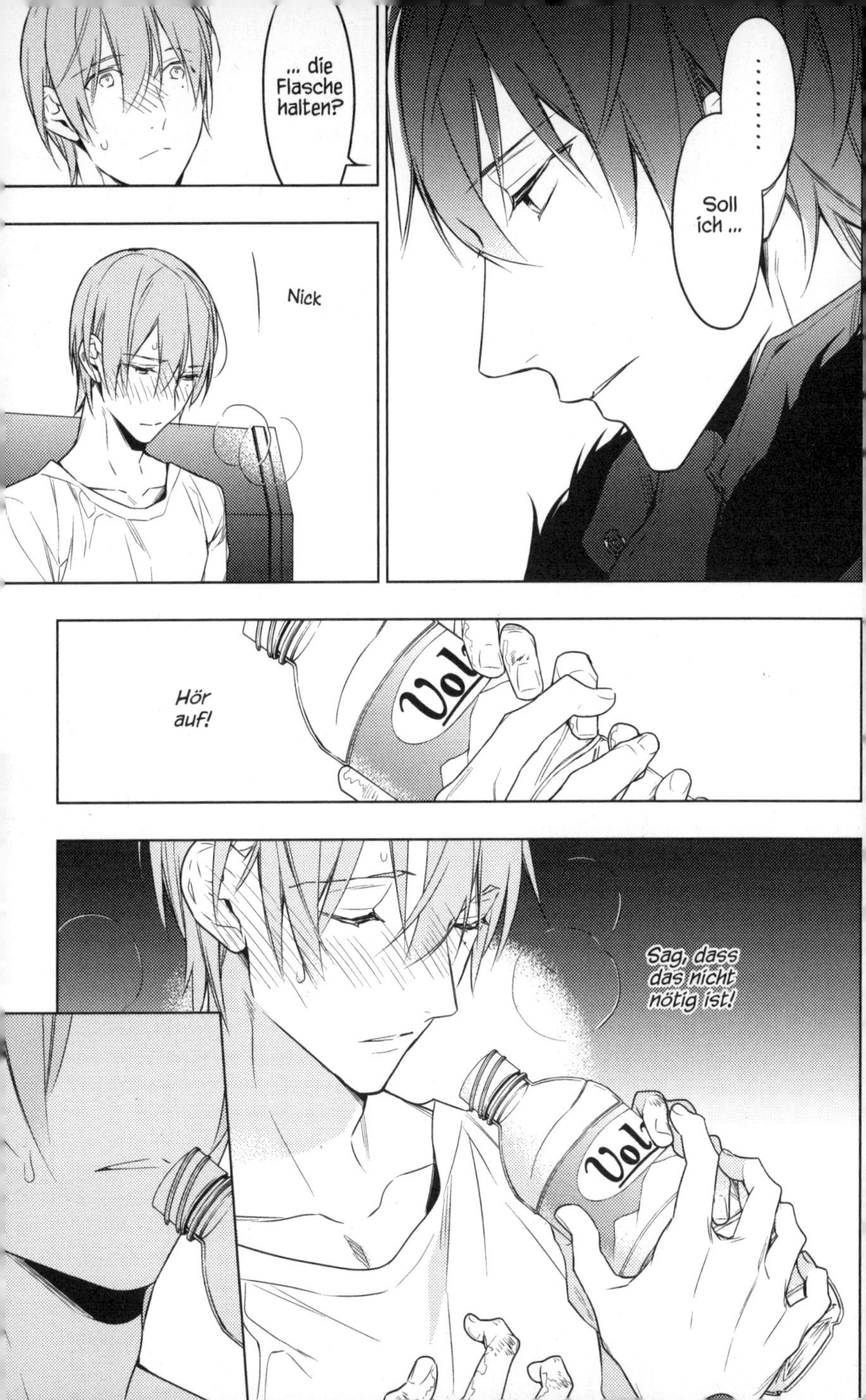
......
Soll ich ...
... die Flasche halten?
Nick
Hör auf!
Sag, dass das nicht nötig ist!

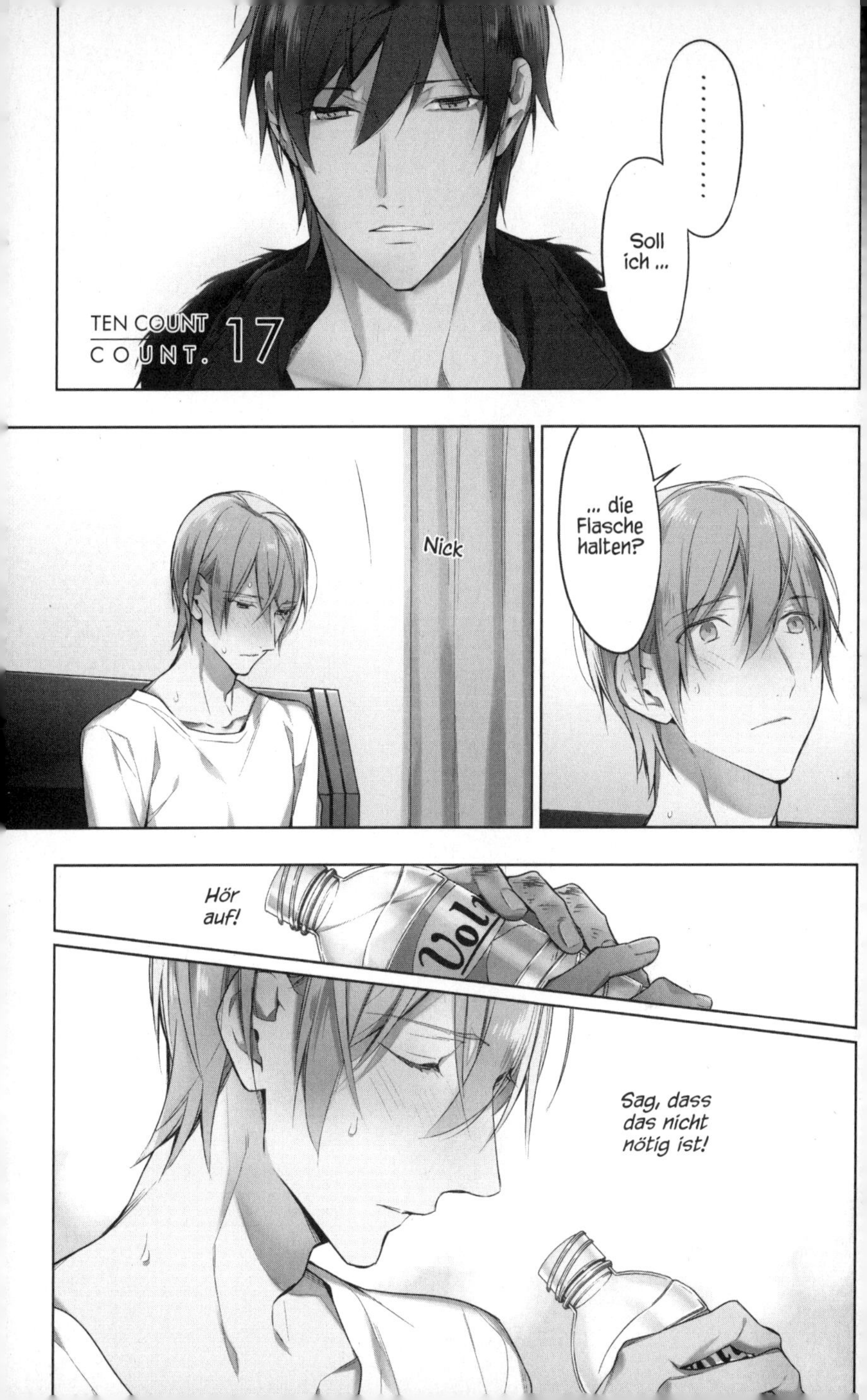

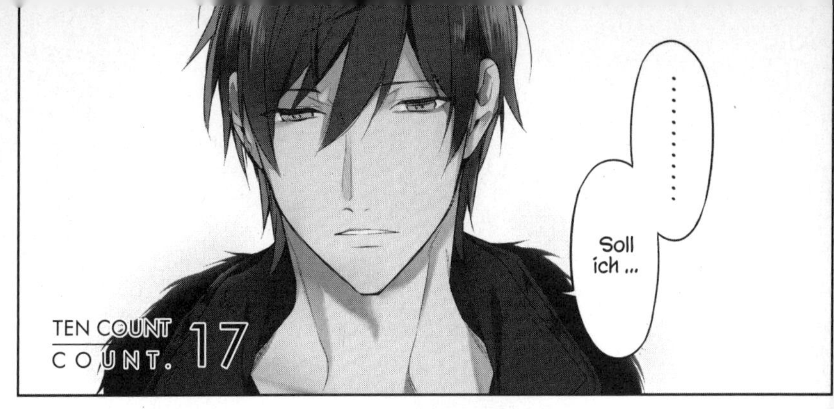

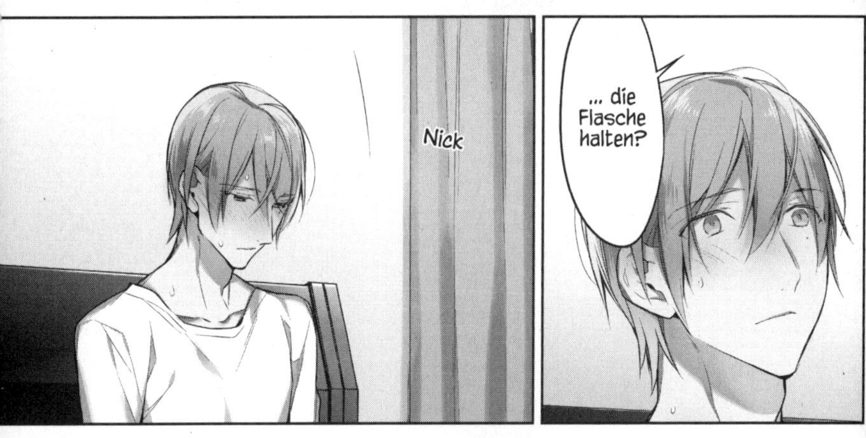

Hör auf!

Sag, dass das nicht nötig ist!

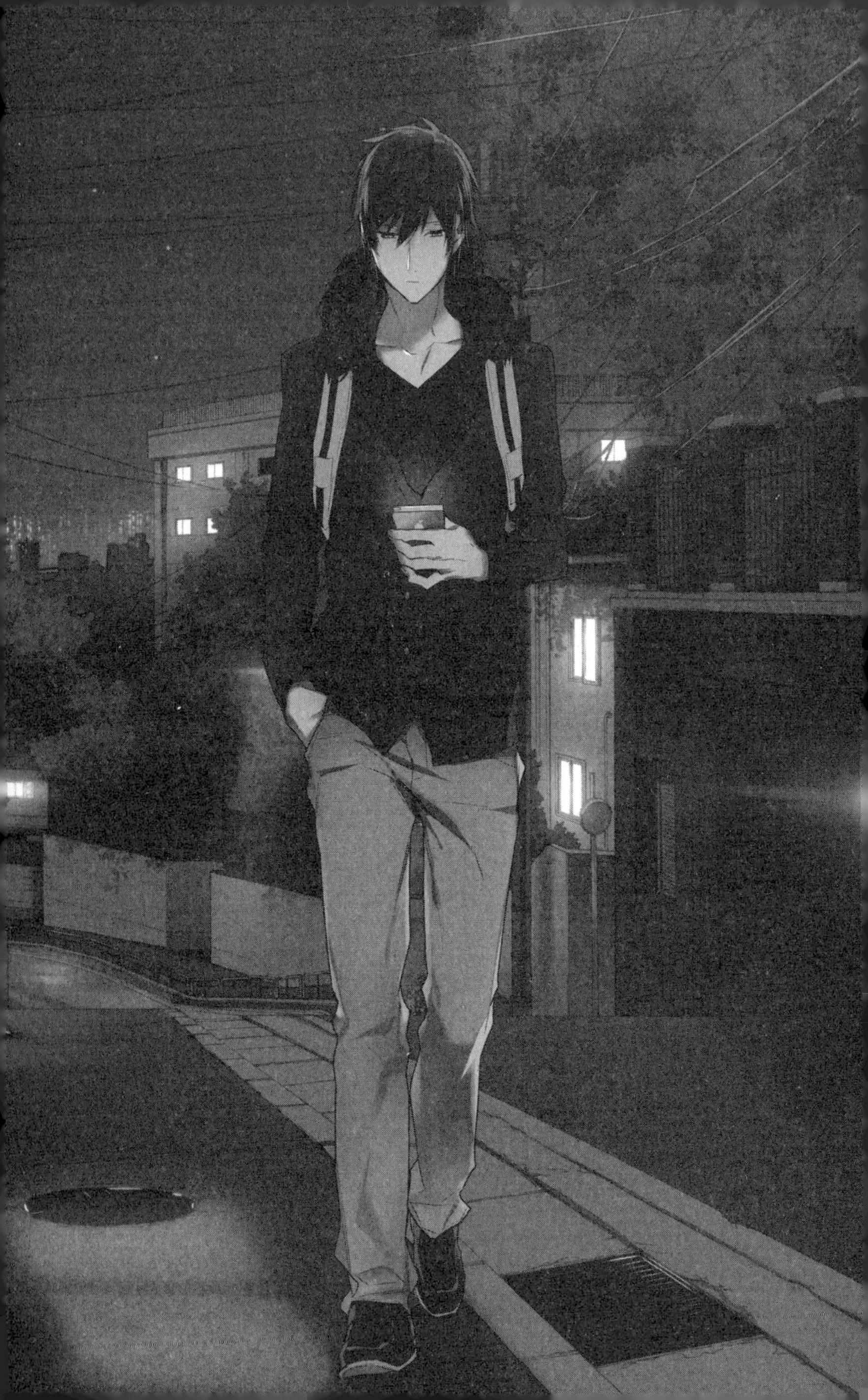

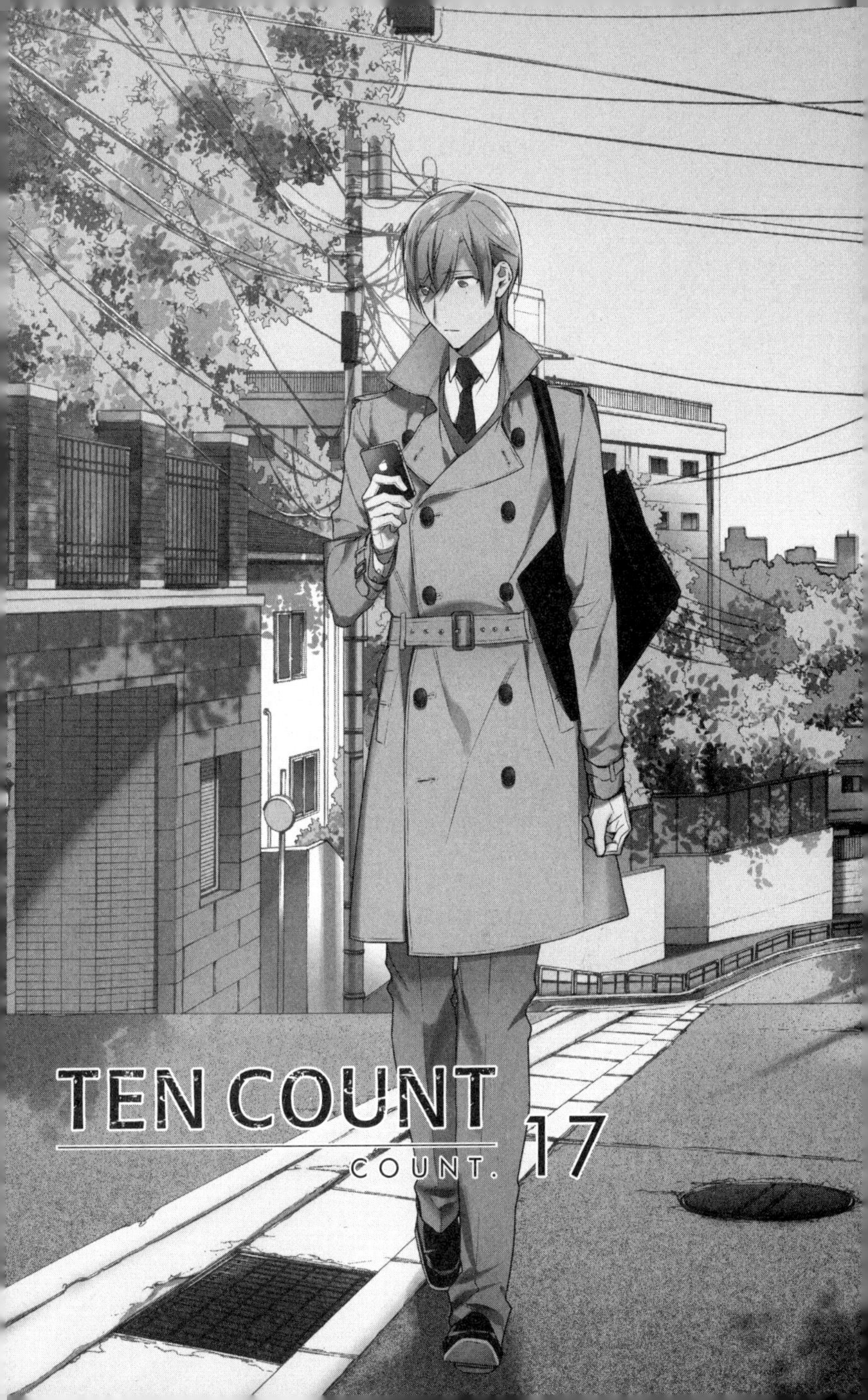
TEN COUNT
COUNT. 17

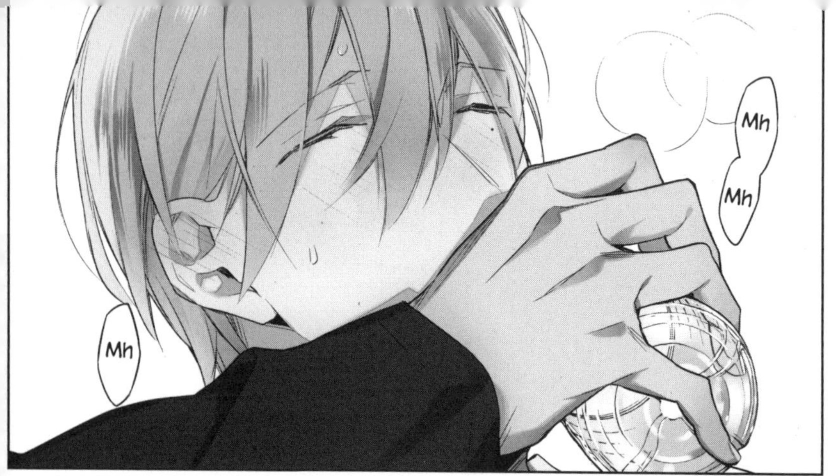
Mh
Mh
Mh

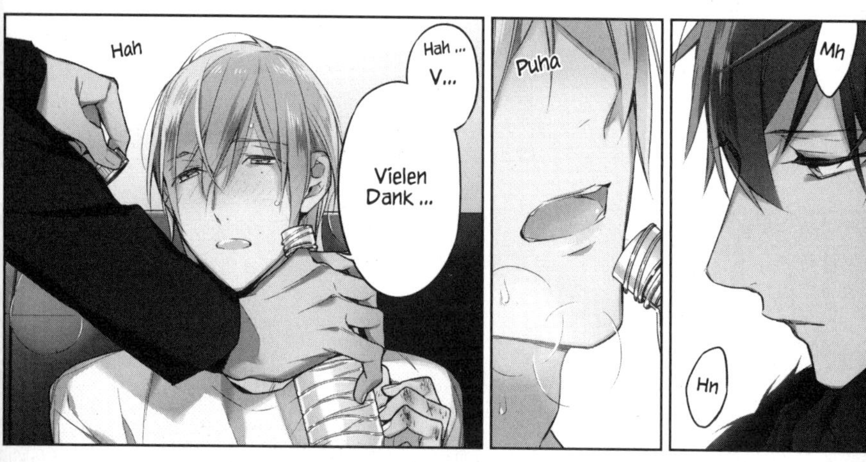
Mh
Hn
Puha
Hah ...
V...
Vielen Dank ...
Hah

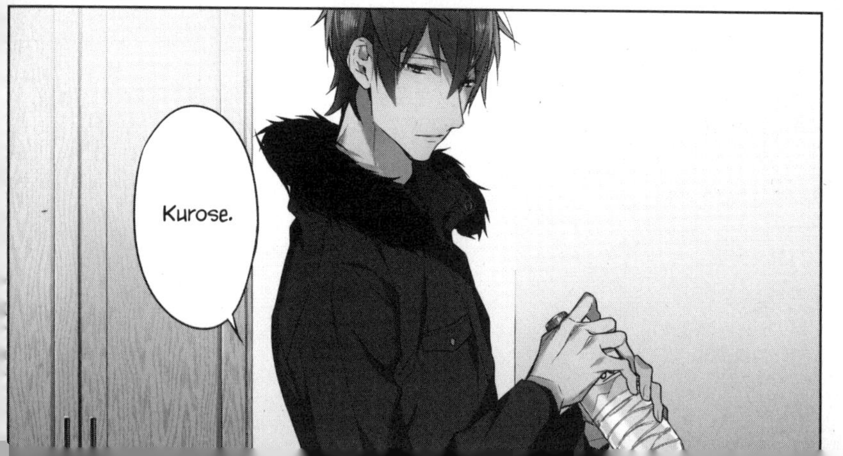
Kurose.

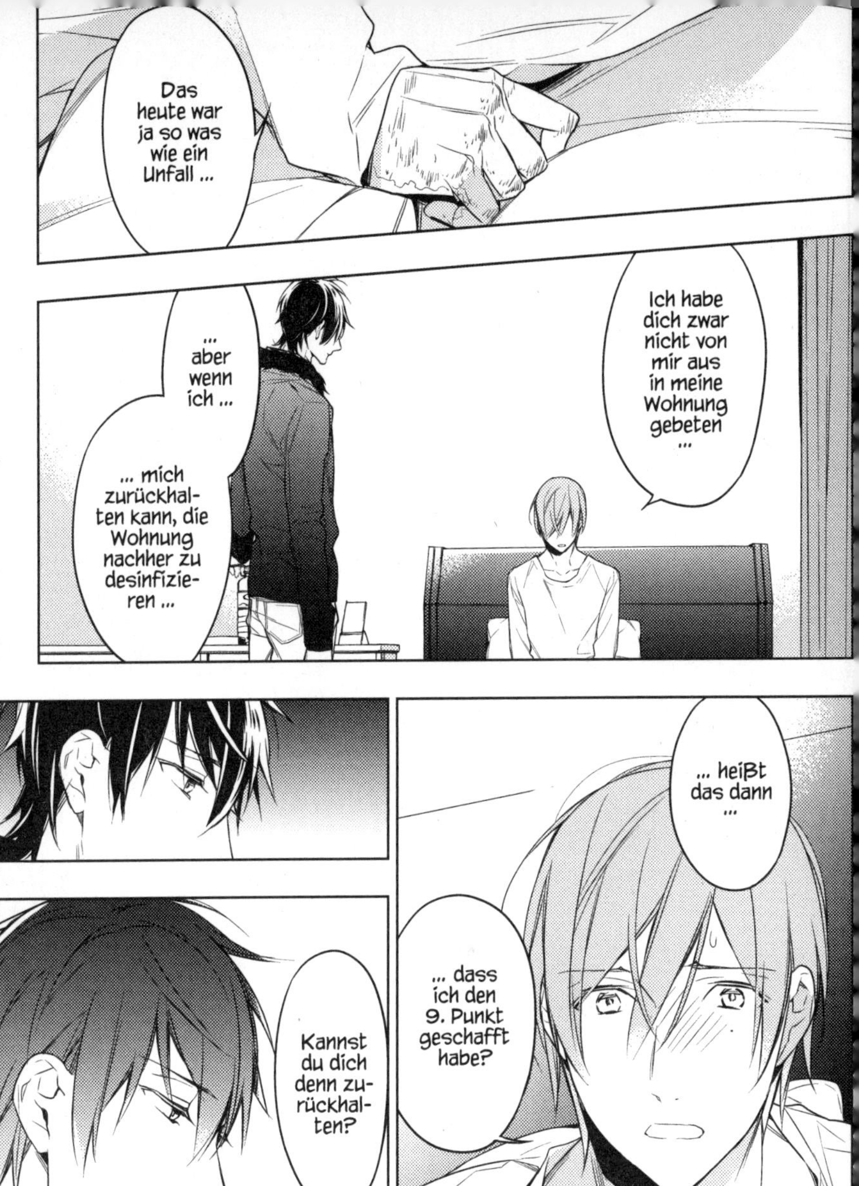
Das heute war ja so was wie ein Unfall ...
Ich habe dich zwar nicht von mir aus in meine Wohnung gebeten ...
... aber wenn ich ...
... mich zurückhal-ten kann, die Wohnung nachher zu desinfizie-ren ...
... heißt das dann ...
... dass ich den 9. Punkt geschafft habe?
Kannst du dich denn zu-rückhal-ten?

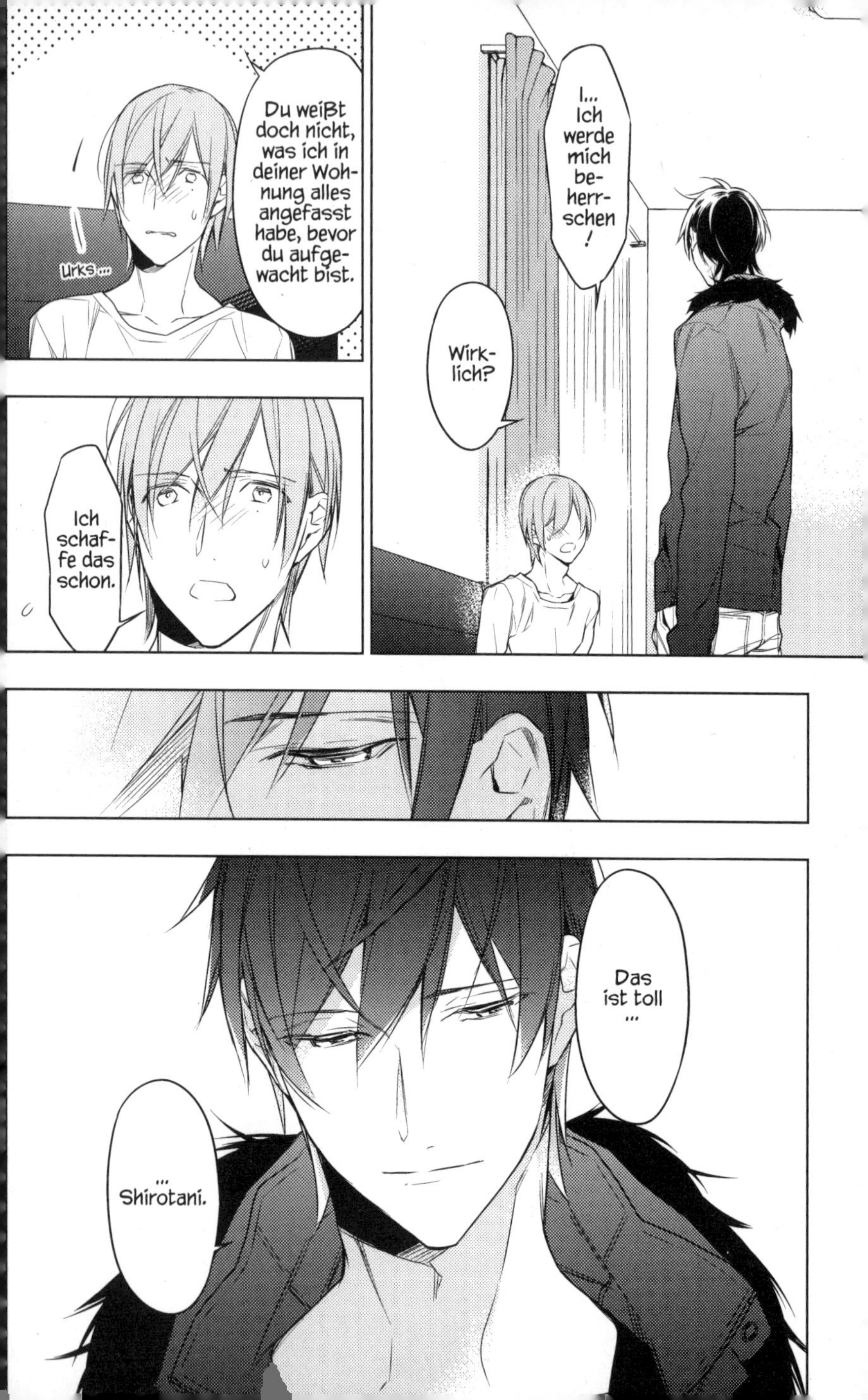

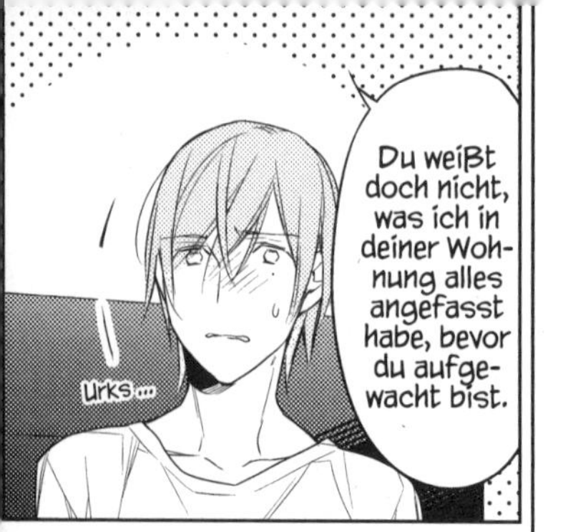
Du weißt doch nicht, was ich in deiner Wohnung alles angefasst habe, bevor du aufgewacht bist.
Urks ...

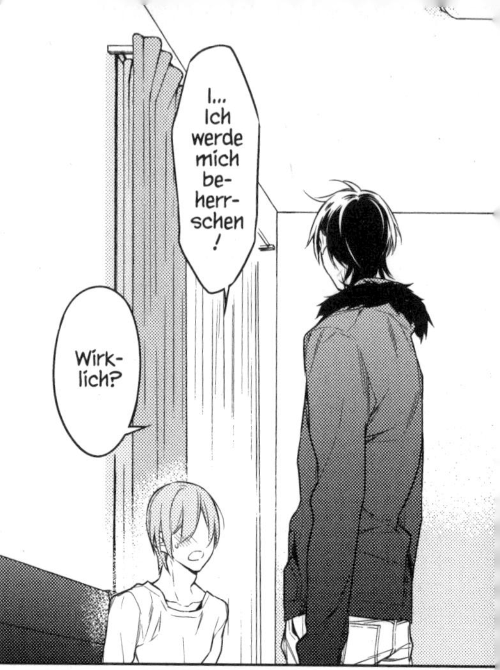
I... Ich werde mich beherrschen!
Wirklich?

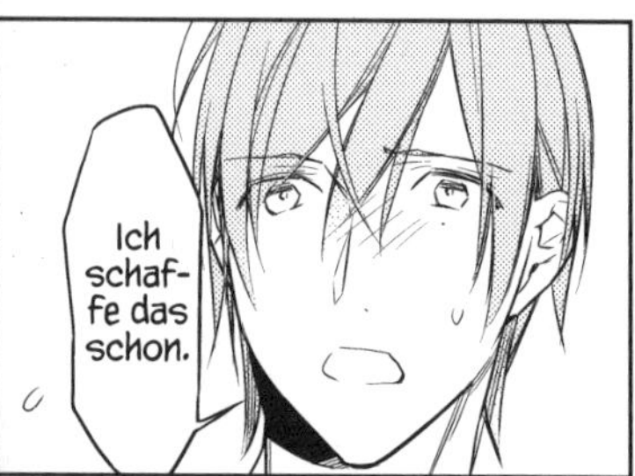
Ich schaffe das schon.

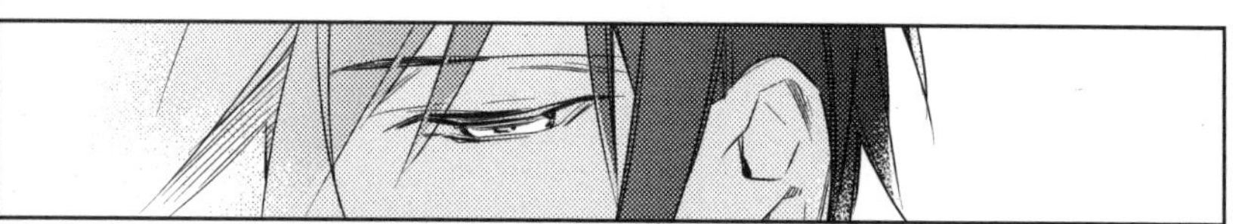
Das ist toll ...
... Shirotani.

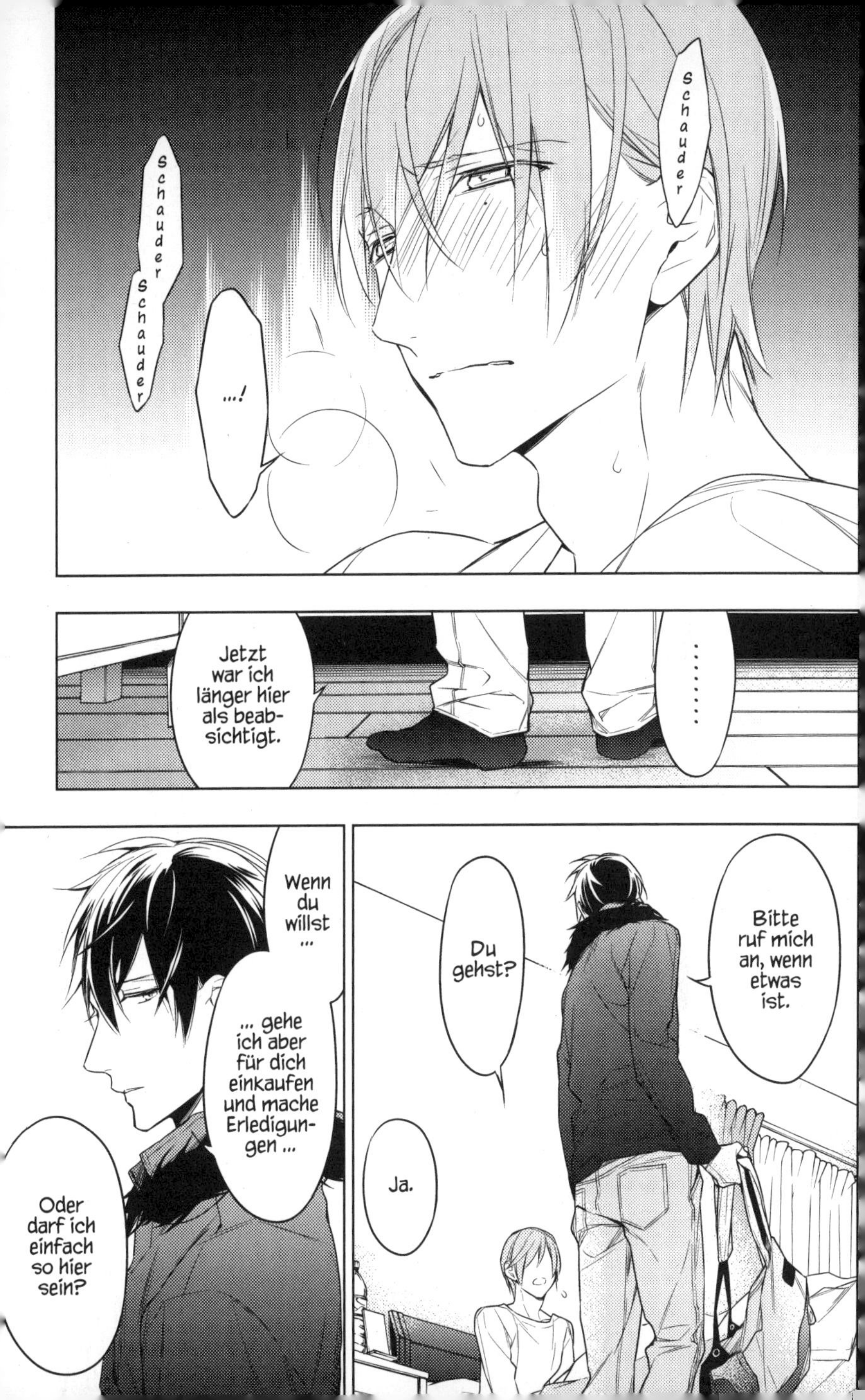

Schauder

...!

Schauder Schauder

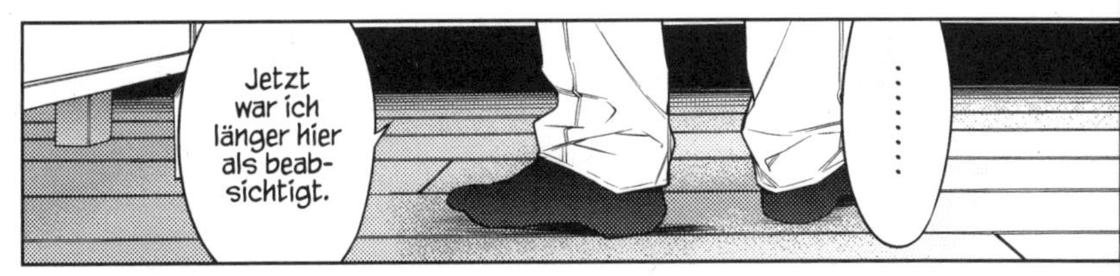

Bitte ruf mich an, wenn etwas ist.

Du gehst?

Ja.

Wenn du willst ...

... gehe ich aber für dich einkaufen und mache Erledigungen ...

Oder darf ich einfach so hier sein?

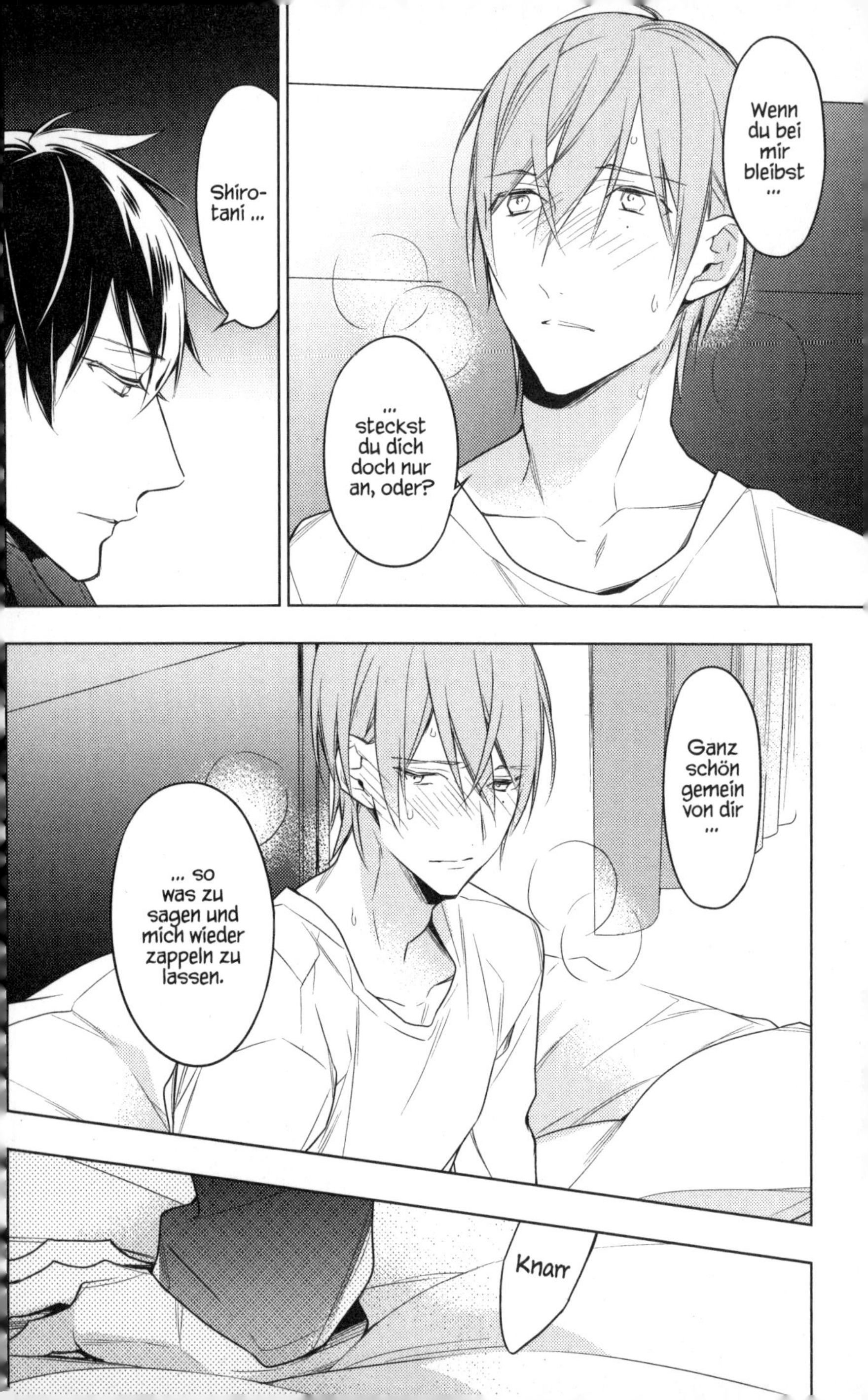

Wenn du bei mir bleibst ...

... steckst du dich doch nur an, oder?

Shiro-tani ...

Ganz schön gemein von dir ...

... so was zu sagen und mich wieder zappeln zu lassen.

Knarr

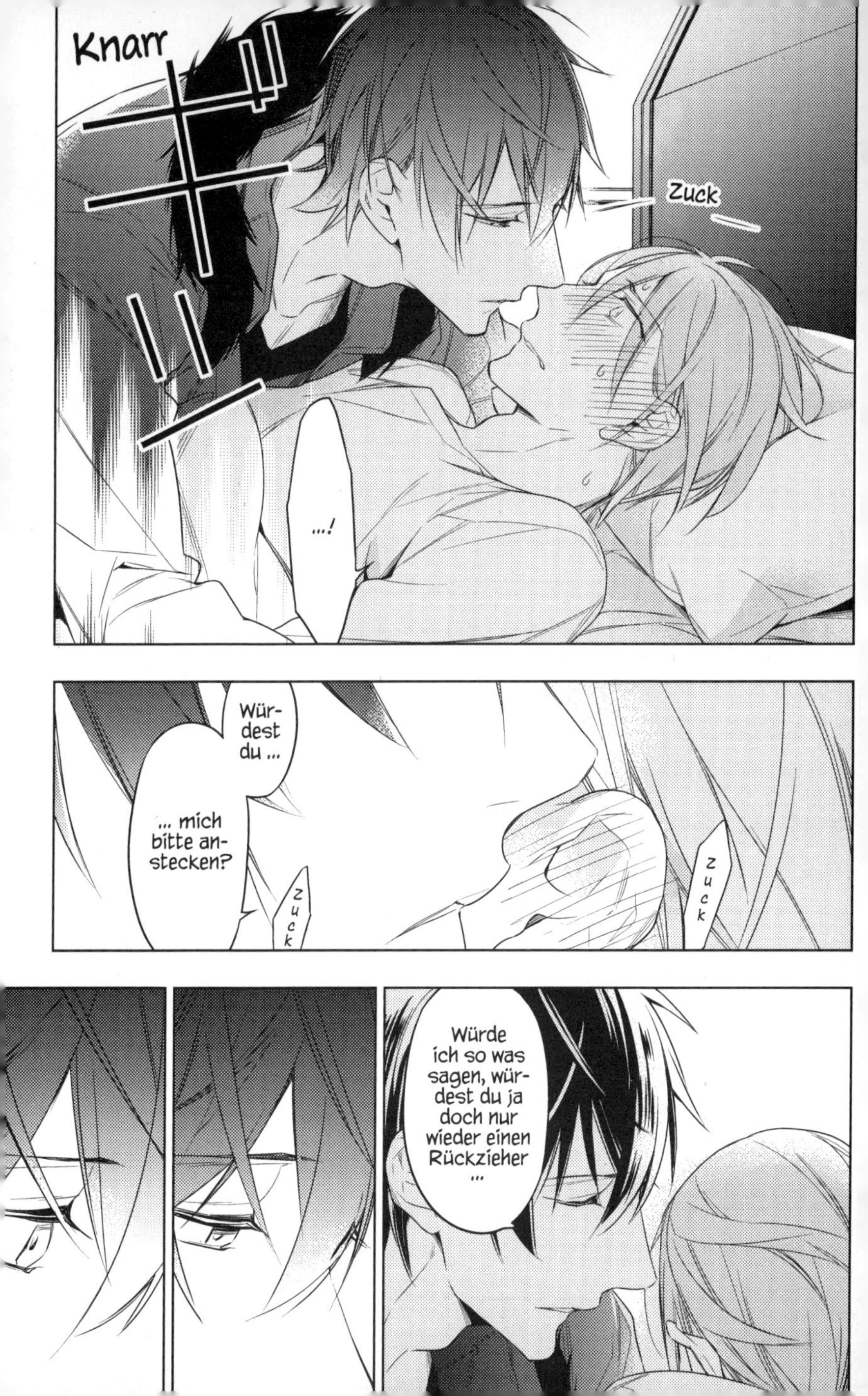

Knarr
Zuck
...!

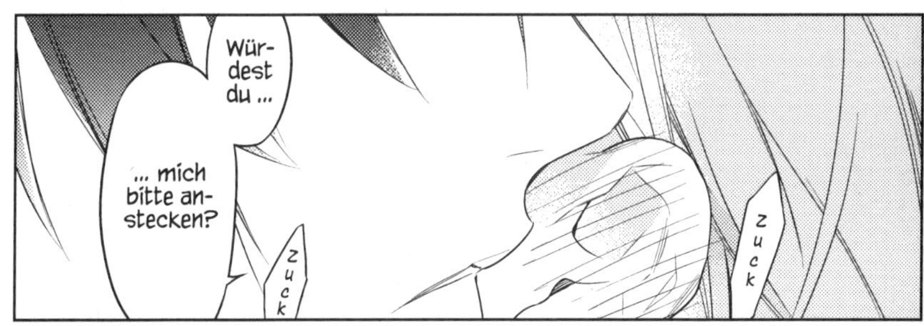
Zuck
Würdest du ...
... mich bitte anstecken?
Zuck

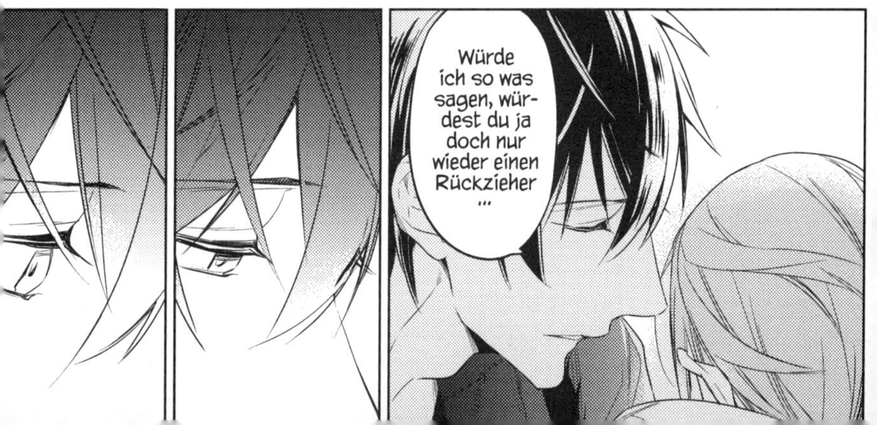
Würde ich so was sagen, würdest du ja doch nur wieder einen Rückzieher ...

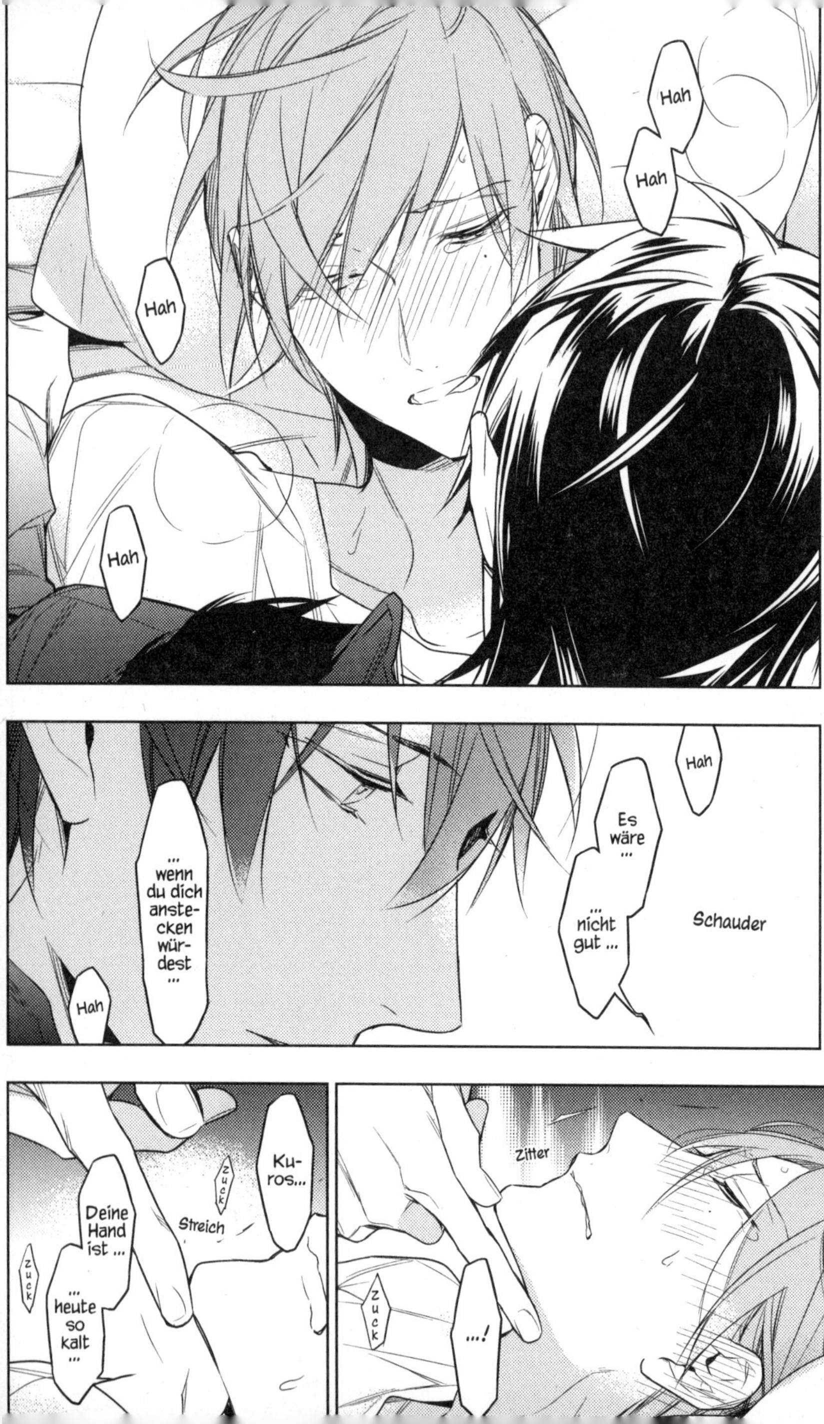

Hah
Hah
Hah
Hah

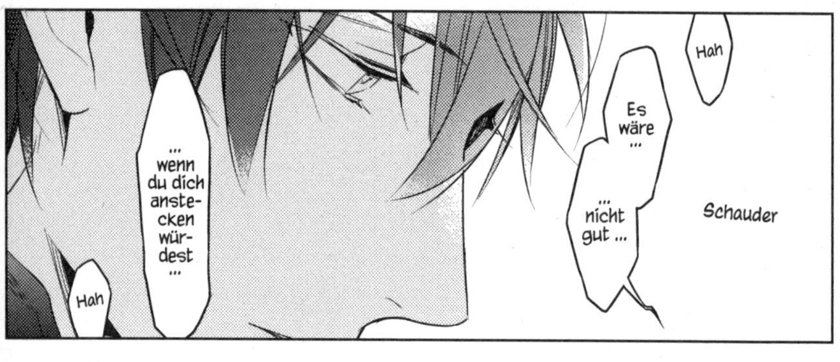

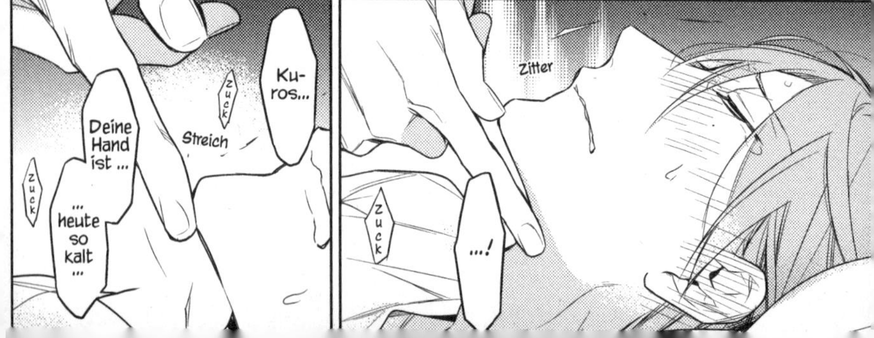

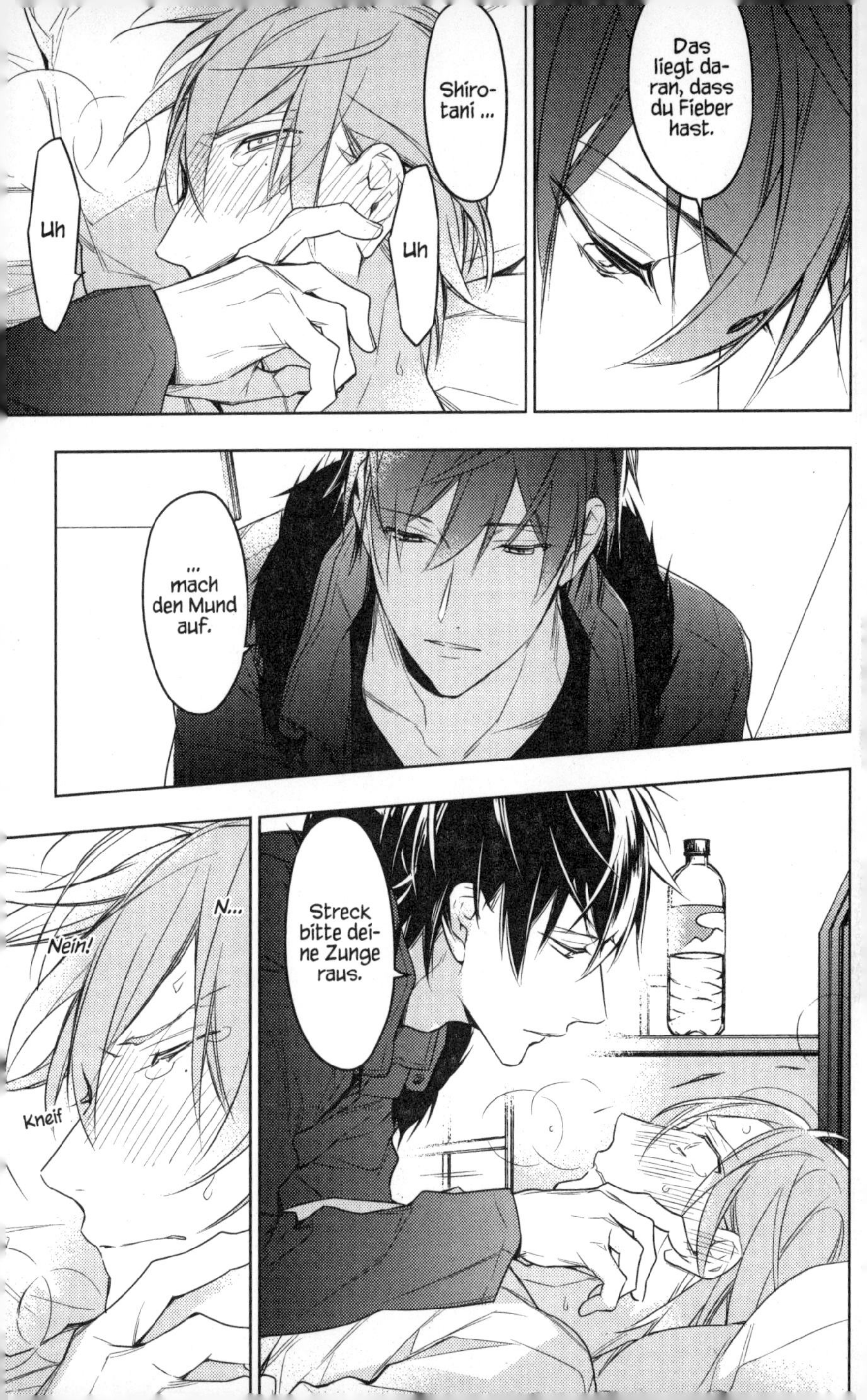

Das liegt daran, dass du Fieber hast.

Shirotani ...

Uh

Uh

... mach den Mund auf.

Streck bitte deine Zunge raus.

N...

Nein!

Kneif

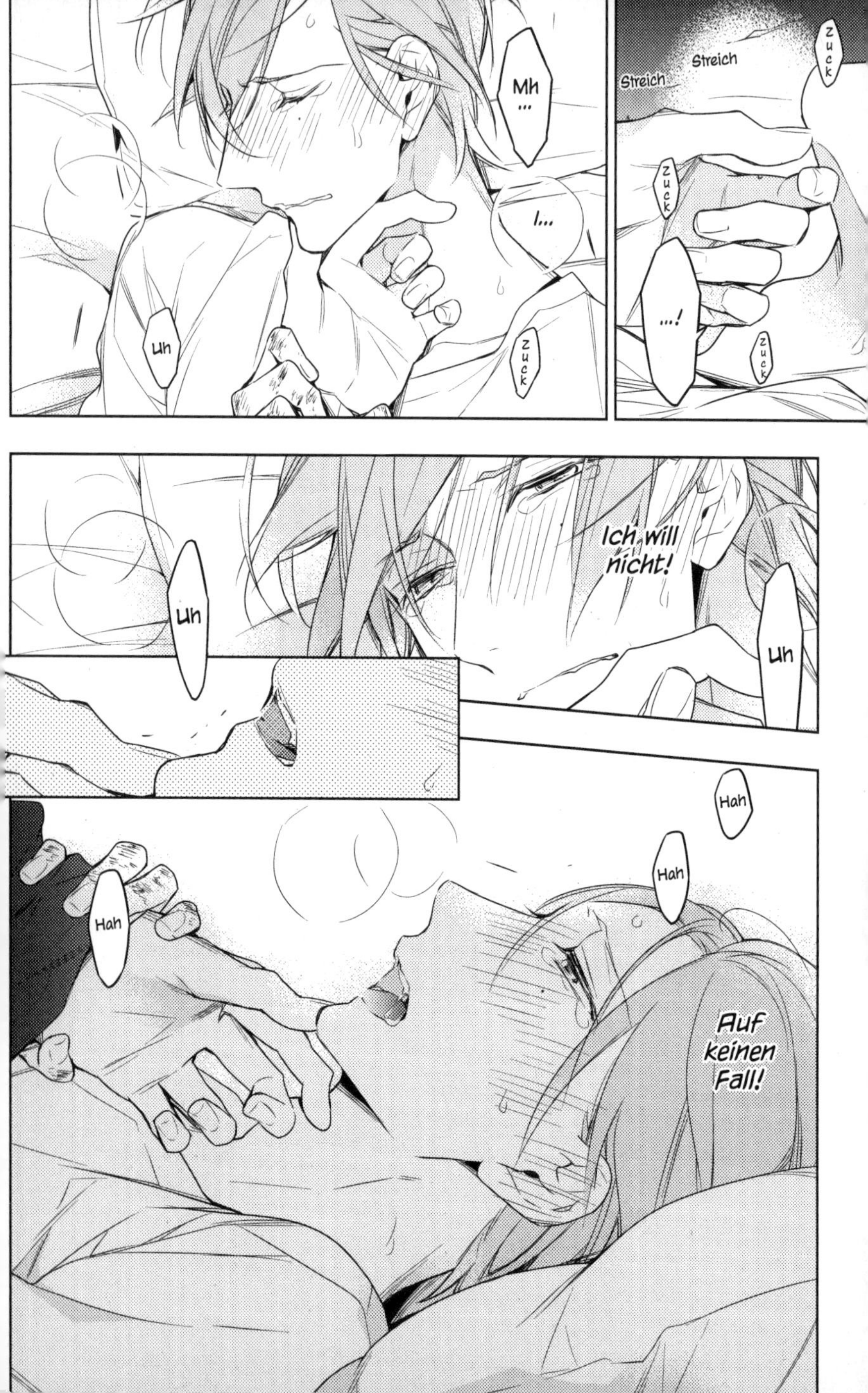
Zuck
Streich
Streich
Zuck
...!
Zuck
Mh ...
I...
Zuck
Uh
Ich will nicht!
Uh
Uh
Hah
Hah
Auf keinen Fall!
Hah

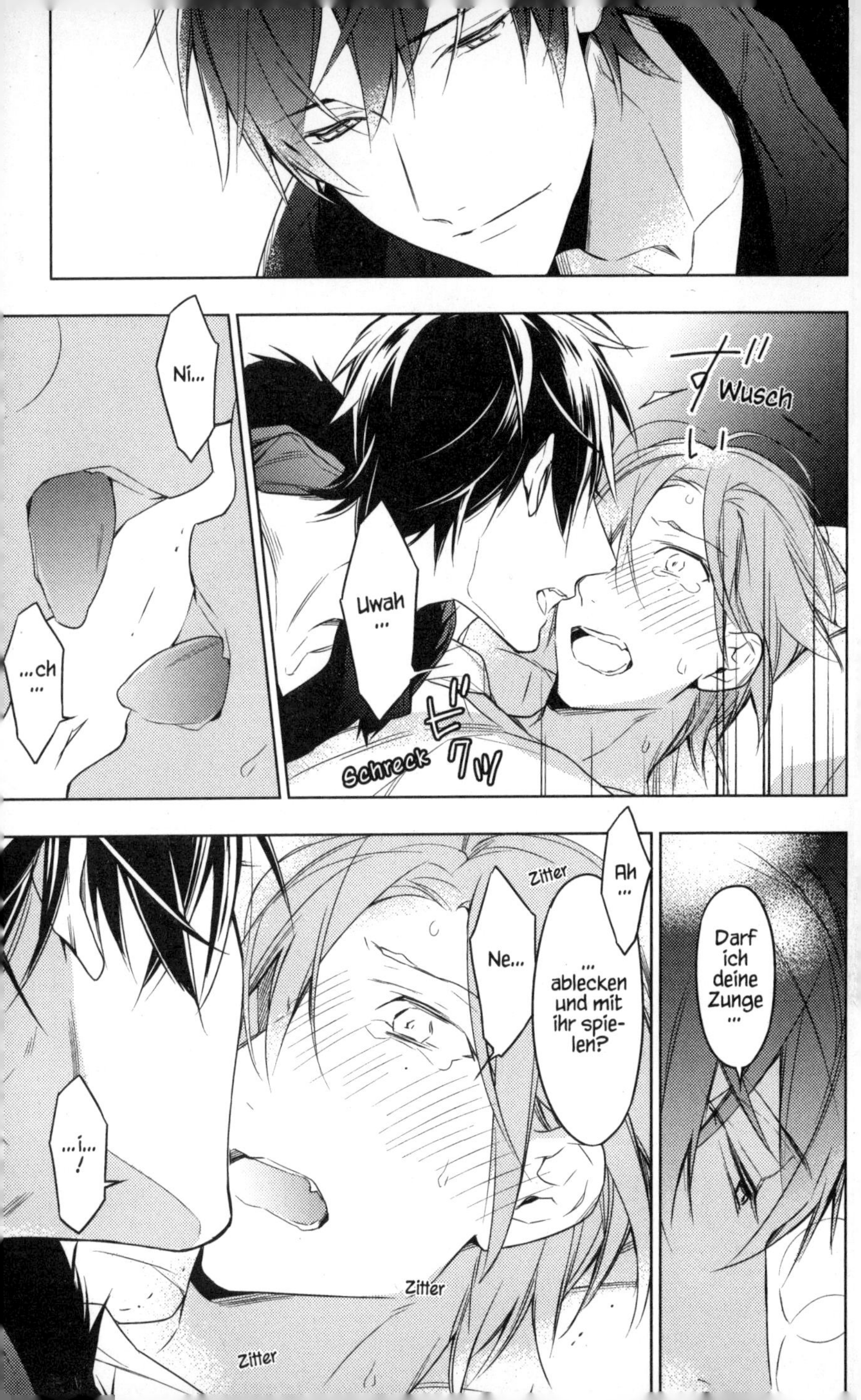
Wusch
Uwah ...
Schreck
Ni...
...ch ...
Darf ich deine Zunge ...
... ablecken und mit ihr spie-len?
Ah ...
Zitter
Ne...
...i...!
Zitter
Zitter

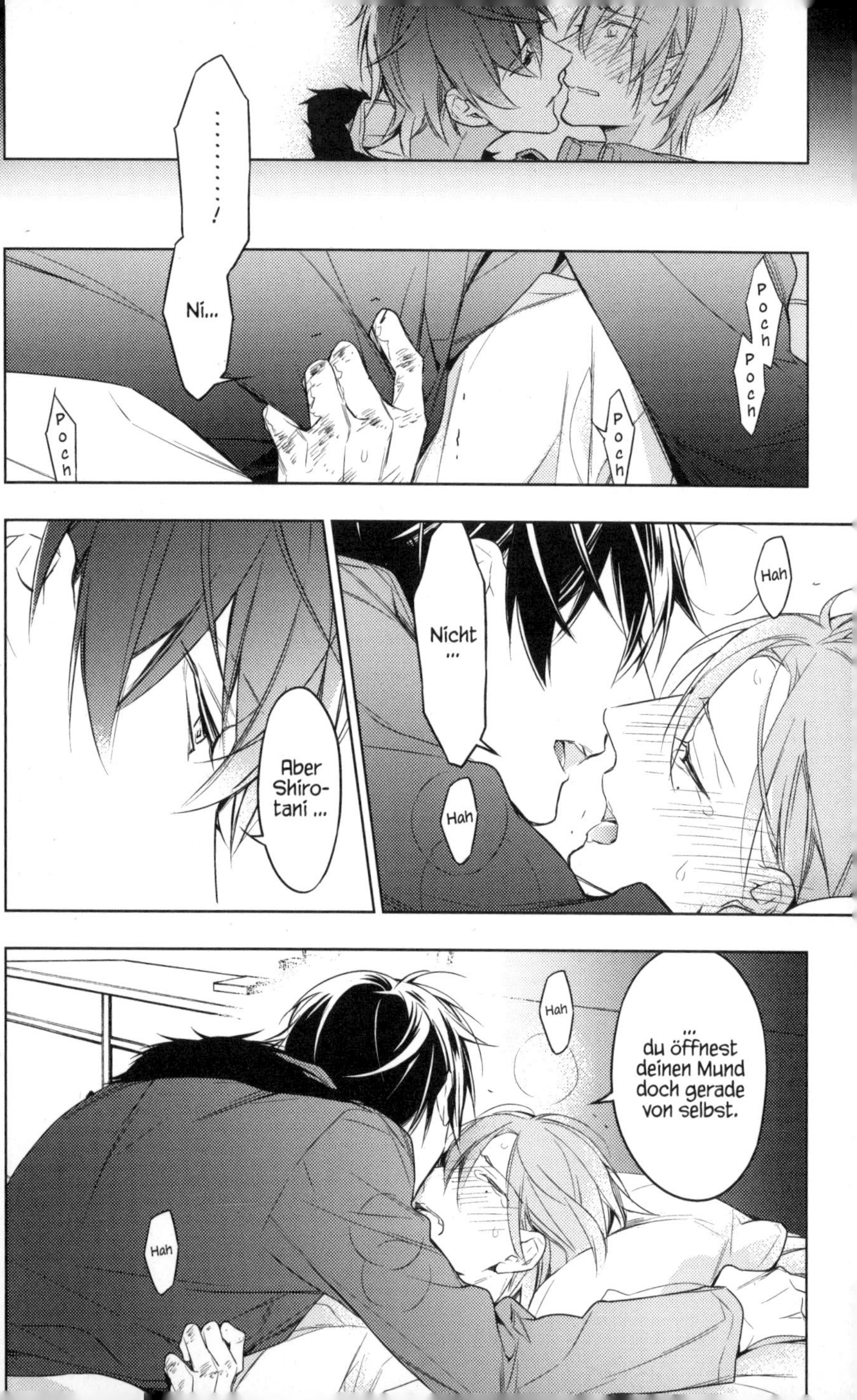

......!

Poch
Poch
Poch
Ni...
Poch

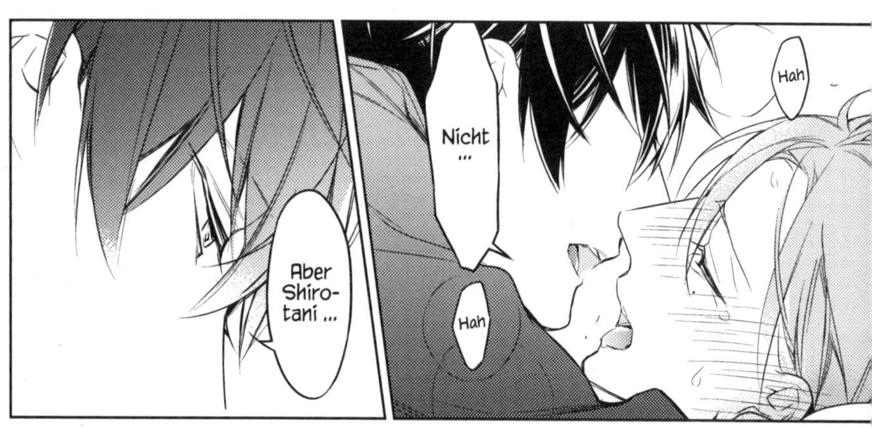

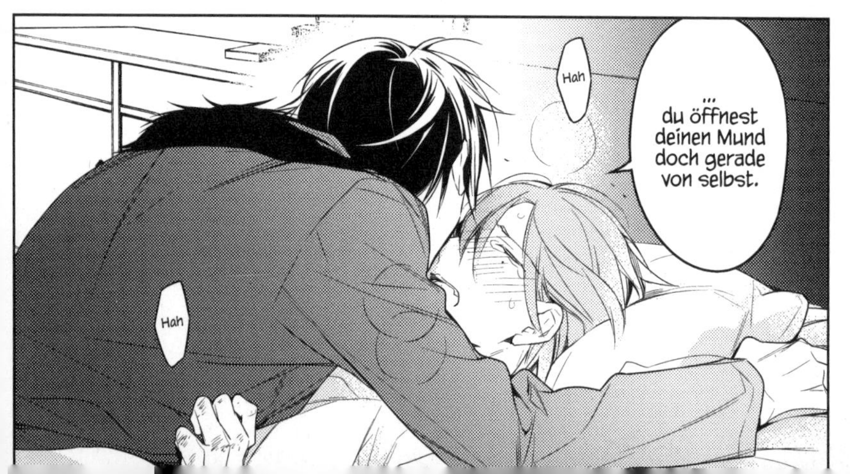

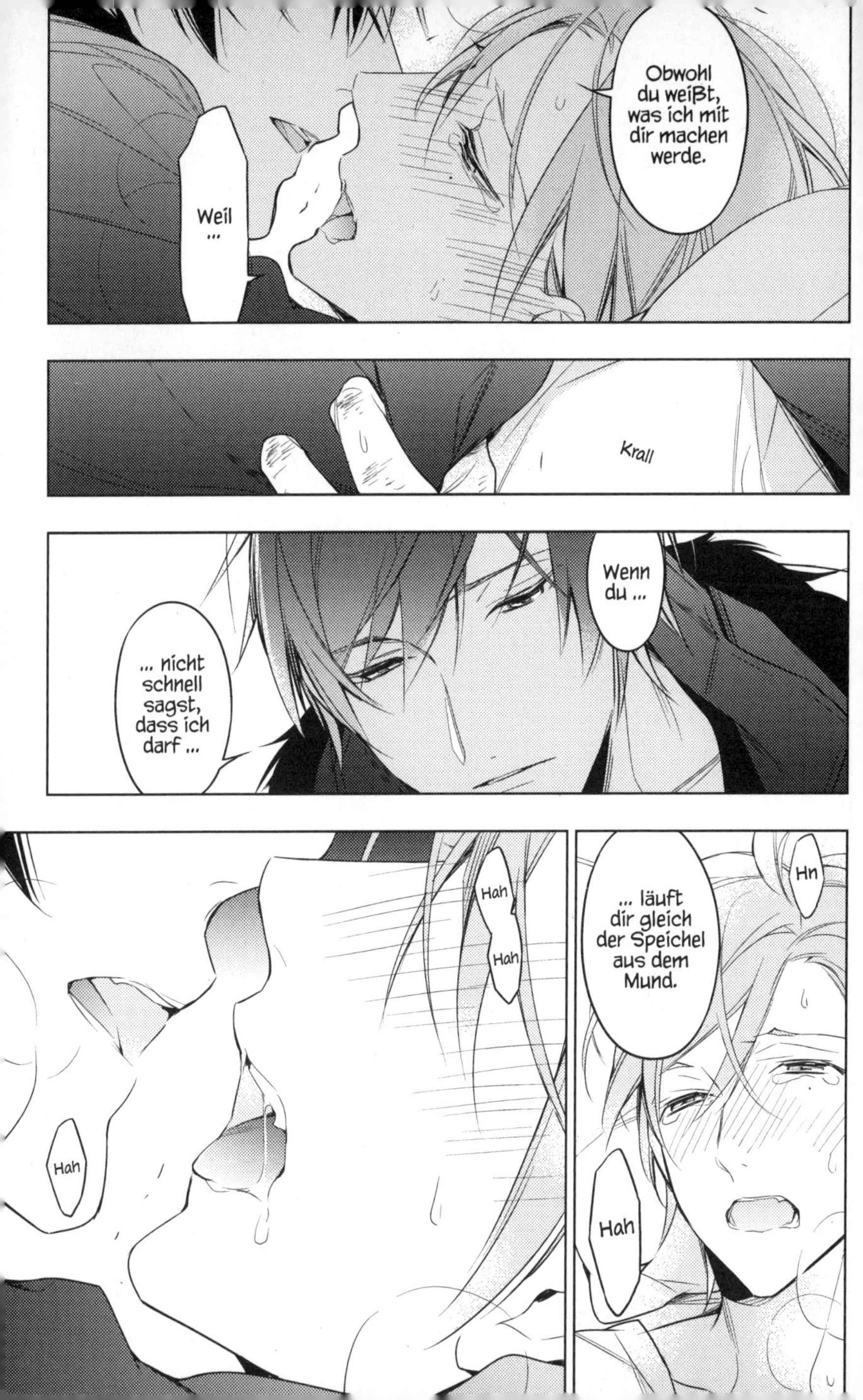

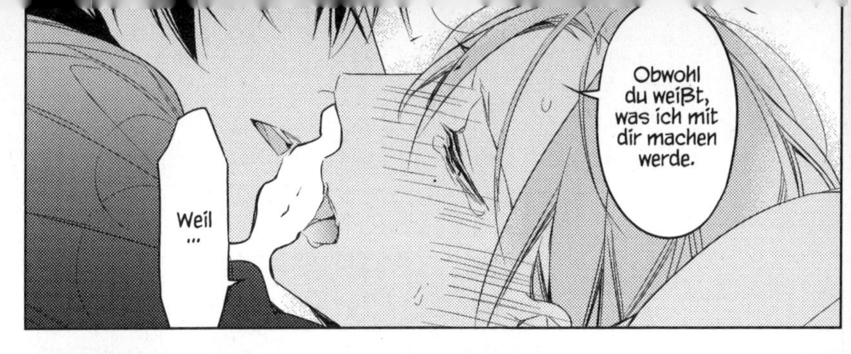
Obwohl du weißt, was ich mit dir machen werde.
Weil ...

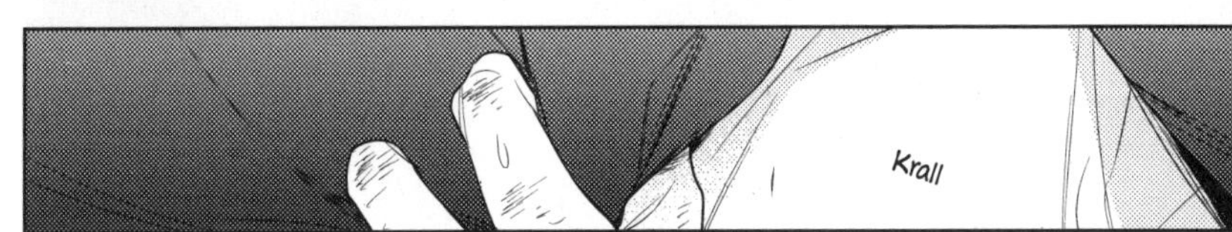
Krall

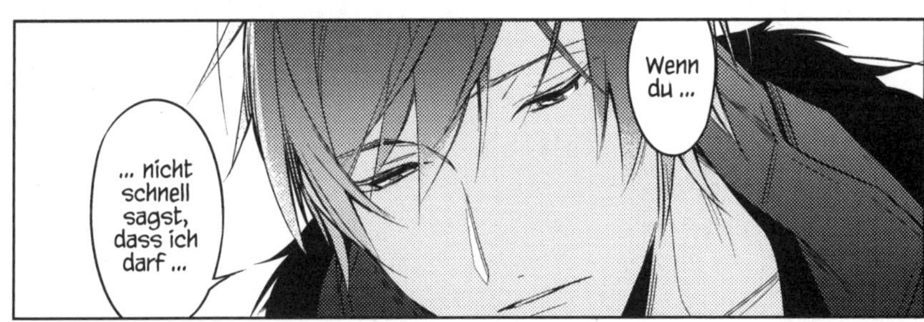
Wenn du ...
... nicht schnell sagst, dass ich darf ...

Hn
... läuft dir gleich der Speichel aus dem Mund.
Hah
Hah
Hah
Hah

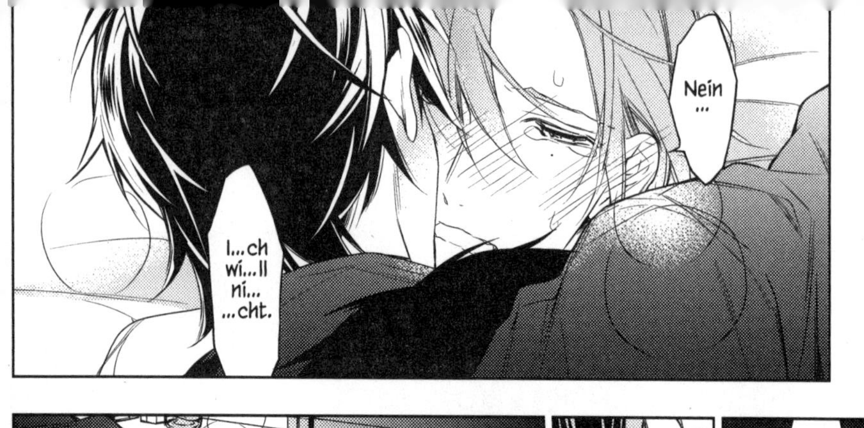

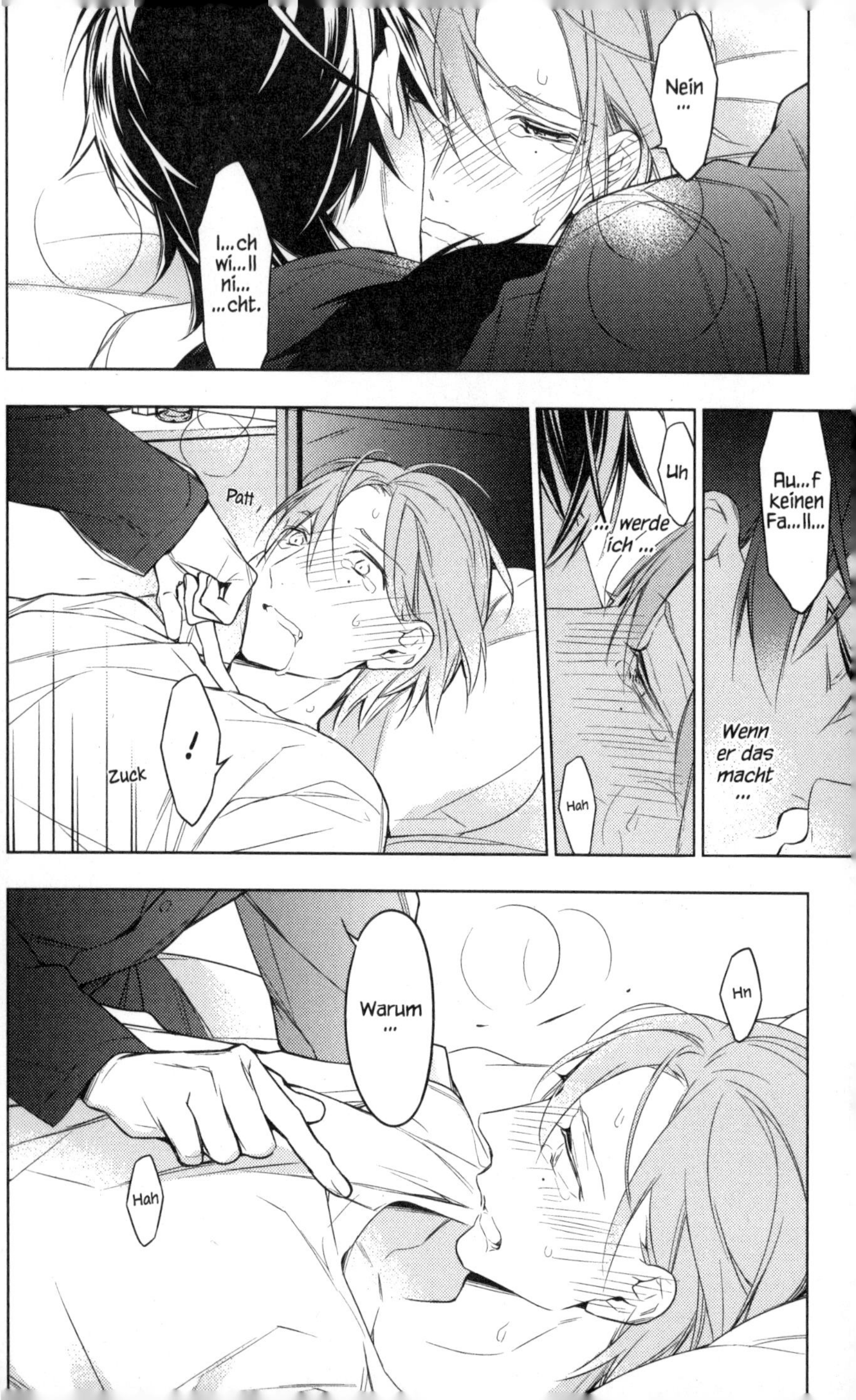

Au...f keinen Fa...ll...

Wenn er das macht ...

Uh

... werde ich ...

Hah

Patt

!

Zuck

Hn

Warum ...

Hah

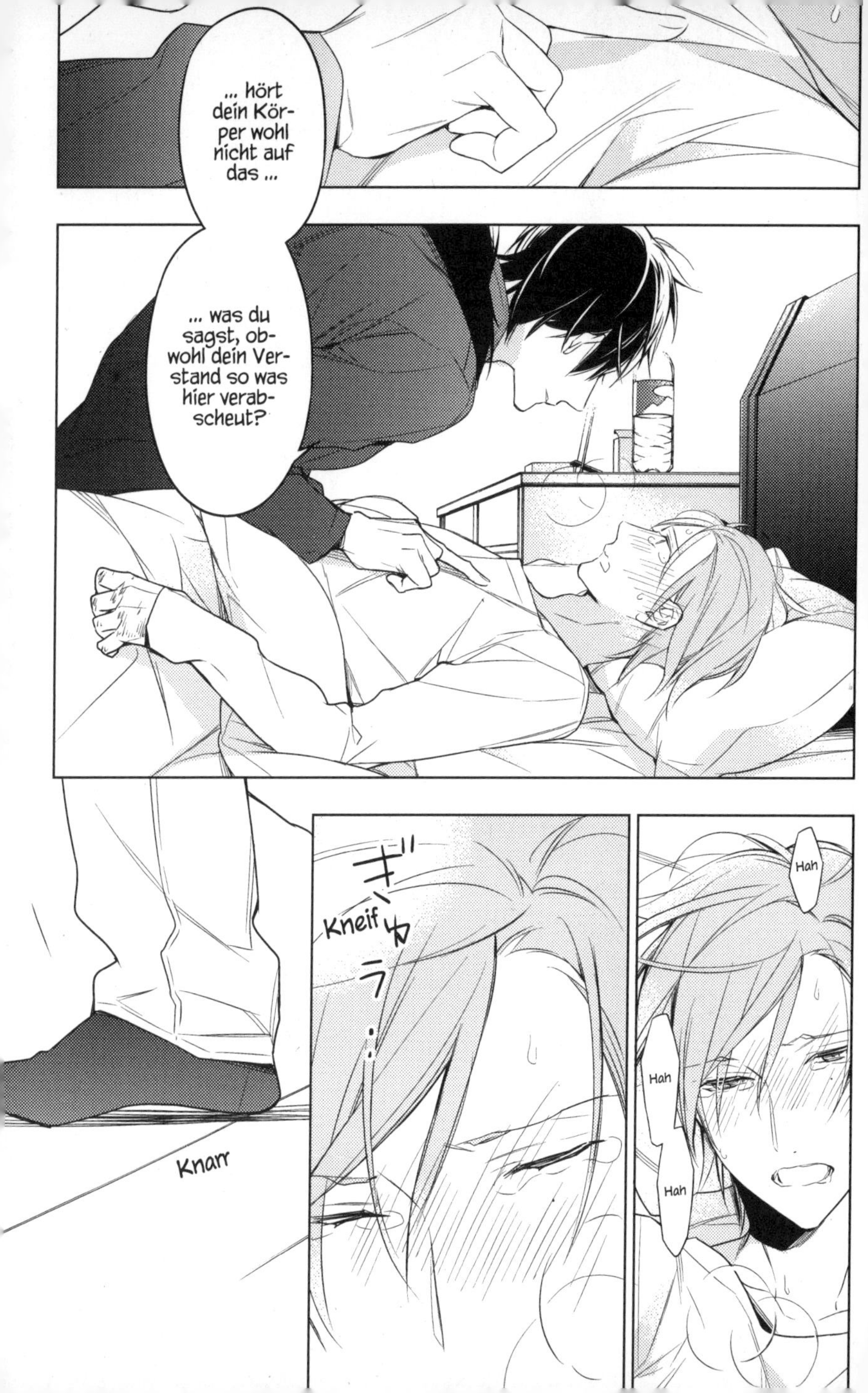
... hört dein Körper wohl nicht auf das ...
... was du sagst, obwohl dein Verstand so was hier verabscheut?
Knarr
Kneif
Hah
Hah
Hah

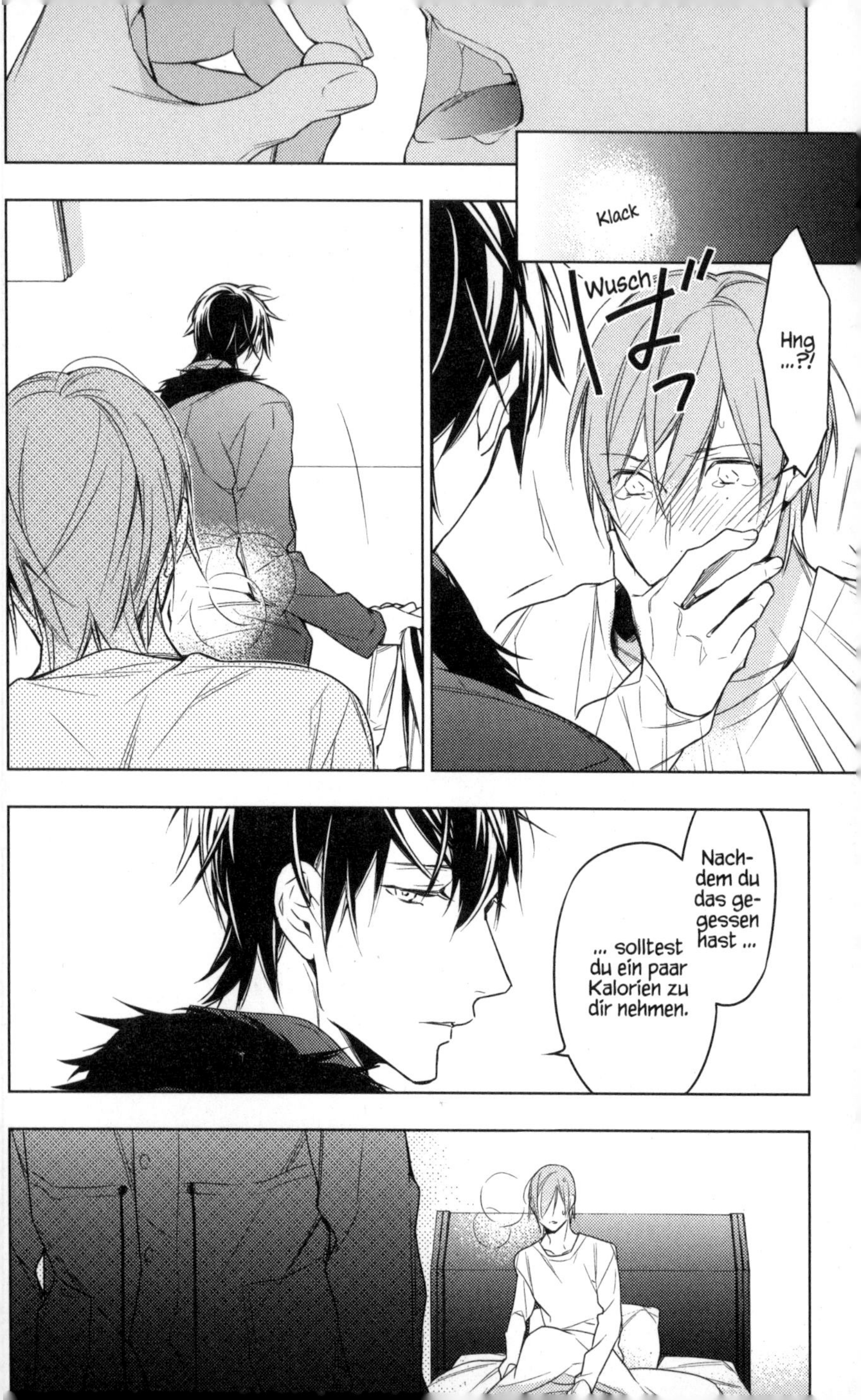

Klack

Wusch

ばっ

Hng ...?!

Nachdem du das gegessen hast ...

... solltest du ein paar Kalorien zu dir nehmen.

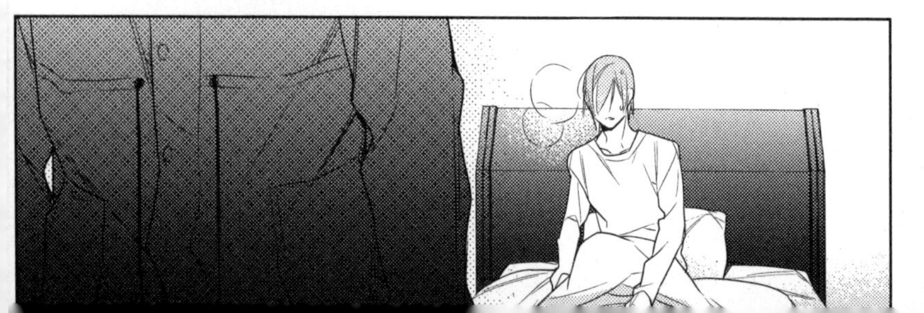

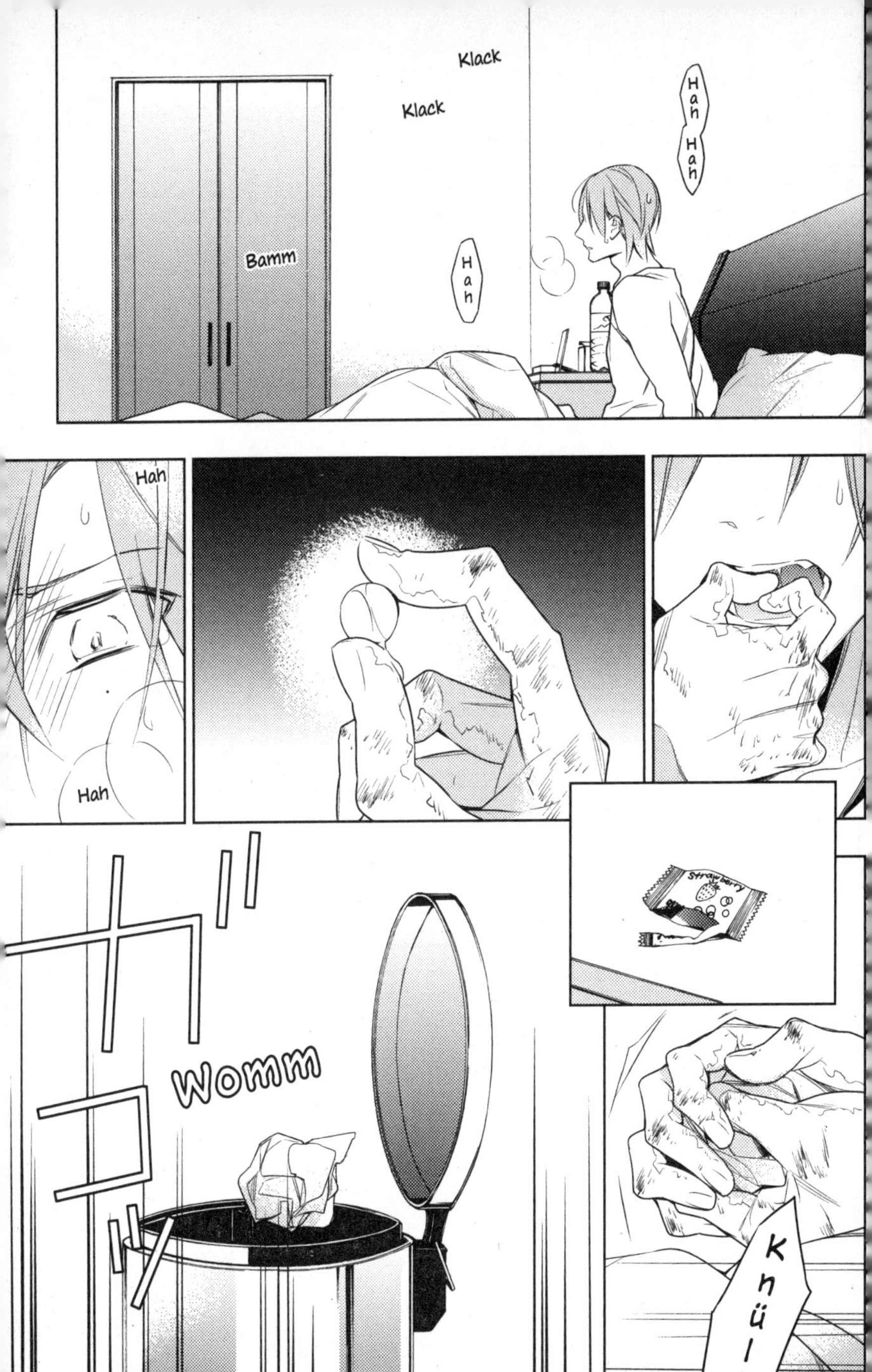
Hah Hah
Klack
Klack
Bamm
Hah
Hah
Hah
Strawberry
Knüll
Womm

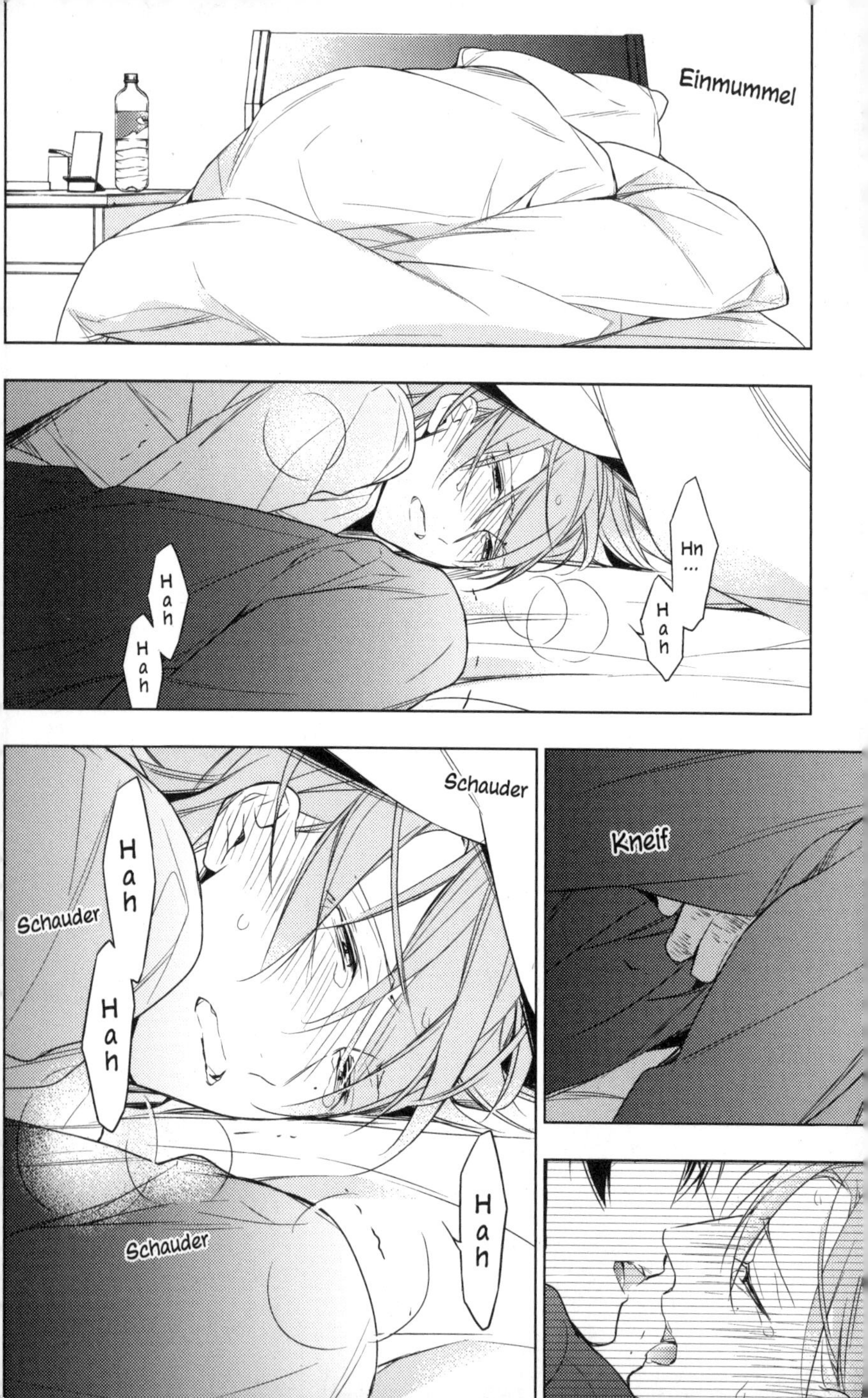

Einmummel

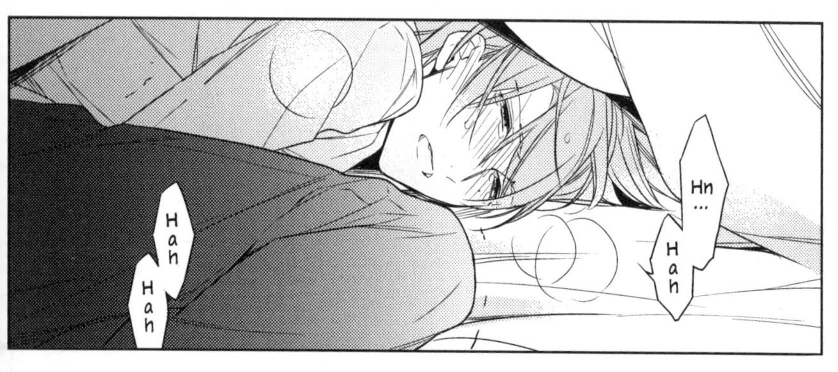

Kneif

Schauder

Hah Hah

Schauder

Hah Hah

Hah

Schauder

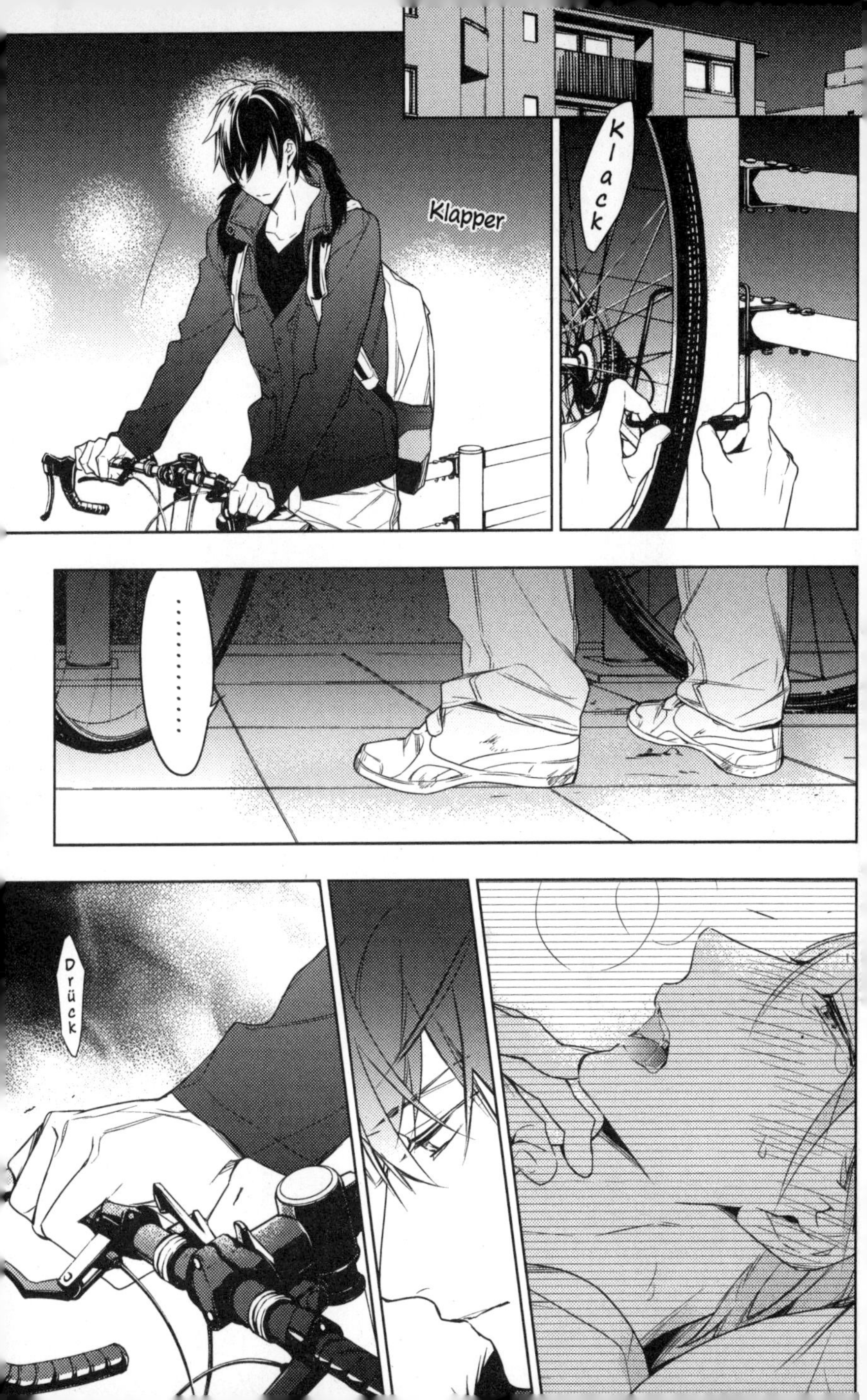

Klack

Klapper

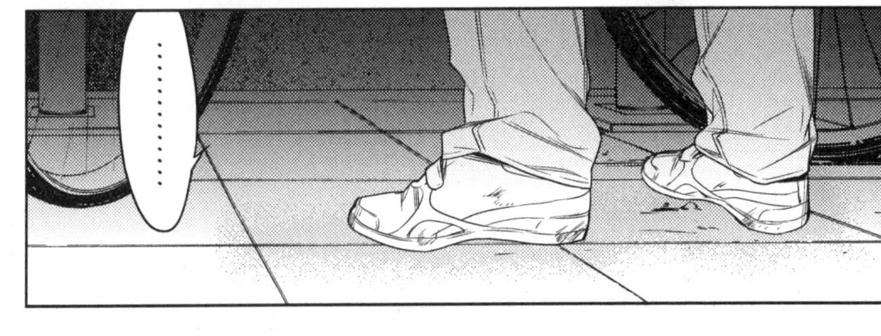

Drück

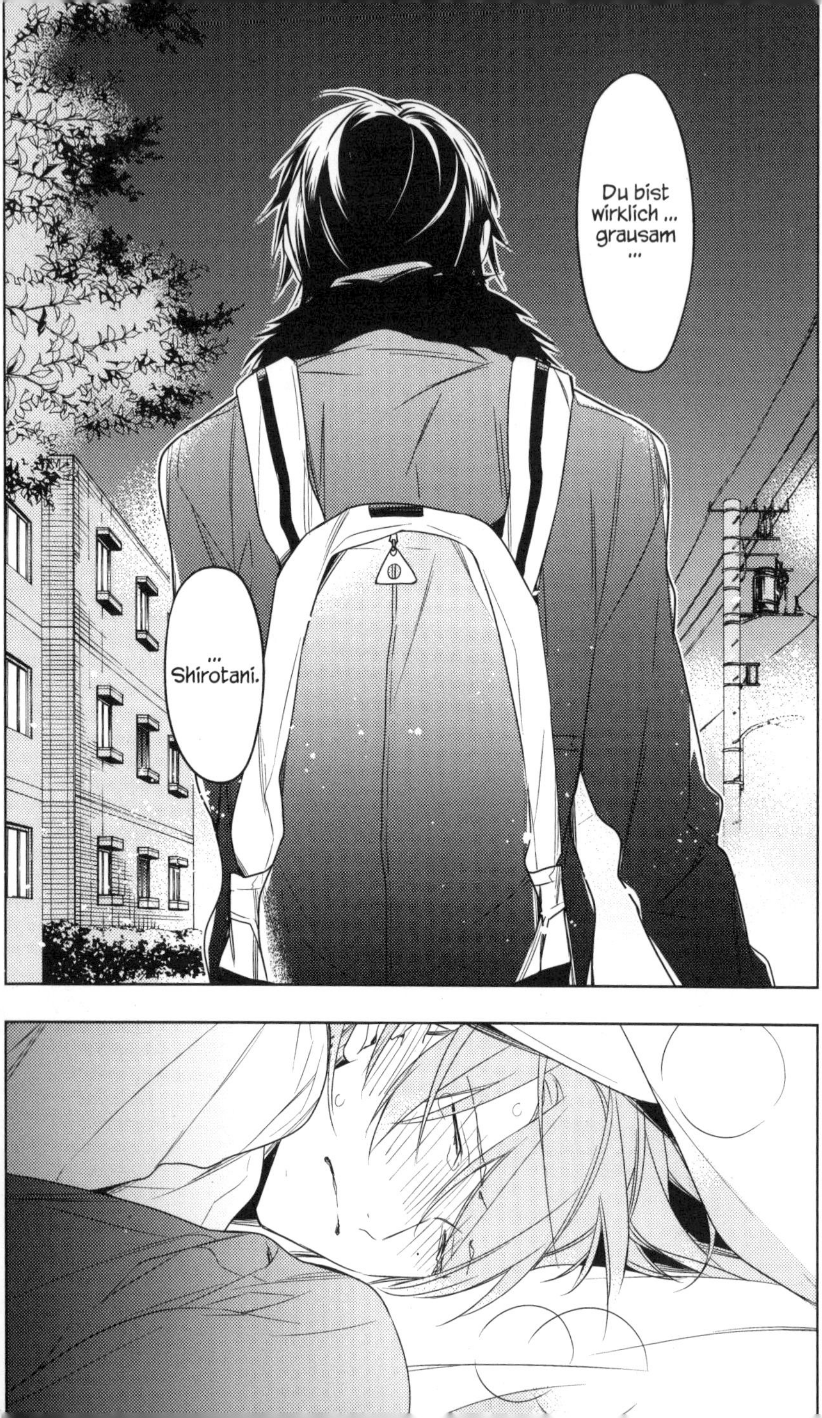

Du bist wirklich ... grausam ...

... Shirotani.

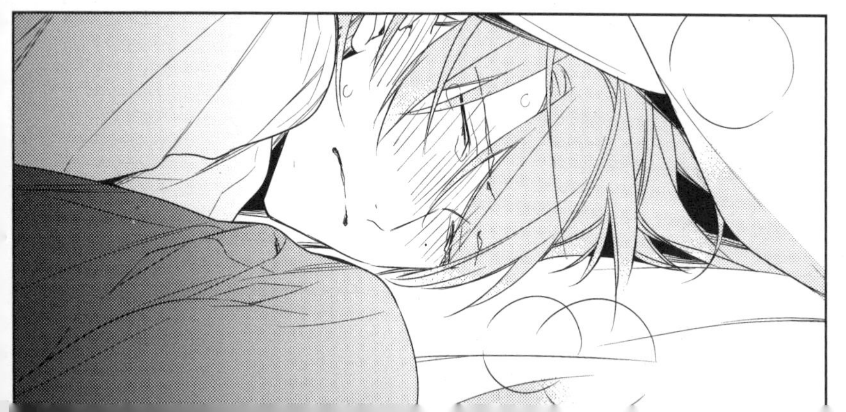

TEN COUNT
COUNT. 18

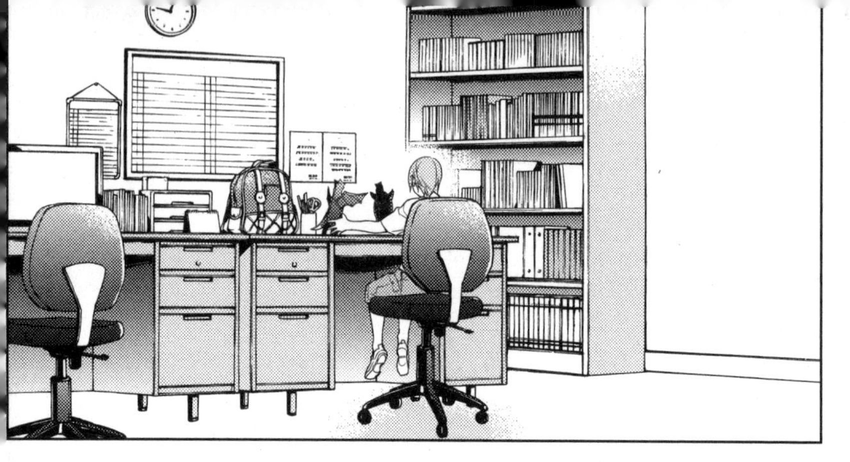

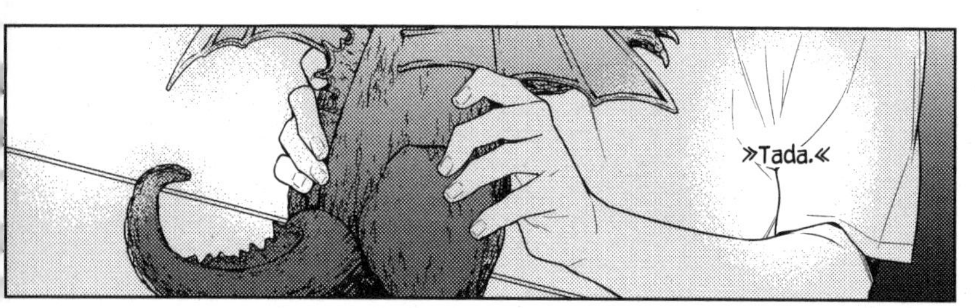

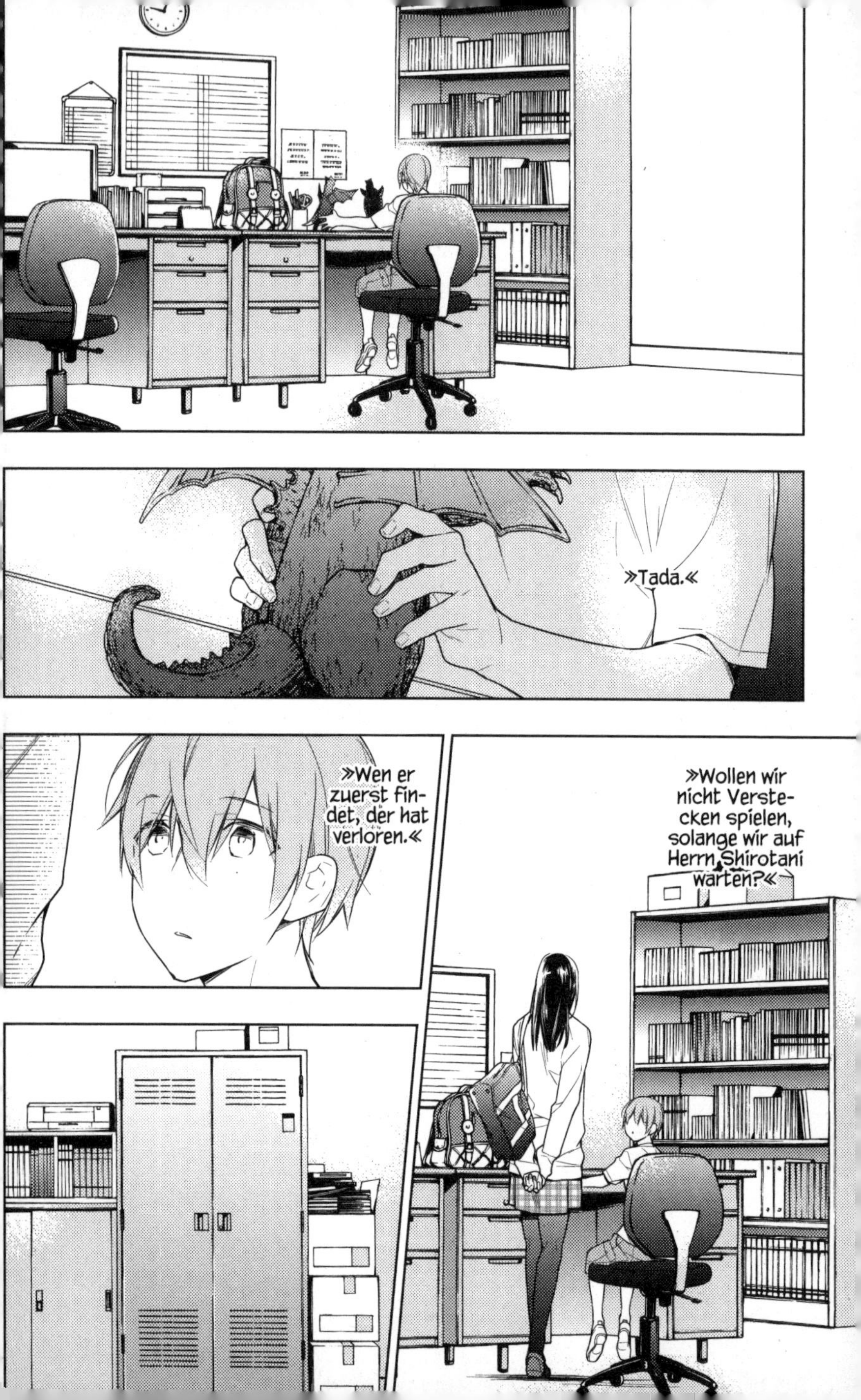

»Wollen wir nicht Verstecken spielen, solange wir auf Herrn Shirotani warten?«

»Wen er zuerst findet, der hat verloren.«

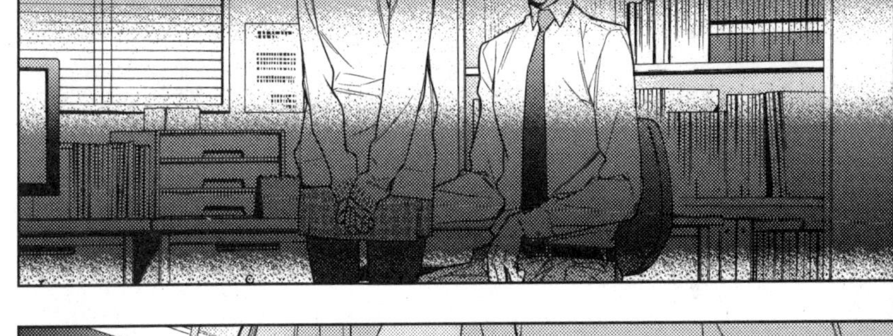

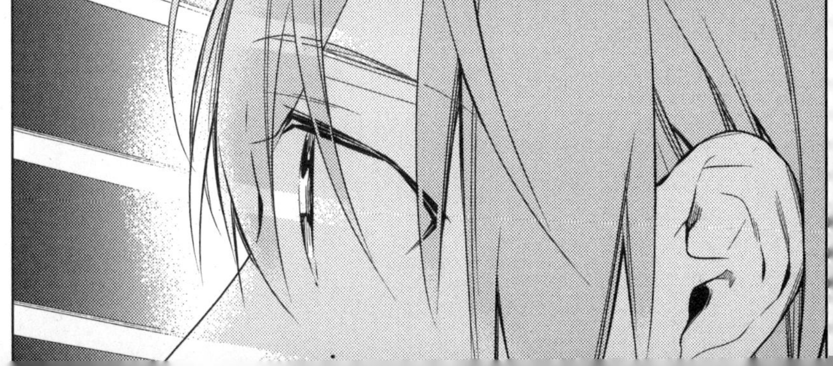

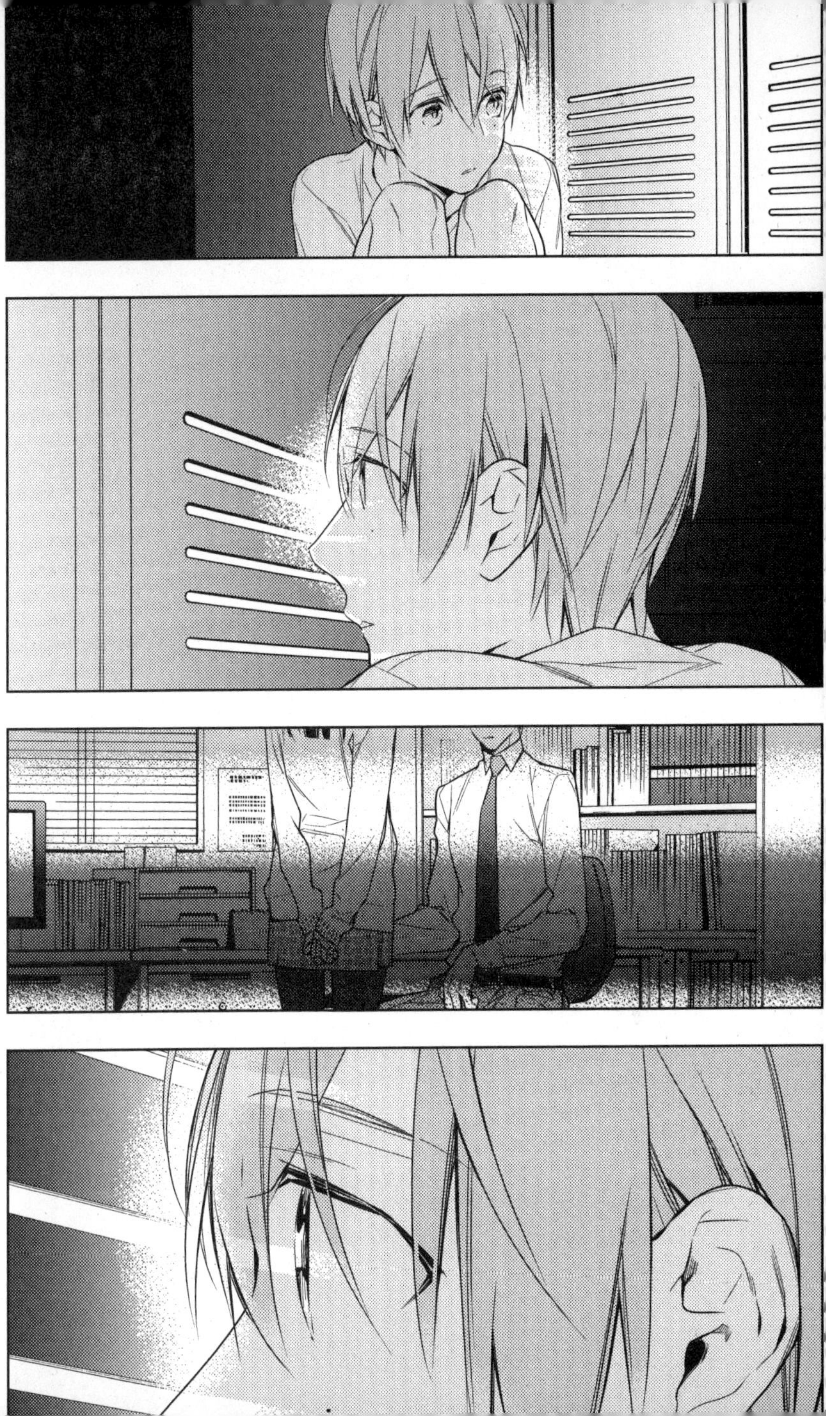

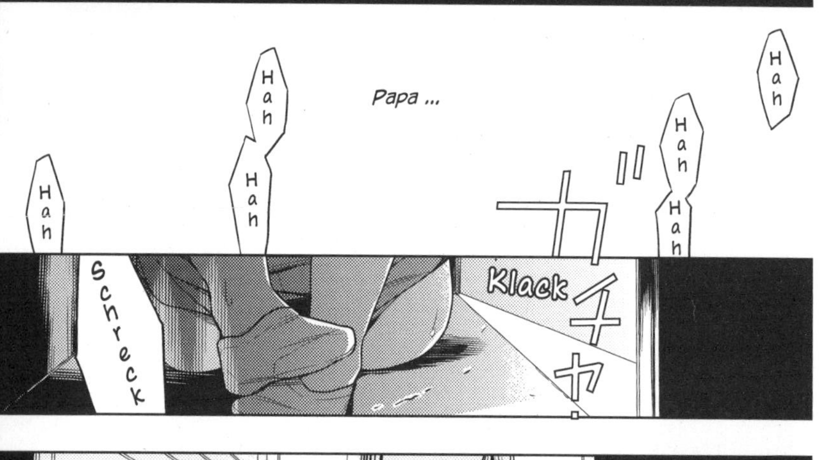

»Tada ...?«

»Was zum ...?«

»Was soll das denn?«

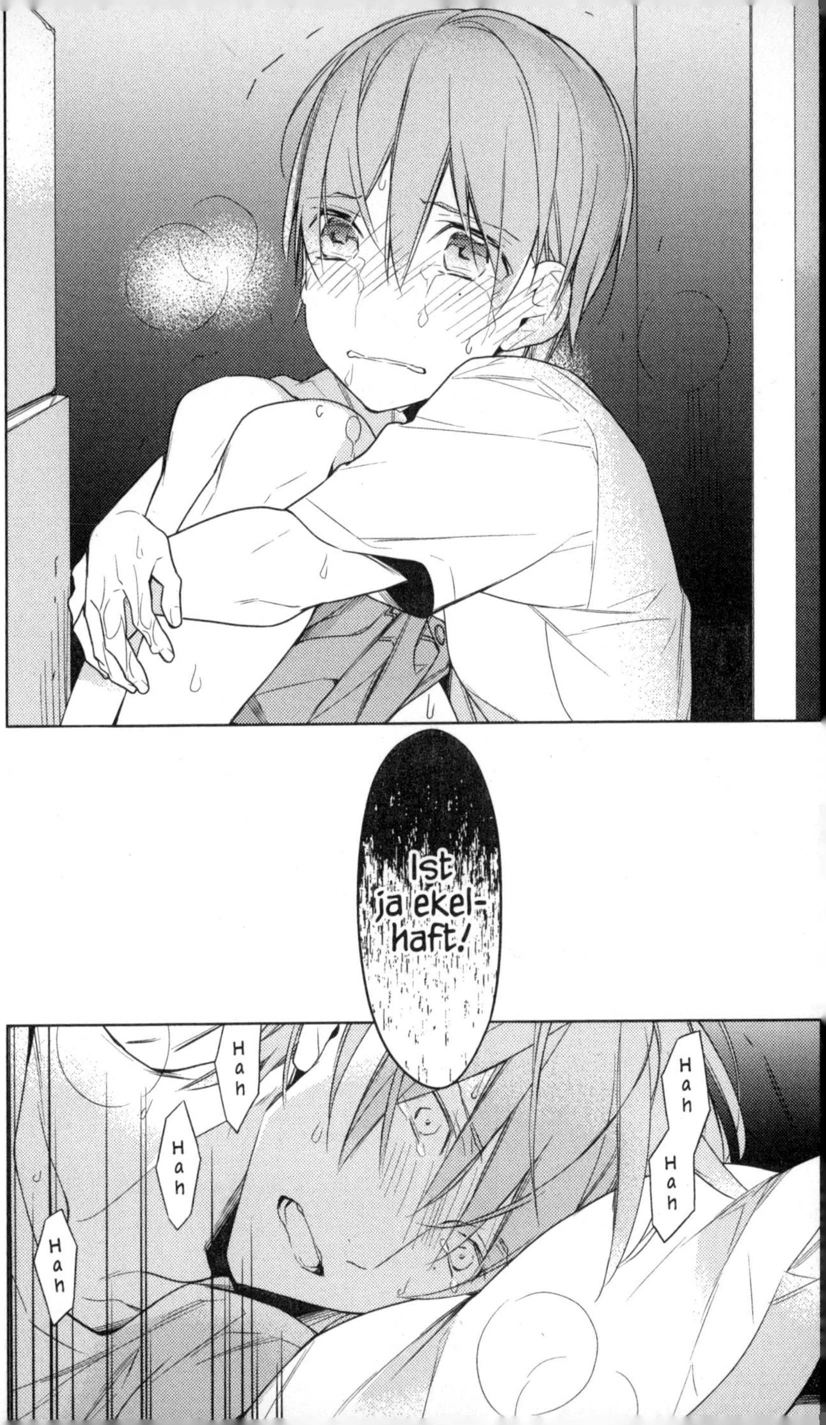

Ist ja ekel-
haft!

Han

Han

Han

Han

Han

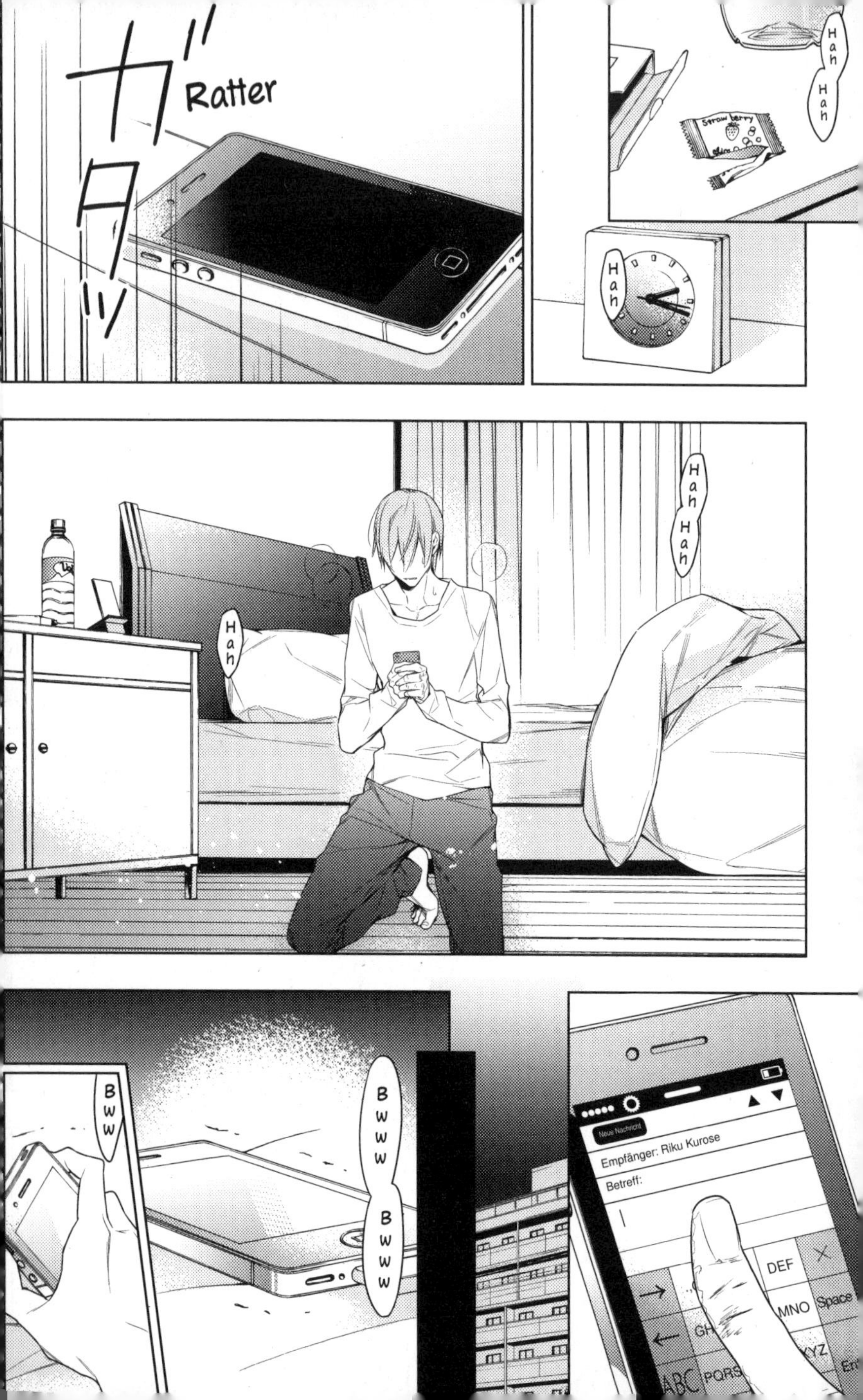

Hah
Hah
Hah
ガタッ
Ratter
Hah Hah
Hah

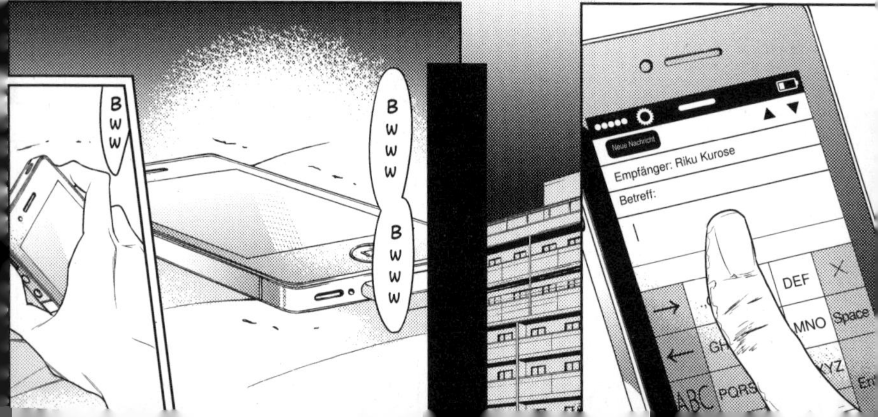
Neue Nachricht
Empfänger: Riku Kurose
Betreff:
DEF
MNO
Space
XYZ
ABC
PQRS
Bwww
Bwww
Bww

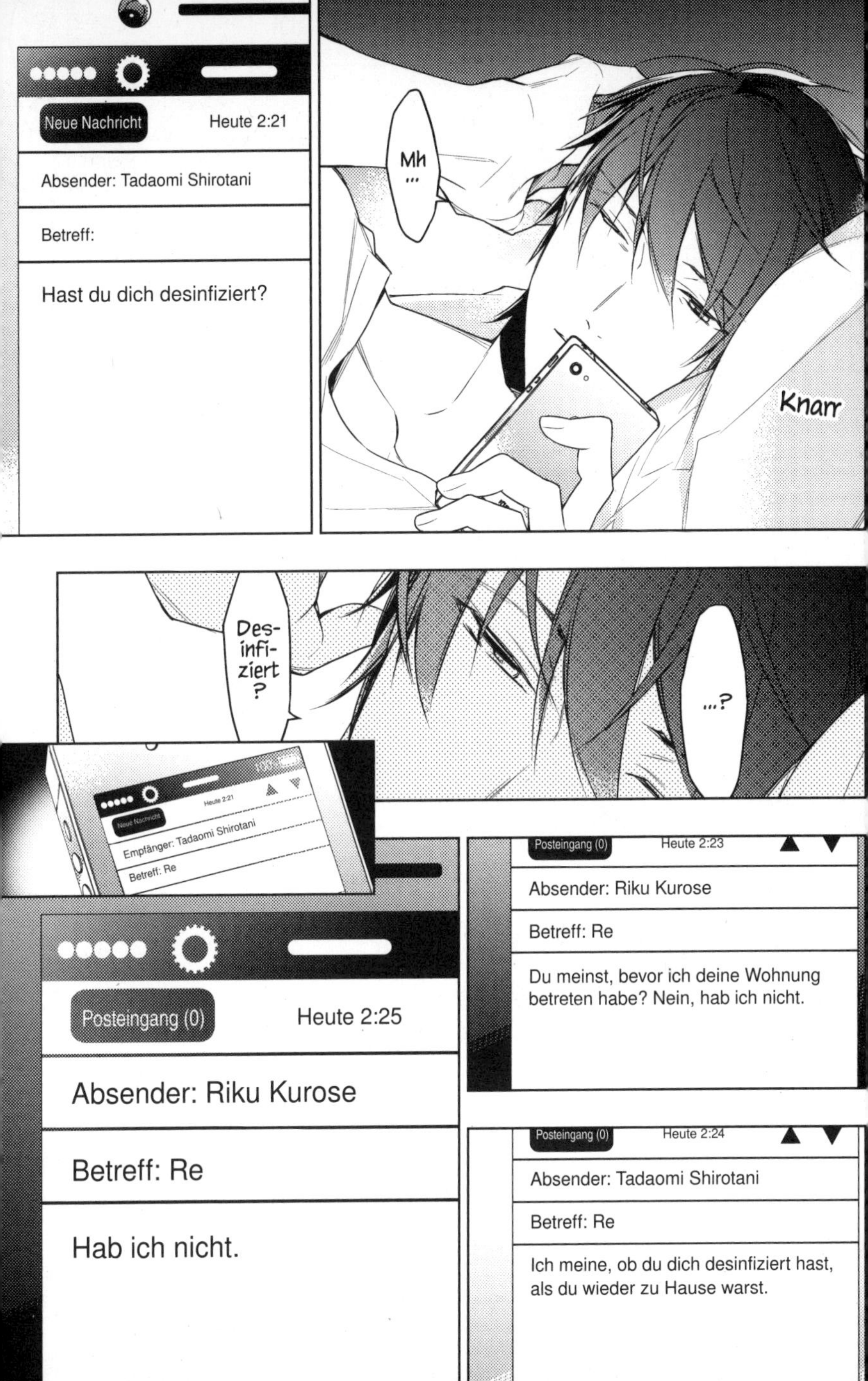
Mh ...
Knarr
Neue Nachricht
Heute 2:21
Absender: Tadaomi Shirotani
Betreff:
Hast du dich desinfiziert?
...?
Des-infi-ziert?
Neue Nachricht
Heute 2:21
Empfänger: Tadaomi Shirotani
Betreff: Re
Posteingang (0)
Heute 2:23
Absender: Riku Kurose
Betreff: Re
Du meinst, bevor ich deine Wohnung betreten habe? Nein, hab ich nicht.
Posteingang (0)
Heute 2:24
Absender: Tadaomi Shirotani
Betreff: Re
Ich meine, ob du dich desinfiziert hast, als du wieder zu Hause warst.
Posteingang (0)
Heute 2:25
Absender: Riku Kurose
Betreff: Re
Hab ich nicht.

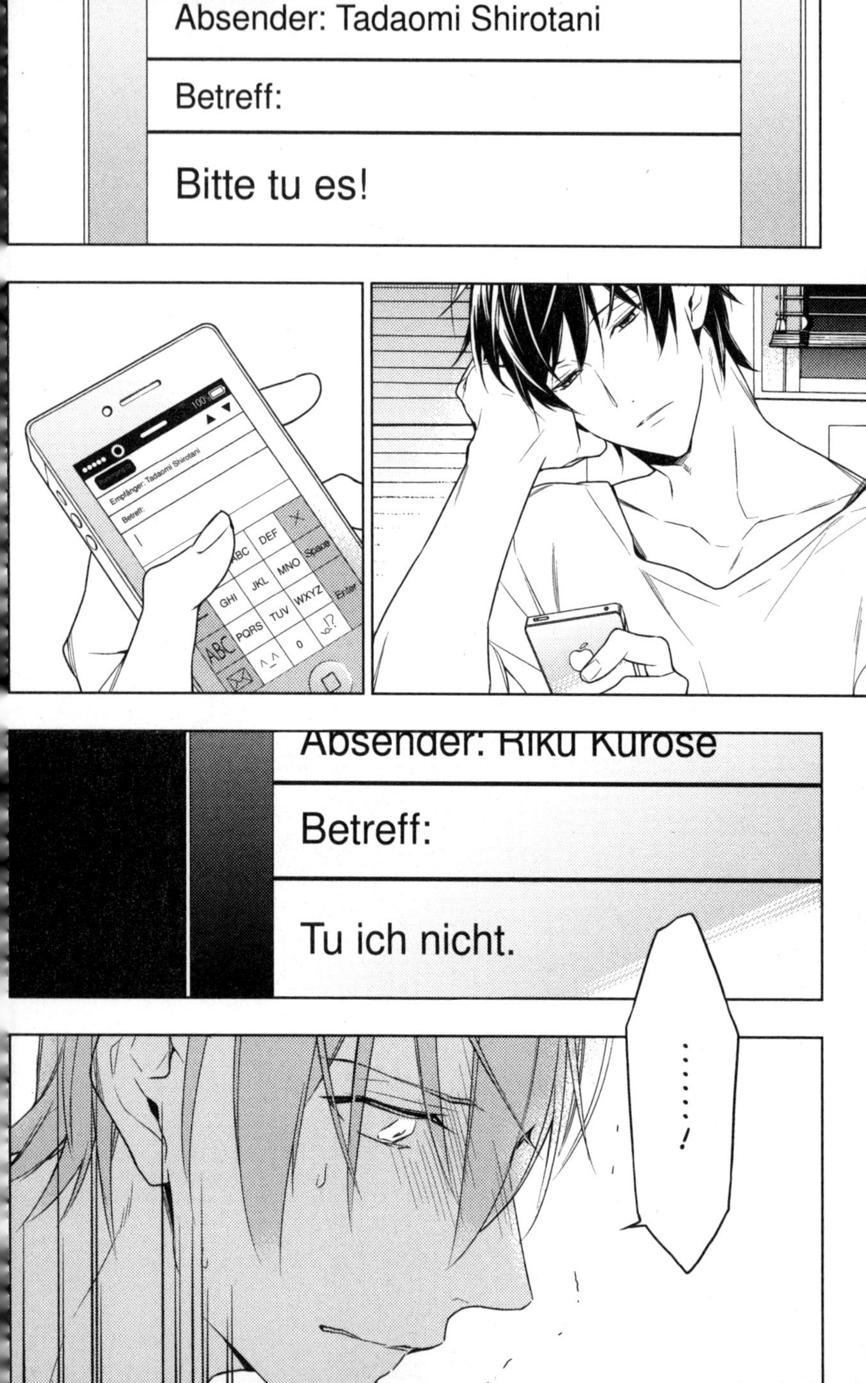
Absender: Tadaomi Shirotani
Betreff:
Bitte tu es!
Empfänger: Tadaomi Shirotani
Betreff:
ABC DEF GHI JKL MNO PQRS TUV WXYZ Space Enter
Absender: Riku Kurose
Betreff:
Tu ich nicht.
......!

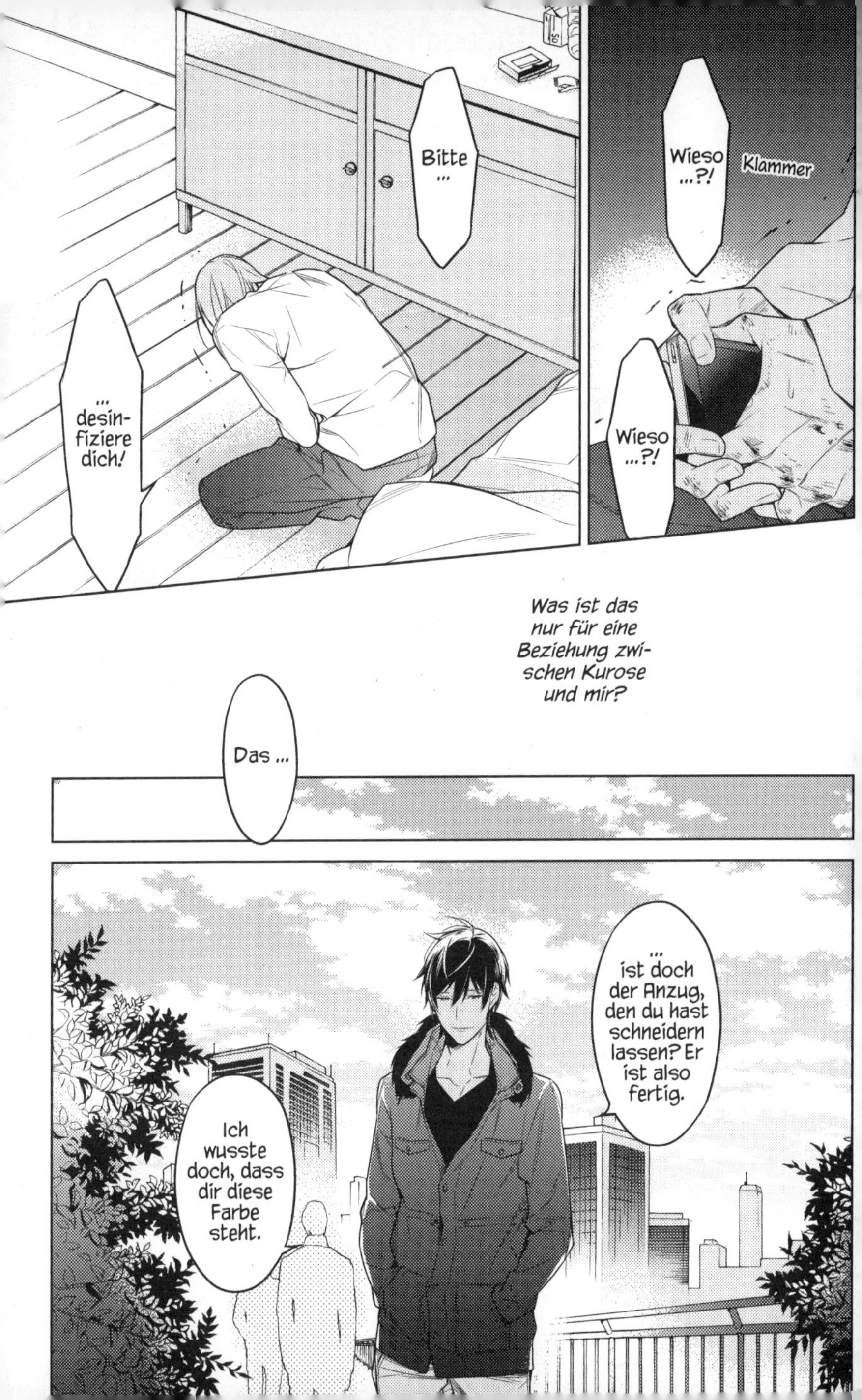

Wieso ...?!

Klammer

Wieso ...?!

Bitte ...

... desinfiziere dich!

Was ist das nur für eine Beziehung zwischen Kurose und mir?

Das ...

... ist doch der Anzug, den du hast schneidern lassen? Er ist also fertig.

Ich wusste doch, dass dir diese Farbe steht.

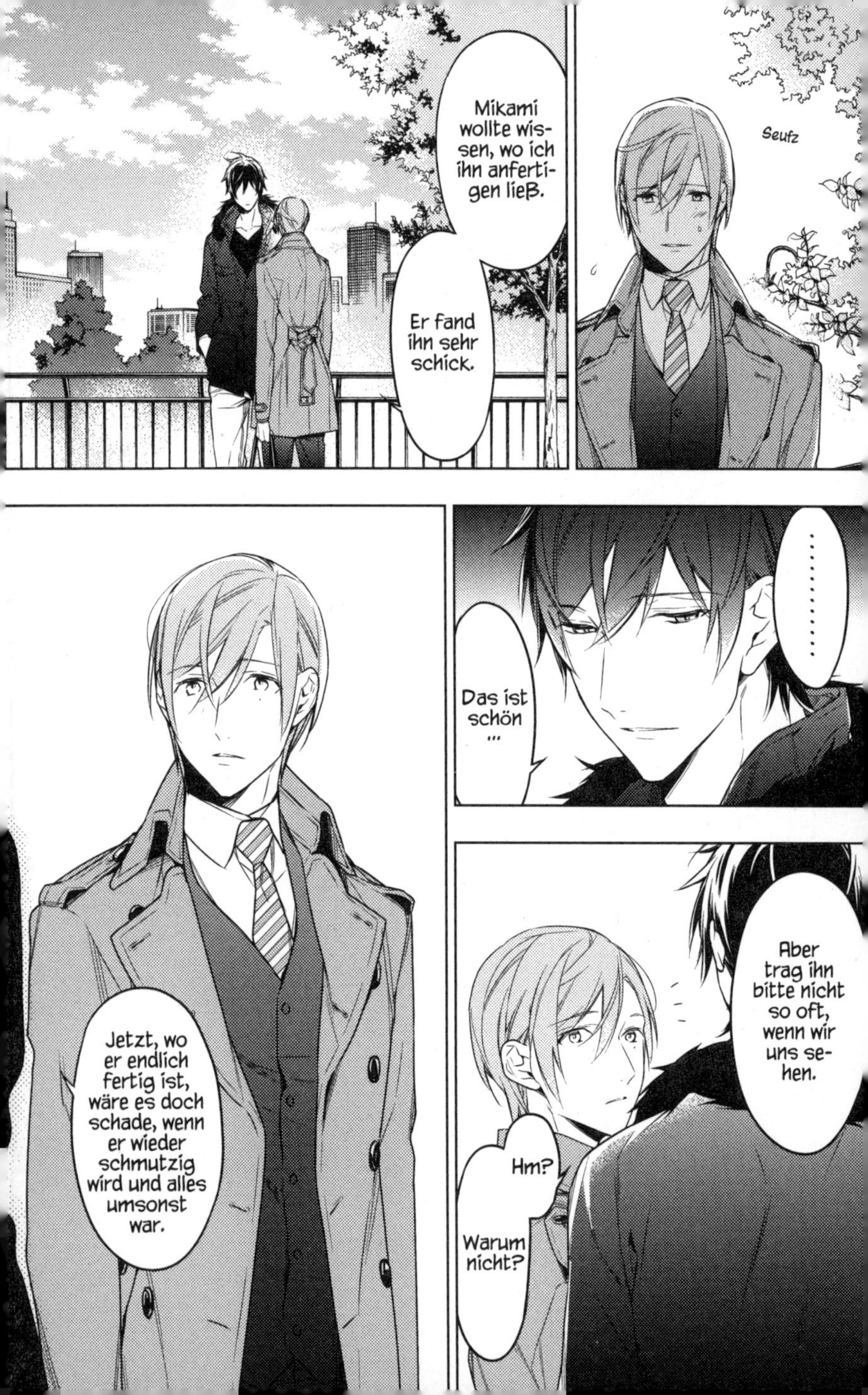

Seufz

Mikami wollte wissen, wo ich ihn anfertigen ließ.

Er fand ihn sehr schick.

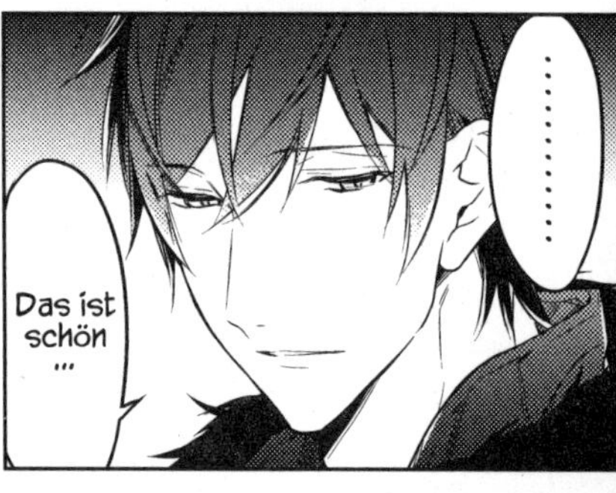

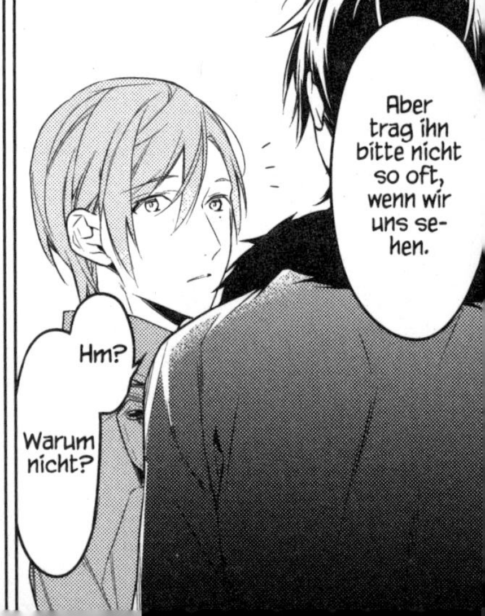

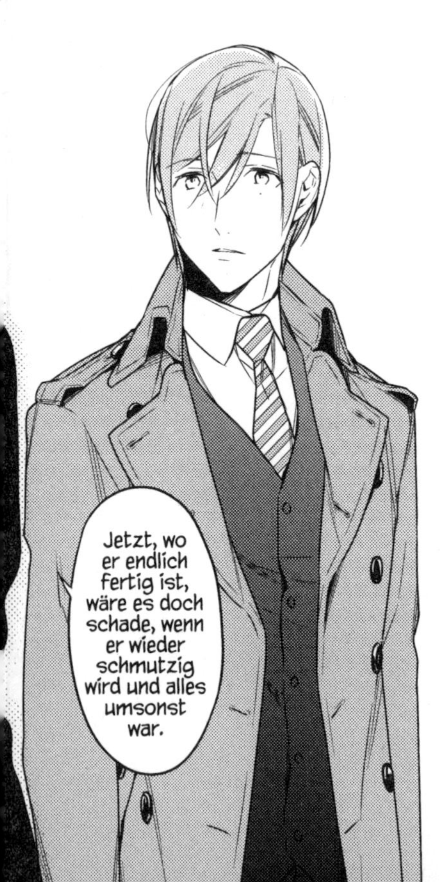

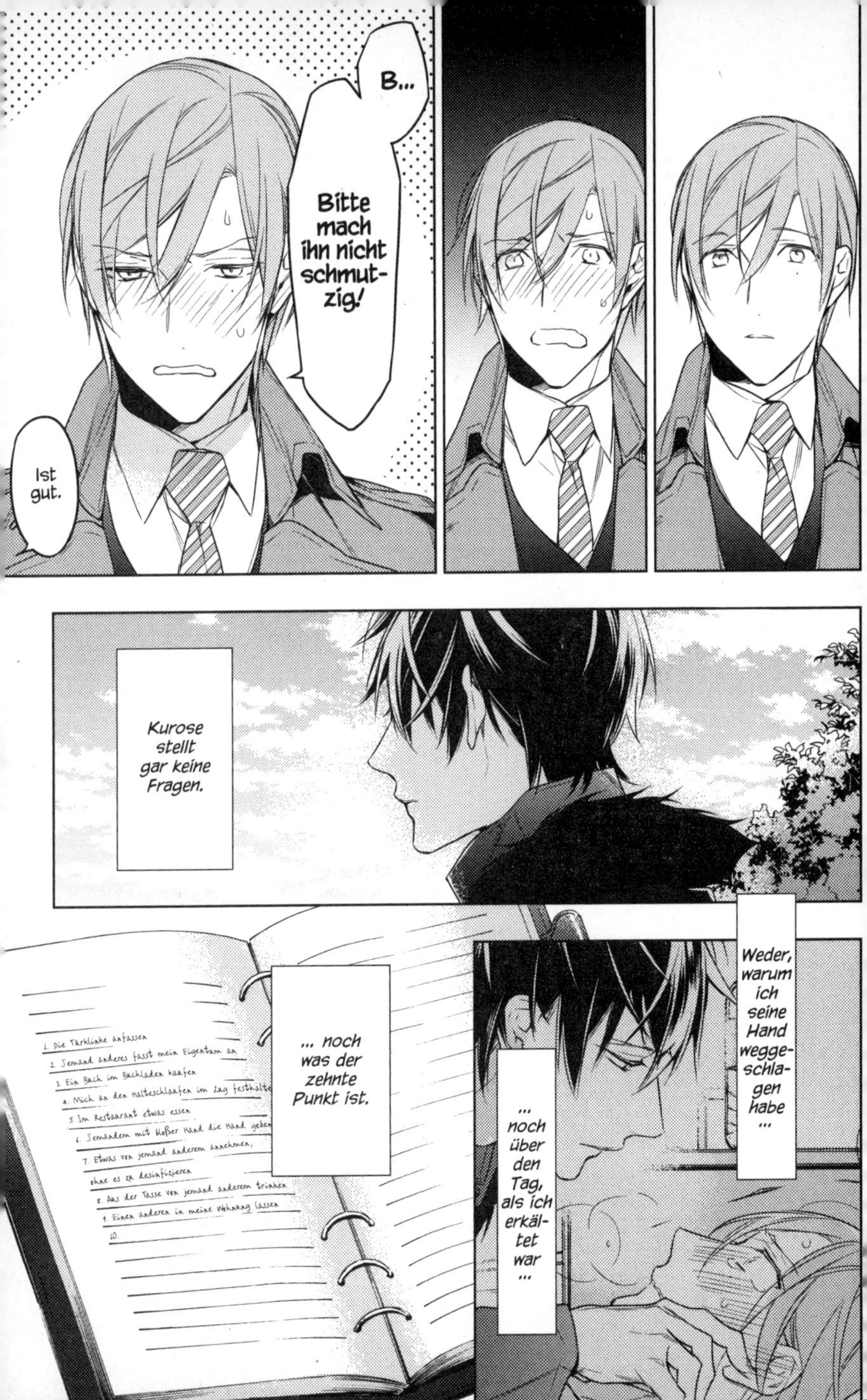

B...
Bitte mach ihn nicht schmutzig!
Ist gut.
Kurose stellt gar keine Fragen.
Weder, warum ich seine Hand weggeschlagen habe ...
... noch über den Tag, als ich erkältet war ...
... noch was der zehnte Punkt ist.
1. Die Türklinke anfassen
2. Jemand anderes fasst mein Eigentum an
3. Ein Buch im Buchladen kaufen
4. Mich an den Halteschlaufen im Zug festhalte
5 Im Restaurant etwas essen
6. Jemandem mit bloßer Hand die Hand geben
7. Etwas von jemand anderem annehmen, ohne es zu desinfizieren
8. Aus der Tasse von jemand anderem trinken
9. Einen anderen in meine Wohnung lassen
10.

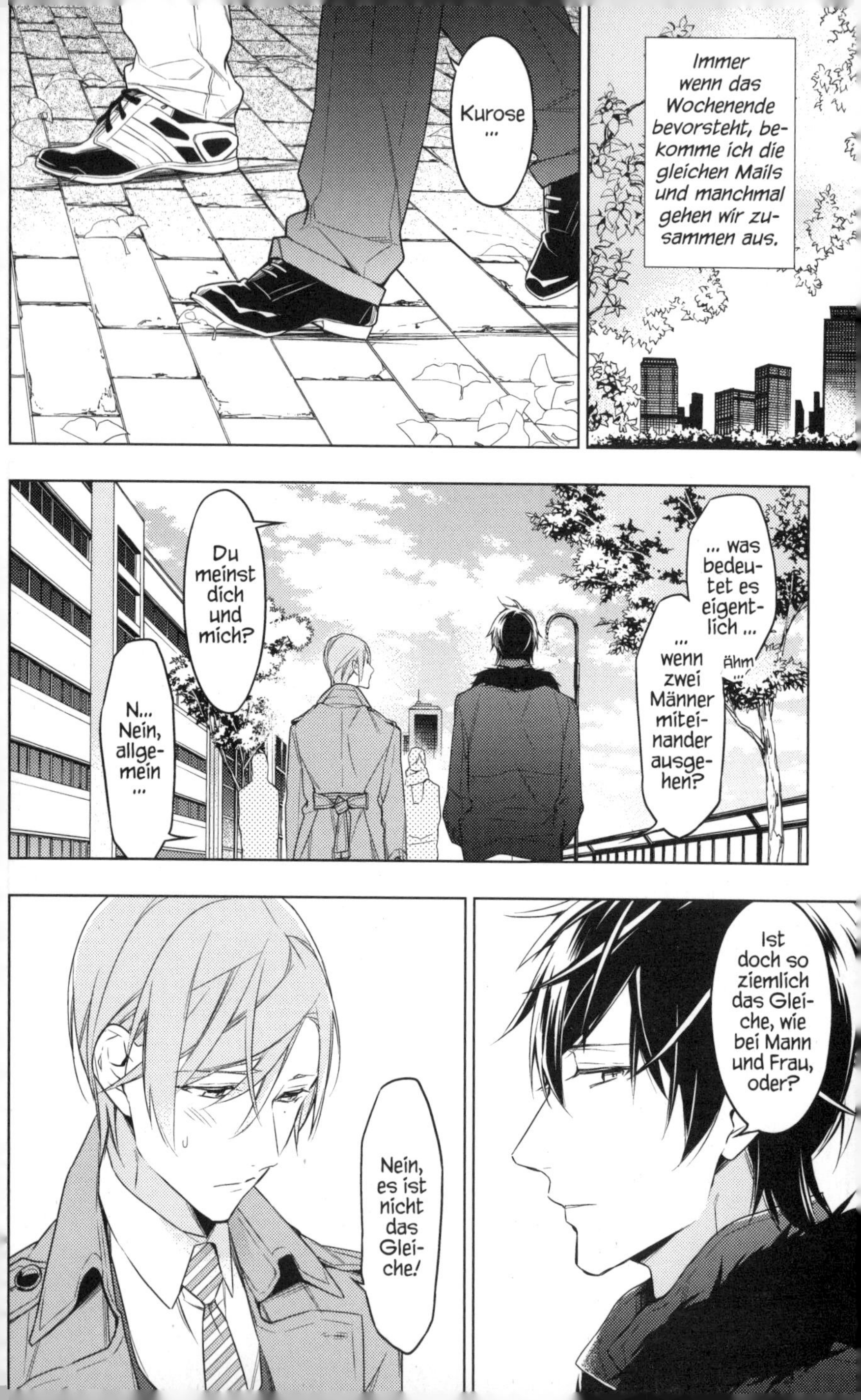

Immer wenn das Wochenende bevorsteht, bekomme ich die gleichen Mails und manchmal gehen wir zusammen aus.

Kurose ...

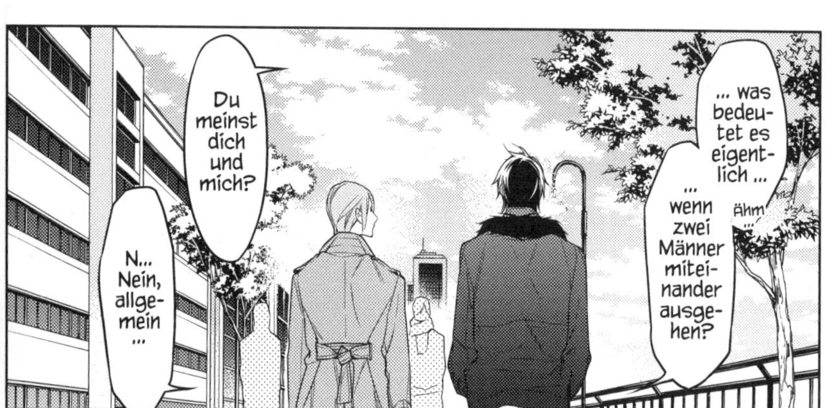

Ist doch so ziemlich das Gleiche, wie bei Mann und Frau, oder?

Nein, es ist nicht das Gleiche!

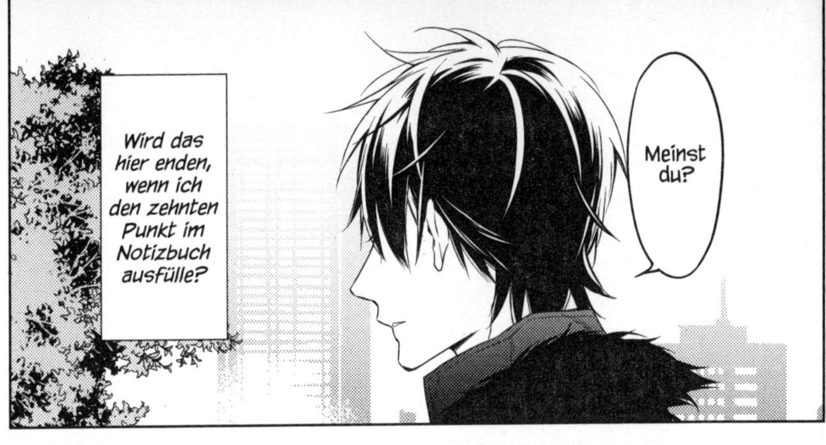
Meinst du?
Wird das hier enden, wenn ich den zehnten Punkt im Notizbuch ausfülle?

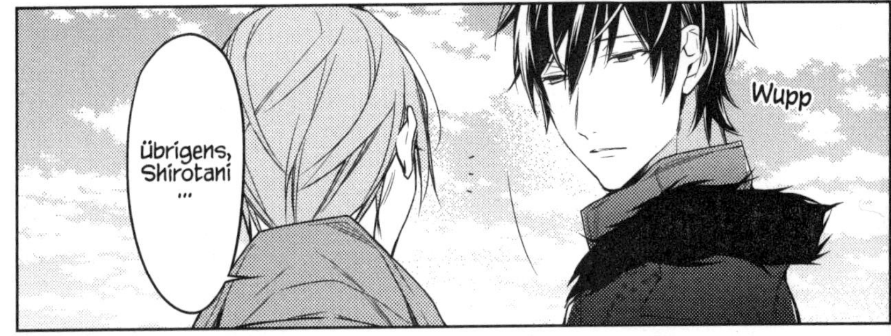
Wupp
übrigens, Shirotani ...

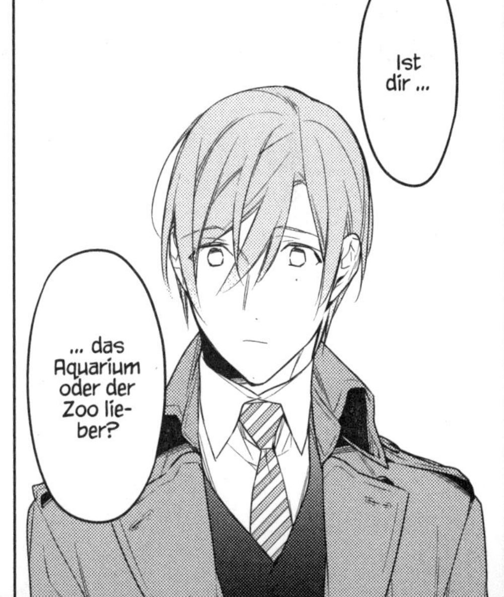
Ist dir ...
... das Aquarium oder der Zoo lieber?

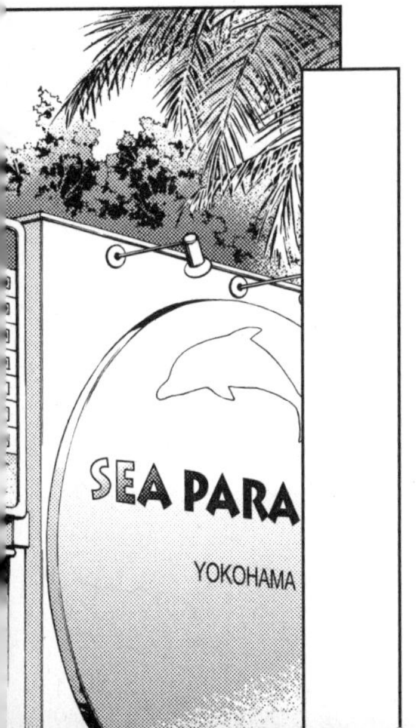
SEA PARA
YOKOHAMA

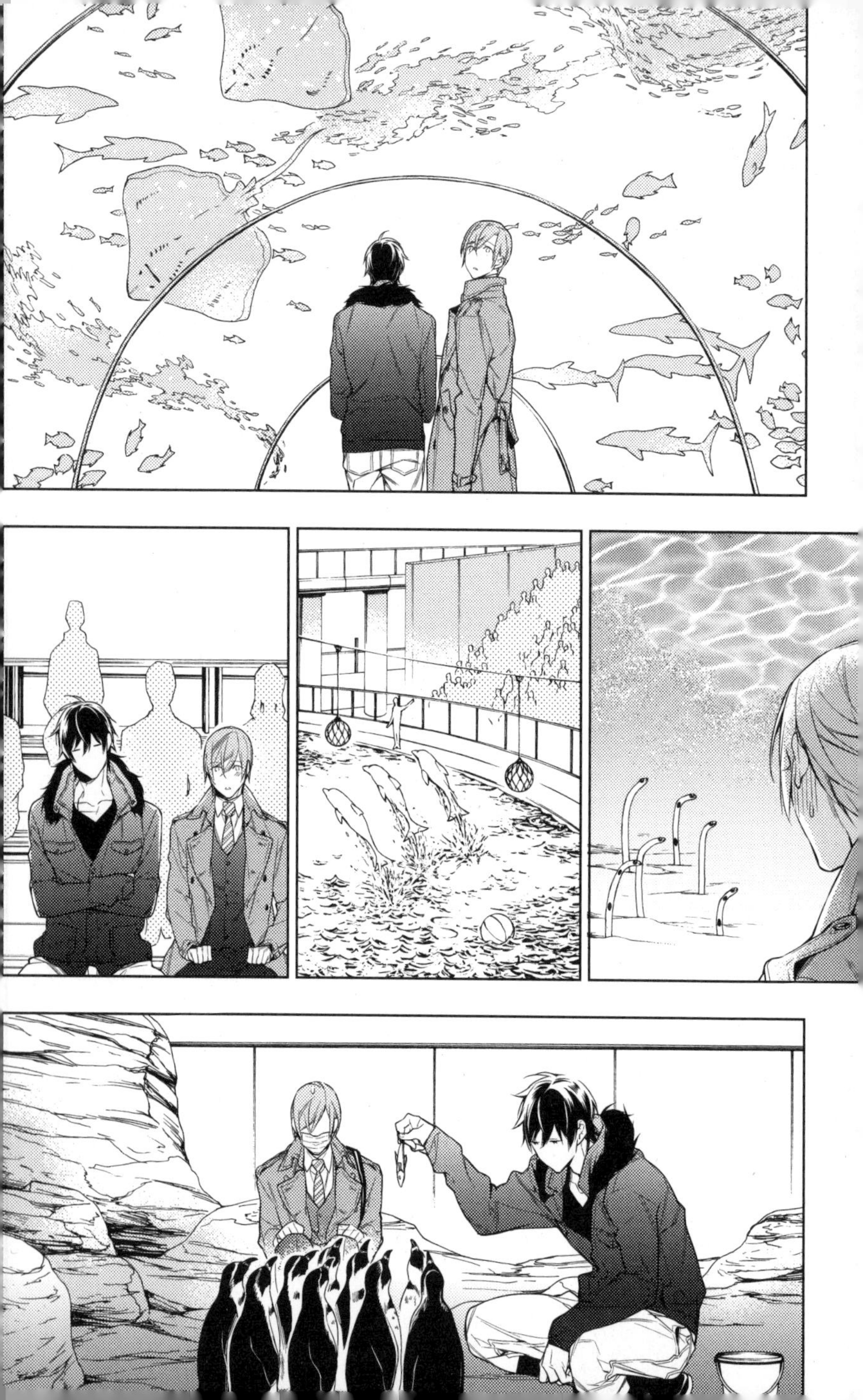

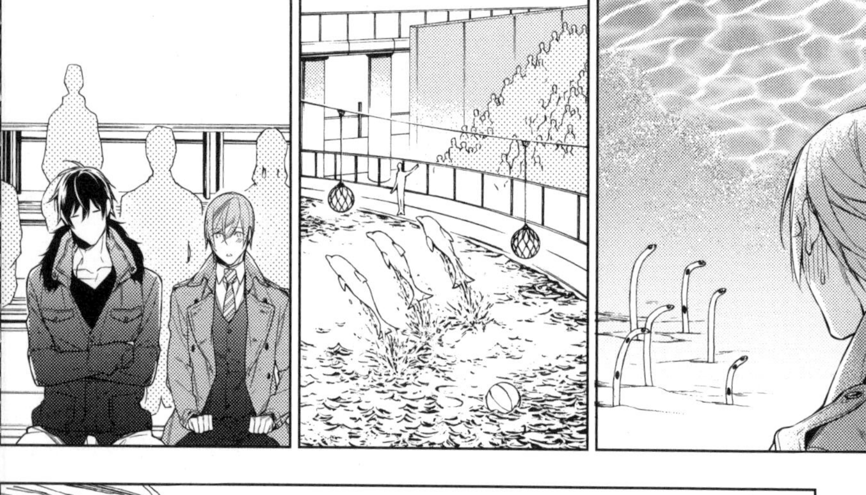

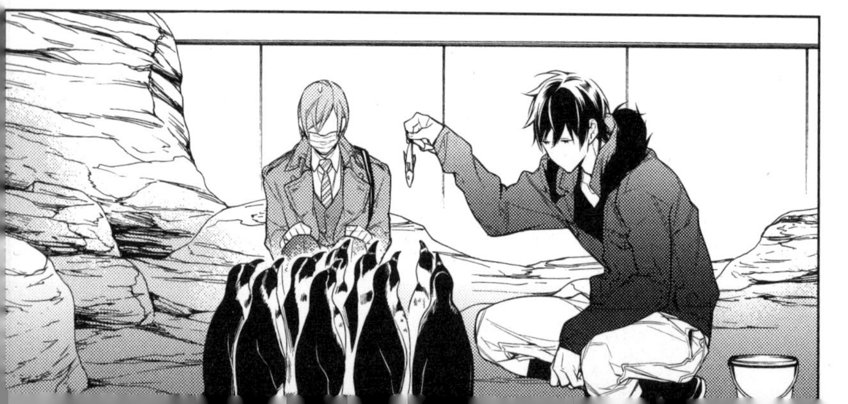

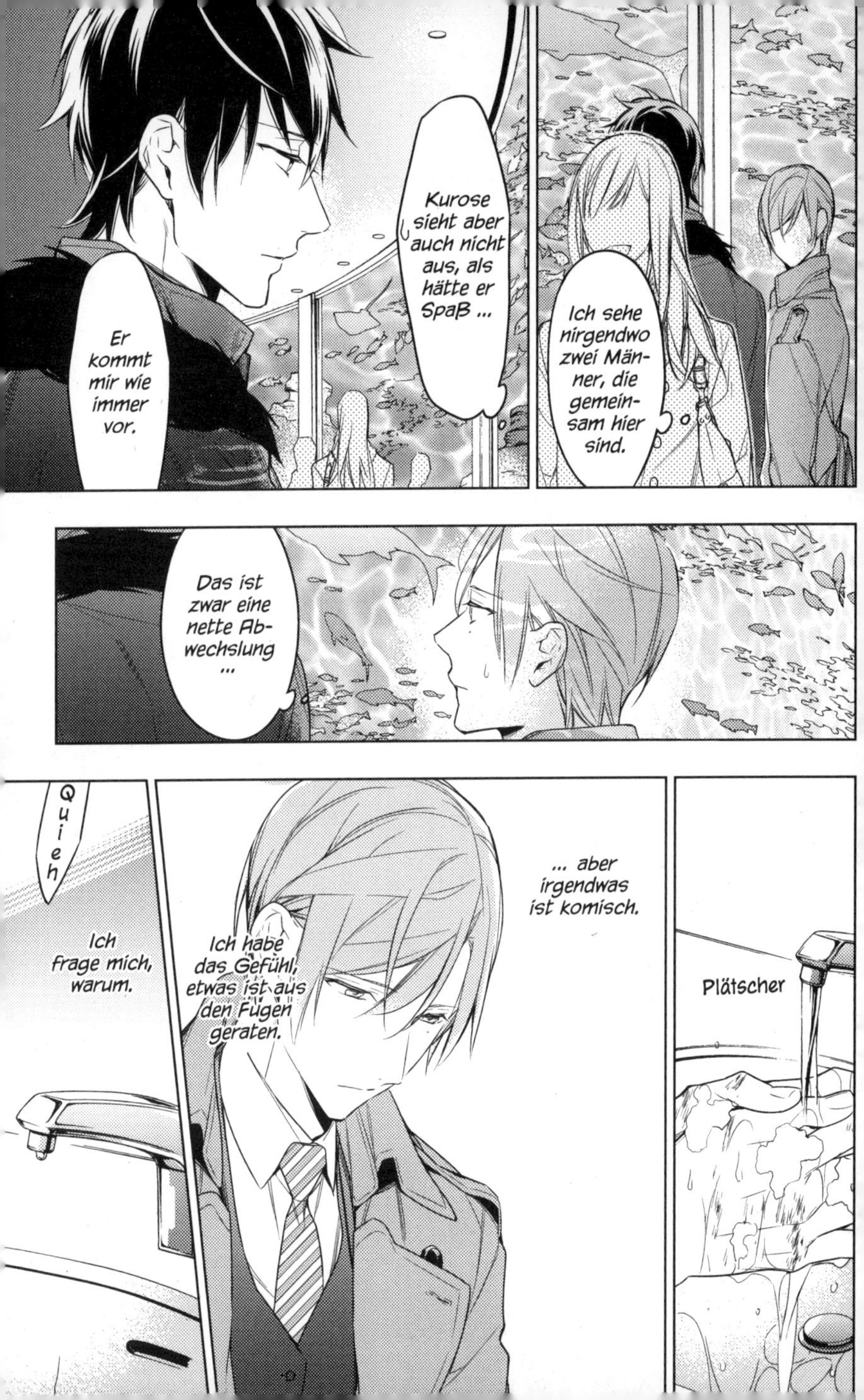

Ich sehe nirgendwo zwei Männer, die gemeinsam hier sind.

Kurose sieht aber auch nicht aus, als hätte er Spaß ...

Er kommt mir wie immer vor.

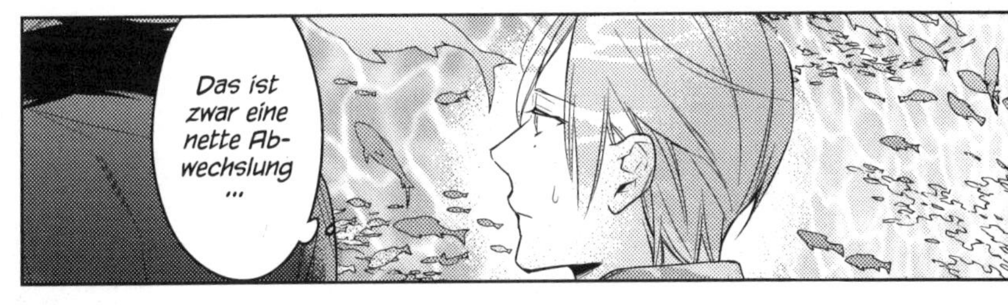

Plätscher

... aber irgendwas ist komisch.

Ich habe das Gefühl, etwas ist aus den Fugen geraten.

Quieh

Ich frage mich, warum.

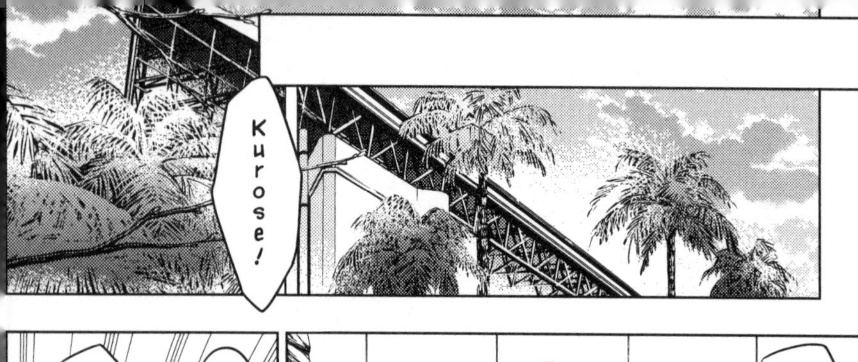

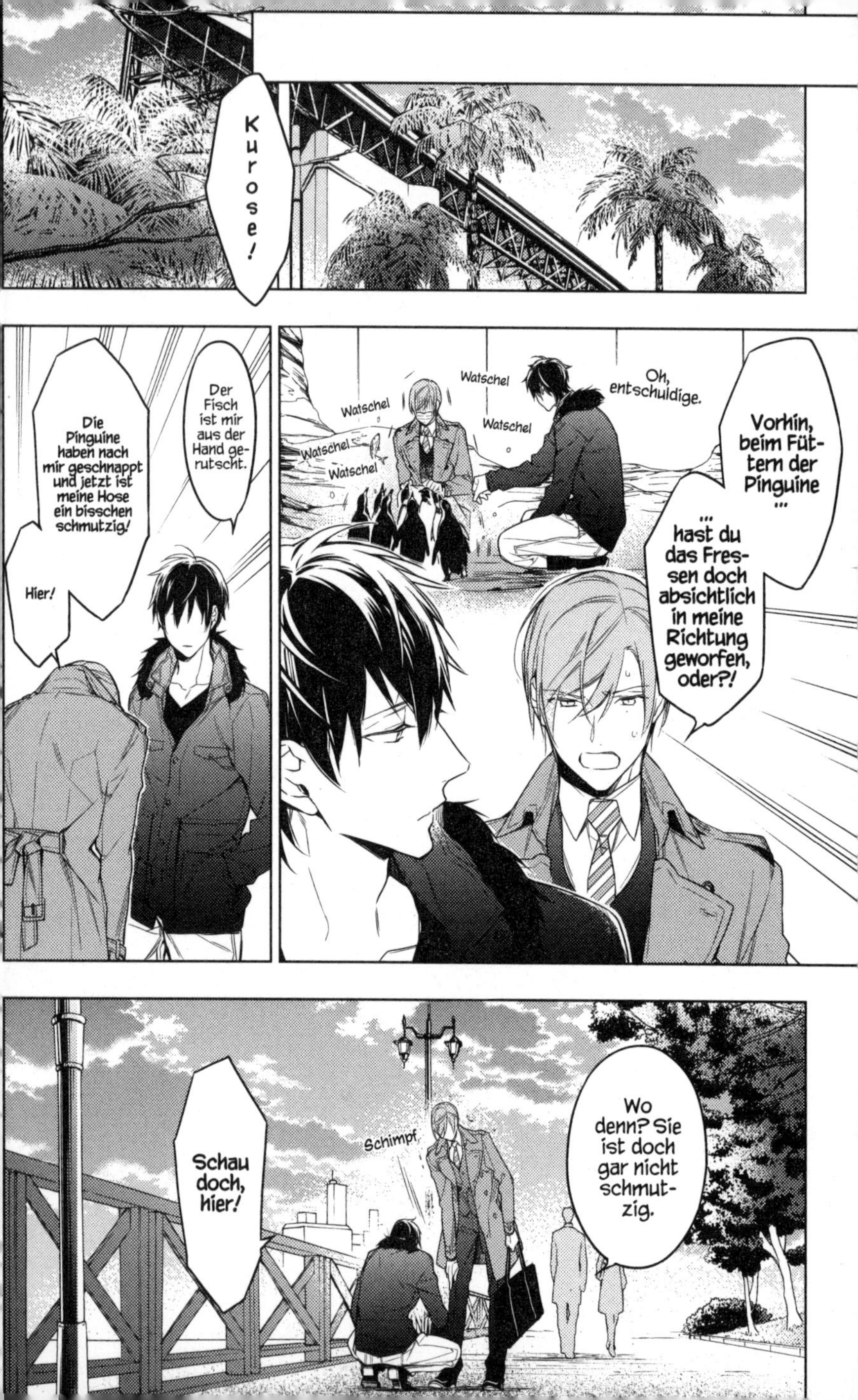

Vorhin, beim Füttern der Pinguine ...
... hast du das Fressen doch absichtlich in meine Richtung geworfen, oder?!
Oh, entschuldige.
Watschel
Watschel
Watschel
Watschel
Watschel
Der Fisch ist mir aus der Hand gerutscht.
Die Pinguine haben nach mir geschnappt und jetzt ist meine Hose ein bisschen schmutzig!
Hier!

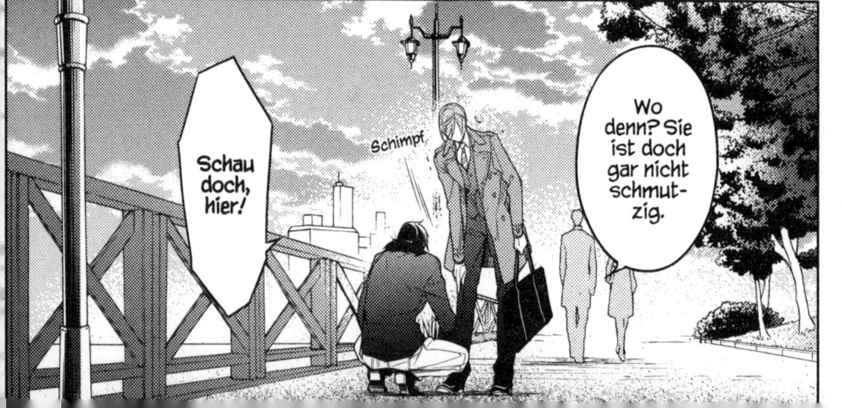

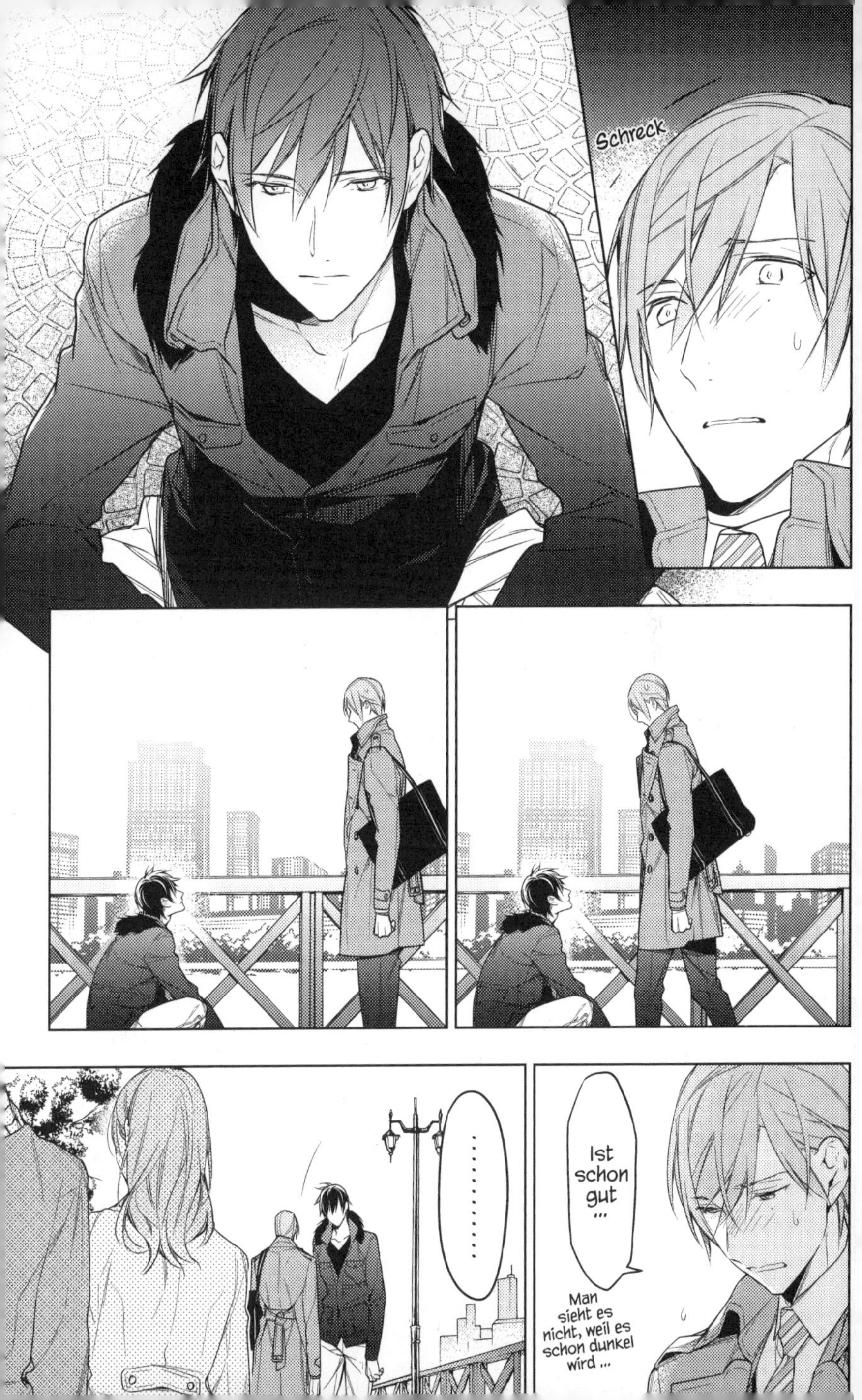

Schreck

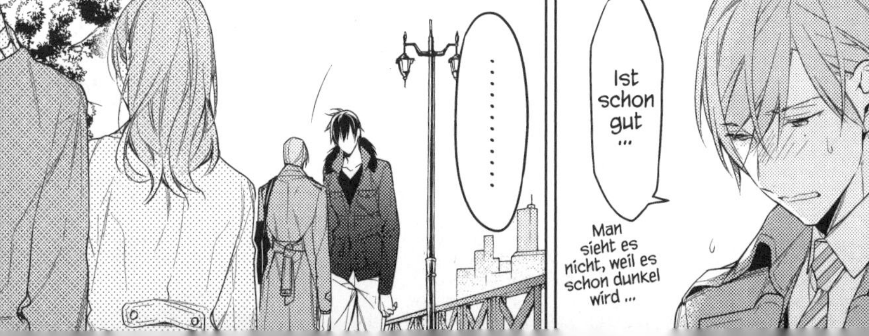

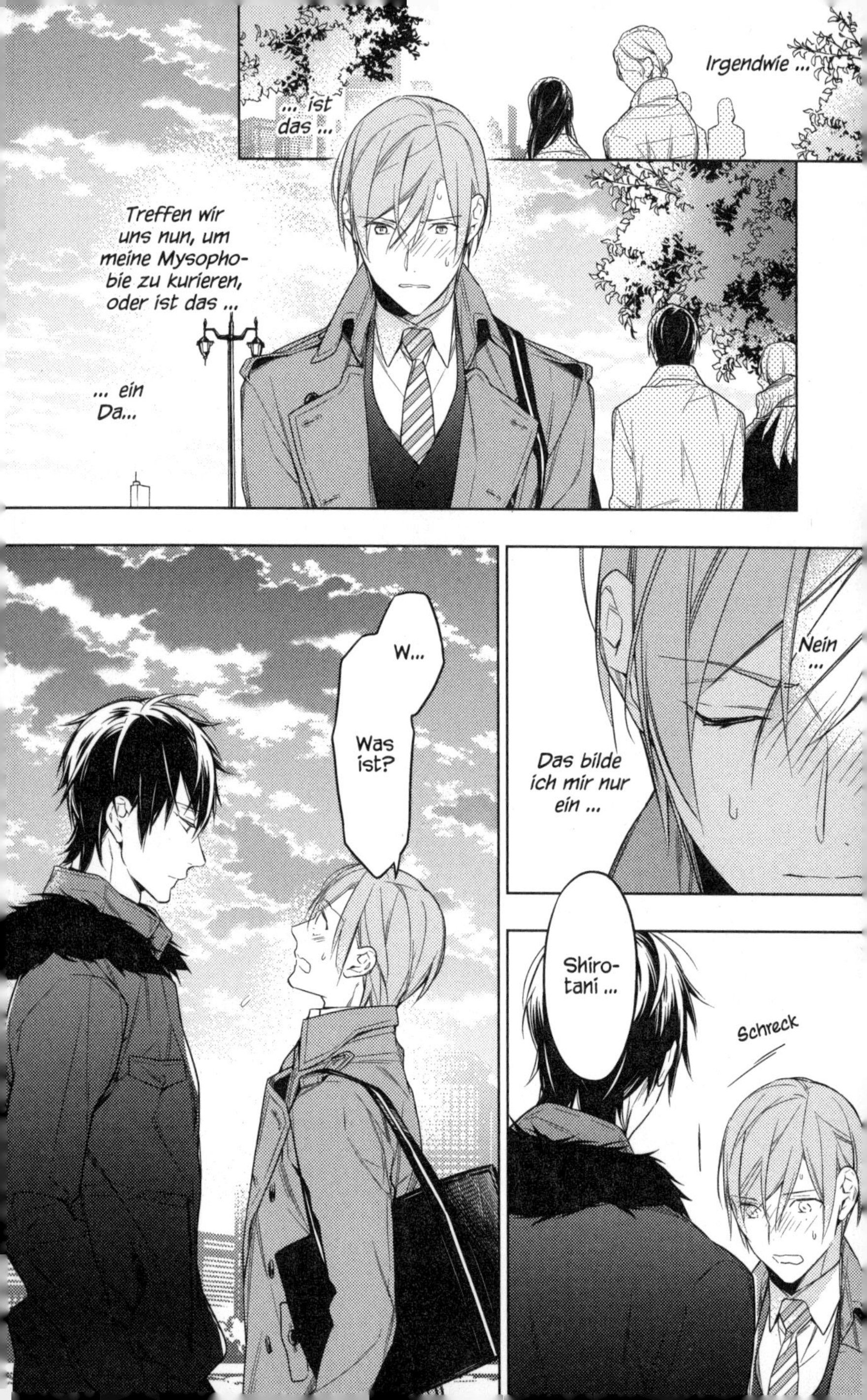

Irgendwie ...

... ist das ...

Treffen wir uns nun, um meine Mysophobie zu kurieren, oder ist das ...

... ein Da...

Nein ...

Das bilde ich mir nur ein ...

Shirotani ...

Schreck

W...

Was ist?

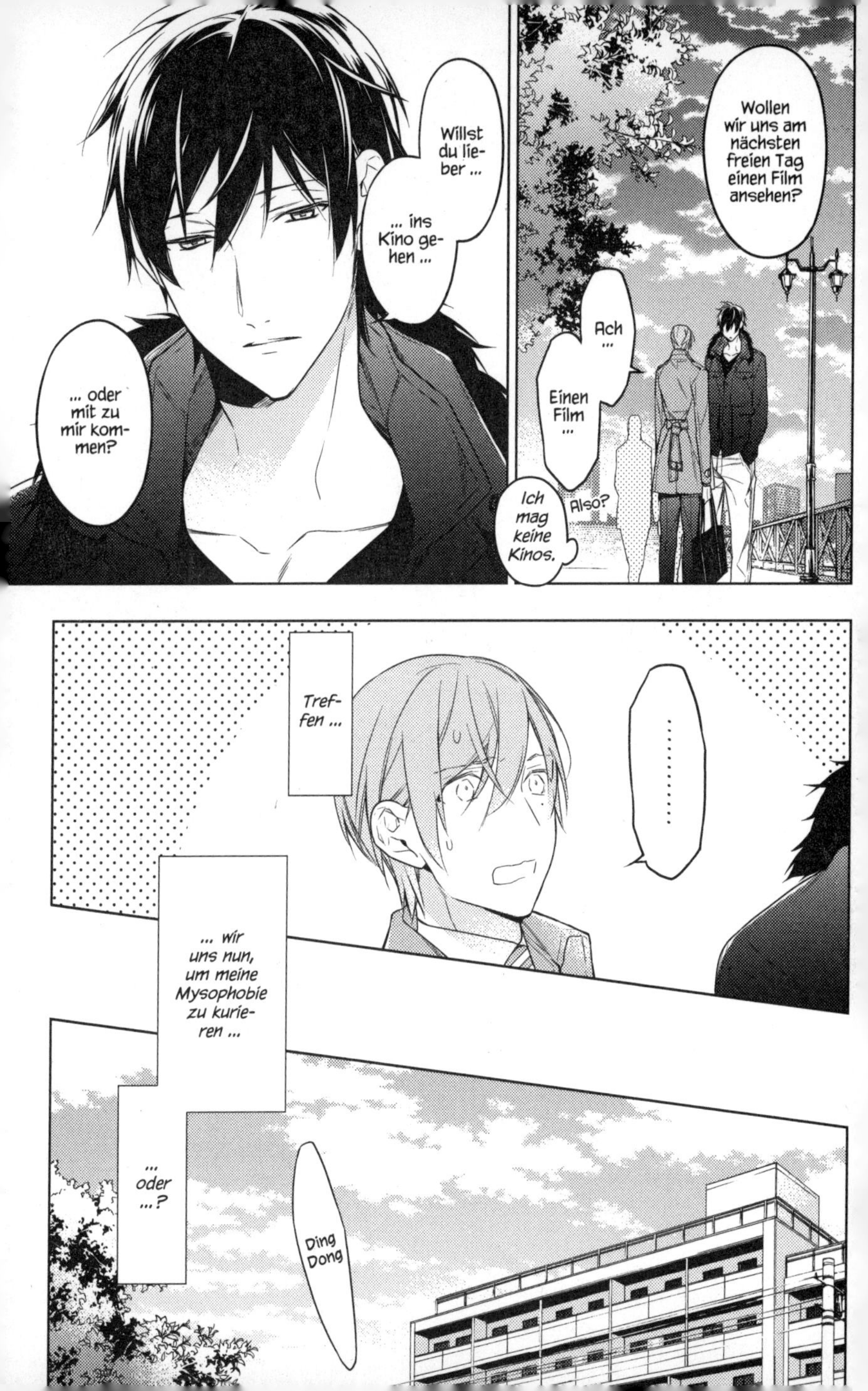

Wollen wir uns am nächsten freien Tag einen Film ansehen?

Ach ...

Einen Film ...

Also?

Ich mag keine Kinos.

Willst du lieber ...

... ins Kino gehen ...

... oder mit zu mir kommen?

......

Treffen ...

... wir uns nun, um meine Mysophobie zu kurieren ...

... oder ...?

Ding Dong

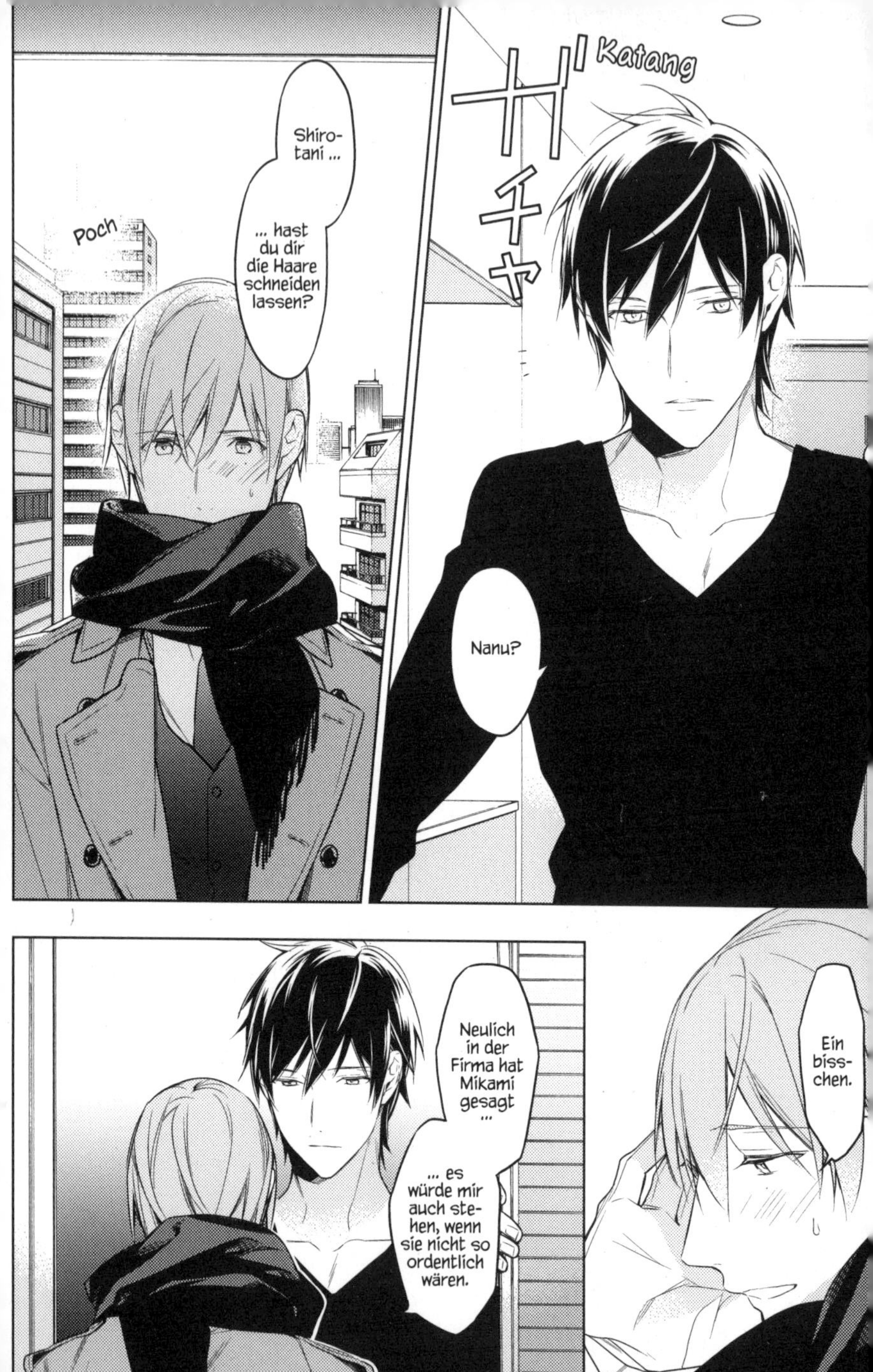
Katang
ガチャ
Nanu?
Shiro-
tani ...
... hast
du dir
die Haare
schneiden
lassen?
Poch
Ein
biss-
chen.
Neulich
in der
Firma hat
Mikami
gesagt
...
... es
würde mir
auch ste-
hen, wenn
sie nicht so
ordentlich
wären.

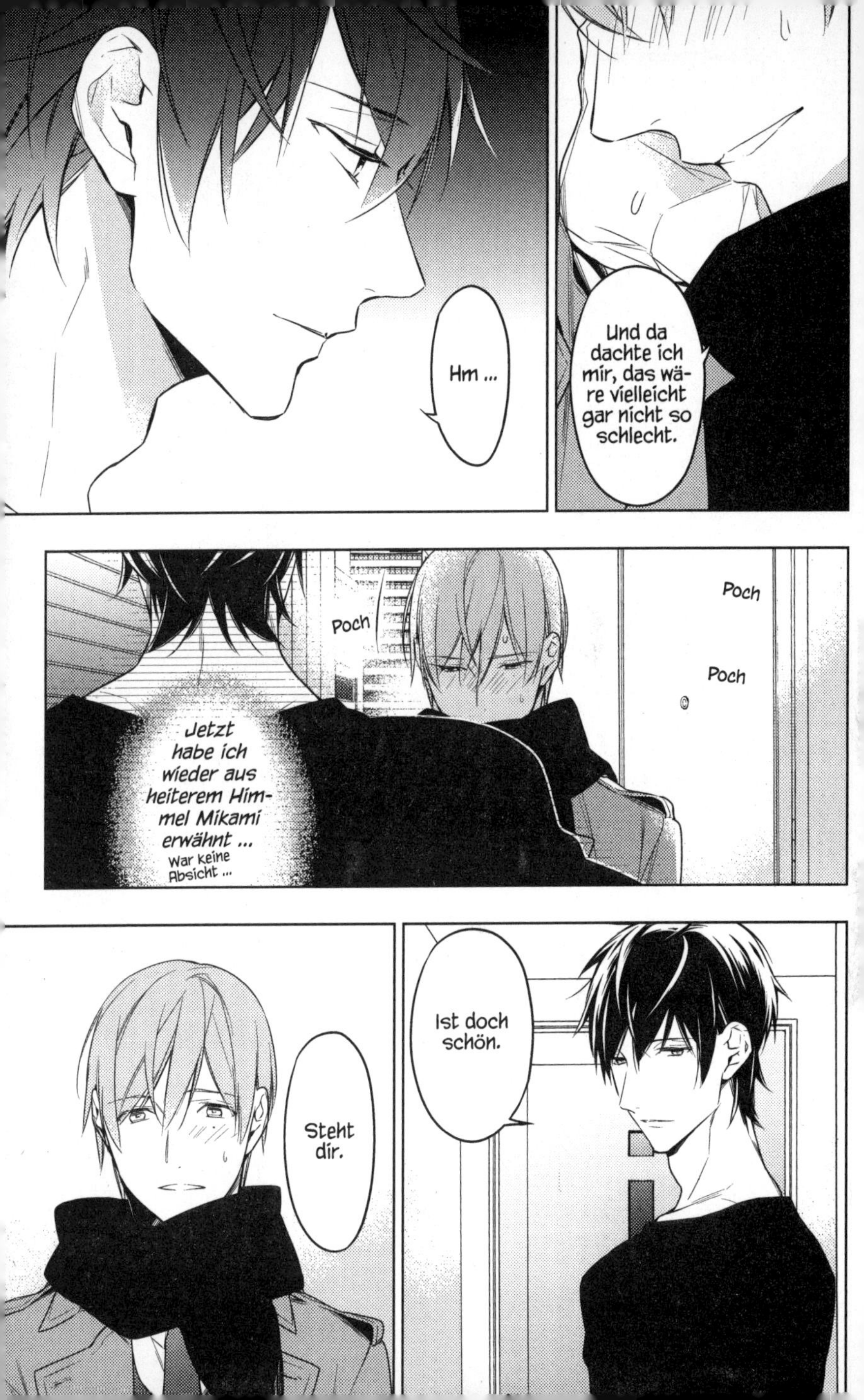

Und da dachte ich mir, das wäre vielleicht gar nicht so schlecht.

Hm ...

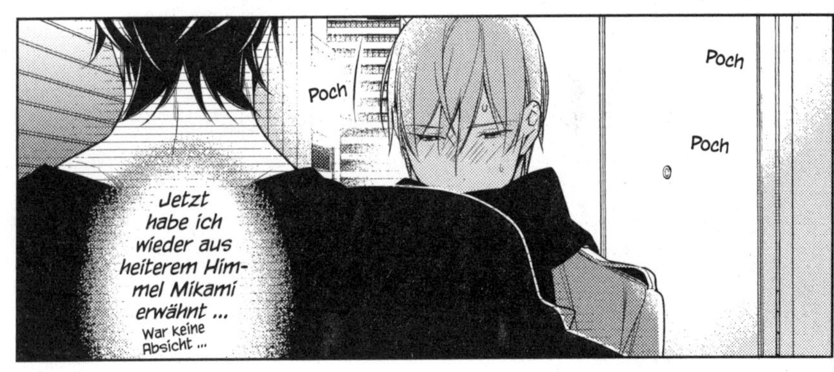

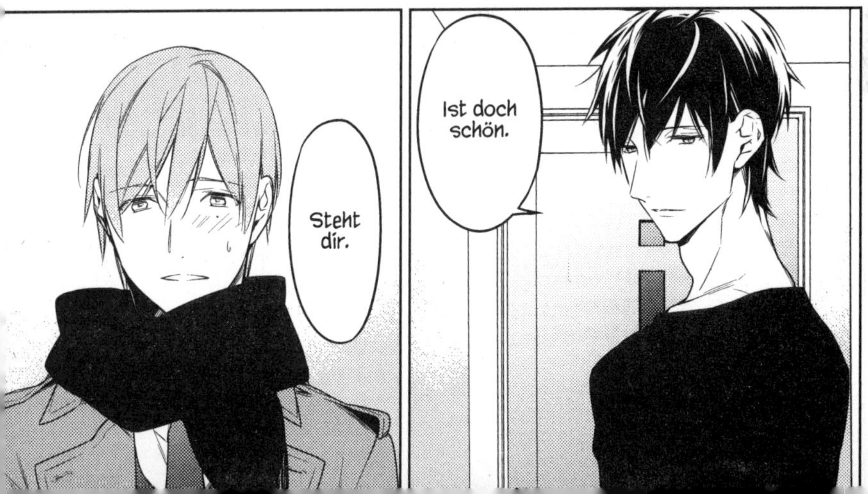

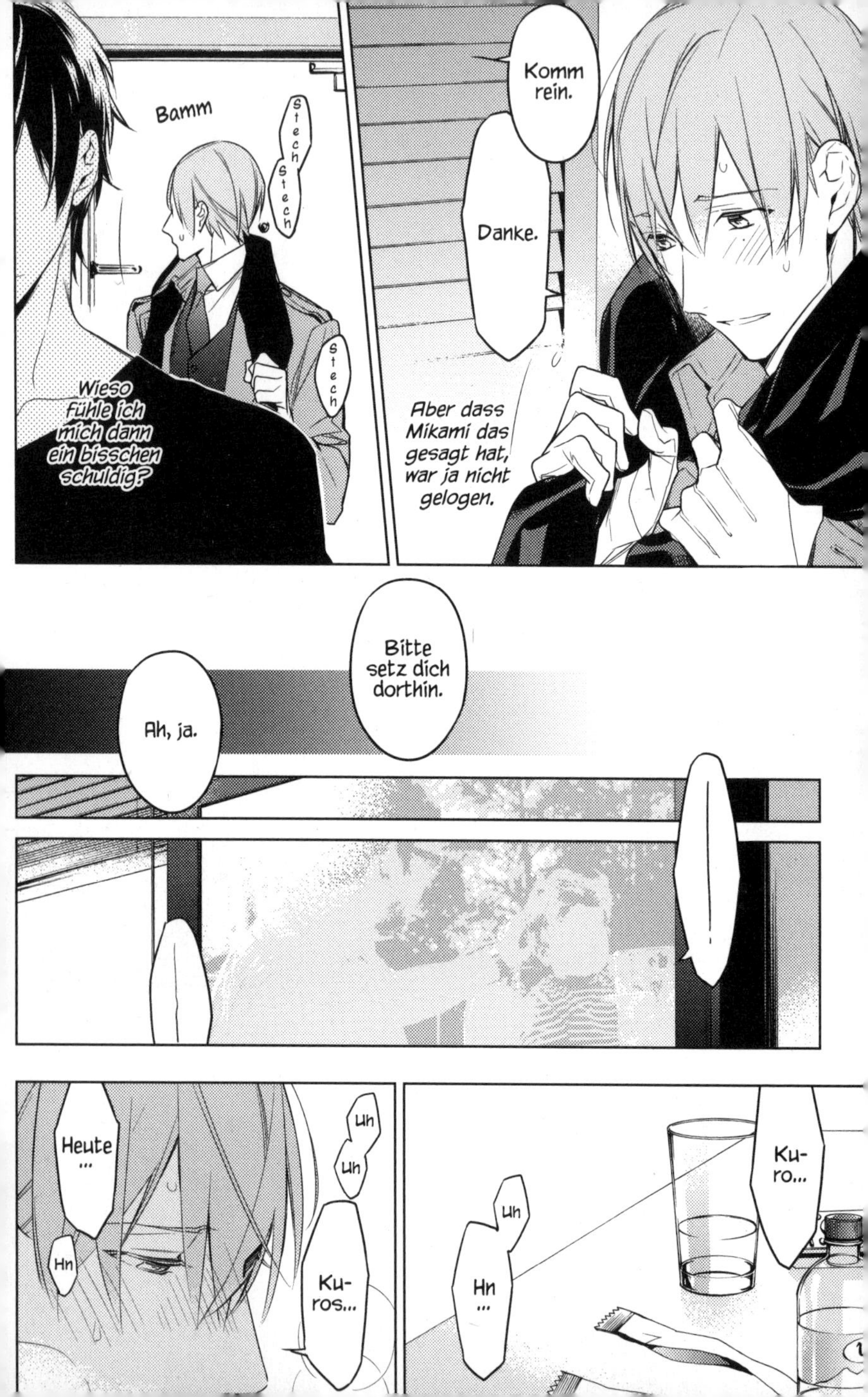
Komm rein.
Danke.
Bamm
stech
stech
stech
Aber dass Mikami das gesagt hat, war ja nicht gelogen.
Wieso fühle ich mich dann ein bisschen schuldig?
Bitte setz dich dorthin.
Ah, ja.
Kuro...
Uh
Hn ...
Uh
Uh
Heute ...
Kuros...
Hn

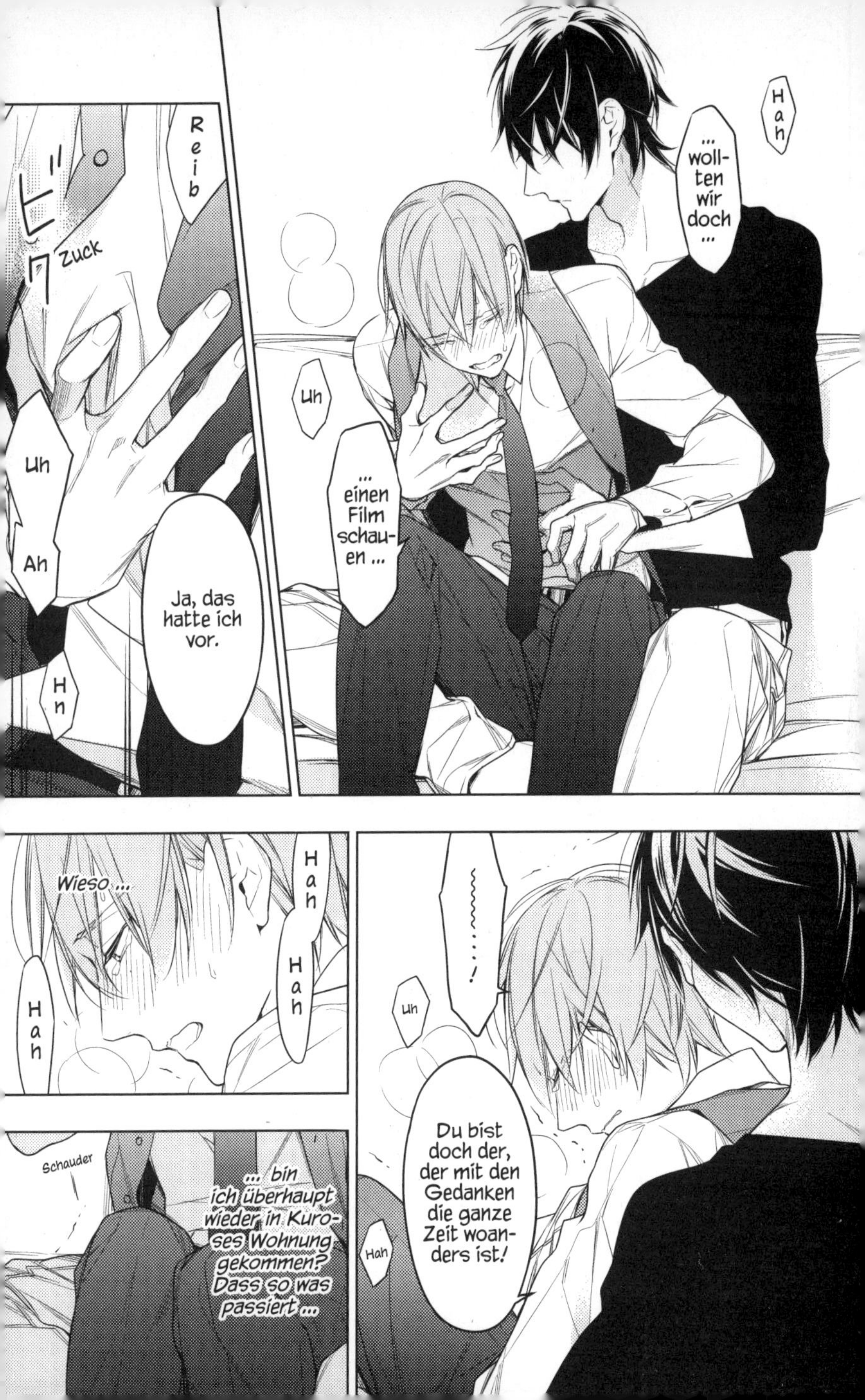

Hah
... wollten wir doch ...
Uh
... einen Film schauen ...
Ja, das hatte ich vor.
Reib
Zuck
Uh
Ah
Hn

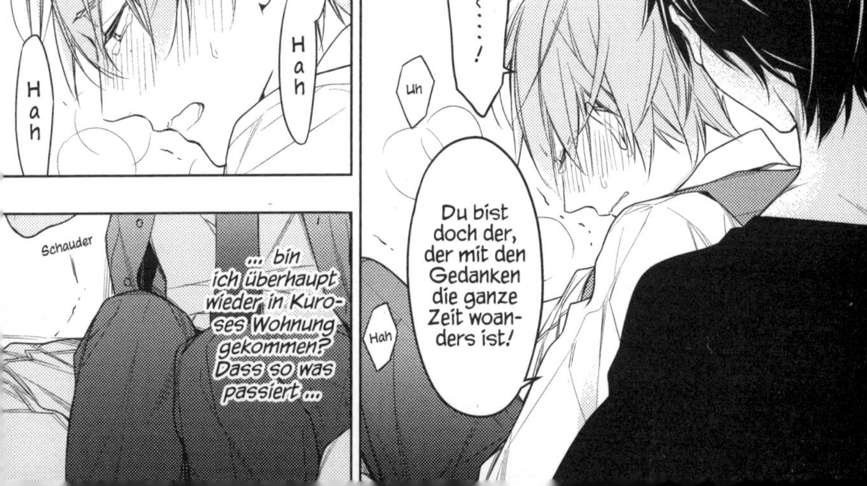

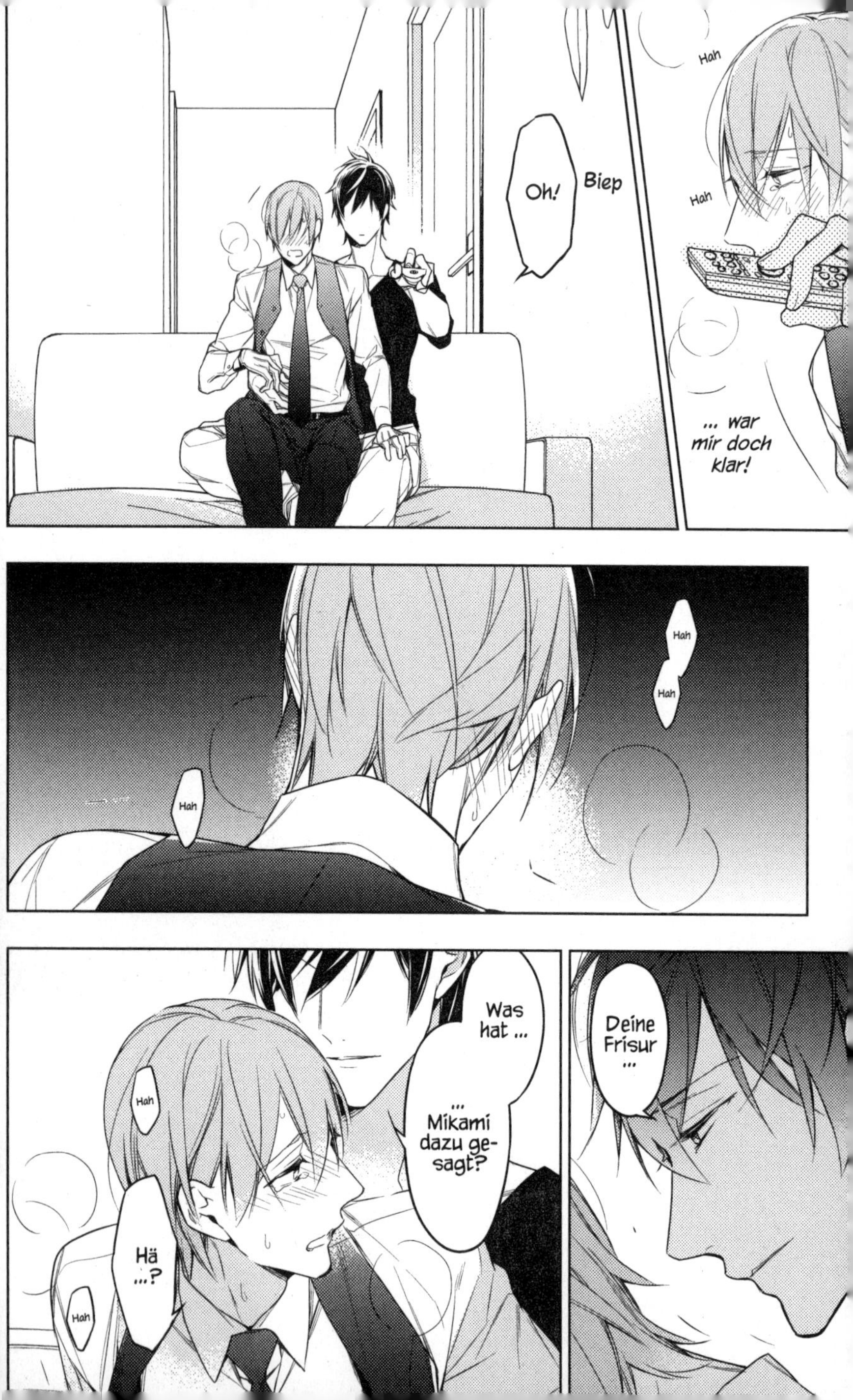

Hah
Hah
... war mir doch klar!
Biep
Oh!
Hah
Hah
Hah

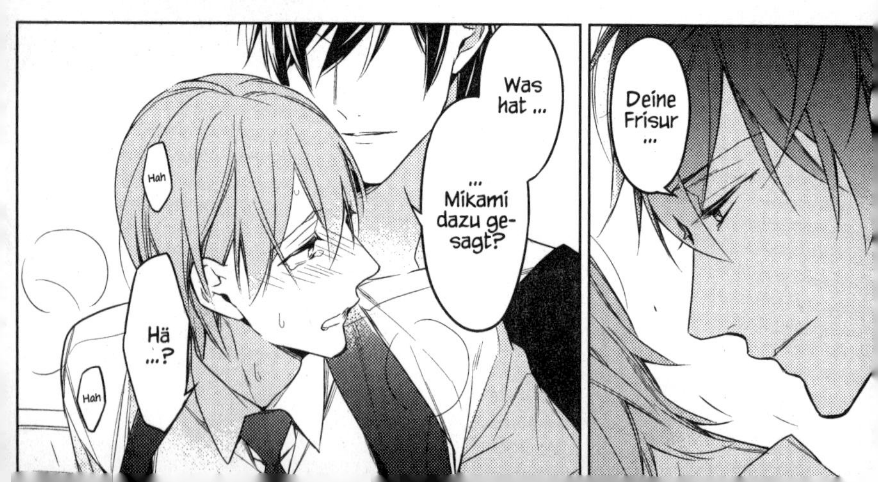

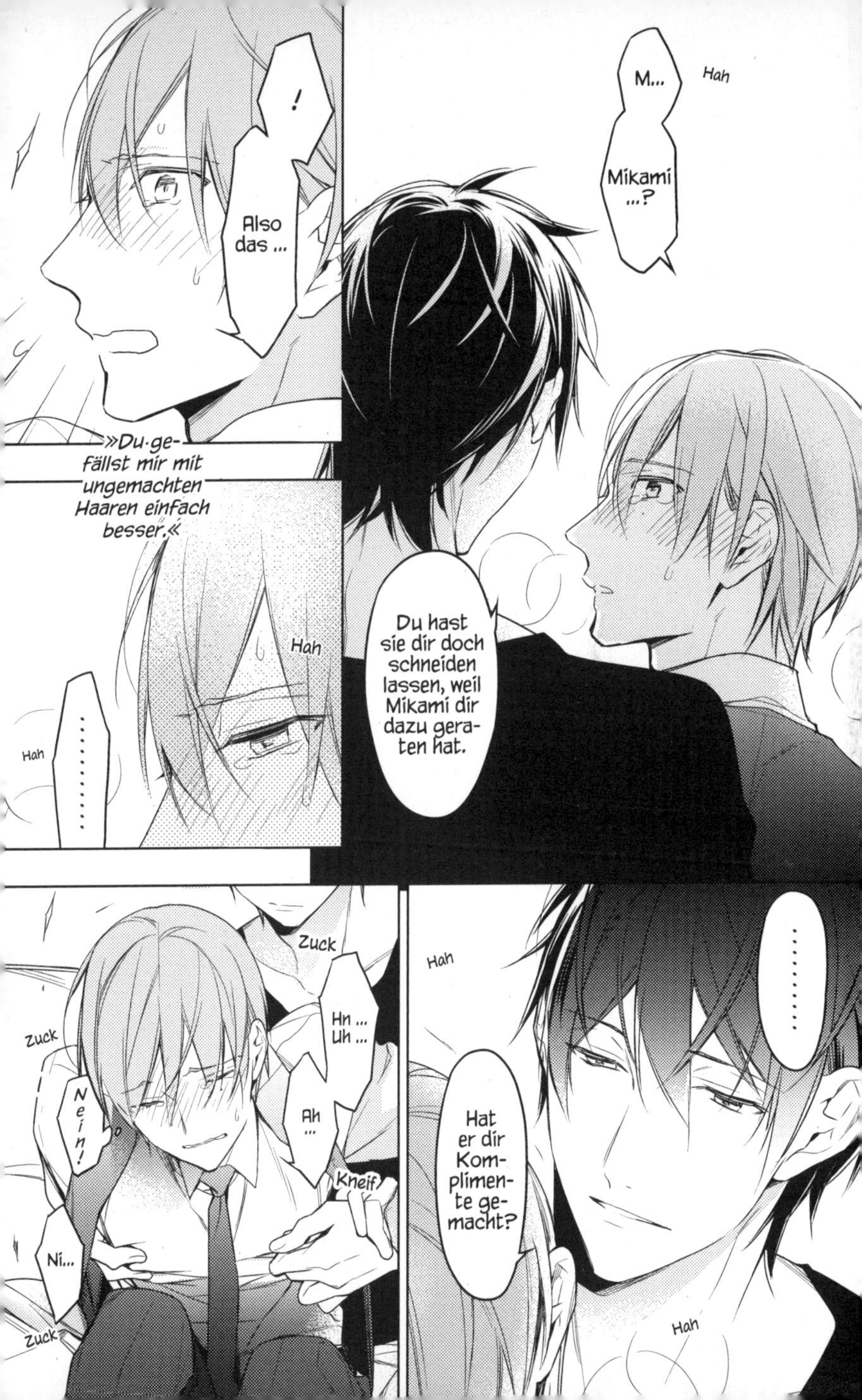

Hah
M...
Mikami ...?
Du hast sie dir doch schneiden lassen, weil Mikami dir dazu geraten hat.
!
Also das ...
»Du gefällst mir mit ungemachten Haaren einfach besser.«
Hah
....
Hah
....
Hah
Hat er dir Komplimente gemacht?
Hah
Zuck
Hn ... Uh ...
Ah ...
Kneif
Zuck
Nein!
Ni...
Zuck

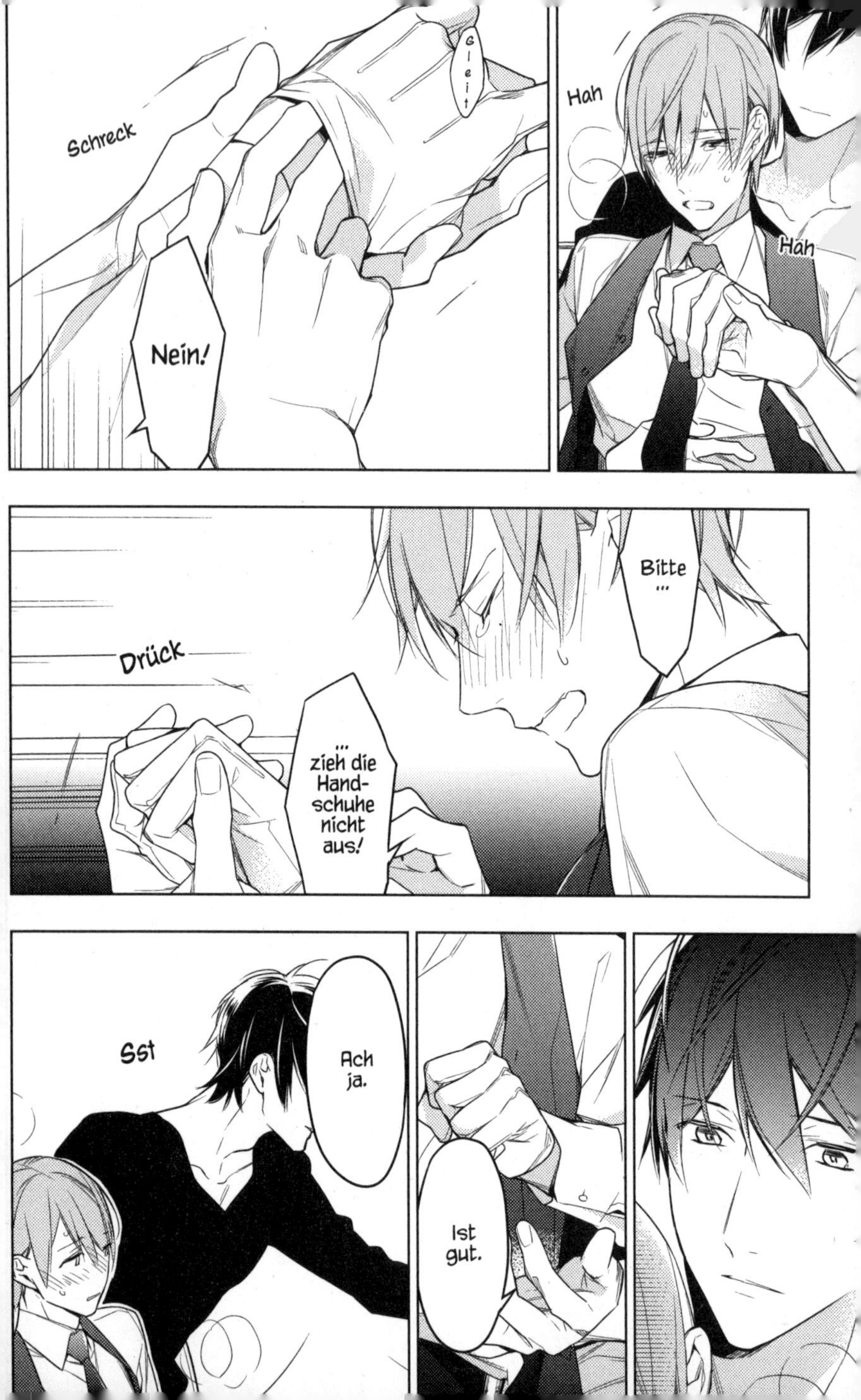

Hah
Hah
Gleit
Schreck
Nein!
Bitte ...
Drück
... zieh die Handschuhe nicht aus!

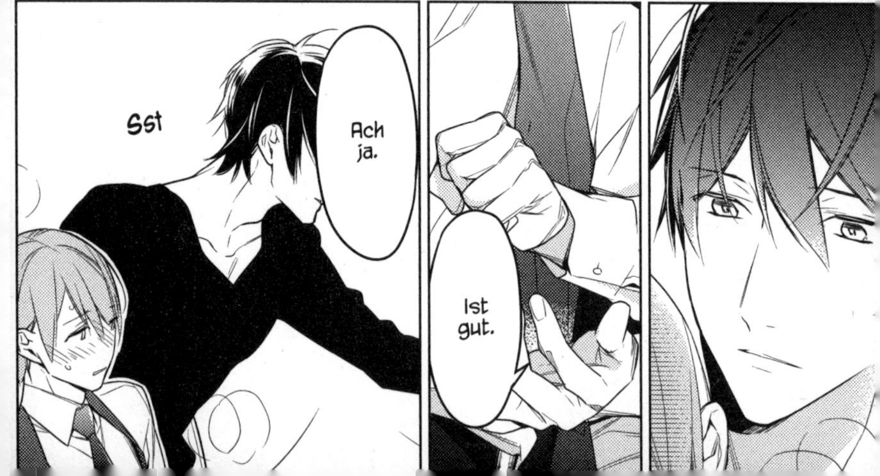

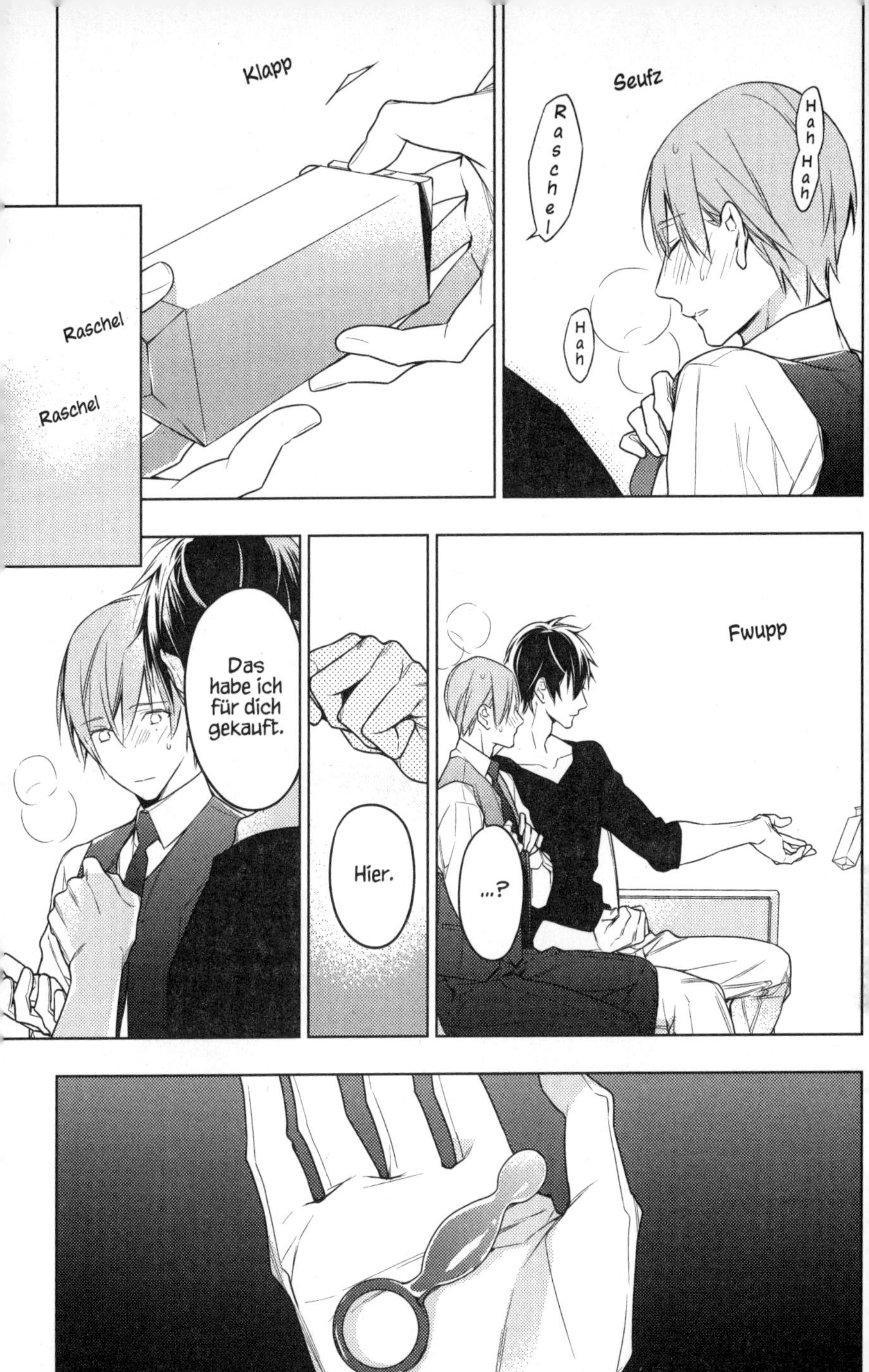
Seufz
Hah Hah
Raschel
Hah
Klapp
Raschel
Raschel
Fwupp
...?
Hier.
Das habe ich für dich gekauft.

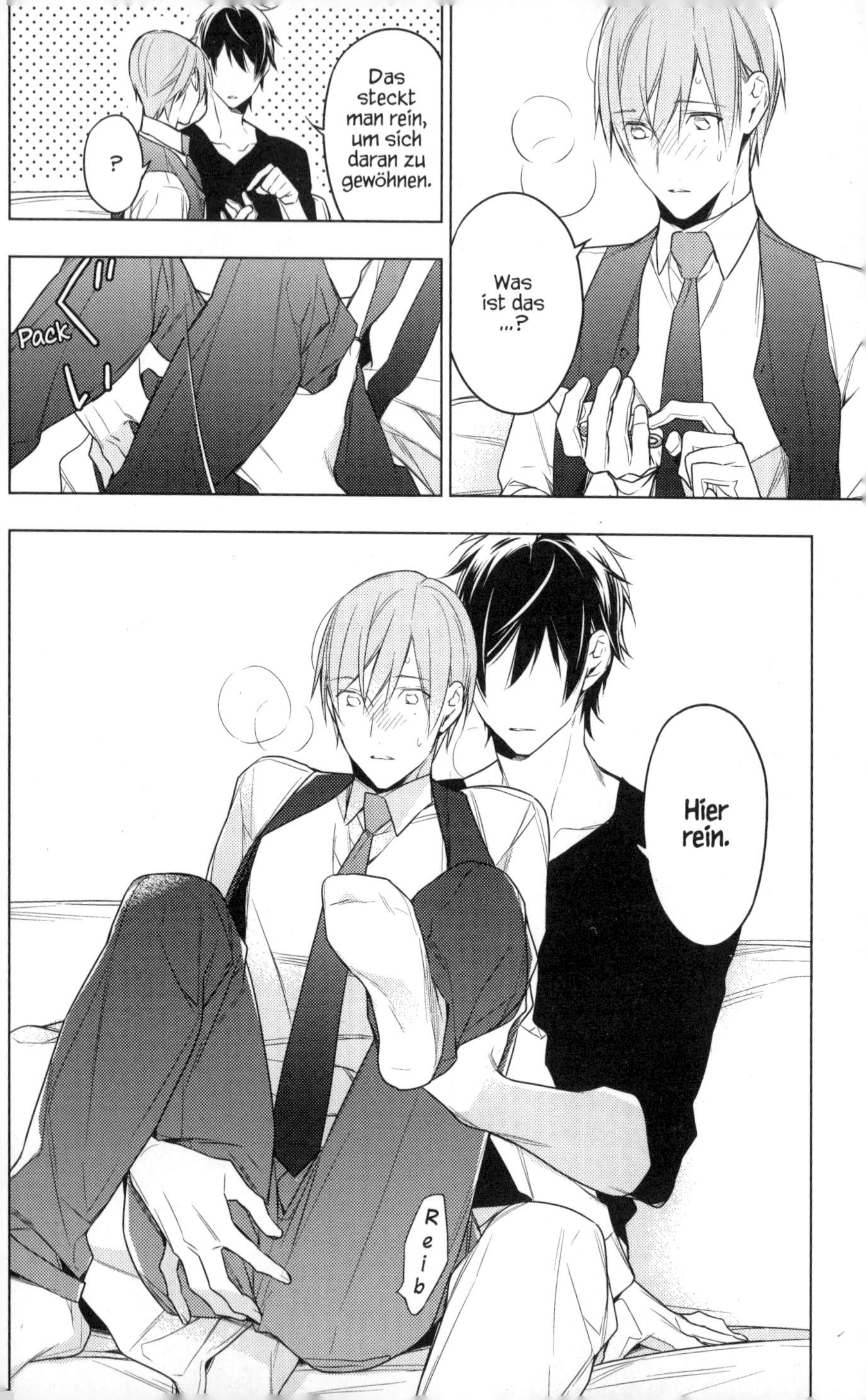

Das steckt man rein, um sich daran zu gewöhnen.

?

Was ist das ...?

Pack

Hier rein.

Reib

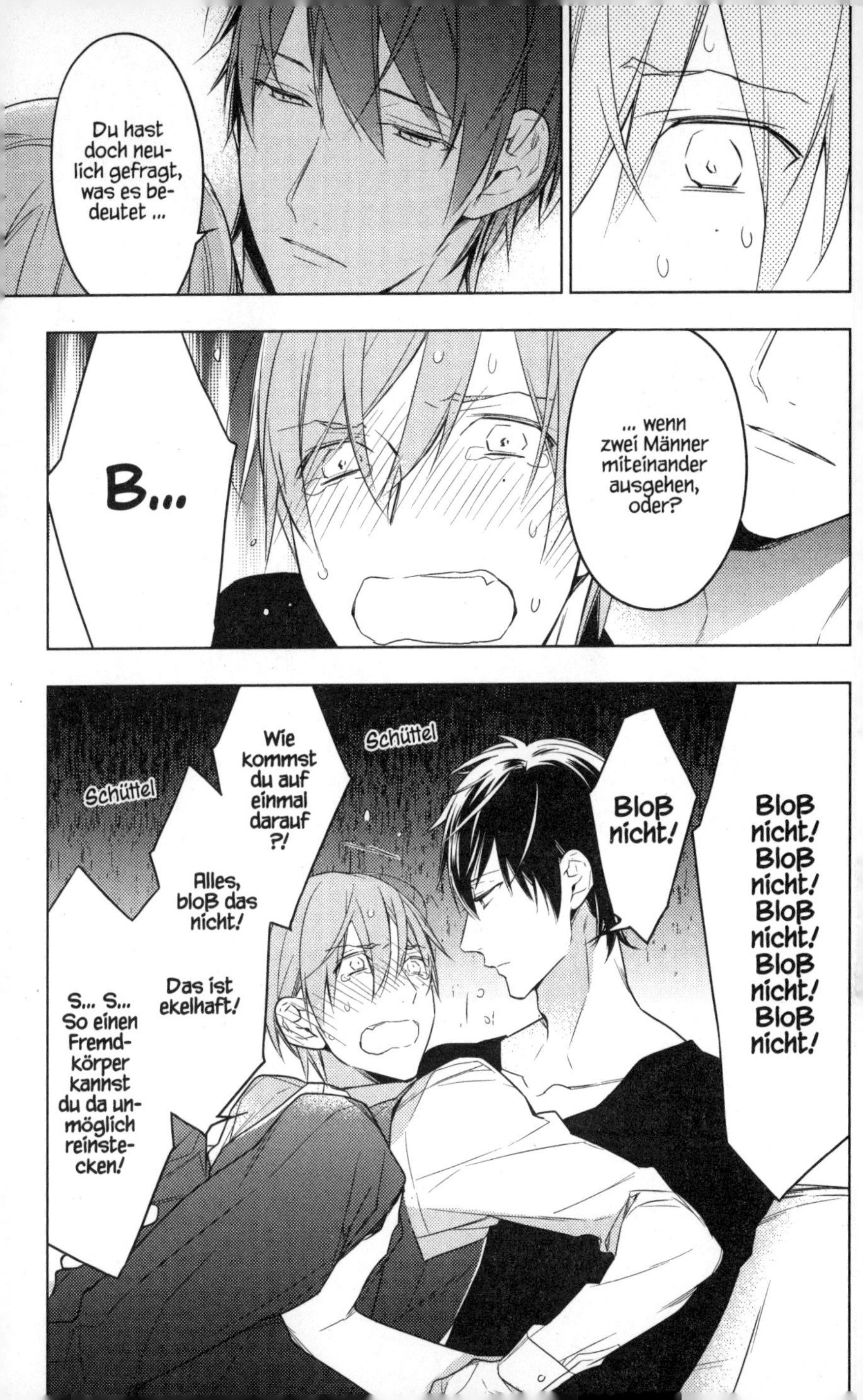

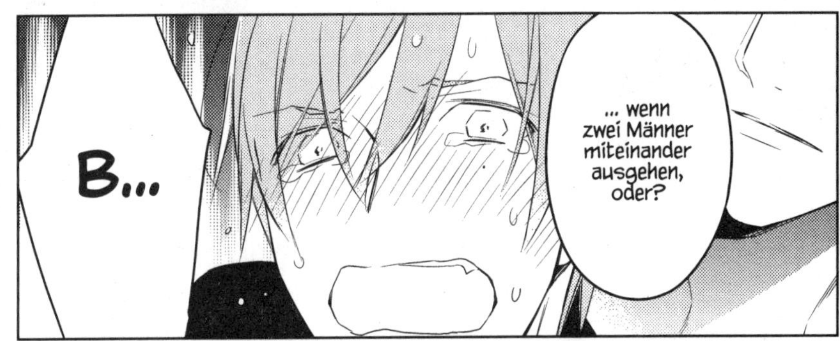

Bloß nicht! Bloß nicht! Bloß nicht! Bloß nicht! Bloß nicht!

Bloß nicht!

Schüttel

Wie kommst du auf einmal darauf?!

Schüttel

Alles, bloß das nicht!

Das ist ekelhaft!

S... S... So einen Fremdkörper kannst du da unmöglich reinstecken!

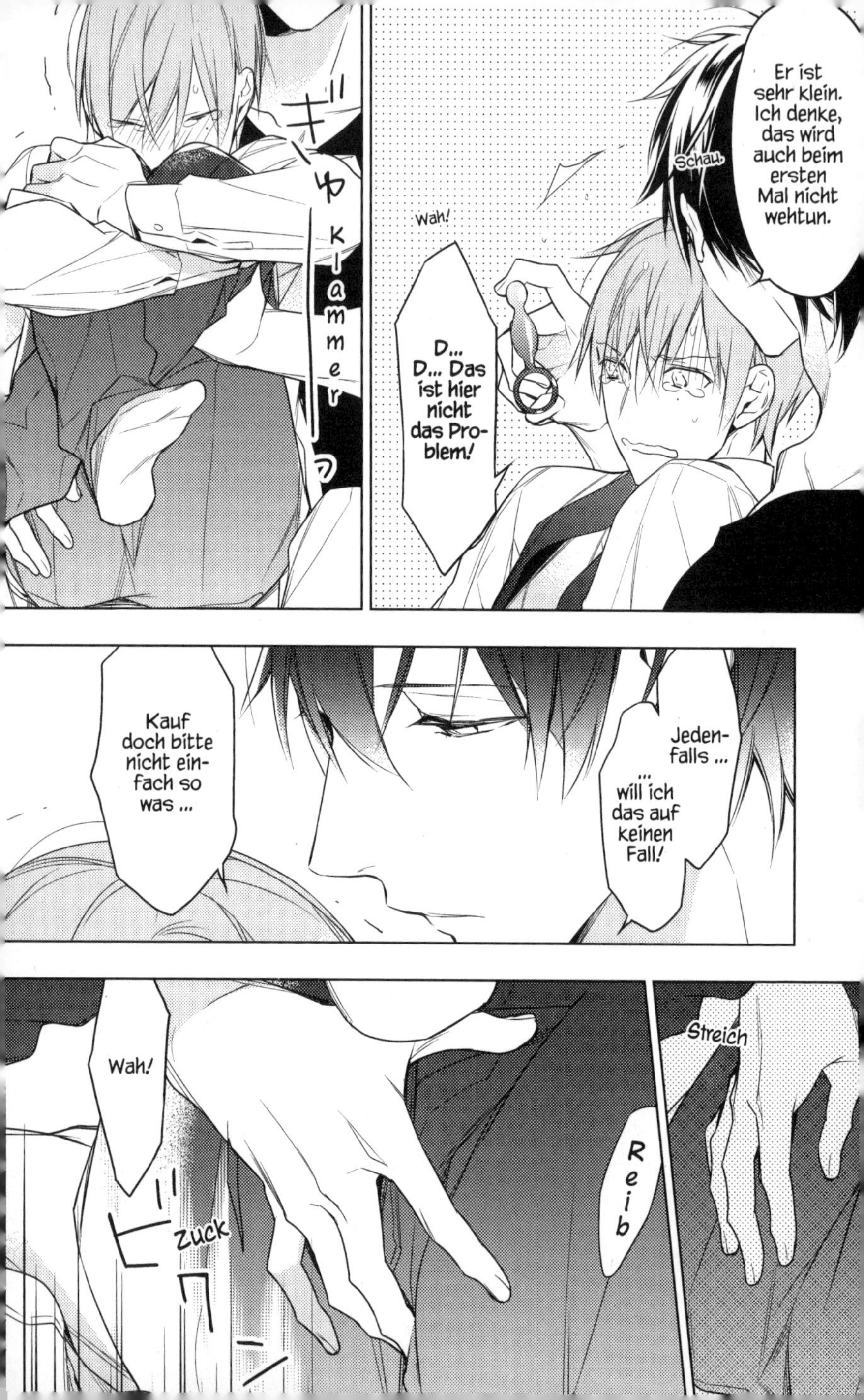

Er ist sehr klein. Ich denke, das wird auch beim ersten Mal nicht wehtun.

Schau.

Wah!

D... D... Das ist hier nicht das Problem!

klammer

Jedenfalls ...

... will ich das auf keinen Fall!

Kauf doch bitte nicht einfach so was ...

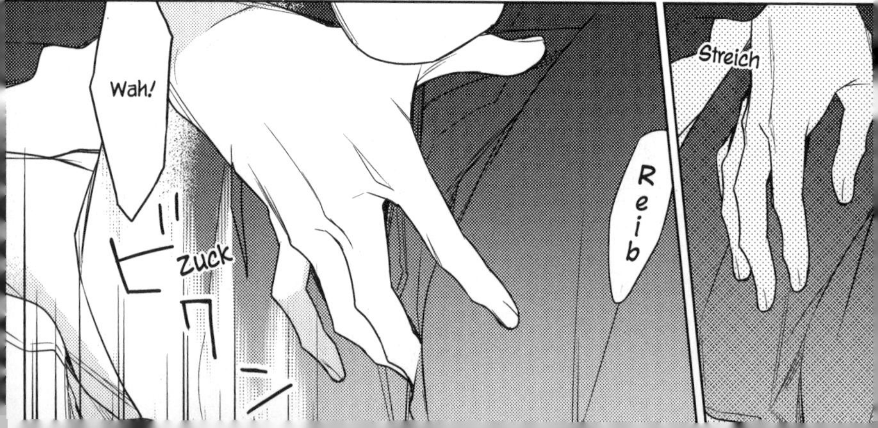

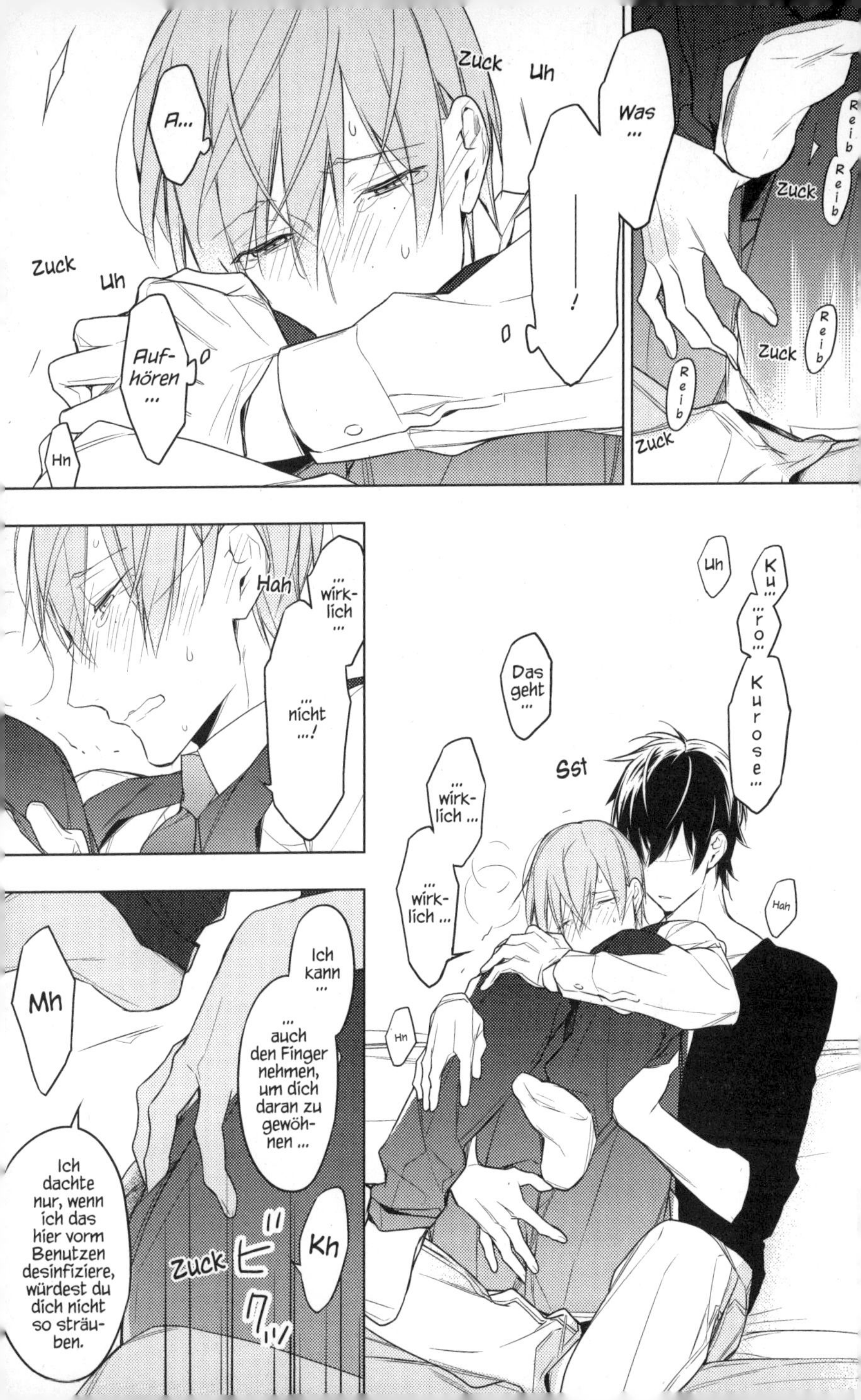 Reib Reib
Zuck
Reib
Zuck
Reib
Zuck
Was …
Zuck
Uh
A…
Zuck
Uh
Auf- hören …
Hn
Uh
Ku… …ro… Kurose…
Das geht …
Sst
… wirk- lich …
… wirk- lich …
Hah
Hn
Hah
… wirk- lich …
… nicht …!
Ich kann …
… auch den Finger nehmen, um dich daran zu gewöh- nen …
Mh
Ich dachte nur, wenn ich das hier vorm Benutzen desinfiziere, würdest du dich nicht so sträu- ben.
Kh
Zuck

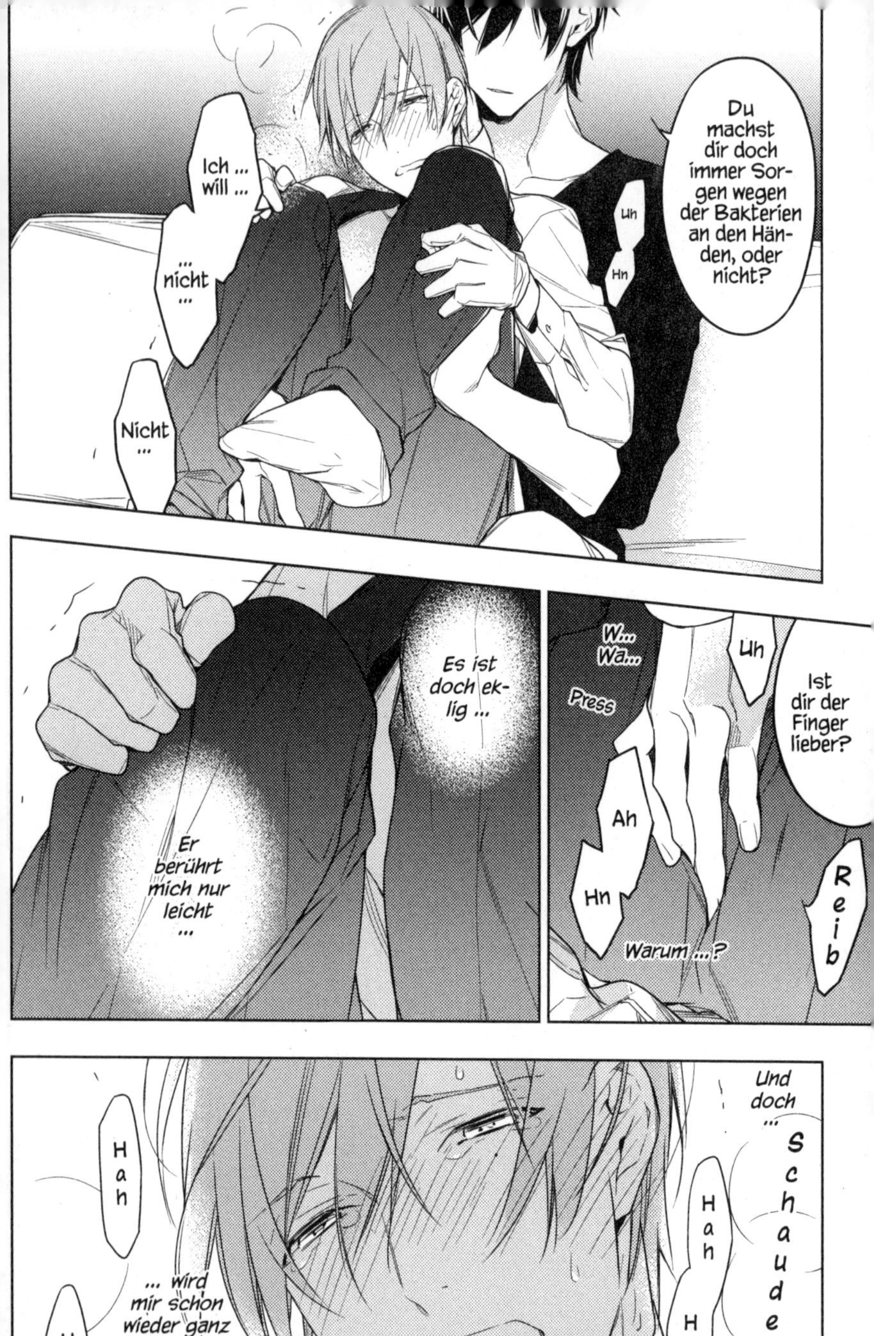
Du machst dir doch immer Sorgen wegen der Bakterien an den Händen, oder nicht?
Uh
Hn
Ich ... will ...
... nicht ...
Nicht ...
Ist dir der Finger lieber?
Uh
W... Wa...
Press
Ah
Hn
Reib
Warum ...?
Es ist doch eklig ...
Er berührt mich nur leicht ...
Und doch ...
Schauder
Hah
Hah
Hah
... wird mir schon wieder ganz komisch ...
Hah
Hah

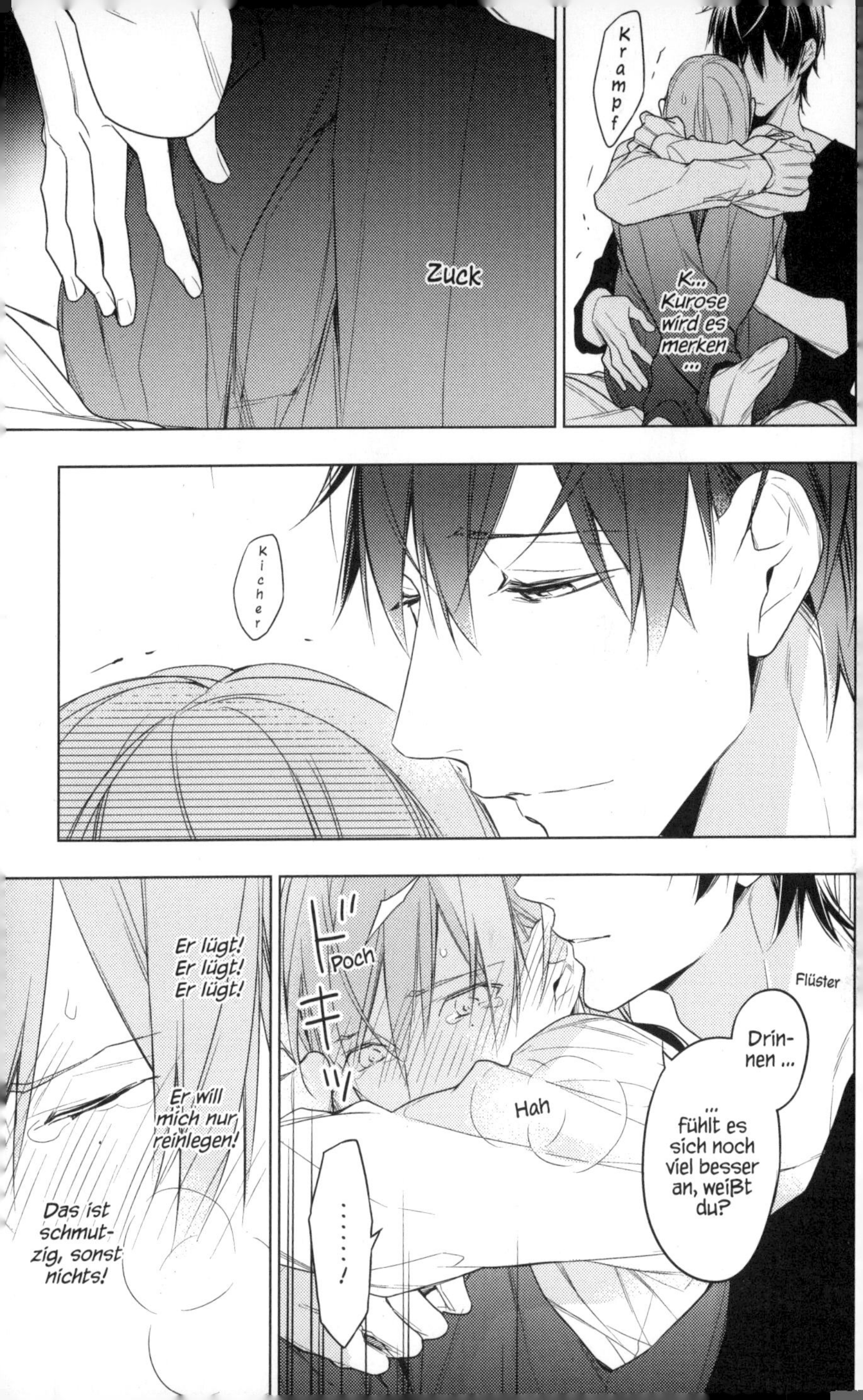

Krampf

K... Kurose wird es merken ...

Zuck

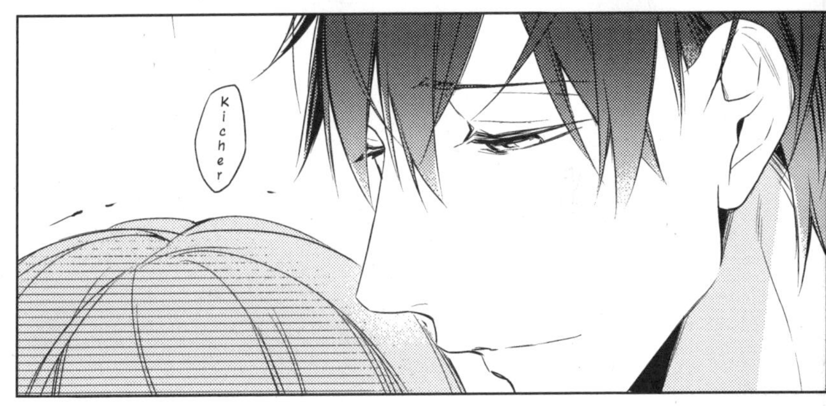

Poch

Flüster

Drin-
nen ...

... fühlt es sich noch viel besser an, weißt du?

Hah

.......!

Er lügt! Er lügt! Er lügt!

Er will mich nur reinlegen!

Das ist schmut-
zig, sonst nichts!

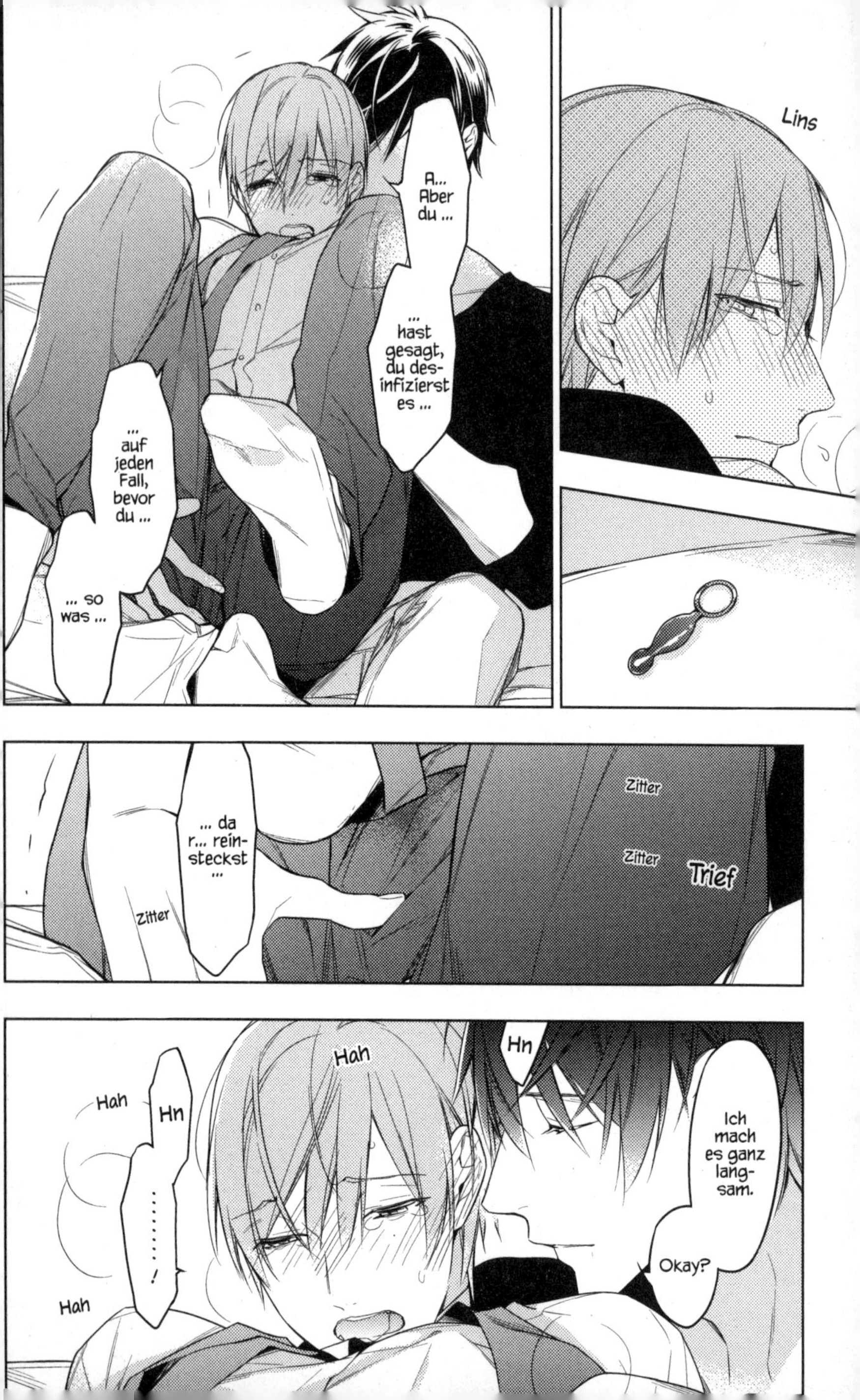

Lins

A... Aber du ...

... hast gesagt, du des-infizierst es ...

... auf jeden Fall, bevor du ...

... so was ...

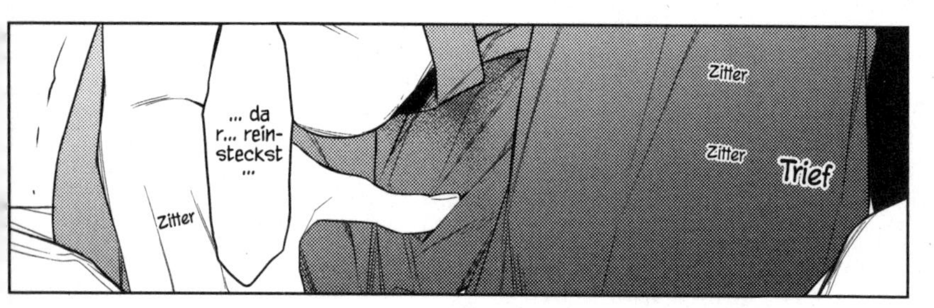

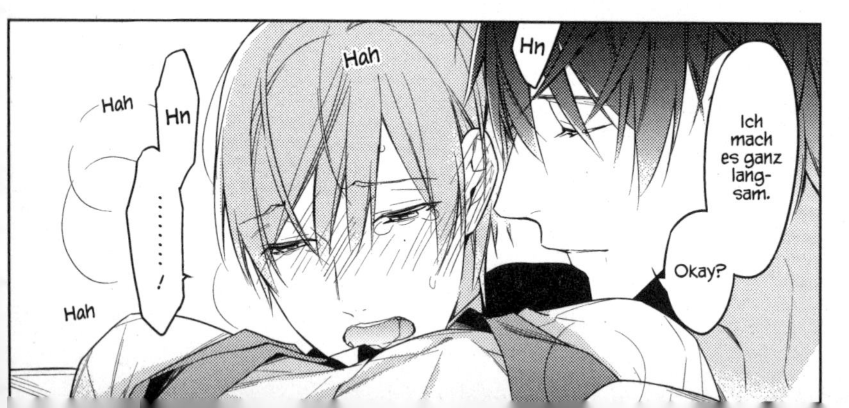

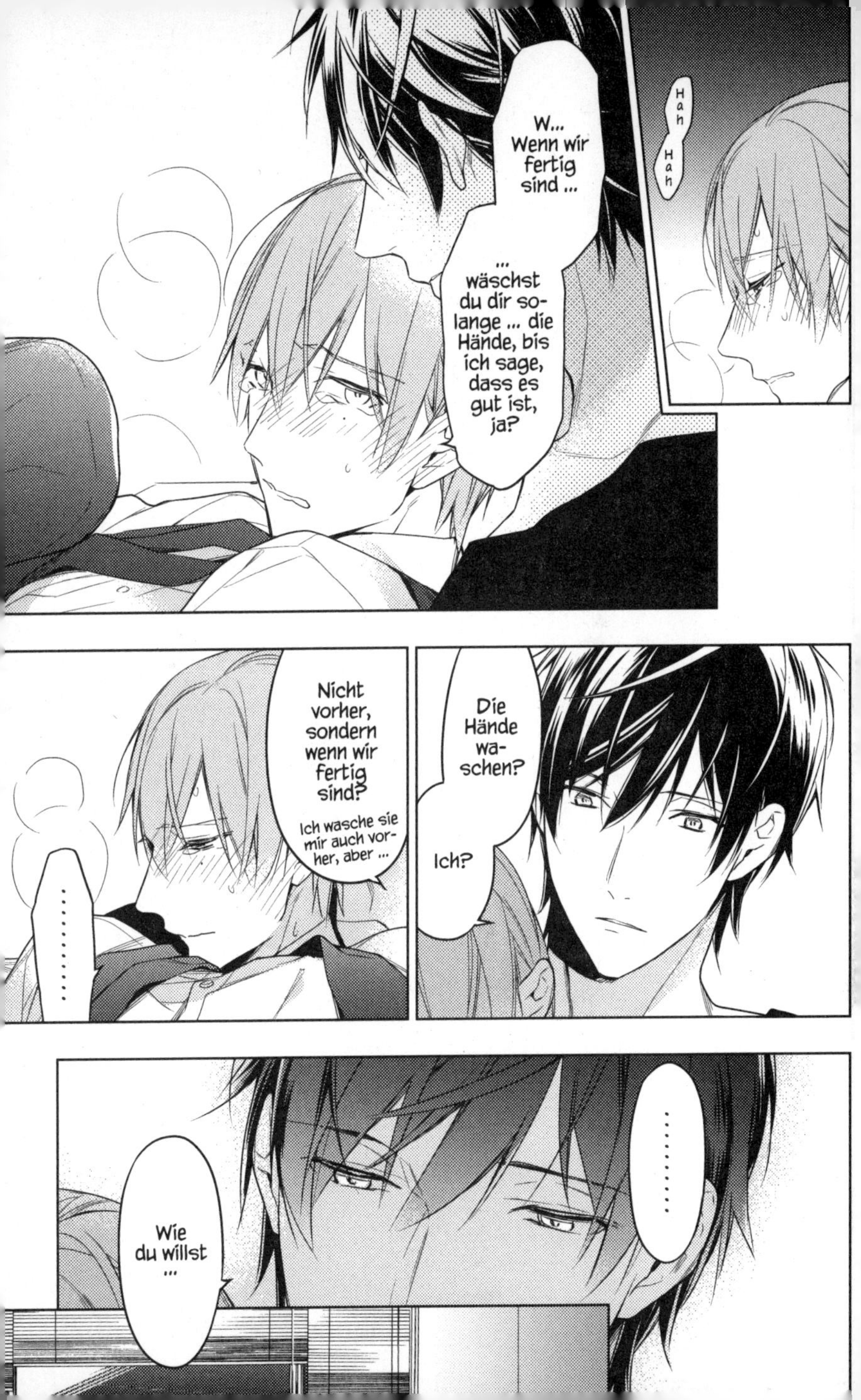

Hah Hah

W... Wenn wir fertig sind ...

... wäschst du dir solange ... die Hände, bis ich sage, dass es gut ist, ja?

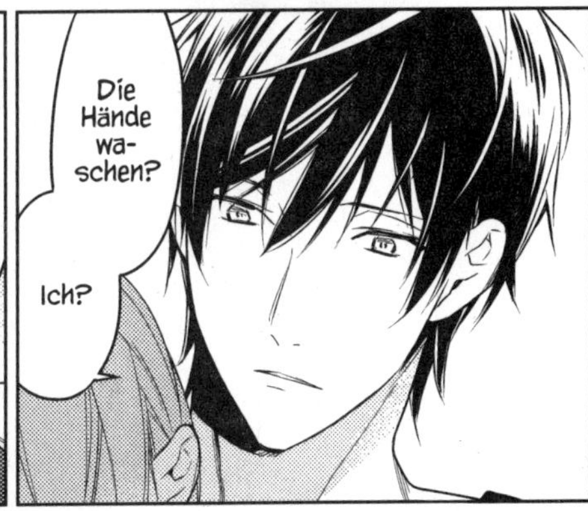

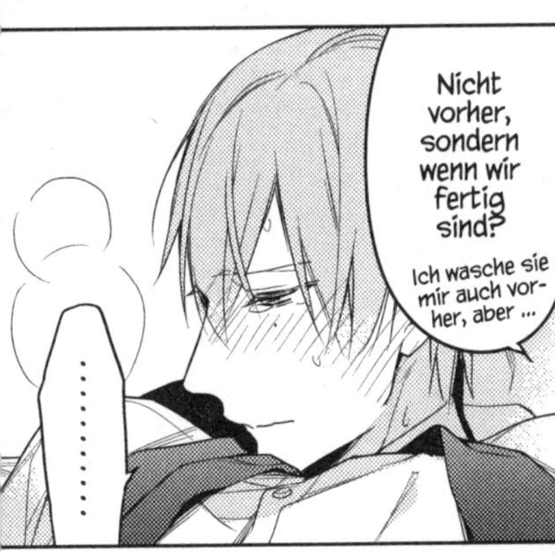

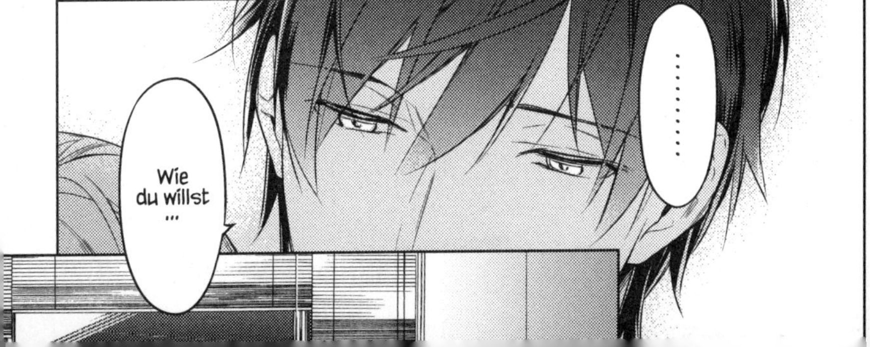

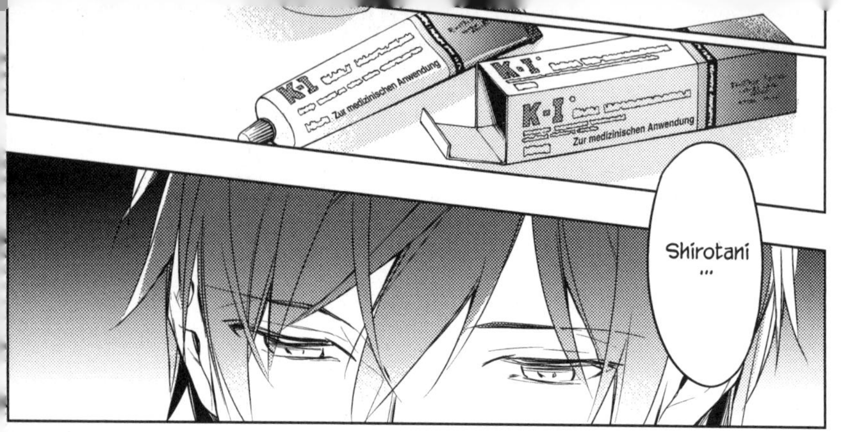

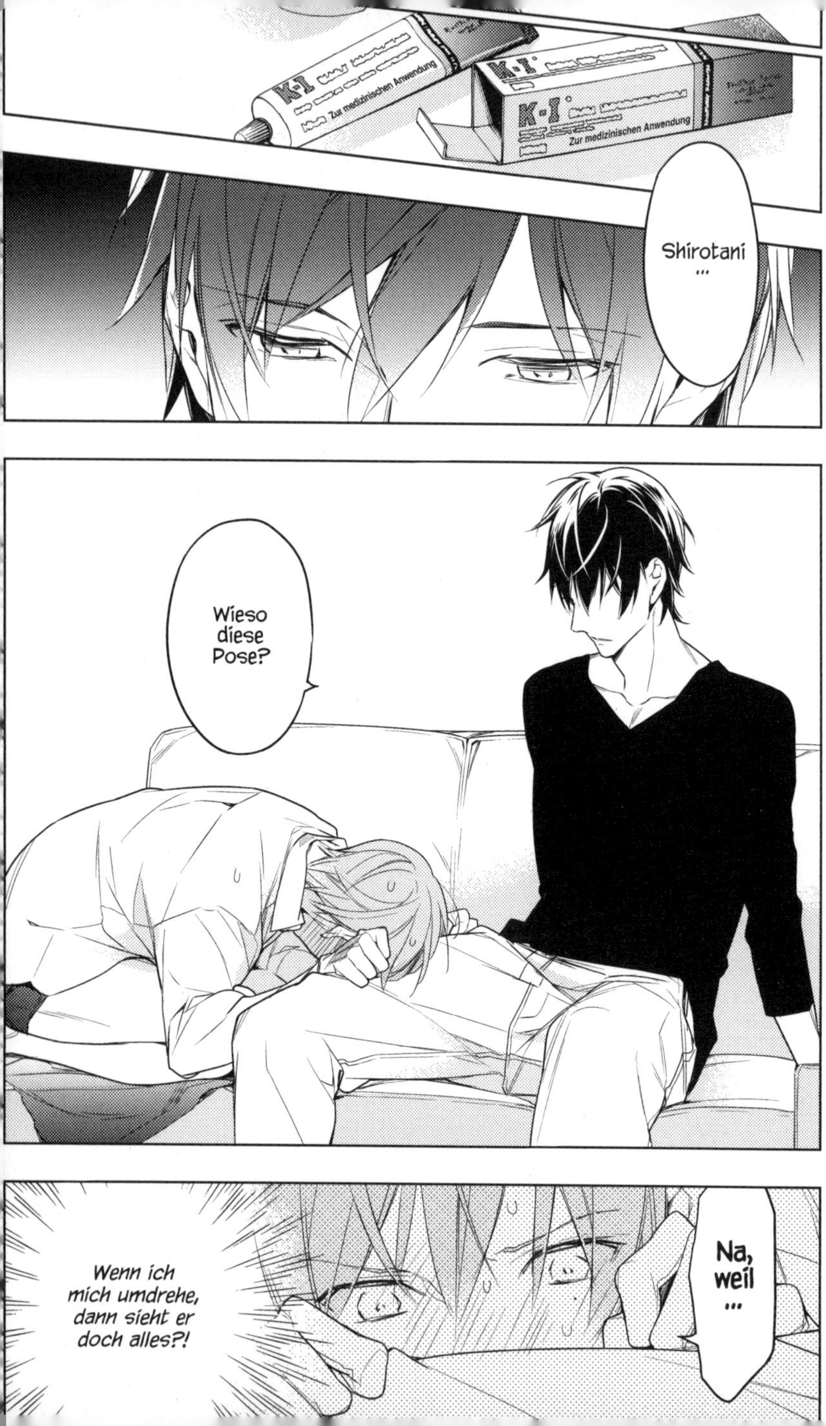

Wieso diese Pose?

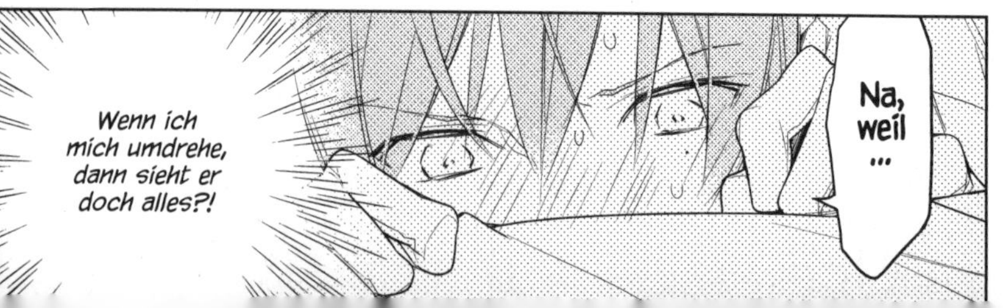

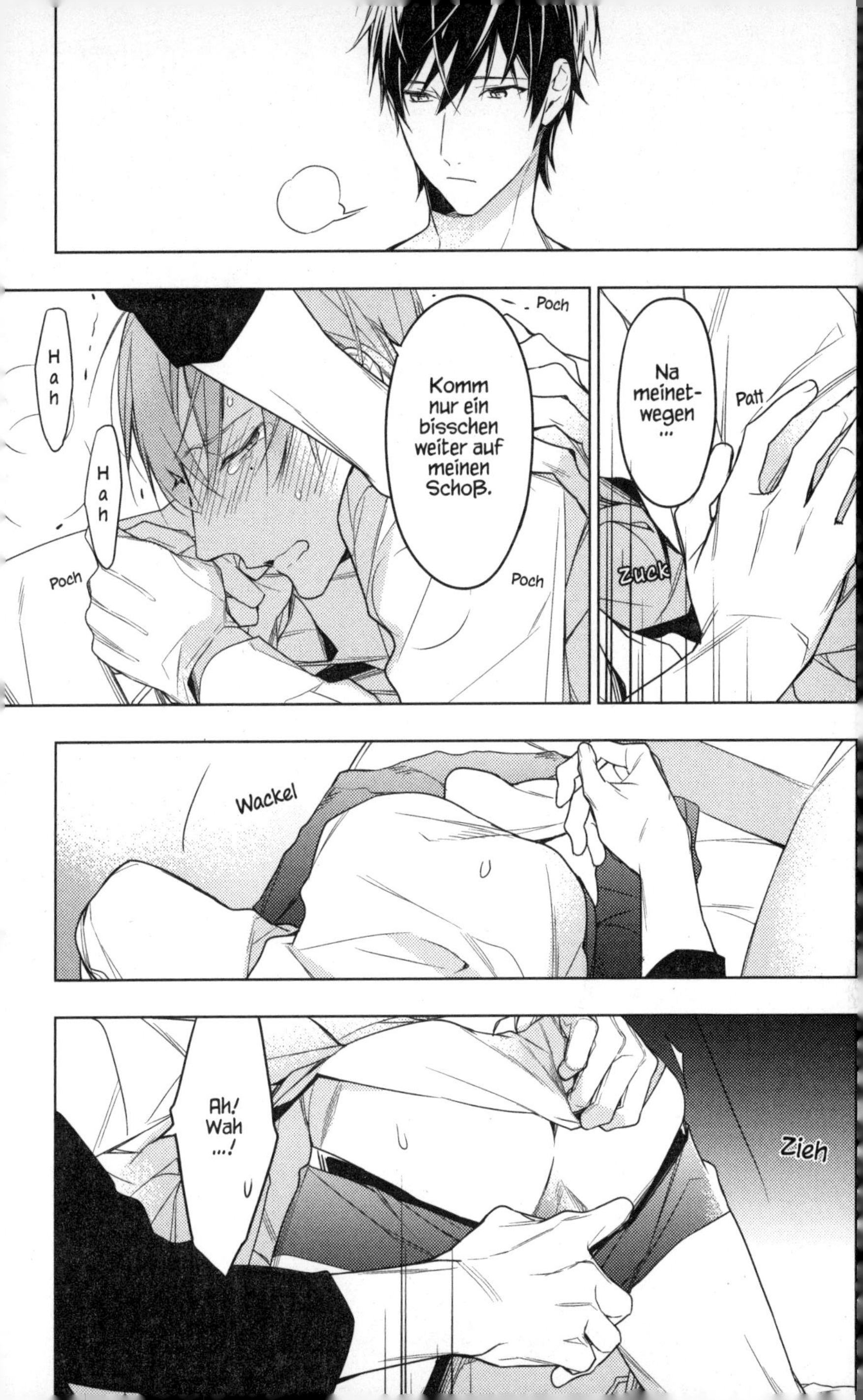

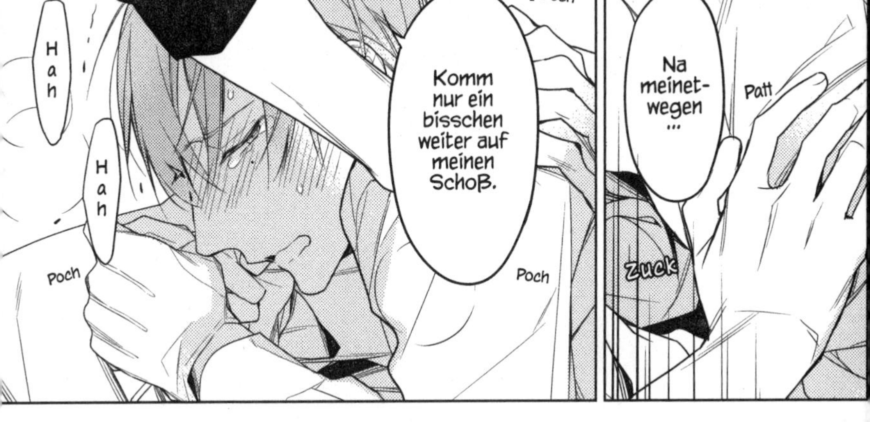
Na meinet-wegen ...
Patt
Zuck
Poch
Komm nur ein bisschen weiter auf meinen Schoß.
Poch
Hah
Hah
Poch

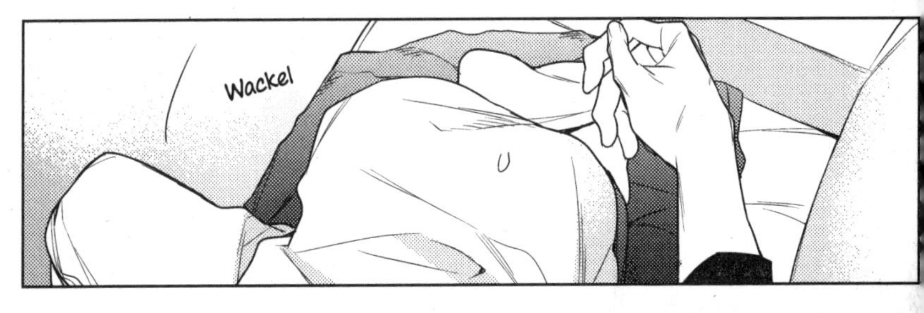
Wackel

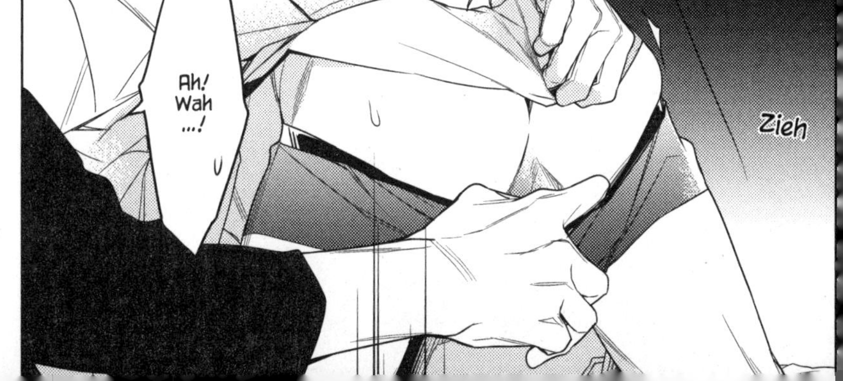
Zieh
Ah! Wah ...!

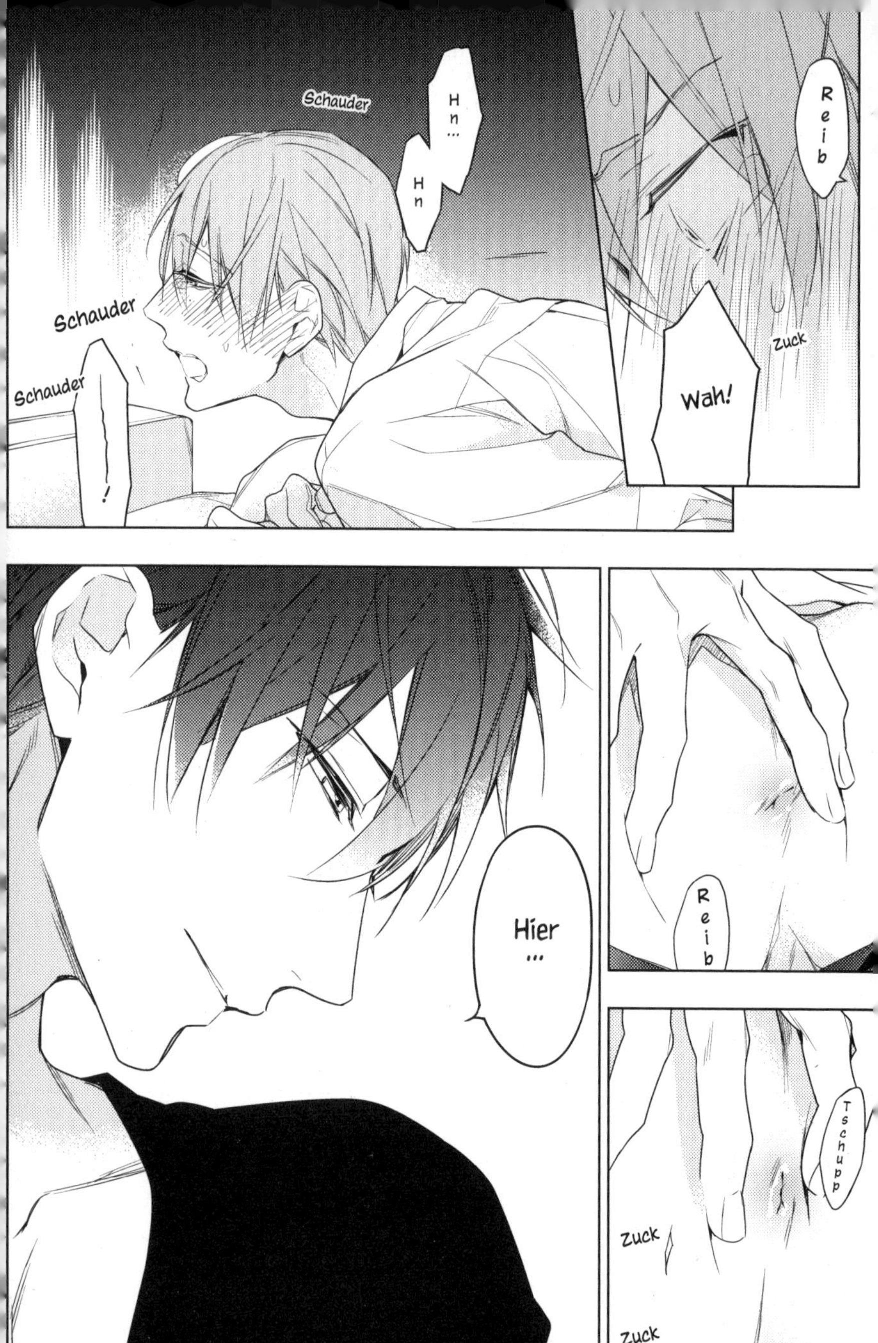
Reib
Zuck
Wah!
Hn ... Hn
Schauder
Schauder
Schauder
!
Reib
Tschupp
Zuck
Zuck
Hier ...

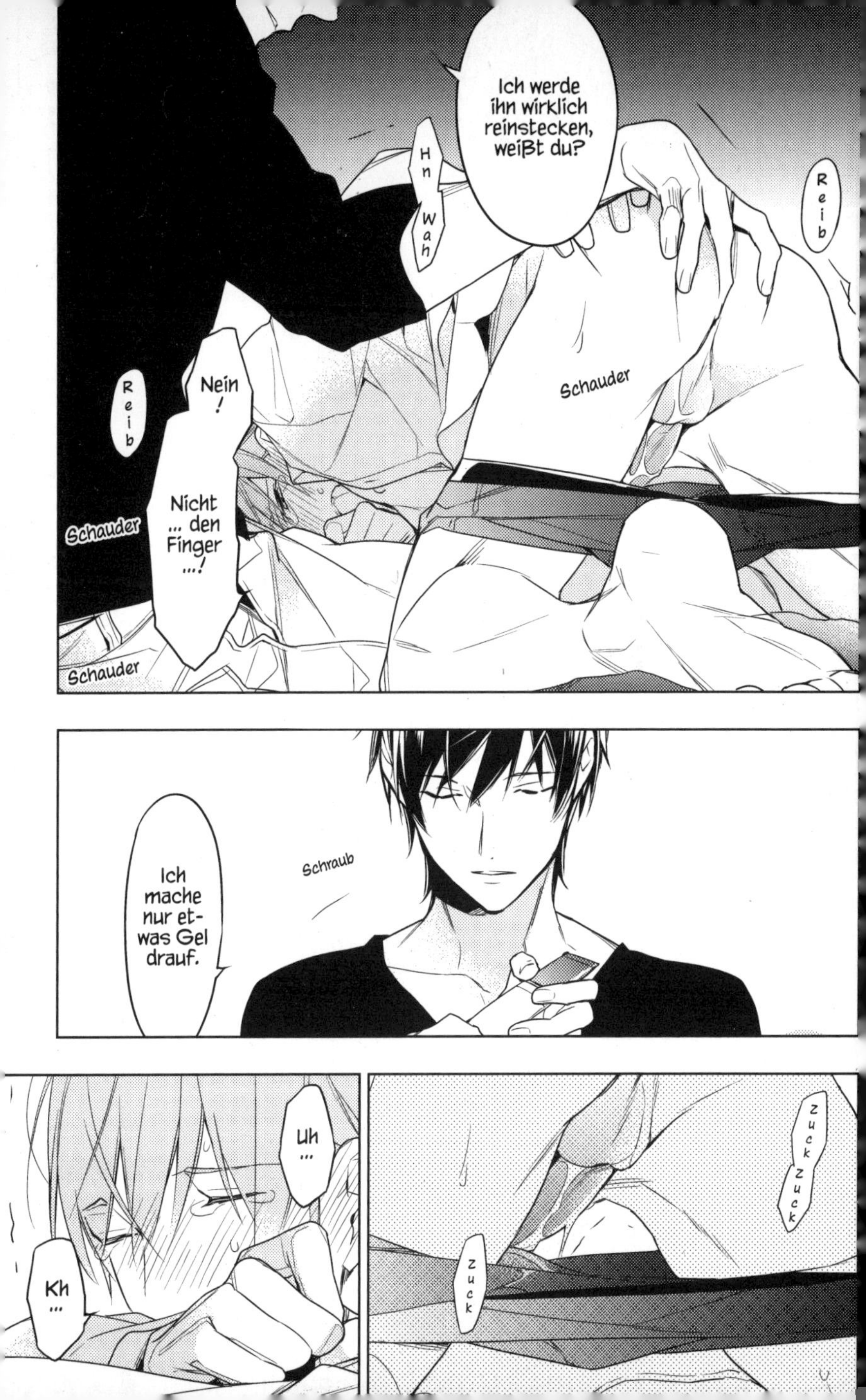

Reib
Ich werde ihn wirklich reinstecken, weißt du?
Hn Wah
Schauder
Nein!
Nicht ... den Finger ...!
Reib
Schauder
Schauder

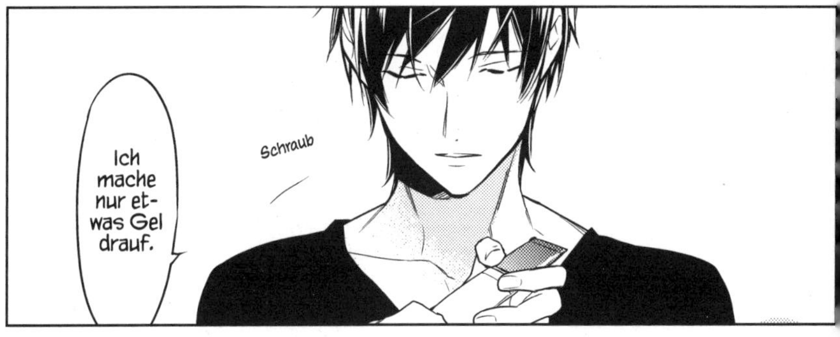
Schraub
Ich machenur et-was Gel drauf.

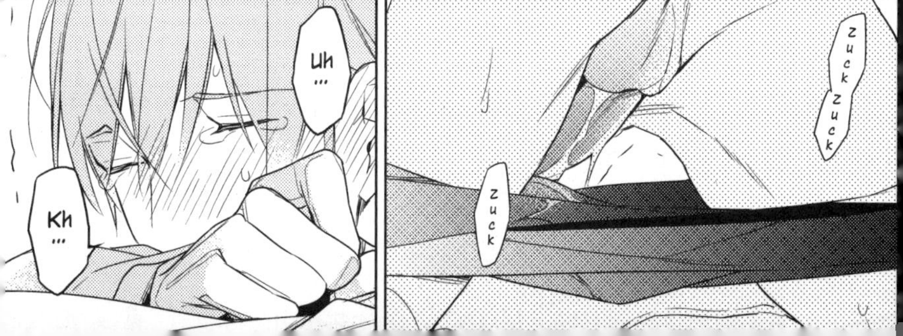
Zuck Zuck
Zuck
Uh ...
Kh ...

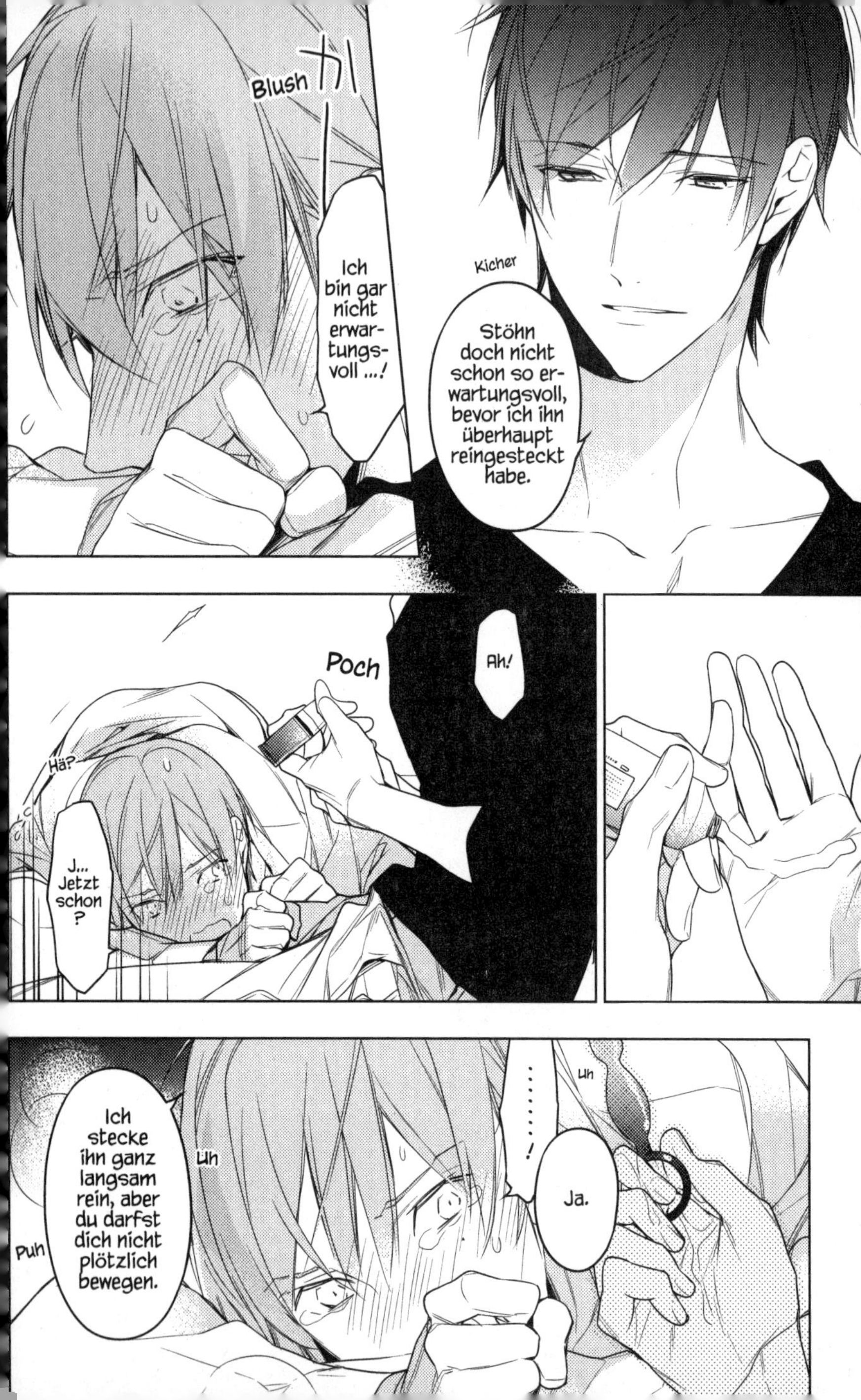

Kicher
Stöhn doch nicht schon so erwartungsvoll, bevor ich ihn überhaupt reingesteckt habe.
Blush
Ich bin gar nicht erwartungsvoll ...!
Poch
Ah!
Hä?
J... Jetzt schon ?
......!
Uh
Ja.
Uh
Ich stecke ihn ganz langsam rein, aber du darfst dich nicht plötzlich bewegen.
Puh

T E N   C O U N T   V O N   R I H I T O   T A K A R A I

TEN COUNT VON RIHITO TAKARAI

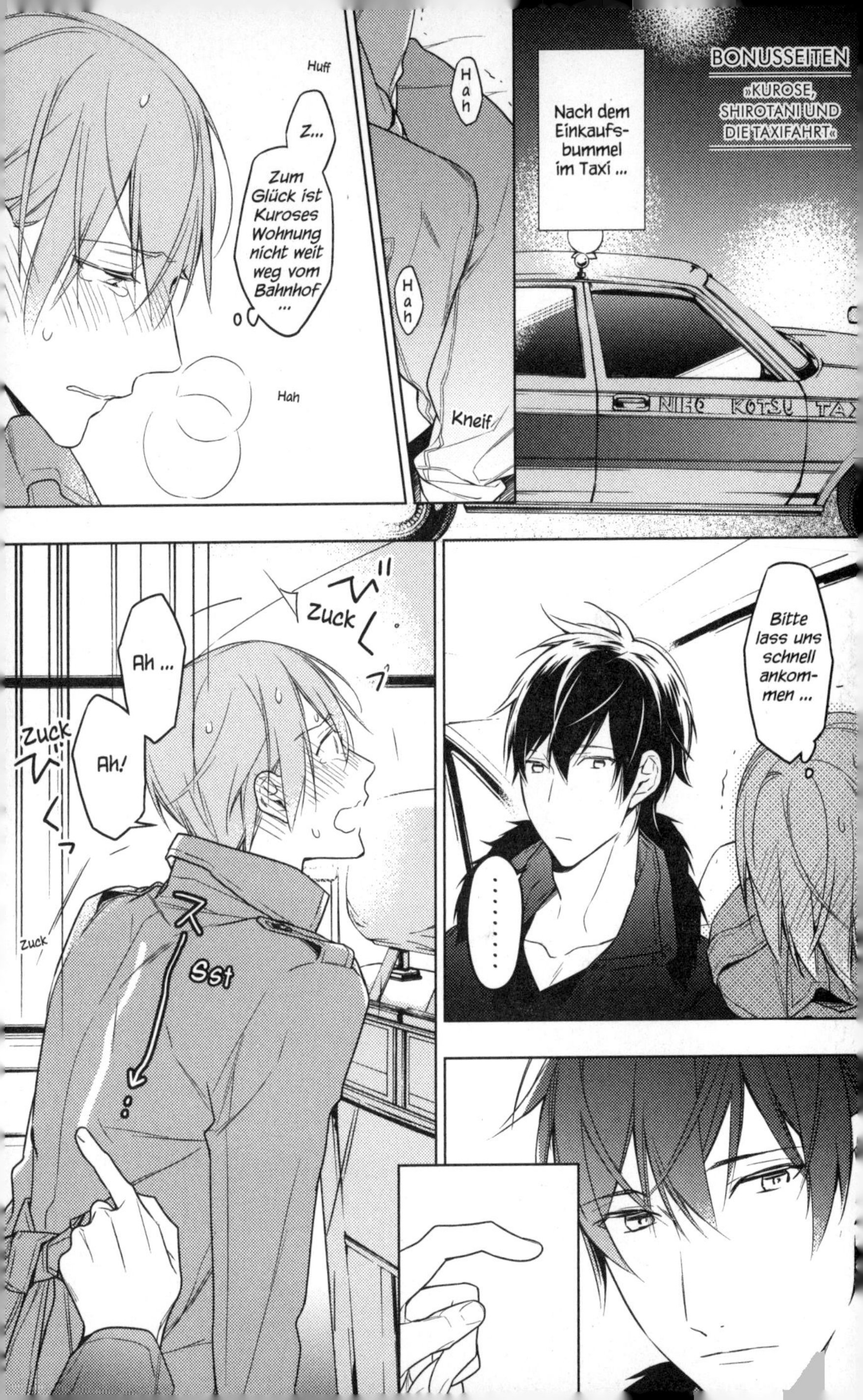
BONUSSEITEN
»KUROSE, SHIROTANI UND DIE TAXIFAHRT«
Nach dem Einkaufsbummel im Taxi ...
NIHO KOTSU TAX
Hah
Hah
Kneif
Huff
Z...
Zum Glück ist Kuroses Wohnung nicht weit weg vom Bahnhof ...
Hah
Bitte lass uns schnell ankommen ...
......
Zuck
Ah ...
Ah!
Zuck
Zuck
Sst

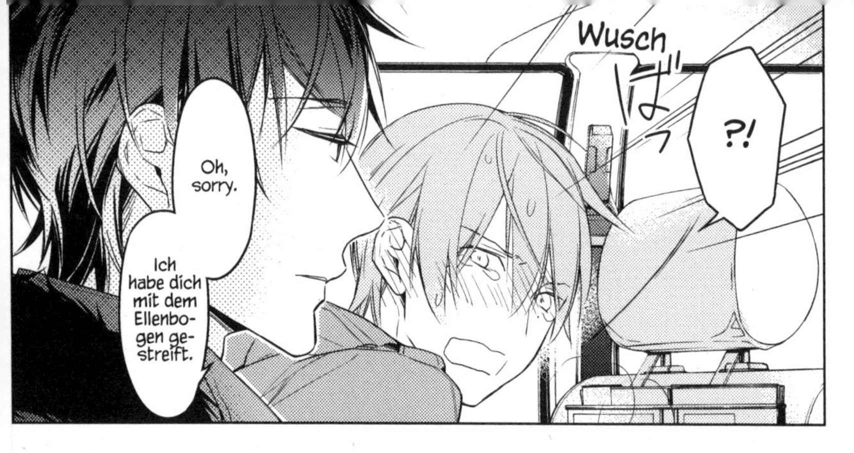
Wusch
ばっ
?!
Oh, sorry.
Ich habe dich mit dem Ellenbogen gestreift.

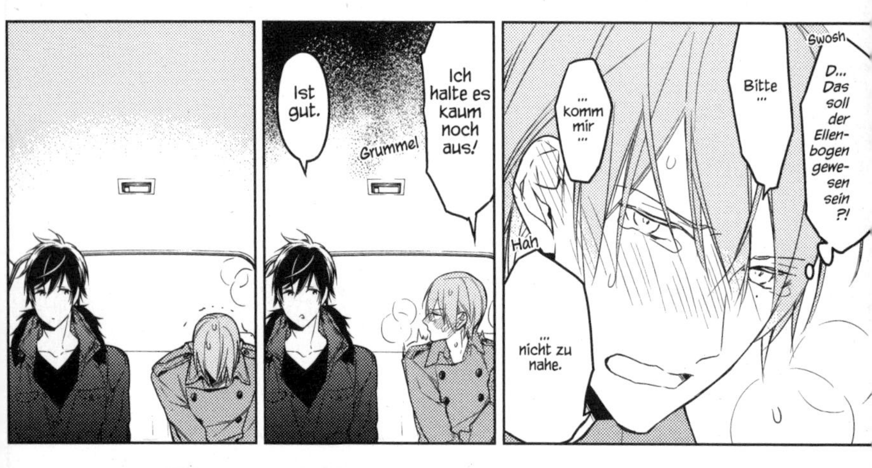
Swosh
D... Das soll der Ellenbogen gewesen sein?!
Bitte ...
... komm mir ...
Hah
... nicht zu nahe.
Ich halte es kaum noch aus!
Grummel
Ist gut.

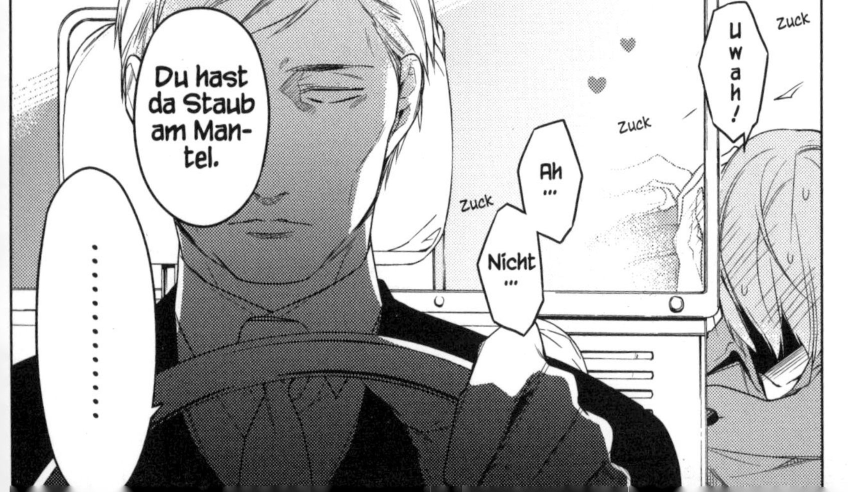
Zuck
Uwah!
Zuck
Ah ...
Zuck
Nicht ...
Du hast da Staub am Mantel.
....

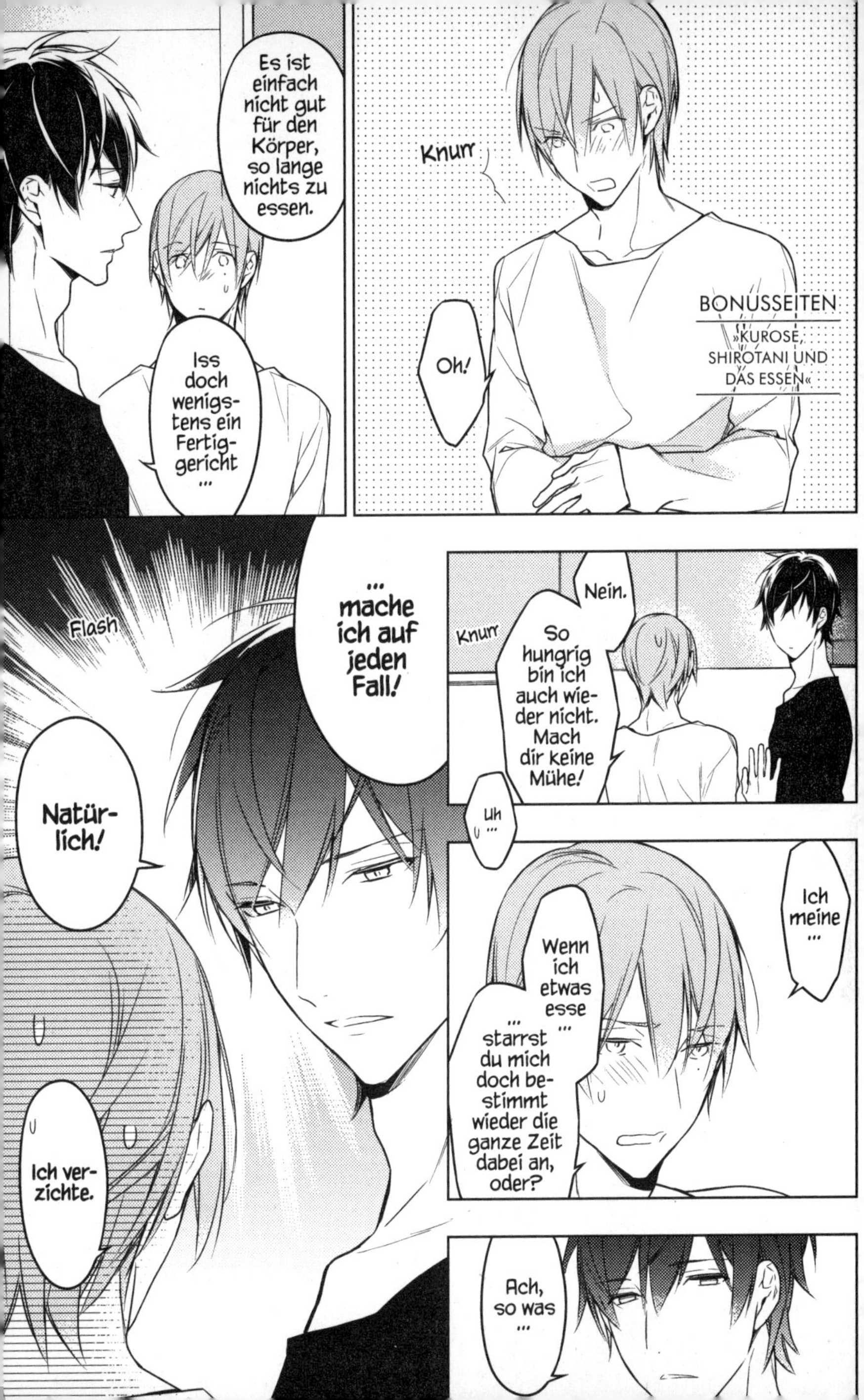

Knurr
Oh!
BONUSSEITEN
»KUROSE, SHIROTANI UND DAS ESSEN«
Es ist einfach nicht gut für den Körper, so lange nichts zu essen.
Iss doch wenigstens ein Fertiggericht …
Nein.
Knurr
So hungrig bin ich auch wieder nicht. Mach dir keine Mühe!
Uh …
Ich meine …
Wenn ich etwas esse …
… starrst du mich doch bestimmt wieder die ganze Zeit dabei an, oder?
Ach, so was …
… mache ich auf jeden Fall!
Flash
Natürlich!
Ich verzichte.

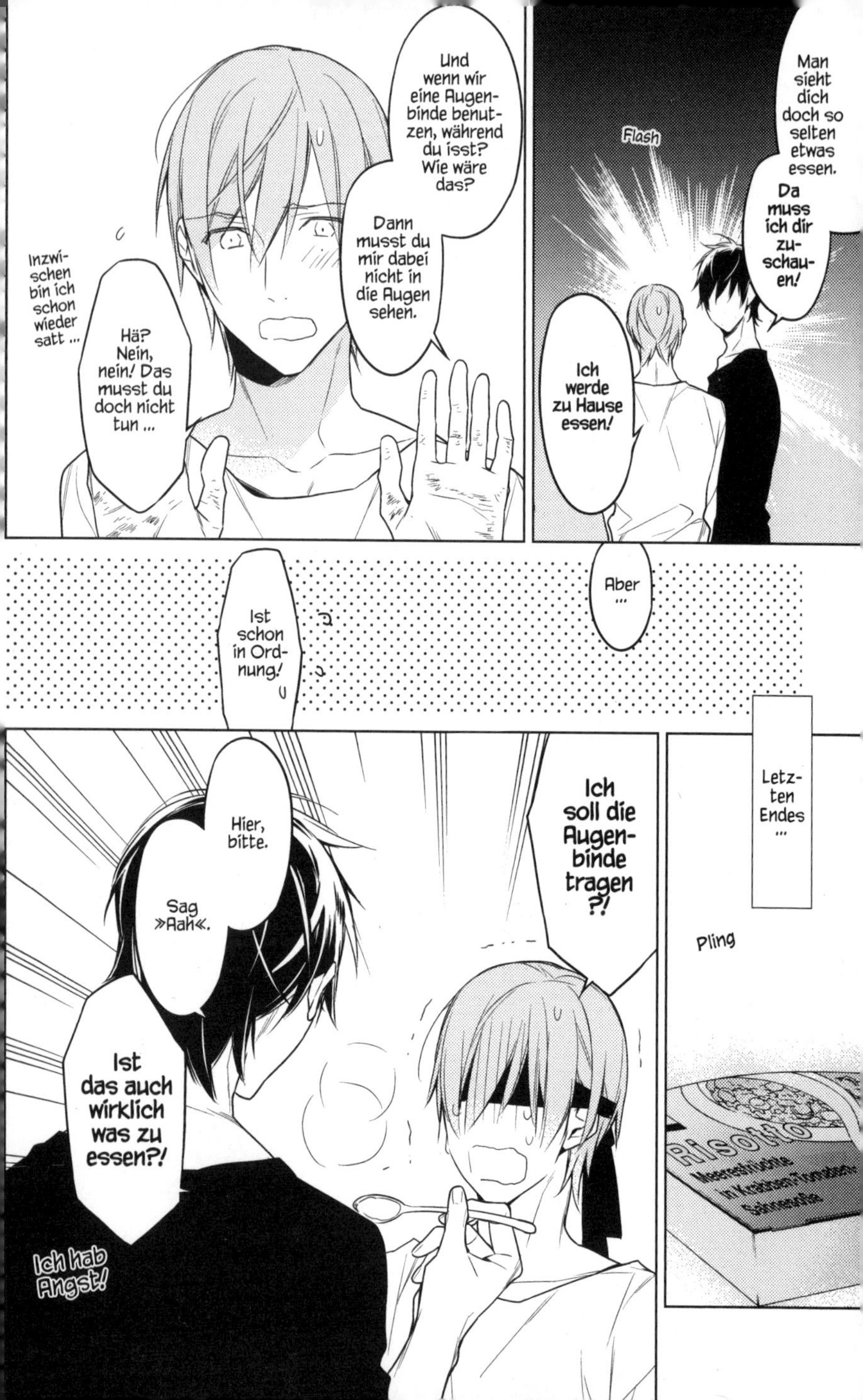
Man sieht dich doch so selten etwas essen.
Da muss ich dir zuschauen!
Flash
Ich werde zu Hause essen!
Und wenn wir eine Augenbinde benutzen, während du isst? Wie wäre das?
Dann musst du mir dabei nicht in die Augen sehen.
Hä? Nein, nein! Das musst du doch nicht tun ...
Inzwischen bin ich schon wieder satt ...
Aber ...
Ist schon in Ordnung!
Letzten Endes ...
Pling
Risotto
Ich soll die Augenbinde tragen?!
Hier, bitte.
Sag »Aah«.
Ist das auch wirklich was zu essen?!
Ich hab Angst!

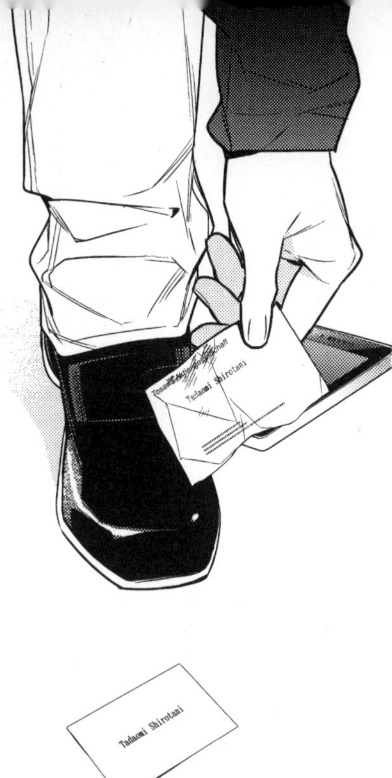

Kurose und Shirotani sind keine guten Vorbilder, was?

Ich hörte, dass es auch wichtig ist, dass der Sadist den Masochisten bei seiner Erziehung lobt. Shirotani ist jetzt schon recht gut erzogen, aber es würde mich freuen, wenn ihr auch in Band 4 wieder mit dabei seid.

Vielen Dank, dass ihr diesen Band gelesen habt.

Rihito Takarai

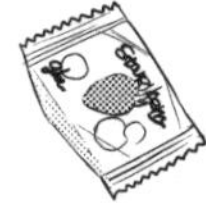

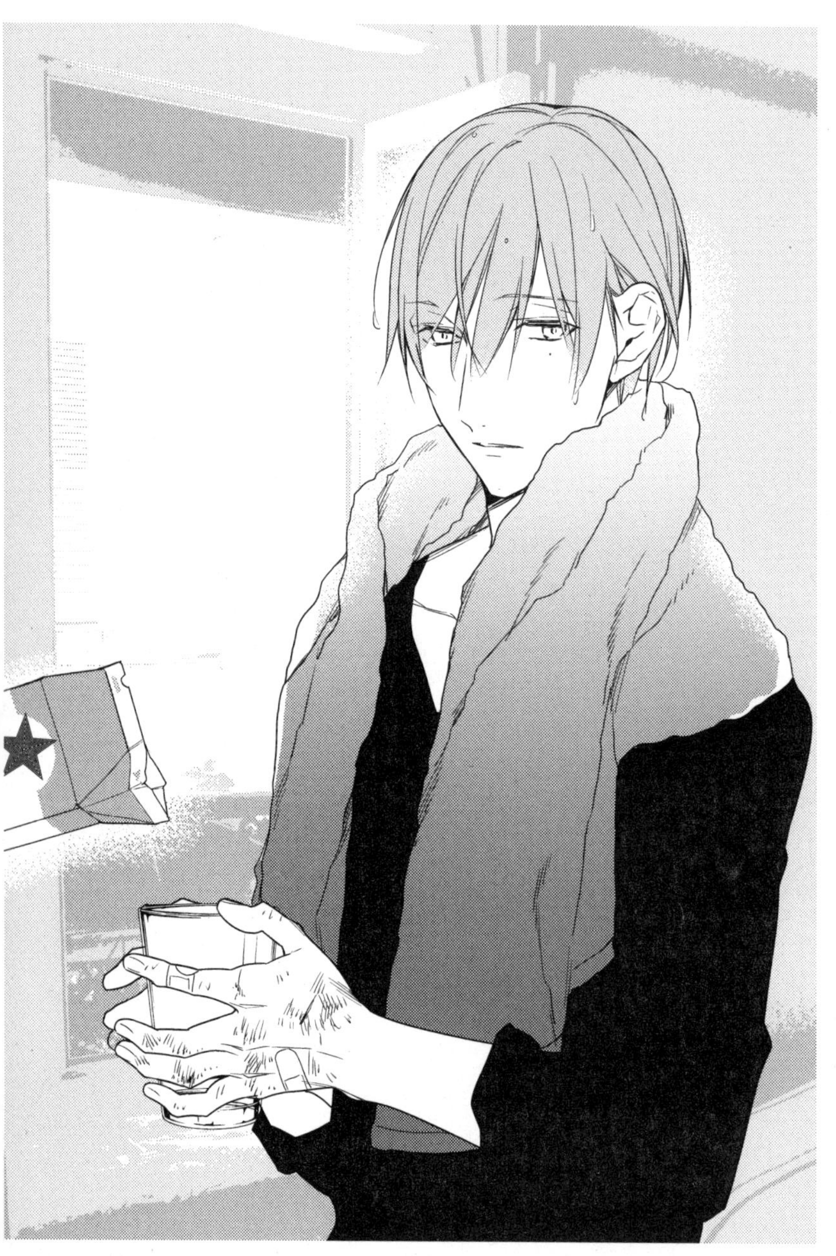

TEN COUNT VON RIHITO TAKARAI

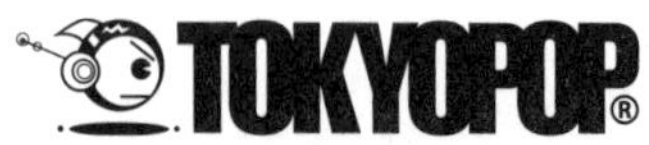

TOKYOPOP GmbH
Hamburg

TOKYOPOP
7. Auflage, 2022
Deutsche Ausgabe/German Edition

Aus dem Japanischen von Diana Hesse
Rechtschreibung gemäß DUDEN, 25. Auflage

First published in Japan in 2015
by SHINSHOKAN CO., LTD. Tokyo
German translation rights arranged with
SHINSHOKAN CO., LTD. and TOKYOPOP GmbH
through Tuttle-Mori Agency, Inc., Tokyo

Redaktion: Beatrice Beckmann
Lettering: Vibrant Publishing Studio
Herstellung: Sonja Fehlmann
Druck und buchbinderische Verarbeitung:
CPI–Clausen & Bosse GmbH, Leck
Printed in Germany

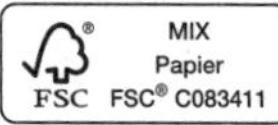

Wir achten auf die Umwelt.
Dieses Produkt besteht aus FSC®-zertifizierten und anderen kontrollierten Materialien.

ISBN 978-3-8420-1759-7

www.tokyopop.de

TEN COUNT VON RIHITO TAKARAI

ONLY THE FLOWER KNOWS

Rihito Takarai

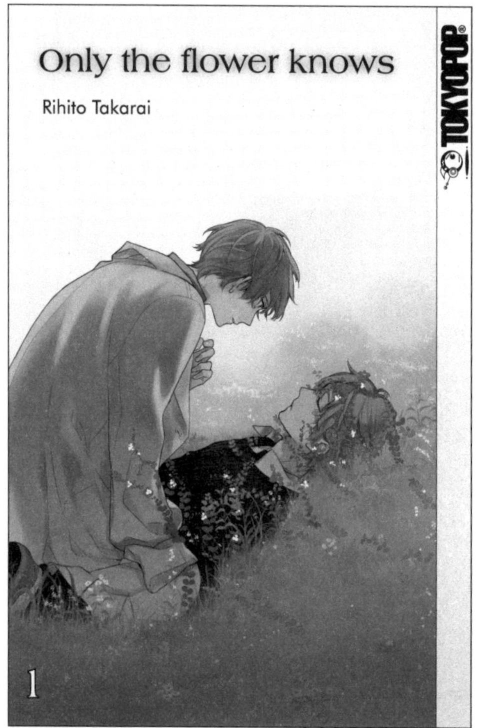

Das Geheimnis des Blumenanhängers!

Als der Student Arikawa einem gestürzten Kommilitonen hilft, fällt ihm dessen wenig maskuliner Blumenanhänger auf. Später stößt er mit demselben Studenten noch einmal zusammen und packt aus Versehen den abgerissenen Anhänger ein. Als er den Besitzer des Anhängers endlich ausfindig macht, hat ihn schon längst eine starke Faszination für seinen Kommilitonen gepackt. Doch das stößt nicht auf Erwiderung ...

UNSER UNSTILLBARES VERLANGEN

Keri Kusabi

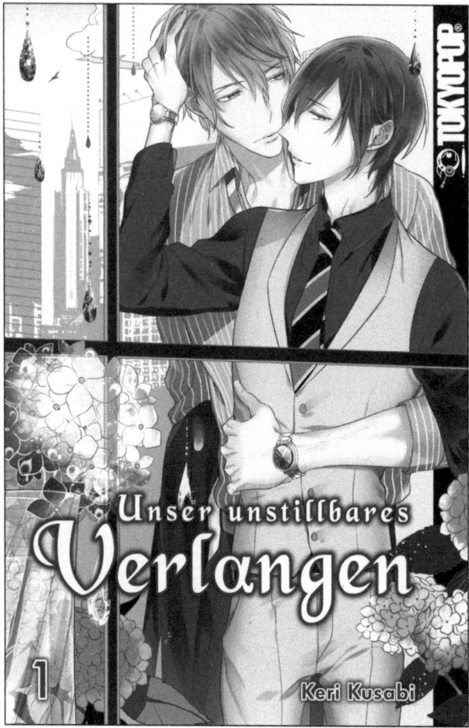

Heiße Spielchen im Omegaverse!

In einer Welt, die in Alphas, Betas und Omegas eingeteilt ist, hat Takaba Glück gehabt: Er ist ein Alpha und von Natur aus ein Anführer. Als er in ein neues Unternehmen wechselt, sieht er sich allerdings mit seinem größten Hassobjekt konfrontiert: einem Omega in einer Führungsposition! Mit ihren ausströmenden Pheromonen sind sie für Alphas und Betas unwiderstehlich. Takaba muss sich vor seinem neuen Chef in Acht nehmen, doch lang lassen die Verfänglichkeiten nicht auf sich warten ...

BLUE LUST

Hinako

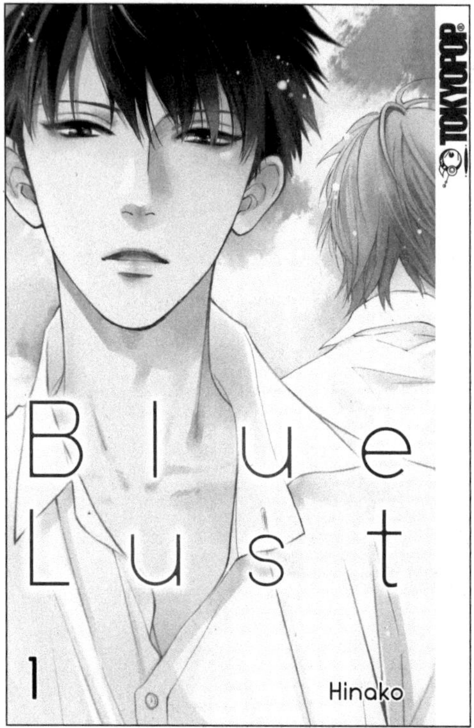

Warum machen wir dieselben Fehler immer wieder?

Durch Zufall kann Hayato seinen neuen Mitschüler Soma von einem Selbstmordversuch abhalten. In der Folge entwickelt er eine Art Beschützerinstinkt gegenüber dem kontaktscheuen Jungen und hilft ihm dabei, sich sozial zu integrieren. In der Mittelschule hatte Hayato einen schwulen Freund geoutet, der somit zum Mobbingopfer wurde, was ihm noch nachhängt. Doch als Soma mehr von ihm will, sieht sich Hayato mit einer ähnlichen Situation wie damals konfrontiert ...

IM FLUSS DER ZEIT

Syaku

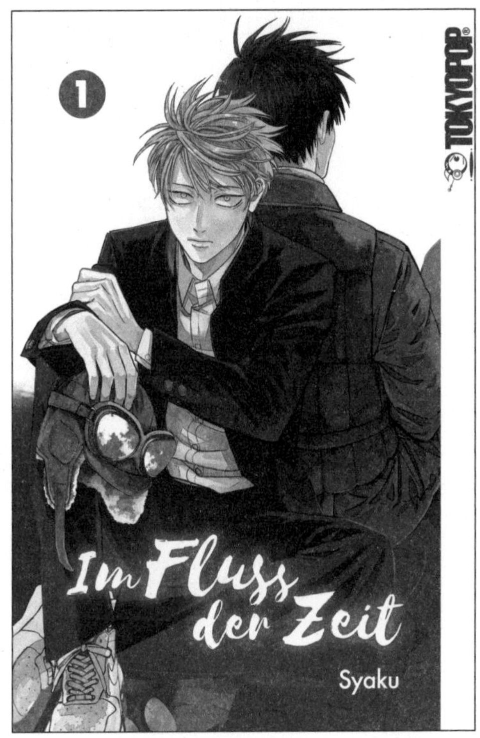

Erinnerungen, so tief wie der Ozean

Das Schicksal trifft einen Menschen oft aus heiterem Himmel. Für Shiro ist es die Begegnung mit einem Fremden, der plötzlich vor ihm auftaucht – und in Ohnmacht fällt. Er beschließt, den jungen Mann, der nur eine alte Pilotenuniform trägt und offenbar sein Gedächtnis verloren hat, bei sich aufzunehmen. Geduldig versucht er Kiku, wie er den Fremden fortan nennt, an das Alltagsleben zu gewöhnen. Während Kiku jeden Tag etwas dazulernt, wird er nachts von wiederkehrenden, schrecklichen Albträumen gequält ...

HANGER

Hirotaka Kisaragi

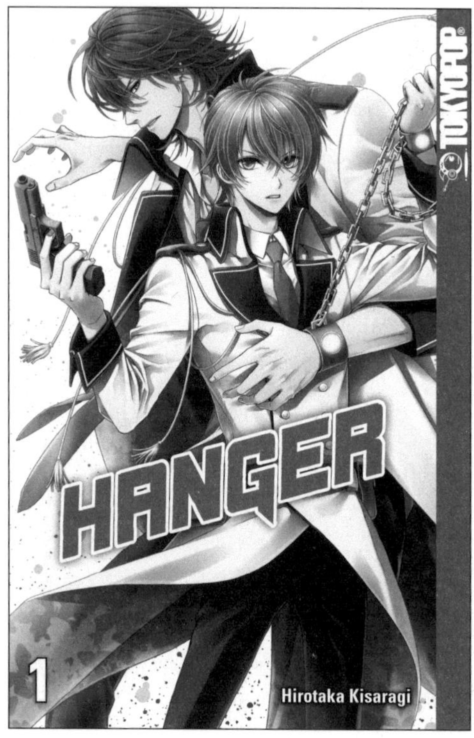

Mit einem Verbrecher auf Verbrecherjagd!

Nach einer Pandemie hat die Menschheit »Nanomachines« entwickelt – künstliche Superzellen, die körperliche Kräfte steigern und Krankheiten heilen. Da die Nanomachines ihre Konsumenten jedoch hochgradig süchtig machen, werden sie von sogenannten »Druggern« für Drogengeschäfte missbraucht. Eine Spezialeinheit nimmt sich dieser Sache an, darunter Polizist Hajime und sein Partner Zeroichi, ein »Hanger«, der als ehemaliger Junkie nun seine Strafe durch Verbrechensbekämpfung abbüßt …

GOLDEN LOVE

hagi

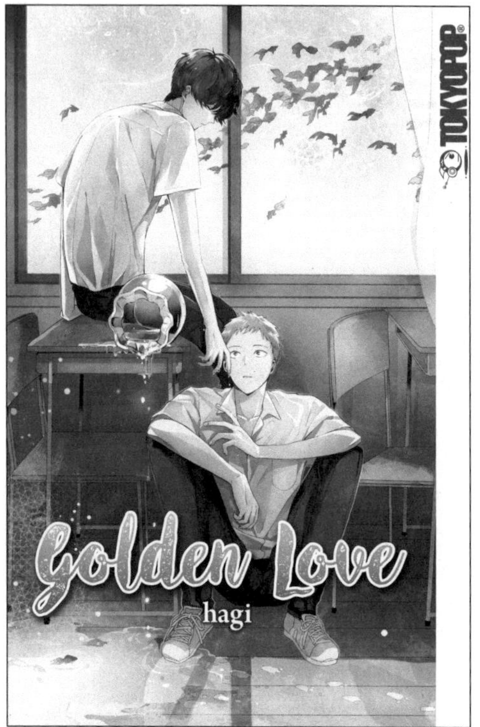

Tropfen für Tropfen ...

Tajima ist am Boden zerstört: Sein Kater hat den Goldfisch seines Mitschülers Koga auf dem Gewissen und dann schüttet er auch noch versehentlich einen Eimer Wasser über ihm aus! Er macht es sich zur Aufgabe, Koga aufzuheitern, will aber nicht zugeben, dass sein dicker Kater an der Misere schuld ist! Je näher sich die beiden kommen, desto klarer wird, dass Koga mehr bedrückt als sein toter Goldfisch ...

GANZ VERSCHIEDEN GLEICH

Nozomu Hiiragi

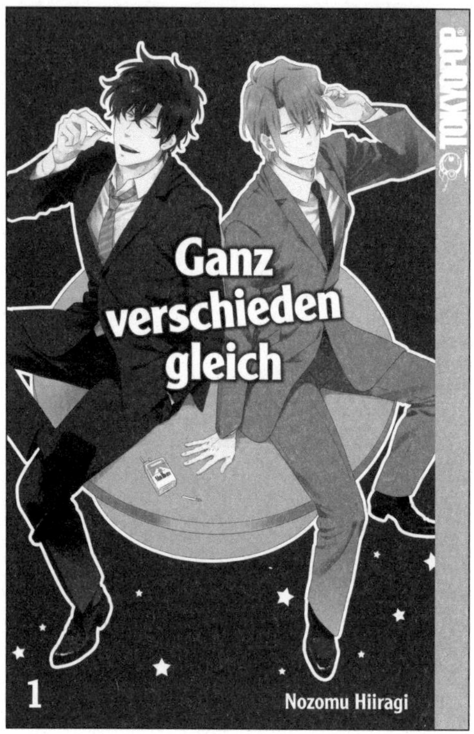

DEINE KÜSSE LÜGEN

Waka Sagami

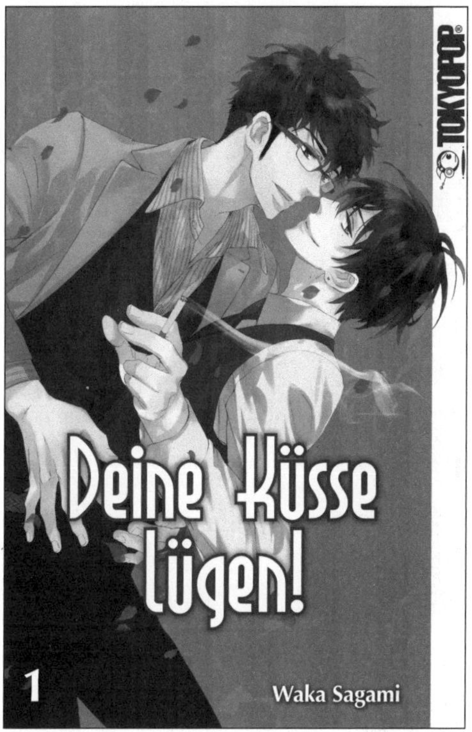

Wer lügt, der stiehlt!

Eines Morgens stößt Wachi auf dem Weg zur Arbeit mit einem Fremden in der Bahn zusammen und ist gar nicht erfreut über diesen unschönen Start in den Tag. Als er abends mit einem Kollegen in eine Bar geht, trifft er den rüpelhaften Fremden wieder: Er ist Barkeeper und heißt Makio. Um sich zu entschuldigen, gibt Makio einen Drink aus ... Worauf hat er es wohl abgesehen: auf Wachis Geld oder sein Herz?

THE VAMPIRE'S PREJUDICE

Misao Higuchi / Ayumi Kano

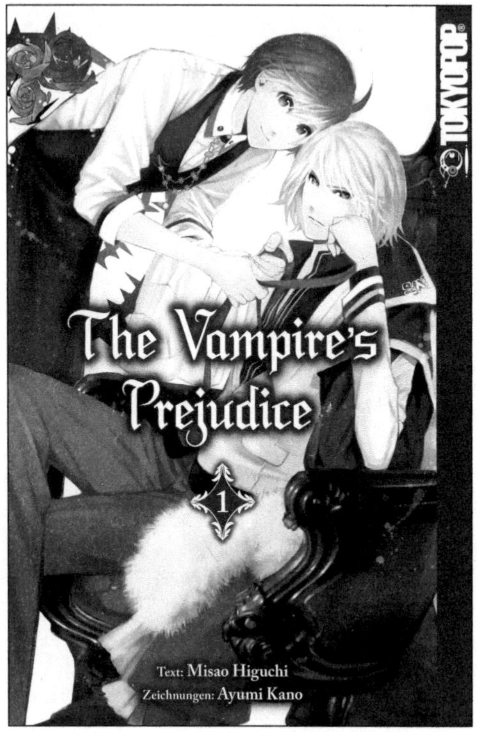

THE VAMPIRE'S ATTRACTION

Misao Higuchi / Ayumi Kano

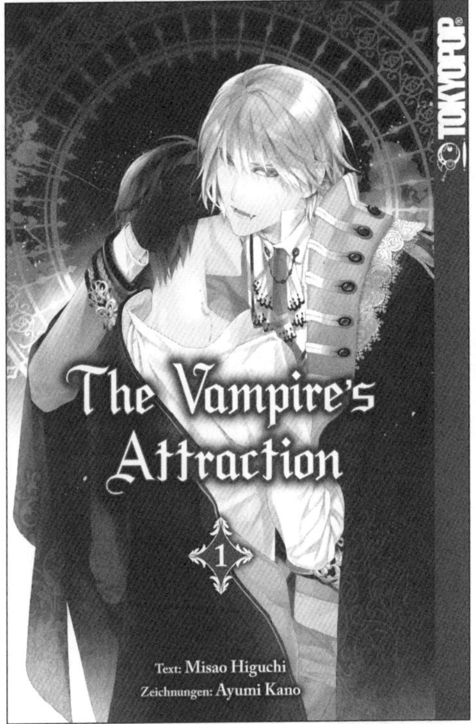

Vampirisches Verlangen!

Minato ist auf der Highschool und arbeitet nebenher als Haushälter im Schloss von Henri Tepes. Der mysteriöse und dominante Hausherr ist nicht nur Minatos Freund und extrem eifersüchtig, er ist auch noch ein Vampir! Damit er ihn vor anderen Vampir-Clans beschützen kann, will Henri, dass sich Minato vollständig an ihn bindet. Doch Henris Besitzansprüche und Minatos normales Leben kommen sich dabei immer wieder in die Quere ...

STOPP!

Dies ist die letzte Seite des Buches!
Du willst dir doch nicht den Spaß verderben
und das Ende zuerst lesen, oder?

Um die Geschichte unverfälscht und originalgetreu mitverfolgen zu können, musst du es wie die Japaner machen und von rechts nach links lesen. Deshalb schnell das Buch umdrehen und loslegen!

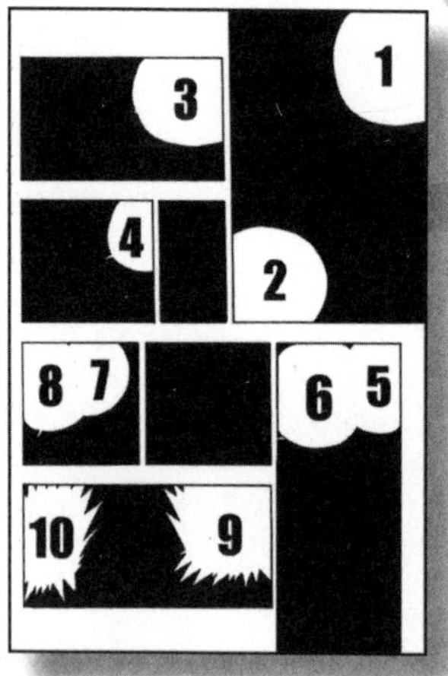

So geht's:

Wenn dies das erste Mal sein sollte, dass du einen Manga in den Händen hältst, kann dir die Grafik helfen, dich zurechtzufinden: Fang einfach oben rechts an zu lesen und arbeite dich nach unten links vor.
Viel Spaß dabei wünscht dir TOKYOPOP®!